U1001518

文化浙江十二讲

胡坚 著

浙江工商大学出版社 · 杭州

图书在版编目(CIP)数据

文化浙江十二讲 / 胡坚著. — 杭州：浙江工商大学出版社，2020.7(2020.9 重印)

ISBN 978-7-5178-3888-3

Ⅰ. ①文… Ⅱ. ①胡… Ⅲ. ①文化事业—建设—研究—浙江 Ⅳ. ①G127.55

中国版本图书馆 CIP 数据核字(2020)第 091413 号

文化浙江十二讲

WENHUA ZHEJIANG SHIER JIANG

胡 坚 著

出 品 人	鲍观明
策划编辑	沈 娴
责任编辑	沈 娴
责任校对	刘 颖 夏湘娣
封面设计	观止堂_未 氓
责任印制	包建辉
出版发行	浙江工商大学出版社 (杭州市教工路 198 号 邮政编码 310012) (E-mail:zjgsupress@163.com) (网址:http://www.zjgsupress.com) 电话:0571-88904980,88831806(传真)
排 版	杭州朝曦图文设计有限公司
印 刷	浙江海虹彩色印务有限公司
开 本	710mm×1000mm 1/16
印 张	26
字 数	335 千
版 印 次	2020 年 7 月第 1 版 2020 年 9 月第 2 次印刷
书 号	ISBN 978-7-5178-3888-3
定 价	68.00 元

版权所有 翻印必究 印装差错 负责调换

浙江工商大学出版社营销部邮购电话 0571-88904970

前　言

什么叫文化？翻一下《现代汉语词典》(第 7 版)，上面说：文化是指“人类在社会历史发展过程中所创造的物质财富和精神财富的总和，特指精神财富，如文学、艺术、教育、科学等”。

但是有一个问题，定义越大的东西，我们在实际操作中的难度也会越大。把文化作为人类在社会历史发展过程中所创造的物质财富和精神财富的总和，我们要建设好它就不容易了。实际上，我们平常讲的和做的文化具有 6 种形态。这 6 种形态就是我们在文化建设与发展中要做的 6 件事。第一种是观念形态的文化。思想理论就是文化，而且是文化的灵魂。文化建设的第一件事就是要用思想理论来武装头脑。第二种是知识形态的文化。不论是自然科学还是社会科学，凡是知识，都是文化的重要组成部分。第三种是艺术形态的文化。如诗歌、散文、小说、音乐、舞蹈、美术、戏曲、电影、电视等都是文化，都是文化重要的艺术表达方式。第四种是制度形态的文化。制度是文化非常重要的部分。从一定意义上说，人类的文化发展经历了 3 个大的阶段：从原始文化，处理人与自然的关系；到制度文化，处理人与人的关系；再到精神文化，处理人与内心世界的关系。所以，制度形态的文化是文化非常重要的内涵。第五种是产业形态的文化，也就是文化产业。近 20 年来，中国的文化产业发展得特别快，已占国民生产总值近 5%。浙江的文化产业，在 2019 年已约占全省地区生产总值的 7.8%。第六种是民俗形态的文化。我们的民间风俗，比如二十四节气习俗等，都是与我们的生活息息相关的文化。

人类是沿着历史的河流走到今天的。一个国家、一个民族，在发展中割不断的精神命脉，就是文化。文化是一个国家、一个民族生生不息的不竭动力。文化基因是中华民族在修齐治平、尊时守位、知常达变、开物成务、建功立业过程中，逐渐形成的有别于其他民族的独特标志。中国人与世界上其他民族的最大差别就是文化基因。所以，习近平总书记在党的十九大报告中指出："文化是一个国家、一个民族的灵魂。文化兴国运兴，文化强民族强。没有高度的文化自信，没有文化的繁荣兴盛，就没有中华民族伟大复兴。"随着历史的发展，人们越来越认识到，文化是一个民族的重量、一个国家的分量、一个社会的能量。习近平同志在浙江工作时，就在《浙江日报》开辟的专栏《之江新语》上发文说："文化的力量，或者我们称之为构成综合竞争力的文化软实力，总是'润物细无声'地融入经济力量、政治力量、社会力量之中，成为经济发展的'助推器'、政治文明的'导航灯'、社会和谐的'黏合剂'。"（习近平：《之江新语》，浙江人民出版社 2007 年版，第 149 页）。这 3 个比喻十分生动地剖析了文化的实质与根本作用。

习近平总书记提出，浙江要努力成为新时代全面展示中国特色社会主义制度优越性的重要窗口。这是对浙江过去成绩的高度褒奖，彰显了浙江作为中国革命红船起航地、改革开放先行地、习近平新时代中国特色社会主义思想重要萌发地的历史定位，更是对浙江未来发展的殷切期望，指明了浙江正挺立在中国特色社会主义伟大事业的潮头上，正奔跑在"干在实处、走在前列"的跑道上，正站在高水平全面建成小康社会的关键点上的新时代方位。这赋予浙江文化发展新的时代使命，需要我们更加努力地推进习近平新时代中国特色社会主义思想在浙江的实践，进一步提高浙江人民的思想理论素养。要大力弘扬红船精神、浙江精神与大陈岛垦荒精神，以良好的精神状态迎接新时代的挑战；要着力传承中华优秀传统文化，保护利用浙江深厚的文化积淀，夯实浙江发展的文化基础；要进一步健全和优化浙江公共文化服务，为浙江人民创造更加便利、优质的文化生活条件；要加快推进文化产业发展，让文化创造无限的经济价值；要繁荣发展文艺事业，为人民提供更加丰富多彩的文艺食粮；要推进哲学社会科学建设，打响“当代浙学”品牌；要推动浙江文化走出去，向世界讲好浙江故事。

浙江，位于中国长江三角洲的南端，濒临浩瀚的东海。这里气候温和，雨量充沛，土地肥沃，物产丰富。浙江是中华文明的发祥地之一，文渊悠久、文脉深广、文气充沛。深厚的文化底蕴和优秀的文化传统是浙江经济社会持续快速健康发展的不竭动力。党的十九大提出中国特色社会主义进入新时代，开启了全面建设社会主义现代化国家新征程。走进新时代，文化建设在推进中国特色社会主义事业发展中展现出前所未有的重要作用。中共浙江省委因势利导，在中共浙江省第十四次代表大会上提出建设“文化浙江”的宏伟目标，把其作为“六个浙江”奋斗目标之一，也就是在建设富强浙江、法治浙江、平安浙江、美丽浙江、清廉浙江的同时，建设文化浙江，提出在提升文化软实力上更进一步、更快一步。建设文化浙江，标志着浙江文化发展向更广领域、更高水平迈进。

2018 年 3 月，中共浙江省委、省人民政府颁布了《关于推进文化浙江建设的意见》，提出今后 5 年内实施文化浙江十大工程，即马克思主义理论研究和建设工程、社会主义核心价值观引领和公民文明素质提升工程、优秀传统文化传承发展工程、媒体融合发展工程、文艺繁荣发展和高峰攀登工程、万亿级文化产业推进工程、网络内容建设工程、基本公共文化服务提升工程、文化走出去工程、文化人才和文化名家培育工程；进一步搭建一批文化大平台、做强一批文化大企业、培育一批文化新品牌、打造一批文化新标识、抓好一批重点文化项目，着力提升浙江文化的引领力、创造力、传播力、服务力、竞争力，使浙江文化改革发展各项主要指标走在全国前列，把浙江建设成为公民素质优良、社会文明进步的示范区，文化事业繁荣、文化产业发达、文化名家荟萃、文化氛围浓郁、文化印记鲜明的文化发展先行区，成为在全国具有重要影响的文化高地、文明高地。

自提出推进文化浙江建设以来，浙江不断地推出新的举措，不断地创造新的经验与做法，在各方面也不断地取得新成就。中共浙江省委、省人民政府确定的奋斗目标，在全省人民的共同努力下，正在不断地变为现实。

但是，当前浙江还没有一本全面系统地阐述“文化浙江”的内涵外延、主要目标、基本任务、工作要求、实现途径等的图书。这不能不说是推进文化浙江建设中的一个缺口。作为一位担任中共浙江省委宣传部常务副部长 8 个年头的干部，作者有一种责任感和使命感，要为全面系统地论述文化浙江尽到自己的一份力，于是就有了动力来撰写这本书。

本书作者结合自己对改革开放以来浙江文化建设历程的学习，结合自己在中共浙江省委宣传部的工作实践，结合自己对文化浙江问题的思考、探索与实践，结合深入浙江各地总结在文化浙江建设上的实践经验与工作方法，充分地论述了文化浙江建设的相关问题。为了达到深入浅出的目标，更利于读者把握文化浙江建设的目标、任务与要求，全面了解文化浙江建设的经验与做法，本书以讲课的方式梳理了文化浙江的有关内容，为读者做好文化浙江建设相关工作提供借鉴与帮助。

本书结构依照中共浙江省委、省人民政府印发的《关于推进文化浙江建设的意见》搭建。

第一讲是建设文化浙江，打造社会灵魂。提出文化是社会发展的灵魂和基础，因此必须坚定文化自信，增强文化发展的内在动力，让文化创造精神力量和物质财富。并阐释了文化浙江建设的重要意义和面临的历史机遇。

第二讲是加强理论建设,构筑思想高地。阐释了学习掌握思想理论的重要意义和基础内容:要把学习研究习近平新时代中国特色社会主义思想摆在首位,并全面推进马克思主义理论大众化;要将浙江省建设成哲学社会科学强省,把它打造为思想高地。提出发展的天花板也一定是思想的天花板,因此只有突破思想的天花板,才能突破发展的天花板。要以思想武装头脑,指导实践。

第三讲是引领价值取向,增加社会温度。提出文化的根本作用是以文化人,通过文化的滋润、熏陶、教化,来培养有理想、有道德、守操行的人。因此,建设文化浙江,就是要用社会主义核心价值观引领和提升公民文明素质。以培养能担当民族复兴大任的时代新人为着眼点,强化教育引导、实践养成、制度保障,把社会主义核心价值观融入社会发展各方面,转化为人们的情感认同和行为习惯,提高人们的思想觉悟、道德水准、文明素养,提高全社会的文明程度。提出大力弘扬红船精神和浙江精神,凝聚奋发进取的强大力量;培育和践行社会主义核心价值观和当代浙江人共同价值;深化“最美浙江人”主题宣传活动。

第四讲是传承优秀文化,积淀发展底蕴。提出文化浙江建设必须高度关注浙江优秀传统文化的传承与弘扬,深入实施好优秀传统文化传承发展工程;必须推进优秀传统文化创造性转化和创新性发展,让优秀传统文化活起来、传下去。并从保护传承、产业振兴、教育学习等方面提出具体措施。

第五讲是加快媒体融合,拓展浙江影响。提出正确的舆论可以引领社会、凝聚人心、推动发展,错误的舆论则会撕裂社会、搞乱人心、破坏发展。做好新闻舆论工作,事关旗帜和道路,事关贯彻落实党的理论和路线方针政策,事关顺利推进党和国家各项事业,事关全党全国各族人民凝聚力和向心力,事关党和国家前途命运。因此,必须尽快推进媒体融合发展，建设一支适应媒体融合发展的人才队伍，构建现代传播体系，提高媒体创新能力，让媒体能与时俱进地做好新闻舆论工作，扩大浙江的正面影响。

第六讲是繁荣文艺事业，攀登艺术高峰。提出文艺是历史前进的号角，代表时代风貌，引领时代风气。要改造国人的精神世界，首推文艺。举精神之旗、立精神支柱、建精神家园，都离不开文艺。因此，建设文化浙江，文艺建设具有举足轻重的地位。浙江根据自身特点和优势，应实施地方戏曲振兴工程，打造国家级戏曲传承发展示范区；实施当代文学提升工程，打造全国文学重镇；实施美术书法音乐创作工程，打造全国美术书法重镇；实施影视精品工程，打造全国影视重镇；实施网络文艺发展工程，打造全国网络文艺重镇；实施基层文艺繁荣工程，打造一流文化成果共享平台；实施文艺浙军培育工程，打造文艺人才高地。

第七讲是发展文化产业，增强文化实力。说明了文化和文化产业在经济社会发展中的独特作用——文化是具有战略价值的重要资源，是国家的“软实力”，而文化产业兼具经济和文化的双重属性及物质和精神的双重力量，是衡量综合国力的重要经济指标，并阐明浙江文化产业发展的良好基础与新时代目标。讲述了浙江发展文化产业的举措可分为三方面：一是培育优良发展环境，打造万亿级文化产业；二是培育浙江文化产业品牌群；三是打造文化产业带等新平台。

第八讲是加强网络建设，营造清朗空间。随着现代信息技术的迅猛发展和互联网的普及应用，互联网与人民群众生活息息相关、密不可分，自然也与文化浙江建设息息相关。浙江作为互联网大省，在文化浙江建设中必须更好地发挥互联网的作用，把握好网络管理与文化繁荣发展的关系。本部分阐明了互联网给意识形态领域带来的机遇和挑战，呼吁实施网络内容建设工程，唱响主旋律，扩大正面舆论覆盖面，并动员全社会力量传播网络正能量，构筑清朗网络空间。

第九讲是做强公共文化，提升服务水平。实施基本公共文化服务提升工程是文化浙江建设的一项重要任务，也是为浙江人民创造美好生活的重要组成部分。本部分讲述在浙江省怎样实施基本公共文化服务提升工程，加快构建城乡一体、区域均衡、人群均等的现代公共文化服务体系，高水平推进基本公共文化服务标准化、均等化。

第十讲是讲好浙江故事，传播中华文化。讲述在文化浙江建设中，要建立官方渠道，借力各种平台，并充分发挥民间交流优势，大力推动浙江文化走向全世界。这是在世界上树立浙江良好形象的需要，是与世界人民交流交往的需要，是让世界更广泛深入地了解浙江的需要，也是做大做强浙江文化产业的需要。作为中国革命红船起航地、改革开放先行地、习近平新时代中国特色社会主义思想重要萌发地，浙江应坚决扛起“三个地”的担当，加快建设成为新时代全面展示中国特色社会主义制度优越性的重要窗口，给这个世界一份别样的精彩。

第十一讲是实施培育工程，建设人才队伍。提出建设文化浙江，最关键的是人，是人才队伍的保障。文化的繁荣兴盛，需要一支庞大的人才队伍来支撑。浙江从人才管理的现代化、人才使用的高效化、人才效益的最大化出发，实施文化人才和文化名家培育工程，不断改善体制环境，完善人才创业、管理、队伍建设等方面的服务，为文化浙江建设创造最好的人才环境。

第十二讲是加强党的领导，形成发展合力。讲述加强和改进党对文化工作的领导，是推进文化繁荣兴盛的根本保证，也是建设中国特色社会主义文化的内在要求。各级党委、政府要把文化建设与发展摆在全局工作的重要位置，进一步推动文化建设与经济建设、政治建设、社会建设以及生态文明建设协调发展。

本书具有以下三大显著特点：一是内容的权威性。本书对文化浙江的解读与分析，都是以党中央、国务院和中共浙江省委、省人民政府的文件为依据，确保思想理念与政策举措的正确性、权威性。二是信息的广泛性和全面性。本书全面总结了浙江省在文化建设上的经验与做法，特别是对改革开放40多年来的经验做了比较全面的总结与概括，同时，借鉴其他国家文化发展的经验和全国各地的一些经验做法，力求实现信息的全面性、广泛性与观点的包容性，从而给读者提供一个更加宽广的视角来认识文化建设的各方面问题。三是实践的可操作性。本书作者长期在文化宣传系统工作，不仅讲求思想的深刻与丰富，更讲求实践的落实与发展。书中提供了许多可供直接操作的文化浙江建设途径与举措、技术与方法。这也是本书的一大特色。

当前，文化浙江建设正在深入推进，实践也在不断地深化与发展，而实践迫切需要理论的指导和经验的借鉴。希望本书能成为一本对浙江文化建设乃至对其他各省(区、市)文化建设有助益的学习辅导书、工作指导书、查阅工具书。

作　者

2020年5月15日

目录

第一讲

建设文化浙江　打造社会灵魂

文化是民族的精神积淀，老祖宗留给我们的精神财富都在文化中。文化是民族的血脉，中华民族能通过文化找到自己的根。文化也是我们的精神家园，让中国人无论走到哪里，都能找到共同的家。所以说，文化的力量深深地熔铸在民族的生命力、创造力和凝聚力之中。

一、文化是社会发展的灵魂与基础

社会发展需要文化，特别是在高速发展的时候，更需要关注文化问题。曾有人说，让身子放慢脚步，等等失落的灵魂。在社会发展中，文化是我们永远无法忽略的主题。

（一）坚定文化自信，增强文化发展的内在动力

咱们中华民族真的是伟大的民族，中华文明是世界上最辉煌的文明之一。全世界有四大文明古国，文化的血脉一直没有中断的唯有中国。2019 年，杭州的良渚古城遗址被联合国教科文组织列入世界遗产名录，这样中国就有 55 项世界遗产，与意大利并列为世界上世界遗产最多的国家。但这个不是最重要的，最重要的是这标志着世界权威机构认同中华民族 5000 多年文明史。中华民族绵延 5000 多年，走过了一条艰难曲折又繁荣兴盛的发展之路，传承下来的优秀传统文化中，包

含着极为丰厚的哲学思想、人文精神、道德规范、创造理念。我们代代相传“天下兴亡，匹夫有责”的担当精神。中华民族一到危急时刻，总有人挺身而出，以血捍卫民族利益。我们代代相传勤劳勇敢、艰苦奋斗的民族精神。勤劳勇敢、艰苦奋斗已经成了中国人在世界上的标签。2020年春，在应对新型冠状病毒肺炎疫情中，中国以平均10天时间建起一座医院，让世界目瞪口呆。我们代代相传“乐群贵和，孝慈友恭”的传统美德。村落里和谐相亲的邻里关系，家庭中尊老爱幼的浓浓亲情，社会上乐于助人的慈善情怀，都是世人赞誉中国的日常话题。我们代代相传崇尚志向、注重修养的品格。“修身齐家治国平天下”，是中国传统的修养境界。所有这些文化传统和优秀品格，都推动了中华民族不断地创造出灿烂辉煌的精神文明和物质文明，也深刻影响了世界文明。

文化传统和优秀品格，是中华民族数千年来形成团结统一局面的内在根源。这个世界上的很多国家是移民国家，如美国和欧洲的一些国家，但中华民族是原住民，千万年来形成了多民族须臾不可分割的命运共同体，也形成了中华民族不屈不挠的精神。在西方的神话中，遇到洪水滔天就造“挪亚方舟”，而中华民族遇到洪水有大禹治水，这就是文化精神的不同。今天，从世界发展史和中华民族发展史中，我们越来越清晰地认识到，文化的繁荣兴盛是实现中华民族伟大复兴的根本基础。只有精神文化和经济、政治、社会、生态等各方面同步发展，才能真正建立起富强民主文明和谐美丽的社会主义现代化强国，才能真正实现中华民族的伟大复兴。

文化是民族的精神，也是社会发展的灵魂。回顾世界历史，我们可以得到一些启示。今天的欧洲之所以发达，其中起重要作用的就是文艺复兴运动，也就是发生在14世纪到16世纪的欧洲思想解放文化运动。文艺复兴最早在意大利各城邦兴起，后来扩展到欧洲各国，于16世纪达到顶峰，给欧洲带来了一个史无前例的科学与艺术革命时期，开辟了近代欧洲历史的序幕，这也是欧洲中古时代和近代的分界。正是因为文艺复兴运动，欧洲人才得以告别愚昧和专制，获得前所未有的思想解放和科技进步，欧洲才有了今天的发达。

我们简单地回顾一下：14、15世纪在欧洲封建社会内部出现了资本主义生产的萌芽。新兴的资产阶级为实现新的发展，需要理念与制度的改变，需要文化科学知识的创新。但是，封建主义和宗教神学禁锢人们的思想，反对这种进步与变革。于是，新兴的资产阶级知识分子，广泛深入地推进哲学、科学、文学、艺术的探索与发展。一般认为，文艺复兴最早发源于意大利的小城市——佛罗伦萨。佛罗伦萨，徐志摩叫它“翡冷翠”，是一座充满缠绵诗意的城市。就是这么一座小城市，却孕育出了但丁、米开朗琪罗、达·芬奇、吉贝尔蒂等众多艺术大家，产生了圣母百花大教堂、皮蒂宫，还有数不胜数的优美诗歌和绘画杰作。这看起来是一场文艺复兴，实际上是正在形成中的资产阶级在复兴希腊罗马古典文化的名义下发起的弘扬资产阶级思想和文化的运动。如最早的两位代表人物佛罗伦萨诗人但丁和画家乔托。但丁的不朽名作《神曲》以恢宏的篇章描写诗人在地狱、炼狱和天堂的幻游，看起来是以基督教的宗教观念为依归，实际上是但丁借神游三界的故事描写现实生活和各色人物，骨子里是在抨击教会的贪婪腐化和封建统治的黑暗残暴。但丁所歌颂的是人的自由意志，摈弃宗教宿命论，歌颂抱负远大、坚毅刚强的英雄豪杰。你不要小看这位诗人，但丁是封建的中世纪的终结和近代资本主义纪元开端的标志性人物之一。换一句话说，他是中世纪的最后一位诗人，也是新时代的最初一位诗人。还有乔托，他的壁画看起来也是以宗教题材为主，但他是以真实生动的人物形象和丰富多彩的现实世界，反对中世纪宗教艺术的抽象与空洞，他通过创造性画笔传达新的时代的精神内涵，为文艺复兴的现实主义艺术开拓了一条道路，他也由此被后人尊为第一个奠定了近代绘画传统的天才。在文艺复兴时期，佛罗伦萨可圈可点的人物是很多的。在这群前驱的带动下，整个欧洲就变得热闹了。从此，意大利乃至整个欧洲出现了前所未有的文艺繁荣。资产阶级知识分子创造出空前兴盛的新文化，把它作为反封建的思想武器，为资本主义的发展做了充分的思想准备和文化准备，扫清了前进的思想障碍和习俗障碍。今天我们看欧洲的文艺复兴运动，仍然可以充分地感受到那种文化的力量。拿破仑有一句著名的话：世界上有两种力量，利剑和思想；从长而论，利剑总是败在思想手下。习近平主席在法国巴黎的联合国教科文组织总部演讲时引用过这句话。

（二）文化既能创造精神力量，又能创造物质财富

文化的主要作用包含两个方面，一是以文化人，二是以文化物。所以文化既能创造精神力量，也能创造物质财富。经过改革开放 40 多年的发展，今天的浙江既要物质富裕，又要精神富有。精神富有与物质富裕是互为条件、互为目的、互相依存、互相渗透的辩证关系。一方面，精神富有为物质富裕提供价值导向、精神动力和智力支持。物质富裕是精神富有的前提，但我们不能简单地把精神富有看作物质富裕的派生物和附属品。精神富有具有相对独立性，它可以引导人们树立共同的理想信念，个人一旦树立了这种信念，就会把自己的思想、情感、意志、价值追求都集中到这个目标上来，使自己生活中的一切自觉服从这个信念，这种内化的精神情感会促使主体以更大的激情投身到社会生产和实践中去，从而推动物质富裕目标的实现。对于个人而言，只有坚持追求物质富裕和精神富有的统一，人生才有价值和意义，才能获得真正的幸福，进而实现全面发展。对于一个国家、一个民族、一个地区来说，道理也是如此。另一方面，物质富裕是精神富有的基础。精神富有要有一定的物质条件为支撑，经济建设搞好了，就会给精神富有提供充实的物质基础，离开物质富裕的精神富有是海市蜃楼式的空想。浙江把精神富有确

立为现代化建设目标的重要原因之一，就在于我们已经在发展中积累了丰富的物质基础。正如邓小平所说："物质是基础，人民的物质生活好起来，文化水平提高了，精神面貌会有大变化。"在社会发展的历史长河中，精神富有和物质富裕紧密联系而又有各自的发展规律，彼此互为条件又互为目的，实现了相互推动与促进。

当前，我们在高度重视精神文明建设和思想道德建设的同时，也要高度重视文化产业的发展，让文化创造无限的经济价值。从世界经济的发展中，我们也能充分体会到文化的强大推动作用。众所周知，英国是世界上最早提出"文化创意产业"概念的国家，也是世界上第一个政策性推动文化创意产业发展的国家。20 世纪 90 年代，英国经济处于停滞状态，经济的发展缺乏内生动力，不少人说英国是老牌资本主义国家，老态龙钟了，不行了。这时候出现了一个人——约翰·霍金斯教授。这个人的头衔很多，他是国际创意产业界著名专家、英国经济学家、世界创意产业之父、约翰·霍金斯创意经济联合会主席，同时也是媒体及娱乐业研究方面的领军人物，是知识产权宪章的创始人和负责人。他是世界上最早提出"文化创意产业"理念的人，他定义的"文化创意产业"是指那些从个人的天分、创造力和技能中获取动力的企业，以及那些通过对知识产权的开发可创造潜在财富和就业机会的活动。1997 年，英国首相布莱尔听从约翰·霍金斯教授的建议，从国家层面建立了"创意产业特别工作组"(Creative Industries Task Force)，亲自担任工作组主席，并在政府中专门成立了文化、媒体与体育部，分管文化创意产业，将文化创意产业上升为国家战略。英国文化创意产业具体包括出版、电视和广播、电影和录像、电子游戏、时尚设计、软件和计算机服务、设计、音乐、广告、建筑设计、表演艺术、艺术和古玩、工艺等 13 个子行业。英国人擅长将奇思妙想融入文化、体育和旅游等服务中，也就是现在我们所谓"第四产业"。在国家的这种强力推动下，文化创意产业成为英国经济中增长速度最快的一个产业。其通过短短 10

多年的发展就成为重要产业和英国经济强大的内生动力之一。2018年底的官方数据显示，2017年英国文化创意产业产值突破1000亿英镑，文化创意产业对英国经济总量的贡献率约为14.6%，是仅次于金融业的第二大支柱产业。英国也成为全世界文化创意产业的集聚地。英国还是仅次于美国的世界第二大文化创意产品生产国和输出国。20世纪以来，另一个西方国家开始重视文化产业。这个国家就是美国。人们戏称美国是“三片”打天下，“三片”即“芯片——计算机，薯片——美式快餐和零食，大片——好莱坞电影”。文化产业已经是美国的重要产业，特别是在电影、新闻出版、娱乐等方面，美国已成为引导全球发展的风向标。目前，世界各国文化产业总值占GDP总量的比重不等，美国已经超过20%。而且美国的文化产业在全世界具有很强的竞争力，占全球文化市场十分重要的地位。2018年全球电影票房达到417亿美元，其中，美国好莱坞约为290.75亿美元，约占全球市场的70%。美国通过文化产业的迅速发展，形成了一系列世界知名的品牌，如好莱坞电影、迪斯尼乐园等。这些文化品牌不仅为美国带来巨大的经济财富，而且塑造了“美国形象”，将美国的价值理念带到全世界。你看美国的电影，凡是世界面临灾难，如外星人入侵，拯救地球的一定是美国人，这就是他们宣扬的价值观。所以，我们要有坚定的文化自信，而这种文化自信需要发达的文化产业来支撑。

二、建设文化浙江，是因为我们面对新时代的目标

当今世界正处在大发展大变革大调整时期，文化在综合国力竞争中的地位和作用越来越凸显，文化已是一个国家软实力的重要体现。现代世界发展表明，文化已渗透到经济社会发展的全过程和全方位。精神、理念、价值观越来越成为经济社会发展的决定性因素，传统技艺

和历史遗存等文化资源越来越成为经济社会发展的基础资源，创意、设计、构思等创新创造越来越成为经济转型的根本动力，品牌、形象、信誉等文化形态的无形资产越来越成为最根本、最持久、最难被取代的核心竞争力。正如联合国教科文组织所提出的那样："发展最终应以文化概念来定义，文化的繁荣是发展的最高目标。"

（一）创造美好生活是我们的奋斗目标

中国特色社会主义进入了新时代，新时代我国社会主要矛盾已经发生了根本的转变，已经从过去的主要矛盾是人民日益增长的物质文化需要同落后的社会生产之间的矛盾，转变为人民日益增长的美好生活需要和不平衡不充分的发展之间的矛盾。改革开放 40 多年来，我们在很长时间内更多关注的是物质生活，关注衣食住行，而进入新时代我们要更加关注精神文化生活。在满足基本的物质生活的基础上，更加重视人的心情要舒畅，精神要向上，人际关系要和谐，社会要更加文明道德等精神层面的需求。老百姓的美好生活，自然包括文化生活，文化生活将越来越成为老百姓美好生活的重要组成部分。生存与生活的主要差别在文化。人活着靠物质支撑，活成什么样靠文化支撑。生活有了文化才有丰富的滋味。精神与信仰让生活激昂踏实，知识与智慧让生活充满神奇，体育与艺术让生活蓬勃多彩，善良与礼仪让生活温馨和谐。当文化浸透生活的每一个时空，人生将是一首美妙音乐下吟唱的长诗。

有一个有名的学者叫亚伯拉罕·马斯洛，他在 1943 年提出了人的需求层次理论。马斯洛认为，人类具有一些先天需求，越是低级的需求越基本，越接近动物性；越是高级的需求越为人类所特有。这些需求是按照先后顺序出现的，当一个人满足了较低的需求之后，就会出现较高级的需求。人的需求是按照生理需求、安全需求、社交需求、尊重需求和自我实现需求的顺序出现的，也就是说，人们的需要是从对物质的需要，最终到精神文化的需要。经过改革开放40多年的发展，我们解决了温饱问题，再到吃好穿好，再到精神文化需求。就拿老百姓的消费来说，物质消费所占的比例不断减少，而文化消费所占的比例越来越大。经济社会发展统计中有一个数据，叫恩格尔系数（Engel's Coefficient），它是指食品支出总额占个人消费支出总额的比重。这是19世纪德国统计学家恩格尔根据统计资料，研究消费结构变化得出的一个规律：一个家庭收入越少，家庭收入（或总支出）中用来购买食物的支出所占的比例就越大；随着家庭收入的增加，家庭收入中（或总支出中）用来购买食物的支出所占的比例则会下降。推而广之，一个国家越穷，这个国家国民的平均收入中（或平均支出中），用于购买食物的支出所占比例就越大；随着国家的富裕，这个比例呈下降趋势。从世界发展的规律来看，恩格尔系数达59%以上为贫困，50%—59%为温饱，40%—50%为小康，30%—40%为富裕，低于30%为最富裕。改革开放40年来，我们国家恩格尔系数的变化是：1978年，中国城镇居民家庭的人均生活消费支出约为311元，恩格尔系数约为57.5%，而农村居民家庭的人均生活消费支出约为116元，恩格尔系数约为67.7%；2018年，中国的恩格尔系数降至约28.4%。40年降了约一半。恩格尔系数的变化，意味着中国人的物质消费比重在下降，而精神文化消费比重在不断提升。大家可能自己也会有感受，现在我们的开支中，吃穿的花费相对少了，而教育、健康、旅游、美容等方面的开支越来越大。从世界经济社会发展的规律看，当人均GDP超过6000美元时，文化需求会出现井喷现象。2019年，中国的人均GDP已经超过9300美元，浙江人均GDP达到13600美元，文化需求已经出现井喷现象。我们在推进经济社会发展的过程中，也越来越认识到，在重视物质世界打造的同时要更加重视精神世界的打造，在重视经济社会全面发展的同时要更加重视人的全面发展。

（二）文化发展是社会发展重大课题

我们每个人的生活从低级向高级发展，我们的国家也是一样，也要从低级向高级发展。当前，我国经济发展进入了新时代，已由高速增长阶段转向高质量发展阶段。过去比较重视量的扩张，人们比较关心GDP，也就是国家经济总量的发展，现在我们更加关心经济发展中质的提高，关心高质量的发展。这是保持我国经济持续健康发展的必然要求，是适应我国社会主要矛盾变化和全面建成小康社会、全面建设社会主义现代化国家的必然要求，也是遵循经济规律发展的必然要求。现在我们国家的发展已经到了一个关键时期，已经处在深化改革开放和加快转变经济发展方式的攻坚阶段。在这个时候，我们越来越清晰地认识到，科技和文化是推动经济转型升级的双翼。经济的转型，一靠科技，二靠文化。相对而言，现在很多人比较重视科技，还不太重视文化。其实文化的渗透力极强，它对于推动一二三产业的发展与融合，提升产品的附加值，具有重大的作用，文化产业也越来越成为经济发展中的重要产业。文化能够提升第一产业。迄今为止，中国农业主要实现了工业化，如大棚蔬菜、滴灌技术、农机的运用等，这就是农业的工业化，也就是二产化。下一轮的重点是农业的三产化，如休闲农业、观光农业、配送农业、市民农业、创意农业等。中国美术学院的学生到浙江丽水的一个县，把农产品重新创意包装了一下，放到互联网上销售，价格翻了超1倍，这就是创意农业。农民也说，过去是通过“砍树”赚钱，现在是通过“看树”赚钱。发展乡村旅游，让树成了“摇钱树”。还有，文化能够改造第二产业。在目前工业的发展中，我们的企业家就要注意，一要用科技改变功能，二要用设计改变造型，这是改造第二产业的重要方向。浙江有个地方的小家电产业很发达，但是有段时间销路不好，他们就做了以上这两件事。用科技改变功能，让功能更多，使产品更加符合用户的需要;用设计改变造型,使产品外形吸引人,小家电变得好用又时尚,最后订单量飙升。还有,文化能够做大做强第三产业。文化产业本身就是第三产业的重要组成部分,大力发展文化产业,将为第三产业打造一个强大的产业集群。

当前,我国文化领域正在发生广泛而深刻的变革,推动文化大发展大繁荣既具备许多有利条件,又面临一系列新情况新问题,面对思想、观念、方法、技术等方面的新挑战。在这种思想文化相互激荡的大潮中,在各种矛盾的考验中,在社会文化生活日益活跃的态势中,在人民对文化需求的期待中,我们必须统筹国际国内两个大局,审时度势、把握大局、找准方位、应对挑战,在新的起点上把文化建设不断推向前进。

从总体上看,我国的文化发展已经有了厚实的基础。改革开放40多年来,我国始终把文化建设放在党和国家全局工作的重要战略地位,大力推进文化改革发展,文化建设已取得令人瞩目的辉煌成就。正如习近平总书记在庆祝改革开放40周年大会上的讲话中指出的那样,40年来,我们始终坚持发展社会主义先进文化,加强社会主义精神文明建设,培育和践行社会主义核心价值观,传承和弘扬中华优秀传统文化,坚持以科学理论引路指向,以正确舆论凝心聚力,以先进文化塑造灵魂,以优秀作品鼓舞斗志,爱国主义、集体主义、社会主义精神广为弘扬,时代楷模、英雄模范不断涌现,文化艺术日益繁荣,网信事业快速发展,全民族理想信念和文化自信不断增强,国家文化软实力和中华文化影响力大幅提升。改革开放铸就的伟大改革开放精神,极大丰富了民族精神内涵,成为当代中国人民最鲜明的精神标识!40年来,我们通过文化改革发展,显著提高了全民族的思想道德素质和科学文化素质,大大促进了人的全面发展,显著增强了国家文化软实力,为坚持和发展中国特色社会主义提供了强大精神力量。现在中国人到其他国家去,人家感到我们的精气神与过去都不一样。中国人的自豪感特别强烈，爱国热情也空前高涨，更不会盲目地崇洋媚外。上海复旦大学教授张维为说“要爱国，先出国，出了国，必爱国”，也说明中国人在世界上更加自信了。所以，我们要坚定道路自信、理论自信、制度自信，最根本的还有一个文化自信。文化自信是更基础、更广泛、更深厚的自信。文化自信，就是一个民族、一个国家以及一个政党对自身文化价值的充分肯定和积极践行，并对其文化的生命力持有的坚定信心。通过改革开放 40 多年的发展，我们的文化自信已经得到空前增强。

通过改革开放以来文化建设的实践，我们也不断深化对什么是中国特色的社会主义文化、怎样建设社会主义文化的认识。改革开放以来，党提出一系列指导文化建设的理论观点和方针政策，在加强意识形态工作，加强精神文明和思想道德建设，践行社会主义核心价值观，健全公共文化服务和推进文化产业发展，推动文艺事业繁荣发展，传承中华民族优秀传统文化等方面，都进行了不懈的探索与实践，取得了辉煌的成就，走出了一条中国特色社会主义文化发展道路。现在，我们都深深地体会到，参加文化活动的便捷性大大提高了，文化活动内容的丰富性与过去比不可同日而语了，文化的多样性已经达到新水平了。党的十九大明确提出了新时代我们推动文化繁荣兴盛的目标与任务，就是以马克思主义为指导，坚守中华文化立场，立足当代中国现实，结合当今时代条件，发展面向现代化、面向世界、面向未来的，民族的科学的大众的社会主义文化，推动社会主义精神文明和物质文明协调发展。坚持为人民服务、为社会主义服务，坚持百花齐放、百家争鸣，坚持创造性转化、创新性发展，不断铸就中华文化新辉煌。当前，文化大发展大繁荣已经迎来崭新的时期，文化在发展全局中的重要地位和作用前所未有，各级党委、政府对文化的高度重视前所未有，人民对文化需求的强烈程度前所未有，全社会对文化改革发展的共识前所未有，加强文化改革发展的良好态势前所未有。我们一定要按照党的十九大提出的宏伟目标与任务，更加坚定文化自信，加快建设文化浙江，创造浙江文化发展新的辉煌。

（三）经济社会发展为文化浙江建设奠定坚实基础

经过改革开放40多年的发展，浙江在经济社会发展上取得了令人瞩目的巨大成就。40多年来，浙江GDP总量增长了约417倍。按可比价格计算，年均增长约12.1%。在经济快速发展的同时，浙江富民大省的地位更加稳固。浙江省居民人均可支配收入居直辖市以外的省（区）第一位。其中城镇居民人均可支配收入连续20年居全国省（区）第一位；农村居民人均可支配收入连续35年居各省（区）第一位。1978年，浙江的工业产品以丝绸为主，也仅有丝绸产量在全国居前列。2019年，浙江省有300多种工业产品产量居全国前十，50多种产品产量居全国第一。化纤、交流电动机、布等产品产量分别约占全国的41.8%、20.1%和19.8%。浙江还是民营经济最为发达、县域经济最好、城乡差距最小的省份。中国民营企业500强中，浙江占近1/4，连续19年居全国第一，诞生了阿里巴巴网络技术有限公司（以下简称阿里巴巴或阿里巴巴集团）、杭州华三通信技术有限公司、杭州海康威视数字技术股份有限公司、聚光科技（杭州）股份有限公司等世界知名的龙头企业。特别是在互联网、物联网、人工智能等技术变革的支持下，数字经济、平台经济、共享经济等新模式广泛渗透，线上线下融合、跨境电商、智慧城市、智能交通等新业态不断涌现。2019年，浙江的数字经济核心产业占地区生产总值的比重达到10%。浙江率先开展5G商用，2019年已经建设5G基站15770个。首个国家级新型互联网交换中心试点落户浙江，获批国家数字经济创新发展试验区。市场主体持续升级，5家企业入围世界500强。2019年新增境内外上市公司47家，全省上市公司总数已经达578家。新增隐形冠军、单打冠军企业82

家，“雄鹰行动”新培育企业 68 家。

浙江在经济社会发展取得巨大成就的同时，文化产业发展势头也十分强劲。2018 年，浙江全省文化和相关特色产业增加值约为 4194 亿元，GDP 占比约为 7.5%。浙江有 3 家文化企业获评国家文化和科技融合示范基地。全省文化企业总数超过 13 万家，在美国纽约揭晓的 2019 年度“世界媒体 500 强”排行榜中，浙江日报报业集团连续 7 年入选，位列第二百四十五名，整体实力位居国内报业品牌第一。值得一提的是，浙江日报报业集团下属上市公司——浙报数字文化集团股份有限公司作为互联网新媒体行业品牌首次入选，位列第三百四十名。在 A 股上市的浙江文化企业已上升至 41 家，包括浙报数字文化集团股份有限公司、华数传媒网络有限公司（以下简称华数传媒）、杭州宋城集团控股有限公司（以下简称宋城演艺或宋城集团）、横店集团控股有限公司、浙江华策影视股份有限公司（以下简称华策影视）、思美传媒股份有限公司（以下简称思美传媒）、华谊兄弟传媒股份有限公司（以下简称华谊兄弟）、海伦钢琴股份有限公司等等。越来越多的龙头企业不断走向集约化、规模化和国际化，大大地推动了全省文化产业竞争力的提升。中国（杭州）国际动漫节、中国义乌文化产品交易博览会、杭州文化创意产业博览会、中国（宁波）特色文化产业博览会、温州国际时尚文化产业博览会等重点文化会展的效益、产值和影响力不断提升，品牌效应持续体现。在 2019 年中国（深圳）国际文化产业博览交易会上发布的“全国文化企业 30 强”名单中，浙江省有浙报传媒控股集团有限公司（以下简称浙报传媒）、浙江出版联合集团、宋城演艺、华策影视等 4 家企业入选，入选数量排名全国第二，仅次于北京。在 2019 年全国省市文化产业发展指数的排名中，浙江省再次位居全国第二，与第一名的北京仅有细微差距。

三、文化浙江建设面临难得历史机遇

当前,浙江文化发展面临难得的历史机遇。丰厚的历史文化资源是浙江文化发展的不竭矿藏。钱塘自古便是繁华之地,悠久的历史文化积淀,奠定了浙江深厚的文化基础。改革开放以来浙江比较早地探索市场化改革,赢得了先发性的体制机制优势,经济实力显著增强,为浙江加快文化发展提供了雄厚的物质条件。浙江人的血液中流淌着创业创新的文化基因,传承着与时俱进的浙江精神,这些构成了浙江特有的人文优势。当前,浙江在文化发展上面临的主要历史机遇如下。

(一)长三角区域一体化发展的历史机遇

长江三角洲区域包括上海市、江苏省、浙江省、安徽省全域。区域面积达35.77万平方公里,约占全国的3.7%;常住人口约2.2亿,约占全国的16%;2018年经济总量约为21.15万亿元,约占全国的23.3%。长三角区域是我国经济增长的重要引擎,在我国经济社会发展中具有举足轻重的地位。中共中央、国务院于2019年印发了《长江三角洲区域一体化发展规划纲要》,实施长三角区域一体化发展战略,这是引领全国高质量发展、完善我国改革开放空间布局、打造我国发展强劲活跃增长极的重大战略举措。长三角区域沪苏浙皖4个兄弟的城市都是很强壮的,如果联合起来,力量绝对超出想象。“兄弟同心,其利断金。”长三角区域将成为全国高质量发展样板区,率先基本实现现代化引领区,区域一体化发展示范区,新时代改革开放新高地。

为贯彻落实好《长江三角洲区域一体化发展规划纲要》,浙江发布了《浙江省推进长江三角洲区域一体化发展行动方案》。浙江的行动方案围绕数字经济、创新平台、基础设施、文化旅游等领域，启动了近200个重大项目，投资1万多亿元，推动浙江全省域全方位融入长三角区域。在长三角区域一体化发展中，浙江将进一步加强文化发展的融合与创新，共筑文化发展高地，加强文化政策互惠互享，推动文化资源优化配置，全面提升区域文化创造力、竞争力和影响力。长三角区域的文化发展基础是全国瞩目的。如2017年，全国文化产业增加值约为34722亿元，约占GDP的4.22%。其中，上海约2081.42亿元，约占上海GDP的6.80%；浙江约3744亿元，约占浙江GDP的7.23%；江苏约3979.29亿元，约占江苏GDP的5%；安徽约1088.29亿元，约占安徽GDP的4.03%。也就是说，长三角区域文化产业增加值约为10893亿元，约占了全国的31.37%。全国文化产业的近1/3在长三角区域，这是什么概念？长三角区域一体化发展中三省一市虽然区域不同，但是在文化上有许多共同的特征。独具韵味的江南山水文化赋予长三角区域文化别具一格的气质。长三角区域地处东部沿海，有很多名山大川，如安徽的黄山，江浙的太湖，浙江的四明山、括苍山，以及东海、钱塘江、京杭大运河、黄浦江等。千万年来，长三角区域独特的山水孕育了独特的江南文化，这种江南山水文化赋予长三角区域与众不同的城市精神和城市气质。历史上长三角区域一直是对外开放的重要地区，陆上丝绸之路和海上丝绸之路都与长三角区域紧密相连。长三角区域文化中最具有鲜明特征的是它独特的精神文化，长三角区域的人出去别人都感到气质与众不同。改革开放以来，长三角区域成为中国经济最有活力的区域，最根本的原因就是这一区域深厚的精神底蕴。长三角区域文化与其他地区相比，文化的创新性和创造性特别明显，鲜明的文化创新和文化创意对长三角区域的创新创业和社会发展产生了重要的推动作用。从历史上看，长三角区域的人们比较注重“利义并举”“工商并重”的理念，特别善于创新创造。这种创新创造的文化，为经济社会发展和科技进步提供了坚实的文化基础。长三角区域强劲的经济发展能力、科技创新能力和社会转型能力，与长三角区域这种地域文化精神是分不开的。

当前，要充分利用长三角区域一体化发展的战略机遇和独有的文化优势，加强革命文物保护利用，弘扬红船精神，继承发展优秀传统文化，共同打造江南文化等区域特色文化品牌。构建现代文化产业体系，推出一批文化精品工程，培育一批文化龙头企业。继续办好长三角国际文化产业博览会，集中展示推介长三角区域文化整体形象。加强广播电视产业跨区域合作发展。推动美术馆、博物馆、图书馆和群众文化场馆区域联动共享，实现城市阅读一卡通、公共文化服务一网通、公共文化联展一站通、公共文化培训一体化。加强重点文物、古建筑、非物质文化遗产保护合作交流，联合开展考古研究和文化遗产保护。所有这些，都给文化浙江的建设带来难得的历史机遇，也提出了新的课题与要求。

（二）文化与旅游融合发展的历史机遇

随着经济社会的发展，旅游已经成为老百姓生活中必不可少的一件事。大家可能会有感受，在较长的节假日，占地面积只有 10 多个平方公里的西湖及周边，会集聚 100 多万人，所以西湖的断桥我老担心会“断”，因为人实在是太多。有一个段子说，哥哥和弟弟在断桥上，人实在太多，弟弟被挤在中间，问哥哥：“断桥在哪里？”哥哥说：“断桥在你脚下。”弟弟又问：“那么西湖在哪里？”哥哥说：“西湖我也没看见，我也在找！”可见游客之多。据统计，2018 年国内游客达到 55 亿人次，旅游收入约 5.13 万亿元，同比增长约 10.76％和 12.3％。国内居民出境达 1.5 亿人次，增长约 13.5％。2019 年，国内旅游人数超过 60 亿人次，旅游收入达 5.6 万亿元。文化与旅游的融合发展是文化产业和旅游产业发展的新趋势。文化是旅游最好的资源，旅游是文化最大的市场。文化是旅游的灵魂，旅游是文化的载体。两大产业相互交融、相得益彰，文化有利于提升旅游的特色化、品质化、效益化，旅游有利于提升文化的吸引力、竞争力、影响力。浙江省提出打造八大万亿级产业，旅游就是其中之一。2018 年，浙江旅游产业增加值约为 4391 亿元，约占 GDP 的 7.8%；旅游总收入约为 10006 亿元，接待游客达 6.9 亿人次，其中接待入境过夜游客达 456.8 万人次。当前，我们要抓住文化与旅游融合发展的大好时机，加快把浙江建设成为世界知名旅游目的地。依托浙江的名山大川、风景名胜等特色资源，打造一批高品质的休闲度假旅游区和世界闻名的度假胜地。开展旅游主题推广活动，推出黄金旅游线等精品线路和特色产品。整合区域内红色旅游资源，开发互联互通的红色旅游线路。建设旅游信息库，建立假日旅游、旅游景区大客流预警等信息联合发布机制，进一步做大做强浙江文化旅游产业。

（三）将文化产业打造为万亿级产业的历史机遇

浙江省委、省政府提出要把浙江的文化产业打造为万亿级产业，发布了《关于加快把文化产业打造成为万亿级产业的意见》，提出要实施八大计划：影视演艺产业发展计划、数字内容产业打造计划、文化创意设计产业提升计划、文化新兴业态促进计划、工艺美术产业升级计划、文化制造业转型计划、文化旅游融合发展计划、文化体育产业推进计划。浙江的文化产业发展在全国一直走在前列，特别是影视动漫、数字阅读、新闻出版、文化用品制造等产业，都排在全国前三名。如横店影视城，就是世界上最大的影视拍摄基地。通过以上八大计划的实施，浙江的文化产业一定会迎来快速的增长期。同时，浙江还规划实施之江文化产业带，就是沿着钱塘江一带大力发展文化产业，推动之江产业带发展以数字文化、影视产业、现代演艺、艺术教育等为重点的产业，依托区域互联网、大数据、云计算、物联网、人工智能等技术优势，推进数字与文化产业的融合发展。同时，加快推进之江文化中心、中国(浙江)影视产业国际合作实验区、之江国际影视产业集聚区、浙江电影科技城、中国网络作家村、国家音乐产业基地萧山园区等一批重大项目建设。还要加快提升“影视浙军”品牌效应，浙江的影视产业规模实力位居全国第二，仅次于北京，全国影视产业副中心的格局日益凸显。现在全国每生产10部电影，其中约1.5部就是浙江生产的。浙江要借助互联网发达的优势，大力培育互联网影视和影视衍生两大新兴产业，发展影视旅游、影视服务、影视金融、影视教育等现代服务业，打造从创作、拍摄、制作、发行、交易到衍生产业的影视文化全产业链和工业化生产体系。重点推进横店影视文化产业集聚区、象山影视城、影视产业国际合作实验区等基地建设，实现差异化发展。做强做优中国国际动漫节、横店影视节、浙江青年电影节等影视展会，形成具有浙江特色的影视展会品牌优势。总之，文化产业是文化浙江建设的重要组成部分，也是浙江经济的重要产业之一，我们一定要抓住把文化产业打造成万亿级产业的历史机遇，取得精神财富和经济财富的双丰收。

(四)建设“四条诗路文化带”的历史机遇

诗是文学中的文学，广义的诗是一切艺术的统称，是自然美、艺术美和人生美的代名词，是人类观照世界的重要方式。浙江自古为山灵水秀的丽逸江南，人文荟萃的古越之地。先人山高水长之风、两浙钟灵毓秀之境，吸引历代思想先哲、文人墨客来浙江游历论学。浙江是中华历史上经济文化高地之一，也是历史上留下无数诗歌之圣地。传承文化，第一是建筑，第二就是诗歌，诗歌最能把我们的优秀传统文化传承下来。同时，诗般的生活也是美好生活的写照。为此，浙江省委、省政府提出“大花园”战略部署，也就是把整个浙江作为一个大景区或一个大花园来打造，出台了《浙江省诗路文化带发展规划》，加快推进诗路文化带建设，打造“诗画浙江”最亮丽的风景线。“四条诗路”就是大运河诗路、钱塘江诗路、浙东唐诗之路、瓯江山水诗路。提出要把“四条诗路文化带”建成魅力人文带、黄金旅游带、美丽生态带、富民经济带、合作开放带。“四条诗路”在浙江大地上构成了一个“文”字，串联起浙江的文化精华，融合儒学、佛道、诗歌、书法、茶道、戏曲、传统工艺、民俗、方言、民间传说等文化宝库；串联起浙江诗画山水，钱塘江、大运河、瓯江等八大水系贯穿其间，自然风光与人文景观交相辉映。当前，诗路文化带建设正在全面推进，集宣传展示、旅游信息服务、业态培育、文创产品孵化等功能于一体的诗路数字文旅平台“数字诗路 e 站”已启动建设。“四条诗路文化带”一定会将浙江带入“诗画浙江”新境界，也为文化浙江建设增添无穷的魅力。

（五）全面提升精神文化需求的历史机遇

在全面建成小康社会的大背景下，浙江人民的物质生活已经实现小康。浙江人民的社保、医保、最低收入水平都处于全国前列。2016年，浙江宣布已经全面消除贫困人口。浙江要实现的是高水平的小康社会，要把实现高水平的精神文化小康作为浙江人民实现小康的新要求。浙江的公共文化服务水平在不断提高。全省乡镇综合文化站、村级文化活动室实现全覆盖，城市 15 分钟文化圈、农村半小时文化圈基本形成，公共文化服务体系日益健全。2018 年末，浙江全省共有公共图书馆 103 个，文化馆 101 个，文化站 1374 个，博物馆 337 个，隶属文化部门艺术表演团体 64 个。广播、电视人口综合覆盖率分别为 99.73％和 99.80％。特别值得一提的是，从 2013 年以来，全省已经建成 14000 多个农村文化礼堂，围绕“文化礼堂、精神家园”的定位，推动教育教化、乡风乡愁、礼节礼仪、家德家风、文化文艺进礼堂。文化礼堂已经是浙江乡村一道亮丽的风景线。当前，浙江要进一步完善公共文化服务设施，努力提升老百姓的精神文化生活和美好生活水平，不断满足人们的精神文化需要，打造物质富裕、精神富有的浙江。这些也都进一步增强了建设文化浙江的紧迫性和必要性。

（六）建设文化浙江要坚持的基本原则与主要目标

建设文化浙江，我们要做的事是大量的。首先，要明确其中需要坚持的基本原则，要把这些基本原则贯彻到文化浙江建设的全过程和全方位中。

一要始终坚持马克思主义指导地位。大力推进马克思主义中国化、时代化、大众化，以习近平新时代中国特色社会主义思想武装全党、教育人民，着力提升社会主义意识形态凝聚力和吸引力，切实做到“两个巩固”。这里说的是，我们要坚持马克思主义对文化浙江建设的指导，特别是要以习近平新时代中国特色社会主义思想来指导。要把巩固马克思主义在意识形态领域的指导地位，巩固全党、全国人民团结奋斗的共同思想基础作为文化浙江建设的根本目标与任务。

二要始终坚持先进文化前进方向。坚持中国特色社会主义文化发展道路，坚守中华文化立场，坚持“为人民服务、为社会主义服务”方向、“百花齐放、百家争鸣”“创新创造”方针，大力弘扬社会主义先进文化，增强广大干部群众的文化自信。这里说的是，我们建设文化浙江需要坚持正确的方向，坚持党的文化建设的路线方针政策，最终要把文化自信落到实处。

三要始终坚持以人民为中心的发展思想。坚持文化共建共享，推进城乡、区域文化协调发展，努力满足人民日益增长的美好生活需要，培育文明风尚，促进人的全面发展。这里说的是，在文化浙江的建设中，我们也要坚持把人民高兴不高兴、拥护不拥护、赞成不赞成作为根本的出发点和检验标准。

四要始终坚持把社会效益放在首位。正确把握文化意识形态属性和产业属性的关系，始终把社会效益放在首位，实现社会效益和经济效益相统一，为人民群众提供更多更好的精神文化产品和服务。这里说的是，文化产品与其他的经济产品有所不同，它不仅有经济效益，而且有社会效益。当经济效益与社会效益产生矛盾时，一定要把社会效益放在首位。绝对不能为了经济效益而放弃社会效益，做文化工作要有一种使命感与责任感。

五要始终坚持改革创新。推进文化观念理念、内容形式、体制机制等创新，推进文化与经济、科技、旅游等融合发展，激发社会文化创新创造活力，解放和发展文化生产力。这里说的是，创新创造是社会发展的根本动力，也是文化发展的根本动力，文化本身是创新创造的产物，文化发展更需要创新创造的强大推动。建设文化浙江要有新作为、新成就、新发展，必须不断地推进创新创造，坚持与时俱进，这也是浙江精神的充分体现。

文化浙江建设的主要目标是：把浙江建设成为公民素质优良、社会文明进步的示范区，文化事业繁荣、文化产业发达、文化名家荟萃、文化氛围浓郁、文化印记鲜明的文化发展先行区，成为在全国具有重要影响的文化高地、文明高地。最终做到：

一是文化引领力进一步提升。习近平新时代中国特色社会主义思想学习宣传贯彻扎实有效，中国梦和社会主义核心价值观深入人心，红船精神、浙江精神广泛弘扬，广大干部群众更加坚定“四个自信”。

二是文化创造力进一步提升。文化体制机制改革纵深推进，优秀传统文化实现创造性转化和创新性发展，优秀文化人才脱颖而出，文化创造源泉充分涌流，文艺精品佳作竞相涌现。

三是文化传播力进一步提升。媒体深度融合发展取得实质性成果，主流舆论持续巩固壮大，网络空间更加清朗；文化“走出去”成效明显，浙江故事广泛传播，浙江文化印记、文化符号更加鲜明，文化影响力持续扩大。

四是文化服务力进一步提升。公共文化服务体系日益完善，文化产品服务精准供给水平明显提高，基本公共文化服务标准化均等化高水平实现，人民群众文化获得感显著增强。

五是文化竞争力进一步提升。文化产业跻身万亿级产业，成为国民经济重要支柱性产业；现代文化产业体系和市场体系日臻成熟，文化市场主体实力大为增强，文化整体竞争力显著提升。

这里的“5个力”，即引领力、创造力、传播力、服务力、竞争力，代表着浙江文化的整体实力与全面发展水平，是浙江文化的内在动力与外在形象，也是浙江文化的未来潜力与发展前景。

60多年前，毛泽东同志就充满豪情地预言：“随着经济建设高潮的到来，不可避免地将要出现一个文化建设的高潮。”在过去的文化建设中，我们已经创造出辉煌的业绩，在建设文化浙江的进程中，我们一定会创造出更加无愧于历史和时代的灿烂文化！

第一讲思考题：

1. 怎样认识文化在经济社会发展中的重要作用？
2. 建设文化浙江有哪些历史机遇？
3. 建设文化浙江的主要目标是什么？

第二讲

加强理论建设　构筑思想高地

思想，是人类与其他动物的根本区别；思想的深浅，则是人与人最重要的差别。发展的天花板也一定是思想的天花板，突破了思想的天花板才能突破发展的天花板。

一、建设文化浙江，思想理论建设是构筑大脑的工程

思想滋养人的心灵，武装人的头脑，赋予人以意志的独立和人格的尊严，也使人充满智慧。人类的发展历史一再证明，思想观念的进步是最大的进步。历史的车轮呼啸向前，我们的思想观念稍稍“打个盹”，我们就有可能错过一趟时代快车。这是一个需要理论而且一定能够产生理论的时代，这是一个需要思想而且一定能够产生思想的时代。马克思由于对人类思想宝库的伟大贡献，被誉为19世纪以来最伟大的思想家。这，就是思想的魅力。

（一）思想理论是进步与发展的强大力量

中国共产党近百年的发展史，充分地证明思想理论在我们事业发展中具有不可替代的强大作用。科学思想理论的武装，极大地拓宽了我们的视野与提升了我们的境界，马克思主义理论为有识之士提供了丰富的思想空间，为有志之士提供了广阔的实践空间。思想理论决定

了我们认识的深度，决定了我们眼界的宽度，决定了我们站立的高度，决定了我们解决问题的力度。为此，在文化浙江建设中，首先要实施马克思主义理论研究和建设工程，要把深入学习马克思主义理论和当代中国的马克思主义作为意识形态工作和文化建设的头等大事，切实加强思想理论建设，推进浙江哲学社会科学的发展。

中国共产党与生俱来特别重视思想理论的建设。中国共产党领导中国革命、建设和改革开放的近百年历史，就是一部把马克思主义基本原理同中国具体实际相结合，推进马克思主义中国化、推进理论创新，不断开辟马克思主义理论发展新境界的历史。

近代，中国在西方列强的铁蹄下受尽屈辱。腐败的清政府，在短短的几十年中，居然与西方列强签订了许多不平等条约。清政府做的，几乎就3件事：出让主权、战争赔偿、割让土地。一段时间里，在中国的国土上，中国的事情中国人自己说了不算，而是西方列强说了算；在自己的家园，中国人的命运不是掌握在自己手里，而是被西方列强操纵。那个时候，世界上一些很小的国家都能够欺负中国。中华民族历来是不屈的民族。面对这种悲惨的局面，多少志士仁人寻求民族复兴的良方，浴血奋战，前赴后继，但是最终都没有成功。为什么不成功，原因很多，但不知道路怎么走、往哪儿去是最重要的问题。就在这种普遍性的迷惘之中，十月革命一声炮响，给中国送来了马克思列宁主义。1920年，浙江人陈望道在位于义乌分水塘村的自家柴屋翻译《共产党宣言》。译文不足2万字，但陈望道"费了平时译书的五倍功夫"，花了数十天时间才完成。陈望道翻译时很投入。他妈妈给他送粽子，要他蘸着红糖水吃。一会儿他妈妈在门外问他粽子甜不甜，陈望道答很甜。他妈妈推门一看，陈望道并没有蘸着糖水而是蘸着墨水在吃，把嘴巴都吃黑了，还说很甜，可见他翻译时专注的程度。后来人们把这故事叫作"真理的味道有点甜"。《共产党宣言》一经出版就风靡革命青年和知识分子群体；到1926年，《共产党宣言》已印刷17次，累计数十万册。中国共产党第一代革命家，包括参加建党的先进分子，无不受《共产党宣言》和马克思主义理论的影响。当时毛泽东与蔡和森通信时，就坚定地说："走俄国人的路——这就是结论。"可见思想理论是多么的重要，它能让人在迷惘中看到方向，在困惑中认清前方的路。有了马克思主义理论的指引，中国革命的面貌焕然一新。中国共产党成立时中国已经有200多个政党和政治组织，但只有中国共产党能够带领中华民族从站起来到富起来再到强起来，其中一个很重要的原因就是中国共产党有一个特殊的大脑——一个用马克思主义理论构筑的大脑，而且是把马克思主义和中国革命与建设实践相结合的思想大脑。自中国共产党诞生以来，这个大脑就与时俱进，不断地充实新的思想理论。新民主主义革命和社会主义建设时期产生了毛泽东思想。改革开放以来，产生了邓小平理论、"三个代表"重要思想和科学发展观。党的十八大以来，产生了习近平新时代中国特色社会主义思想。这是中国共产党近百年来不断地克服艰难险阻走到今天的关键所在。

2007年，我在中共浙江省委组织部担任副部长时，曾作为中国共产党中央组织部派出的考察团团长，带领来自其他省的中共省委组织部的13个副部长到欧洲跟17个政党交流。我们在德国召开一个座谈会，来了几位政党分管组织工作的领导人。一位女士说："我们这些人非常羡慕你们中国共产党。"我一听，认为他们一定是羡慕我们改革开放的飞速发展，但她没有这么说。她说："我们最羡慕的是你们的理论和纲领。我们作为政党领袖，整日思考的是理论和纲领。我们提不出好的理论与纲领去吸引百姓。"现在的欧洲政党存在一个很大的问题，就是理论纲领趋同。提不出自己独到的理论与纲领，这是不少欧洲政党最苦恼的地方。恩格斯说，"一个政党的纲领是一面公开树立起来的旗帜"（中共中央马克思恩格斯列宁斯大林著作编译局编：《马克思恩格斯选集》第3卷，人民出版社2013年版），老百姓跟你走就是跟你的理论和纲领走。我们回国后开座谈会，我很感慨地说："我们没有想到我们的理论与纲领会在世界上被这么多人羡慕。”这从一个侧面反映了我们的理论和纲领是个好东西。

在推进社会主义伟大事业的进程中，思想理论是很重要的，它能起到许多作用。

一是引领作用。让我们能够高屋建瓴地把握历史发展的规律，科学地判断自己所处的历史方位，清晰地认识未来的前进方向。也就是让我们知道自己从哪里来，到哪里去，面对各种风险考验、各种挑战困难都不会迷失方向。就像在黑夜里走路，手中有了一个火把，这火把就是思想。

二是激励作用。思想理论具有无比强大的精神动力，能够凝聚起全党和千千万万人民群众，万众一心地去推动中国特色社会主义事业奋勇前进。思想理论很重要的作用就是把“数量”变成“力量”。人多不是力量，只有把人凝聚起来，数量才会变成力量。而一群人要行动统一首先必须思想统一，而要思想统一必须理论统一。思想理论统一了，就会凝聚起强大的力量。所以，马克思说，理论一经掌握群众，也会变成物质力量。思想理论能让一盘散沙变成混凝土。

三是指导作用。思想理论是强大的武器，在思想理论的武装下，我们能够更加深入地研究和思考实践中遇到的各种矛盾、困难和问题，就能够用科学的思想理论分析矛盾、化解困难、解决问题，就能够在各种艰难困苦中永远立于不败之地。有马克思主义思想理论的武装，我们能做到：不怕困难多，因为办法多。

四是提炼作用。社会主义革命和建设的伟大实践，是一个波澜壮阔的大舞台，我们发挥了思想理论总结提炼的重要作用，就能够深入地总结人民群众的生动实践，创造出无穷的思想财富和精神财富，为发展提供宝贵的理论认识和经验方法。毛泽东的《实践论》告诉我们，在各项工作中必须坚持“实践、认识、再实践、再认识”的认识路线。通过不断的实践，我们能够不断地从感性认识到理性认识，人就变聪明啦。

五是传承作用。我们的思想理论是在继承的基础上发展起来的，同时，我们在社会实践中又不断认识规律，推进理论创新、实践创新、制度创新、文化创新以及其他各方面的创新，形成新的思想认识和理论成果。我们总是不断地运用理论同时又不断地发展理论。马克思主义的思想理论能够经久不衰，就在于它的这种与时俱进的品质，它的充满活力和生命力的内在基因。所以，实践永无止境，思想理论也永无止境。

对于思想理论的这些巨大作用，习近平总书记有过精辟的阐述。2019年3月1日，他在中央党校（国家行政学院）中青年干部培训班开班式上明确指出："我们党在中国这样一个有着近14亿人口的大国执政，面对十分复杂的国内外环境，肩负繁重的执政使命，如果缺乏理论思维，是难以战胜各种风险和困难的，也是难以不断前进的。"为此，我们在文化浙江的建设中，一定要着力推进马克思主义理论研究和建设工程。紧紧围绕巩固马克思主义在意识形态领域的指导地位、巩固全党全国人民团结奋斗的共同思想基础，推进马克思主义学习研究教育系统化、常态化，建设具有强大凝聚力和引领力的思想理论体系，使全体人民在理想信念、价值理念、道德观念上紧紧团结在一起。

（二）把学习研究习近平新时代中国特色社会主义思想摆在首位

我们走进新时代，在学习思想理论上的头等大事是要强化习近平新时代中国特色社会主义思想的学习宣传研究。在我们即将完成第一个百年奋斗目标，向着第二个百年奋斗目标进发的历史关键时刻，党的十九大旗帜鲜明地提出了习近平新时代中国特色社会主义思想，并将习近平新时代中国特色社会主义思想作为党的指导思想写入党的章程，为我们党迈进新时代、开启新征程、续写新篇章提供了行动指南和强大的思想武器。党的十九大开启了中国特色社会主义事业新时代。走进新时代，党需要做各种各样的准备，如政治准备、组织准备、物质准备等，其中最大的准备就是思想理论的准备。习近平新时代中国特色社会主义思想就是我们党走进新时代最重要也是最根本的准备。习近平新时代中国特色社会主义思想是对马克思列宁主义、毛泽东思想、邓小平理论、“三个代表”重要思想、科学发展观的继承和发展，是马克思主义中国化的最新成果，是党和人民实践经验和集体智慧的结晶，是中国共产党人新时代的精神支柱和力量源泉。习近平新时代中国特色社会主义思想开辟了马克思主义新境界，开辟了中国特色社会主义新境界，开辟了治国理政新境界，开辟了管党治党新境界，标志着马克思主义与中国实际相结合新的历史性飞跃。

党的十九大报告对习近平新时代中国特色社会主义思想有一个全面完整的阐述，也可以说，党的十九大报告是习近平新时代中国特色社会主义思想的精华版。所以，必须全面认真地学习党的十九大报告，深刻领会报告精神。同时，要学好习近平总书记各方面的论著。习近平新时代中国特色社会主义思想是一个完整的、科学的、缜密的思想体系和理论框架。这个思想从理论和实践结合上系统回答了新时代坚持和发展什么样的中国特色社会主义、怎样坚持和发展中国特色社会主义的基本问题，全面阐述了新时代中国特色社会主义的一系列重大问题，勾画了“八个明确”和“十四个坚持”的思想理论框架体系。

明确坚持和发展中国特色社会主义，总任务是实现社会主义现代化和中华民族伟大复兴，在全面建成小康社会的基础上，分两步走在本世纪中叶建成富强民主文明和谐美丽的社会主义现代化强国。明确新时代我国社会主要矛盾是人民日益增长的美好生活需要和不平衡不充分的发展之间的矛盾，必须坚持以人民为中心的发展思想，不断促进人的全面发展、全体人民共同富裕。明确中国特色社会主义事业总体布局是“五位一体”、战略布局是“四个全面”，强调坚定道路自信、理论自信、制度自信、文化自信。明确全面深化改革总目标是完善和发展中国特色社会主义制度、推进国家治理体系和治理能力现代化。明确全面推进依法治国总目标是建设中国特色社会主义法治体系、建设社会主义法治国家。明确党在新时代的强军目标是建设一支听党指挥、能打胜仗、作风优良的人民军队，把人民军队建设成为世界一流军队。明确中国特色大国外交要推动构建新型国际关系，推动构建人类命运共同体。明确中国特色社会主义最本质的特征是中国共产党领导，中国特色社会主义制度的最大优势是中国共产党领导，党是最高政治领导力量，提出新时代党的建设总要求，突出政治建设在党的建设中的重要地位。

这个伟大思想创造性地形成了新时代坚持和发展中国特色社会主义的 14 条基本方略：坚持党对一切工作的领导，坚持以人民为中心，坚持全面深化改革，坚持新发展理念，坚持人民当家做主，坚持全面依法治国，坚持社会主义核心价值体系，坚持在发展中保障和改善民生，坚持人与自然和谐共生，坚持总体国家安全观，坚持党对人民军队的绝对领导，坚持“一国两制”和推进祖国统一，坚持推动构建人类命运共同体，坚持全面从严治党。这为我们党引领中国特色社会主义伟大事业取得新的历史跨越，走向更加广阔的道路提供了基本理论、基本路线和基本方略。

“八个明确”着重解决思想理论层面的问题，也就是着重解决“怎么看”的问题；“十四个坚持”的基本方略着重解决实践层面的问题，也就是着重解决“怎么干”的问题。所以，这个思想本身就是一个理论联系实际的思想体系，既为我们提供了强大的思想武器，又为我们提供了强大的行动指南。

学习思想理论，必须做到“真学、真懂、真信、真用”。真学，就是要认真研读，深刻领会，在把握科学理论体系上下功夫。真懂，就是要深入思考，融会贯通，在形成科学的世界观和方法论上下功夫。真信，就是要态度坚决，行动自觉，在强化政治信仰上下功夫。真用，就是要结合实际，学以致用，在改造客观世界和主观世界上下功夫。当前，我们学习贯彻习近平新时代中国特色社会主义思想，要在以下几个方面下功夫。

1. 在全面系统的学习上下功夫

习近平新时代中国特色社会主义思想，内涵极其丰富，思想方法博大精深，为我们党引领中国特色社会主义伟大事业取得新的历史跨越，走向更加广阔的道路提供了基本理论、基本路线和基本方略。我们的学习要力争做到全面系统，要结合学习《习近平新时代中国特色社会主义思想学习纲要》等著作加深理解。学习习近平新时代中国特色社会主义思想的根本目的就是要站得更高。只有学了思想理论，我们才能站得更高，看得更远，想得更深，才能有效地处理和应对各种矛盾和问题，才能不断地把事业推向前进。当前，我们面对着抓好改革开放，打好防范化解重大风险、精准脱贫、污染防治三大攻坚战，抓好长三角区域一体化发展国家战略，突出稳企业、增动能、保平安基本目标，任务是十分艰巨的。这就需要我们以更加清晰的头脑、更加高超的领导艺术、更加有效的方法来推进工作。这就需要我们不断地提高思想理论水平，“不畏浮云遮望眼，自缘身在最高层”。

2. 在深刻领会贯穿其中的马克思主义立场、观点、方法上下功夫

要牢牢掌握马克思主义这一认识世界、改造世界的强大思想武器。习近平新时代中国特色社会主义思想与马克思列宁主义、毛泽东思想、邓小平理论、“三个代表”重要思想、科学发展观是一脉相承的，贯穿其中的是马克思主义立场、观点、方法。这些立场、观点、方法是我们做好工作最重要的思想方法和工作方法，是我们分析问题、思考问题、解决问题的强大思想武器。通过学习，我们能更加坚定地坚持人民大众的立场，坚持历史唯物主义和辩证唯物主义的观点，坚持全面地、历史地、辩证地、系统地、发展地看问题和解决问题，不断提高分析问题、解决问题的本领，真正掌握这个思想理论的真谛。

3. 在结合学习习近平同志在浙江工作期间的思想上下功夫

充分发挥浙江是习近平新时代中国特色社会主义思想重要萌发地的优势，全面系统地学习研究习近平新时代中国特色社会主义思想的丰富内涵和在浙江的生动实践。习近平同志于2002年10月初从福建调任浙江后，先任代理省长，不久担任中共浙江省委书记，到2007年3月调任上海市委书记，主政浙江约4年零6个月。习近平总书记在浙江工作时，高度重视总结浙江人民的首创精神和浙江发展的实践经验，对在一个省域内建设中国特色社会主义的事业做出了许多战略思考和实践探索，与习近平新时代中国特色社会主义思想一脉相承、融会贯通。他在浙江提出的“八八战略”和党的十八大以后提出的“四个全面”在精神上是完全契合的。他在浙江经济建设领域提出的“腾笼换鸟、凤凰涅槃”等思想与党的十八大以后对经济新常态的分析具有异曲同工之妙。他在政治建设领域提出的“法治浙江”建设成为法治中国建设的重要思想。他在文化建设领域提出的“文化大省”建设的思想和一系列推进浙江文化大发展大繁荣的部署，在社会建设领域提出的“平安浙江”和在生态文明建设领域提出的“绿水青山就是金山银山”理念等，都与党的十八大以来提出的思想理念具有十分紧密的联系。学习习近平同志在浙江工作期间的思想，有助于我们更加深刻全面地理解和掌握习近平新时代中国特色社会主义思想的理论体系。这也是浙江党员干部和人民群众学习习近平新时代中国特色社会主义思想独特的优势。

4. 在理论联系实际上下功夫

我们学习理论的根本目的是应用，所以坚持理论联系实际的学风尤为重要。要把学习与研究解决当前浙江发展中面临的各种矛盾和问题紧密地结合起来，特别是当前我们面对比较复杂的形势。当今世界正经历百年未有之大变局，国际形势复杂多变，我们面临的风险挑战之严峻前所未有。这些风险挑战，有的来自国内，有的来自国际，有的来自经济社会领域，有的来自自然界。我们突然遇到的新型冠状病毒肺炎疫情就是一种意想不到的风险与挑战，就需要我们及时有效地应对。因此，我们一定要大力弘扬马克思主义优良学风，把理论学习与解决实际问题紧密地结合起来。首先要解决好思想上的问题。坚持不懈地用党的创新理论武装头脑，坚定理想信念、提高党性修养、加强作风锤炼。其次要解决好实践中的问题。紧密联系工作实际，紧紧围绕改革发展稳定的重大问题，围绕人民群众反映强烈的突出问题，围绕党的建设面临的紧迫问题，从理论与实践的结合中寻求破解之道，把学习成效转化为做好本职工作、推动改革发展的生动实践。再次要解决好与时俱进地提高领导能力的问题。结合工作需要学习各种新思想新理念、新知识新技能，不断提高战略思维、历史思维、辩证思维、创新思维、底线思维的能力，提高以新发展理念引领发展的能力，提高攻坚克难、化解矛盾、驾驭复杂局面的能力。

5. 在推进理论创新上下功夫

结合习近平新时代中国特色社会主义在浙江的生动实践，我们要加强对重大理论问题、重大现实问题和重大实践课题的研究，形成一批有价值、有影响的研究成果。特别是要深入总结贯彻落实习近平新时代中国特色社会主义思想，并把这种思想与伟大的实践相结合，让人们在实践中体会习近平新时代中国特色社会主义思想的伟大正确，体会这种思想与实践相结合所产生的无穷魅力，让习近平新时代中国特色社会主义思想成为我们这个火红年代强大的思想武器和精神力量。加强对浙江改革发展实践的总结提炼和理论提升。全面总结改革开放以来全省人民进行的系列实践探索、创新发展的经验与成效。加强对浙江未来发展的战略性、前瞻性、针对性研究。立足浙江高水平全面建成小康社会决胜阶段工作要求，围绕如何进一步统一思想、凝聚力量，把准国内外发展大势，定准浙江发展方位，找准浙江发展支点；围绕如何运用马克思主义政治经济学分析经济指导实践，推动“五大发展理念”在我省落地生根；围绕如何牢牢把握新常态的大逻辑，主动适应引领新常态；围绕如何全面把握供给侧结构性改革的新要求，坚定不移推进经济转型升级；围绕如何补齐科技创新、交通基础设施、生态环境、低收入农户增收致富、公共服务有效供给、改革落地“六大短板”，抓纲带目、精准施策、持续发力；围绕如何加快推进城乡一体、区域协同，着力塑造区域协同发展新格局；围绕如何守住平安底线，保障改善民生，确保社会安定有序；围绕如何弘扬社会主义核心价值观，弘扬中国传统文化，弘扬浙江精神，推动文化强省建设，实现精神富有；围绕如何夯实基层党的建设，进一步打造忠诚干净担当的“狮子型”干部队伍等“八个如何”的问题，列出一批应用对策研究课题，拿出一批有分量的研究成果。

二、全面推进马克思主义理论大众化

我们的各级领导干部要提高工作水平，首先要提高思想水平，而要提高思想水平，首先要提高理论水平，思想要靠理论来武装。马克思说，理论一经掌握群众，也会变成物质力量。我们一定要着力推进马克思主义理论的大众化，当下特别是要推进用习近平新时代中国特色社会主义思想武装头脑，让更多的人掌握新时代强大的思想武器。

（一）领导干部要成为学习理论的模范

领导干部是社会管理和发展的领导者、引领者，必须有思想理论武装。要切实抓好各级领导班子和领导干部的理论学习。浙江的发展充分证明了“地域优势不如干部优势”这个道理。相近的两个地方，有的就发展得很好很快，有的就数年山河依旧，发展不行。究其原因，主要就是领导班子和干部队伍上的差距。所以，提高思想理论水平，首先要提高领导班子和干部队伍的思想理论水平。要让我们的干部做到“想明白才能明白地干”，而不是“稀里糊涂，力度很大”。我们要大力营造“浙江干部爱学习”的良好氛围，着力推动各级领导干部把学习作为一种政治责任、历史担当和人生追求，做学习的模范，把各级领导班子建设成为学习型的班子，通过干部队伍的理论学习，为发展奠定思想基础、精神动力和本领支撑。

通过学习，一要培养高度的政治自觉，即严守党的政治纪律和政治规矩，始终在政治立场、政治方向、政治原则、政治道路上同党中央保持高度一致。二要坚定理想信念。理想信念是人的立身之本，是人生的支撑与目标。干部有了坚定的理想信念，站位就高了，心胸就开阔了，就能坚持正确的政治方向，做到“风雨不动安如山”。三要增强事业心和责任感。当干部就要有以身许党、以身许国、以身许民的精神境界，要有强烈的事业心和责任感，履行职责，做好工作。四要增强深入灵魂的大众情怀，真正做到思想上尊重群众、感情上贴近群众、工作上深入群众、生活上关心群众。要怀着强烈的爱民、忧民、为民、惠民之心，心里要始终装着父老乡亲，想问题、做决策、办事情前都要想一想是不是站在人民的立场上，是不是有助于解决群众的难题，是不是有利于增进人民福祉，不断增强人民群众的获得感、幸福感、安全感。五要严于律己，严守党的纪律，遵守国家法律法规，坦荡做人，清正为官。

当前在干部的学习中，还要着力推动各级领导干部学哲学、用哲学，自觉接受马克思主义哲学智慧的滋养。哲学是关于世界观和方法论的理论体系。世界观是关于世界的本质、发展的根本规律、人的思维与存在的根本关系的认识。方法论是人类认识世界的根本方法。方法论是世界观的功能，世界观决定方法论。哲学基础决定领导干部思维的广度和深度。学了哲学就能透过现象看本质，就能更加全面深刻地看问题，进而去解决问题。从实践中看，当前我们各级领导干部面对的从本质上来说都不是问题，而是矛盾。问题解决一个少一个，而矛盾就比较复杂：你解决了主要矛盾，次要矛盾就可能上升为主要矛盾；你抓住了矛盾的主要方面，千万不能忽视矛盾的次要方面，因为它们也会转化。所以，我们说解决问题靠力度，解决矛盾靠艺术，靠我们的领导艺术，讲的就是这个道理。我们要以党校、行政学院、干部学院为主要阵地，推动全员学习、团队学习。在互联网时代，我们还要建立网络学校、网上交流平台等，以方便学习的开展。当下的学习强国和领导干部学习平台就是很好的学习交流平台。要建立健全严格的领导干部考学述学评学制度，坚持中心组学习情况定期通报制度，开展中心组学习专项督查和效果评估工作，健全促进学习、保障学习的激励机制。把理论素养、学习态度和学习能力纳入领导班子和领导干部综合考评的重要内容，作为干部任用的重要依据之一。

（二）宣传普及马克思主义理论

要深入基层开展理论宣讲。面对面的宣讲是其他宣传方式所不可取代的，这种方式针对性比较强，可以区分对象分层分类宣讲。可以增强互动性，能讲清思想理论问题，讲清党的路线方针政策，讲清形势与任务，帮助听众理清思路、明确方向、推进工作。要积极推动领导干部带头宣讲。浙江每到重要的宣传节点，各级领导干部都会带头深入基层开展各种主题的宣讲活动，在全省形成了省、市、县、乡 4 级领导干部深入基层宣讲形势政策的工作格局。各地还建立了农民讲师团、职工宣讲团、大学生“村官”宣讲团、外来流动党员宣讲团等各具特色的基层宣讲队伍，深入农村、社区、企业，广泛深入开展以弘扬民族精神和时代精神为主题的形势政策教育、国情教育、革命传统教育、改革开放教育，进一步坚定广大干部群众在中国共产党领导下走中国特色社会主义道路、实现中华民族伟大复兴的信念和信心，解百姓疑惑、听群众需求，深受广大干部群众欢迎。不断创新理论宣传的方式方法，加强基层理论宣讲示范点建设，开展学习培训、巡回报告、成就展示、经验交流等宣传教育活动。组织编写通俗理论读物，运用大众传媒进行理论普及，扩大理论普及的覆盖面和影响力。积极构筑理论宣传网络平台，着力抓好“浙江微理论”建设，组织开展形式多样的主题活动。

要充分利用基层党校设在基层一线、最贴近基层群众、最了解群众需求的优势，针对基层普遍存在的与群众休戚相关的问题，积极开展教学活动。遍布浙江全省城乡的各级各类基层党校，要成为基层党员干部政治理论教育的渠道、党性锻炼的熔炉、思想道德建设的阵地、实用技能培训的课堂，为形势政策宣传教育搭建平台。推动各级基层党校紧紧围绕中央、省委重大战略部署和本地实际，针对基层干部群众的思想实际，采取专家讲座、集中培训、党员轮训、村干部论坛等形式，有效地将马克思主义理论和形势政策宣传教育深入广大企业、农村、机关、社区、学校。同时，针对党员教育面临的新情况、新群体、新需求，积极创新教育手段，拓展教育空间，如借助广播系统开设“空中党校”，借助互联网开设“网上党校”，借助农村电影放映开设“映前党校”，借助手机短信平台开设“掌上党校”，等等，以深受干部群众喜爱的手段传播创新思想。

为了进一步提高宣讲效果，更好地做到入心入脑，浙江各地还创新了各种宣讲方式。如用唱山歌、讲故事、画图画、办晚会、发短信等形式向群众宣讲；以小品、三句半、道情、戏曲、快板等形式，变“单一教育”为“生动说唱”；有的以访谈讨论式的宣教，座谈、辩论、演讲等多种形式开展宣讲活动。“微型党课”是基层宣讲工作的一大特色，也是深受群众欢迎的好形式。“微系列”已经成为浙江的一个基层宣讲品牌。办好微型党课，充分发挥微型党课在自我教育、相互提高和增强基层党组织工作活力等方面的作用。浙江省有一大批常年活跃在基层的宣讲员，有的宣讲员讲多了，群众都认识他。有一位宣讲员坐出租车让司机认出来，下车时司机一定不要他的钱，说经常在电视里听他的课，很有启发。这也说明了宣讲在群众中的受欢迎程度。

三、建设哲学社会科学强省，把浙江打造为思想高地

哲学社会科学是人们认识世界、改造世界的重要工具，是推动历史发展和社会进步的重要力量。重视哲学社会科学建设是理论工作的一项重要内容。

（一）繁荣发展哲学社会科学，擦亮当代“浙学”品牌

哲学社会科学的研究能力和成果是综合国力的重要组成部分。一个没有发达的自然科学的国家不可能走在世界前列，一个没有繁荣的哲学社会科学的国家也不可能走在世界前列。坚持和发展中国特色社会主义，哲学社会科学具有不可替代的重要地位，哲学社会科学工作者也具有不可替代的重要作用。我们一定要切实增强责任感和使命感，把繁荣发展浙江的哲学社会科学作为文化浙江建设中的一项重大而紧迫的战略任务，切实抓紧抓好，努力推动哲学社会科学事业有一个新的更大发展。

有史以来，浙江就是一个思想之地。翻开一部中国思想史，浙江思想家占了相当大的比例。东汉时有上虞的王充，宋以降，更是群星璀璨。南宋有永康学派、永嘉学派、金华学派，明代有王守仁、黄宗羲，清代有龚自珍，到了近现代有章太炎、王国维、鲁迅、马一浮等。中华人民共和国成立以来，浙江人民坚守崇尚思想、善于探索的优良传统，是全

国最早探索包产到户的省份，是形成基层治理“枫桥经验”的地方，也是出“新仓经验”的地方。思想解放的程度，决定着发展的高度。有什么层次的思想解放，就有什么层次的工作思路。改革开放以来，浙江人民敢于解放思想、勇于探索，以极大的热情探索中国特色社会主义在浙江的实践，以敢为天下先的勇气，在发展中创造了无数个“第一”：第一个领取个体工商业营业执照，第一个兴办农民股份合作制企业，第一个集资兴办农民城，第一个“胆大包天”——承包航空飞机，第一个集资建铁路，第一个创办网商，等等。思想上走在前列，是浙江发展一直走在前列最重要的原因与底蕴。我们要站在前人的肩膀上，大力繁荣发展浙江的哲学社会科学，谋划好哲学社会科学工作的战略定位、发展思路和总体布局。

浙江哲学社会科学发展的总体目标，要充分体现走在前列的要求，定位在建设哲学社会科学强省，进一步完善浙江的学科体系，创立浙江的学术品牌，打造浙江的理论优势，造就浙江的学术队伍。做到理论创新能力强，服务发展能力强，运行机制科学高效，学术影响力全国领先。形成与浙江发展进程、水平相适应，与经济强省、文化强省、科教人才强省相匹配，具有鲜明时代特征、中国特色、浙江特点的哲学社会科学创新体系，形成在全国具有突出地位和明显优势的哲学社会科学发展格局。

哲学社会科学总的发展思路是：全面增强哲学社会科学的整体水平，全面加强基础理论、应用理论、应用对策、政策咨询等研究，推动浙江哲学社会科学全面发展。大力整合优质资源，做大做强浙江优势学科，形成浙江学科优势。健立完善浙江学科体系，补齐学术短板。加强浙江历史文化研究，打造“当代浙学”品牌。强化应用研究导向，拓展成果应用渠道，优化成果评价体系。激励社科人才各尽其能、各展所长，全面提升传播科学理论、凝聚思想共识，提供决策咨询、服务中心大局，拓展学术研究、掌握学术话语，文化传承创新、社会价值引领的能力和水平。为坚持和发展中国特色社会主义，推进中国特色社会主义在浙江的生动实践提供有力的思想保证、精神动力和智力支持。

（二）提升浙江学术研究竞争能力与学术影响力

始终坚持马克思主义在哲学社会科学领域的指导地位，统筹推进哲学社会科学学术、学科、教材、话语“四大体系”建设。实施浙江优势学科培育计划，抓好人文社科重点优势学科扶持重大项目，支持建设一批全国乃至国际一流的重点学科。目前，浙江省已经形成由244个一级学科组成，覆盖哲学、法学、历史学、文学、教育学、经济学、管理学、设计学八大学科门类的较为系统的哲学社会科学学科体系。要在这个基础上，进一步构建较为完善的学科体系，形成浙江学术品牌，使浙江的学术研究竞争能力与学术影响力逐步提升。

大力推进浙江省一流学科建设，扶持哲学、历史学等基础学科发展，加大对宋史、民国史、敦煌学、浙江史前文化、浙江思想史等研究的支持力度，切实挖掘、抢救具有重要文化价值和传承意义的绝学、冷门学科。重点支持建设管理科学与工程、农业经济管理、教育学、艺术学、美术学、艺术学理论、统计学等一批传统优势学科，巩固其国内领先地位，努力建设国际上有重要影响力的高水平学科。加大对省级社科规划课题的资助力度，保持国家社科基金项目总数位居全国第一方阵。高度重视大数据挖掘对哲学社科研究中材料和方法的重大影响，通过设立专项资金，依托高校信息基础设施，加强与有关企事业单位、专业数据公司的合作，建立健全各类人文社科研究数据库，重点建立以系统搜集、整理经济社会发展中具有时间累积性的社会调查数据、统计数据、案例资料、口述史等为主要内容的数据库，为研究人员提供海量和高质量的社会数据、资料与信息，为提高研究的客观性、科学性、针对性提供便利，有效促进学科融合，增强学术话语权。现在有的大学为了推进学科融合发展，在自然学科的研究课题中，配备社会科学专家共同参与，而在社会科学研究课题中，配备自然学科的专家参与，这种方式非常有利于创新与突破，会产生意想不到的效果。探索设立与国家社科基金“中华学术外译项目”相对接的“浙江学术外译项目”，重视在全球视野中进一步总结浙江经验，提炼浙江精神，讲好浙江故事，与国际学术界开展对话。加大对实体性研究机构特别是省哲学社会科学重点研究基地的扶持力度，修订完善对文化创新团队、重点研究基地的管理办法。加强对各类学会、研究会、民办社科研究机构的管理和支持。鼓励组建研讨会、工作坊等开展跨学科、多学科交流，创新科研组织方式。鼓励高校和哲学社会科学机构整合资源建立海外中国浙江学术研究中心，支持学者参加国际学术会议、发表学术文章。

持续开展社会科学知识普及工作，增加社科普及经费投入，扎实推进社科普及基地建设，继续抓好各类人文大讲堂的讲座报告和图书出版工作，实施新媒体推动的社科普及计划，推动社科知识及时进大众生活、进教材课堂。促进哲学社会科学协同创新。坚持问题导向、实践导向、需求导向，汇聚政、产、学、研多方力量，瞄准省委、省政府关注点，政策结合点，理论创新点，精准施策、有效服务。加强哲学社会科学类协同创新中心建设。高校、党校、社会科学院主动与党政机关、党政部门所属研究机构合作。各高校之间打通哲学社会科学优质资源渠道。引导广大社科理论工作者用通俗易懂、人民群众喜闻乐见的形式，用马克思主义的立场、观点、方法回答人们关心的社会热点难点问题。支持一批哲学社会科学学科争创一流。以当前国家正在大力推进高校“世界一流大学和一流学科”建设战略为重要契机，对哲学社会科学学科建设进行系统谋划，研究支持浙江省哲学社会科学重点学科建设，争取一批学科尽快进入国内乃至国际一流行列，实现浙江学科发展整体水平跻身全国一流。

（三）加强智库建设，打造一批高水平的新型智库

当前，在经济社会快速发展的时代，思想智库非常重要。有了智库，就等于建了一个外脑，就能在深入研究的基础上，把握形势发展的趋势，掌握事物发展的规律，深入分析存在的问题，提出有针对性的对策与方案。所以，新型智库建设越来越引起各级党委、政府的高度重视。我们要围绕建立一套治理完善、充满活力、监管有力的智库管理体制和运行机制，打造一支政治过硬、德才兼备、富有创新精神的公共政策研究队伍，推出一批贴得紧、质量高、作用大的决策咨询成果，建成一批立足浙江、特色鲜明、制度创新、引领发展的专业化高水平智库。

实施新型智库建设计划，建设若干在国内有较高知名度、致力研究和阐述重大发展战略的高端智库，培育一批自主创新能力强、独特优势明显的各领域专业智库，支持和规范各类社会智库建设。遇到问题有个“智多星”是很要紧的；人们之所以崇拜诸葛亮，很大程度上是因为他足智多谋。当代，面对的形势错综复杂，面对的问题五花八门，光靠一个诸葛亮不够了，于是就有了智库。当代的智库是指以公共政策为研究对象，以影响政府决策为研究目标，以公共利益为研究导向，以社会责任为研究准则的专业研究机构。它是将不同学科的专家学者、实际工作者、媒体从业人员等各方面的人员聚合在一起，组建研究咨询团队，为社会经济发展各领域提供咨询服务，为决策者献计献策、判断运筹，提供备选的各种方案。智库可以帮助委托方实施各种调查，收集决策实施后的信息，把决策运行的情况反馈到决策者那里，以供修正；受各种委托，对某些面临的难题进行研究分析，提出解决问题的方法；根据事物发展的趋势与条件，对各种事项进行预测并提出对策建议；等等。

中国古代就有养门客和谋士的传统，这就是智库的起源。现代智

库是一个国家和社会思想创新的泉源，也是一个国家软实力和国际话语权的重要标志。党的十八大以来，我国的智库发展非常迅速，在经济社会发展和内政外交上做出了不可磨灭的贡献。

浙江省为推进新型智库建设专门做出部署，中共浙江省委、省人民政府办公厅下发《关于加强浙江新型智库建设的实施意见》，加强浙江新型智库建设整体规划和科学布局，统筹整合现有智库优质资源，重点扶持、建设一批立足浙江、国家需要、特色鲜明、制度创新、引领发展的专业化高水平智库，打造一支坚持正确政治方向、德才兼备、富于创新精神的公共政策研究和决策咨询队伍。当前，我们要以更加有力的举措，推动在全省打造一批不同层次和类型的智库，以适应经济社会快速发展对智库建设的需要。要汇集更多的优秀人才成为智库专家，并形成一套治理完善、充满活力、监管有力的智库管理体制和运行机制，更好地发挥新型智库在推进浙江发展中的参谋作用。同时，各级党委、政府要更加重视哲学社会科学专家学者队伍整体的“思想库”和“智囊团”作用，更多地组织他们开展对浙江经济、政治、文化、社会、生态各方面的咨询活动。开展对各项重点工作和群众关注的热点、难点问题进行研究，为各级党委、政府科学化、民主化决策提供理论素材和思想保障。浙江省的哲学社会科学界也要紧紧围绕省委、省政府中心工作和经济社会发展的重大现实问题，组织开展重大战略性、基础性和前瞻性的课题和项目，充分做到“想党委、政府之所想，想党委、政府之该想，想党委、政府之未想”，提高研究工作的前瞻性、针对性和有效性，多为浙江经济社会发展提供思路和政策建议。同时，要更加有力地推动各级党委、政府的科学民主决策。各级党委、政府要进一步加强与哲学社会科学研究机构和哲学社会科学工作者的沟通联系。领导干部要更好地“礼贤下士”，更多地走访专家学者，更多地召开专题咨询会，面对面听取专家学者对中心工作、经济社会发展中热点难点问题的意见、建议，并高度关注社会科学研究成果，推动科研成果的转化。在 2020 年春季抗击新型冠状病毒肺炎疫情中，科学家与各级领导干部的良性互动和充分的沟通协调，是抗击和最终战胜疫情的非常重要的支撑与经验。

（四）积极建设重点理论平台

充分发挥浙江省中国特色社会主义理论体系研究中心在学习研究宣传马克思主义，推进浙江哲学社会科学发展中的重要作用。浙江省中国特色社会主义理论体系研究中心是在习近平同志主政浙江时于2005年成立的。在10多年的发展中，中心致力于深化马克思主义理论研究，努力推进马克思主义中国化，承担了一批全国马克思主义理论研究和建设工程重大项目研究。中心成员承担国家社科基金项目40余项，省规划课题100余项，在《人民日报》《光明日报》《求是》等中央媒体和国家级权威学术刊物上发表论文70余篇，出版各类专著80余部，研究成果获省部级以上奖励近百项，组织了各类重要学术活动近百次，积极参与中宣部和省委部署的重大调研活动。同时，精心培育打造20家左右浙江社科重点研究基地。实施马克思主义学院建设质量提升计划，重点支持浙江省社会科学院、中共浙江省委党校的马克思主义研究院建设，遴选扶持10所左右高校马克思主义学院，加快实现省属本科高校马克思主义学院建设全覆盖。强化报刊网络理论宣传阵地建设，重点扶持一批党报党刊理论版，建设一批有影响力的理论网站（频道），打造一批媒体理论宣传品牌栏目、公众号和传播名师，加快形成有影响力的全媒体理论宣传阵地。

理论是人们对事物、知识的理解和论述，是辩论是非、争论和讲道理，也是一个组织起来的概念体系，可以用来解释客观现象。要做好思想理论工作，从根本上解决思想问题。思想上通了，就一通百通，就能真正从根子上解决各种问题。所以，做好宣传工作，说到底也是解决人的思想认识问题。要充分发挥理论在思想引领中的作用，经常主动设置议题，敢于发声。通过报刊的专家解读，电视的学者访谈，广播的政策讲解，网络的公开问政，微博微信的疑点解答，等等，把党和政府的各项工作讲清楚，把贯彻落实中的疑难问题说明白，把各种思想疙瘩解开来，让人们正确地理解和真心地支持，形成万众一心干事业的舆论氛围与社会环境，凝聚起强大的力量。

当下在思想理论建设上，还要更加关注和引领社会思潮，努力增强正面声音。在当前国际国内发展的大背景下，社会思潮和社会舆情是十分复杂的，特别是在网络上，各种思潮鱼龙混杂，交互激荡，对人们的影响很大。在大是大非问题面前，要通过强有力的思想理论引领，亮出鲜明的观点，发出理论的最强音，把正确的思想传播出去，扩散开来。对一些错误的观点进行反击与驳斥，正本清源，以正视听。要经常开展深入广泛的社会舆情调查，定期研究分析社会舆情，摸清社会各方面的思想动态。了解社会各界人民群众关心什么、疑惑什么，有什么思想需求，有什么需要澄清的思想认识，有什么普遍性倾向性思想问题，等等，以更加全面地把握社会的思想脉搏和舆情走向。在此基础上，提出思想理论引导的内容与举措，提高工作的针对性和有效性。

第二讲思考题：

1. 思想理论有什么重要作用？
2. 我们学习思想理论时到底要学什么？
3. 怎样推进思想理论的大众化？

第三讲

引领价值取向　增加社会温度

文化最根本的作用是以文化人。以文化人就是通过文化的滋润、熏陶、教化，来培养有理想、有道德、守操行的人。建设文化浙江，就要实施社会主义核心价值观引领和公民文明素质提升工程。以培养担当民族复兴大任的时代新人为着眼点，强化教育引导、实践养成、制度保障，把社会主义核心价值观融入社会发展各方面，转化为人们的情感认同和行为习惯，提高人们思想觉悟、道德水准、文明素养，提高全社会文明程度。

一、大力弘扬红船精神和浙江精神，凝聚奋发进取的强大力量

精神比黄金更宝贵，精神也是社会发展的强大动力。哪个社会没有精气神还会进步？精神就是一个人的精气神的高度聚合。人的精神由思想、文化、信念、志向、气魄等诸要素组成。物质力量是精神力量的有形载体和物化，而精神力量是物质力量的无形延伸和强化。

（一）红船精神激励我们创新创造

人是需要有一点精神的，没有精神，人就缺钙，就会得软骨病。我曾听一位老领导说：20 世纪五六十年代什么都缺，就是不缺精神。在

资源极为匮乏的国情下，就是靠热爱祖国、无私奉献，自力更生、艰苦奋斗，大力协同、勇于登攀的“两弹一星”精神造出了原子弹、氢弹，让卫星上了天；也是靠“爱国、创业、求实、奉献”的大庆精神改变了国家没有自产石油的局面。这位老领导还告诫：现在什么都不缺了，就怕缺精神。老领导的这句话让我们警醒。我们每个人在人生道路上，要走得快就要靠智慧，要走得远就要靠精神。多少科学家、企业家都是经历了无数的失败，才走向成功的。

浙江是中国革命红船的起航地。红船精神、浙江精神是引领浙江改革发展的强大精神力量。

红船精神就是习近平同志在浙江工作期间总结和提炼的。红船，从 20 世纪 50 年代起，就静静地停泊在南湖。到了 2005 年，时任中共浙江省委书记的习近平同志，从这条船上看到了中国共产党的建党精神，将其总结为红船精神。2005 年 6 月 21 日，习近平同志在《光明日报》发表文章《弘扬“红船精神” 走在时代前列》，首次提出并阐释了“红船精神”——“开天辟地、敢为人先的首创精神，坚定理想、百折不挠的奋斗精神，立党为公、忠诚为民的奉献精神”。并鲜明地指出，“红船精神”对党的先进性建设具有重要意义。他认为“红船精神”是激励我们把握发展这一时代主题和党执政兴国第一要务，大胆探索、创新创业的强大思想武器；是鼓舞我们坚定共产主义理想和中国特色社会主义信念，不畏艰险、艰苦奋斗的强大精神支柱；是鞭策我们牢记立党为公、执政为民本质要求和全心全意为人民服务的根本宗旨，求真务实、一心为民的强大道德力量。2017 年 10 月 31 日，党的十九大闭幕仅一周，习近平总书记带领新一届中共中央政治局常委专程前往上海和浙江嘉兴，瞻仰中共一大会址和嘉兴红船，回顾建党历史，重温入党誓词，宣示新一届党中央领导集体的坚定政治信念。他明确提出，要结合时代特点大力弘扬红船精神，让红船精神永放光芒。

红船精神是我们开创新时代中国特色社会主义伟大事业的精神动

力。走进新时代，中国特色社会主义建设事业的任务更艰巨，面对的矛盾和问题更多，我们的目标也更加远大，所以更需要精神的引领与支撑。当前，各种竞争挑战十分激烈，最终能站着一定是靠精神。红船精神是我们不忘初心、牢记使命、永远奋斗的精神支柱，也是加强党的建设的精神标尺。思想建设是党的建设的重大任务，而思想建设中，精神建设又是灵魂与核心。红船精神让中国共产党的精神建设有了一个根本的标尺和一种精神的衡量高度，也给予中国共产党人一种精神的追求方向。红船精神是凝聚全党和全体人民的精神召唤，我们推进社会主义现代化建设，不是敲锣打鼓可以实现的，而要靠不懈的艰苦奋斗。红船精神召唤全党和全国人民，通过不懈的首创、奋斗和奉献，去实现心中的梦想。所以，大力弘扬红船精神，能够凝聚起前进的强大力量。

我们弘扬红船精神，最可贵的是坚持开天辟地、敢为人先的首创精神。中国共产党走过近百年，靠的就是不断的、无数次的首创。建立共产党是首创，走上农村包围城市、武装夺取政权的革命道路是首创，建立中华人民共和国是首创，开辟中国特色社会主义事业是首创。正是这种首创精神，使中国共产党保持与时俱进的品质，使党领导的事业永葆生机与活力。我们走向新时代，永远保持党的先进性，永远走在时代前列，最需要也最依靠坚守这种首创精神。

我们弘扬红船精神，最难的是坚定理想、百折不挠的奋斗精神。中国共产党的诞生，不是组建一个俱乐部，不是花前月下的低吟，而是面对社会变革的腥风血雨、刀光剑影。中国革命、建设与改革开放的道路，也从来不是一帆风顺的，存在着各种艰难险阻，需要付出百倍的努力，甚至鲜血与生命。所以，坚定理想、百折不挠是极不容易的。中国共产党的一大代表，有脱党的，有当叛徒、当汉奸的，百年的奋斗历程中，多少人离开了这支艰难困苦的队伍。大浪淘沙，真正走到最后的，真的很不容易。我们走向新时代，要面对伟大梦想、伟大斗争、伟大工程、伟大事业，最弥足珍贵的还是这种奋斗精神。

我们弘扬红船精神，最本质的是坚持立党为公、忠诚为民的奉献精神。为什么建立中国共产党？就是为了为人民谋幸福，为民族谋复兴。无论我们走多远，都永远不能忘记中国共产党的性质和全心全意为人民服务的宗旨。我们走得远了，最怕离人民群众也远了；我们党员人数多了，最怕身边的人民群众少了。红船提醒我们，船再大，与浩瀚的水比较都是渺小的，力量都在水中，因此，与人民群众保持密切的联系，我们才能走得远，才能任凭风浪。我们走向新时代，最需要的就是保持这种初心与使命。但是，我们的一些党员干部最难的也是坚守这种初心与使命。党处理的腐败分子，有许多能够做到首创，也能够做到奋斗，就是做不到奉献，不是为党为民谋幸福，而是为己为私谋利益，最终背离党和人民，走上违法乱纪的道路。所以，坚持红船精神，最难的是坚持这种奉献精神。我们走向新时代，最需要告诫每一个党员干部的也是这种奉献精神。只有保持这种奉献精神，中国共产党才能保持自己的性质和宗旨，中国共产党才能得到人民的衷心拥护，社会主义事业才会有光辉的未来。

（二）弘扬浙江精神，提升社会价值认同与精神追求

我们还要大力弘扬“求真务实、诚信和谐、开放图强”的浙江精神，在全社会唱响实干和创新的时代强音，使红船精神、浙江精神内化为全省上下的价值认同和精神追求。

2006年1月，习近平同志在浙江工作期间，在《浙江日报》发表了题为《与时俱进的浙江精神》的署名文章，提出浙江精神是中华民族精神的重要组成部分，并将浙江精神概括为“求真务实、诚信和谐、开放图强”。这是对浙江人民在创造灿烂文明中孕育的精神品格的深刻总结，是对浙江人民赓续文脉、砥砺奋斗、开拓创新的精神写照，是对伟大民

族精神和时代精神的生动诠释。习近平同志指出："在浙江人民创造自己灿烂文明史的背后，始终跳动着、支撑着、推进着和引领着他们的力量，正是这种自发的浙江精神。"从数万年前建德人的足迹，到跨湖桥、河姆渡、马家浜、良渚文化呈现出的文明曙光，再到数千年的精耕细作、迁徙创业，浙江人民在创造灿烂奋斗史的同时，由观念、理性、胸襟、情怀、品行、气节和志向所凝聚的浙江精神应运而生、丰富发展。王充"树实事、疾虚妄"，吕祖谦"讲实理，育实才而求实用"，王阳明"知行合一"，形成了浙江人"求真务实、经世致用"的思想观念；"江南第一家"郑义门以"孝、义、信"传家，胡庆余堂以"戒欺"立堂规，兰溪诸葛村、江山廿八都、莲都古堰画乡天人合一顺应自然，厚植了浙江人诚信立业、和谐共融的价值取向；越王勾践卧薪尝胆，岳飞精忠报国，陈亮"推倒一世之智勇，开拓万古之心胸"，宁波、温州、台州唐宋以来通江达海、商贸发达，勤勉淳朴的农耕文化和大气开拓的海洋文化有机融合，哺育了浙江人开放包容、奋发图强的意志品质。在漫长的历史长河中，从优秀文化传统中淬炼出的浙江精神，逐步构筑起浙江人民立体鲜活的精神世界，形成了代代相传的文化基因。

浙江精神是伟大的改革开放精神的集中彰显。应时变革，革故鼎新。改革开放全面激活了浙江人敢想敢试、敢闯敢拼、抢抓机遇、奋勇争先的文化基因。浙江是一个自然条件很一般的省份，面积约占全国的1％却创造了约占全国6.2％的经济总量，靠的就是浙江精神。浙江人没有太多的资源优势，就把自己打造为最大的发展优势。"走尽千山万水，想尽千方百计，说尽千言万语，吃尽千辛万苦"的"四千精神"是浙江人的写照，也是浙江精神的民间表述。改革开放40多年来，浙江人不争论姓"资"姓"社"，敢于"摸着石头过河"，积极推行包产到户，大力发展商品经济，推动乡镇企业异军突起。不等不靠、主动求变，国家、集体、个人一起上，4个轮子（乡办、村办、联办、户办）一起转，创造了诸多全国第一，孕育了一大批勇立潮头的改革先锋，实现了从资源小省到经济大省的历史性跨越。我曾经在意大利遇到一群温州人，她们站在马路边做生意，前面摆满了从义乌小商品市场进的货。这些人不会讲普通话，不会讲英语，不会讲意大利语，只会讲温州话。她们每人手里拿一个计算器，见到外国人来，就用手指着商品，再指着计算器上显示的数字，如果外国人认为太贵，摇头，她们就在计算器上减，一直减到成交。我问她们："你们就是这样做生意的？"她们说在意大利已待了8年了，赚了好多钱。我听了非常感慨：精神远比语言重要。她们没有与外国人交流的语言能力，但是就凭着这种"四千精神"在国外活了下来，并赚了钱，这就是浙江人的典型代表。

浙江精神成为推动经济发展的强大精神动力。浙江精神哺育了浙江人特别能吃苦、特别能创业、特别能适应市场经济的思想观念和行为方式，极大地激发了浙江人的创业热情，形成了浙江经济的活力，打造了浙江经济的实力。1978年，浙江生产总值只有约123.7亿元。2018年，浙江省的地区生产总值(GDP)约为56197亿元，全年财政总收入约11706亿元，一般公共预算收入约6598亿元。按可比价格计算，比1978年增长约454倍，生产总值总量在全国省(区、市)的位次从第十二位上升到第四位；人均GDP由1978年的约331元增加到2018年的约98643元，接近世界银行分类标准中的高收入经济体水平，增长了约298倍，列北京、上海、江苏之后，居全国第四位。经济发展质量效益大幅提升，浙江成为最具发展活力的省份之一。

浙江精神成为社会建设的强大精神动力。广大干部群众在浙江精神的旗帜下思想更加统一，目标更加坚定，步伐更加一致。全省上下心齐、气顺、劲足、实干，形成了经济社会协调发展、现代化建设全面推进的生动局面。

浙江精神成为法治浙江和平安浙江建设的强大精神动力。在张扬人的主体意识的浙江精神的引领下，民主法制建设进一步推进，人民群众的民主意识进一步增强，他们参与管理经济、文化和社会事务的积极性进一步提高。人民群众民主意识的增强，促使各级党委、政府努力从法律、制度和程序上保障人民群众的民主权利。大力推进平安浙江建设，全社会的凝聚力进一步增强。

浙江精神成为推动浙江文化大繁荣大发展的强大精神动力。浙江精神提升了浙江文化的品位，促进了人的全面发展，增强了构成浙江综合竞争力的文化“软实力”。在浙江精神的引领下，文化大省建设的步伐进一步加快，文化发展的内在动力得到不断增强，文化生产力得到解放和发展。

浙江精神成为推动美丽浙江建设的强大精神动力。浙江人民坚定不移践行“绿水青山就是金山银山”的理念，科学地解决经济生态化和生态经济化这两大问题，生态文明建设成效显著。全省生态环境发生了优质水总量提升、劣质水总量下降，蓝天时长提升、PM2.5 指标下降，绿化水平提升、森林火灾次数下降的明显变化。

浙江精神始终激发着浙江人民创业创新的智慧和勇气，对经济建设发挥了推动和支撑作用，成为爬坡过坎、攻坚克难的经济竞争力；对社会发展发挥了凝聚和激励作用，成为统一思想、促进和谐的社会向心力；对文化繁荣发挥了引领和提升作用，成为塑造灵魂、引领风尚的文化软实力。所以，我们走进新时代，一定要大力弘扬红船精神和浙江精神，以强大的精神力量去迎接新时代的机遇与挑战。

二、培育践行社会主义核心价值观和当代浙江人共同价值观

当下，培育和践行社会主义核心价值观和当代浙江人共同价值观，进而形成、构建主流价值观，对于统一思想、凝聚共识、汇聚力量具有重大的现实意义。

(一)价值观具有重要的时代意义

党的十九届四中全会提出:坚持以社会主义核心价值观引领文化建设制度。推动理想信念教育常态化、制度化,弘扬民族精神和时代精神,加强党史、新中国史、改革开放史教育,加强爱国主义、集体主义、社会主义教育,实施公民道德建设工程,推进新时代文明实践中心建设。坚持依法治国和以德治国相结合,完善弘扬社会主义核心价值观的法律政策体系,把社会主义核心价值观要求融入法治建设和社会治理,体现到国民教育、精神文明创建、文化产品创作生产全过程。每个社会都有其赖以支撑的价值观。价值观是指一个人对周围的客观事物的意义和重要性的总评价和总看法。它综合地体现了主体的愿望、要求、欲望、理想、需要、利益等。价值观作为人对这种价值关系的主观认识和表达,一方面表现为价值取向、价值追求,凝结为一定的价值目标;另一方面表现为价值尺度和准则,成为人们判断事物有无价值及价值大小的标准。价值观可以分为宏观和微观两个层面。从宏观角度看,它是一个社会思想文化体系的内核和灵魂,代表着该社会对应该提倡什么、反对什么的规范性判断。从微观角度看,价值观是人们心中深层的信念、信仰、理想系统。社会主义核心价值观源于人们的共同价值理想,以共同价值观为基础,对共同价值观进行高度概括和抽象。在当今社会生活中,价值观具有三大功能:一是导向功能,引导社会培养什么样的人、倡导什么样的社会风气;二是规范功能,使人们达成基本共识,规范人们的行为,维持社会的良好秩序;三是动力功能,在人的内心深处形成向上向美向善的强大推动力。

我们已经步入转型发展的关键期,经济体制深刻变革、社会结构深刻变动、利益格局深刻调整、思想观念深刻变化,价值观领域呈现多元化发展态势。一方面,价值观的多元化是社会发展进步在思想观念层面的深刻反映，是文化生机与活力的外在表现。另一方面，价值观的多元化是全球思想文化交流、交融、交锋的结果，极易引发民众价值取向的迷失和价值抉择的混乱，动摇和冲击主流意识形态地位并阻碍其发挥作用，给经济的健康发展和社会的安定有序构成极大威胁。2019年，浙江省人均GDP超过10.76万元，在物质生活达到一定程度以后，我们需要高度关注解决精神层面的问题。当前在精神价值领域出现了一些不容忽视的问题：一些人失去目标和方向，内在心灵世界没有依归，出现“价值真空”状态。“价值多样”导致许多人在价值取向上出现无所适从的现象，也有的在金钱万能的表象面前出现“价值虚无”的状况等。越是思想观念纷繁复杂，就越需要主心骨；越是社会多元多样，就越需要引导社会协调发展的理念和目标。因此，在推进经济发展、讲究物质利益、保障个人权益的同时，必须高度重视人的全面发展，关注人们的价值取向，实现人在精神上的发展与进步。

党的十八大提出社会主义核心价值观，即富强、民主、文明、和谐，自由、平等、公正、法治，爱国、敬业、诚信、友善。富强、民主、文明、和谐是国家层面的价值要求，自由、平等、公正、法治是社会层面的价值要求，爱国、敬业、诚信、友善是公民层面的价值要求。这个概括实际上回答了我们要建设什么样的国家、建设什么样的社会、培育什么样的公民的重大问题。

第一层的8个字是我们的奋斗目标——建成富强、民主、文明、和谐的社会主义强国。对“富强”的追求，体现了社会主义初级阶段的最大国情，既有当代的价值，更有传统的价值。“民主”“文明”同样是中华民族百年来孜孜以求的目标。“和谐”则综合了传统文化中“和”的因素，有重要的当代价值。

第二层的8个字，自由、平等、公正、法治，是五四运动以来多少仁人志士的理想，是当代社会的共同价值追求，具有世界意义。社会的活力和创造力来自充分的空间和自由。对于自由的保障，让整个社会和人的创造力、活力真正迸发出来。当然，自由本来就以不侵害别人的自由为前提，是限制的和有条件的。但这种限制并不意味着自由观念的无意义，相反，在限制之内，存在广阔的自由天地，这恰恰是需要保护的。而“平等”是要让全体人民共享改革发展成果的那种平等，是构成法律基石意义上的平等，是需要法治来保证的平等，这个意义上的平等当然是社会核心价值的重要组成部分。“公正”和“法治”体现了对当今社会诉求的回应。德治与法治的结合，是建设法治中国的根本方向。

第三层的8个字，爱国、敬业、诚信、友善，是每个公民做人做事的价值观。“爱国”的核心是要解决好“四个自信”的问题，要确立坚定的道路自信、理论自信、制度自信和文化自信。“敬业”就是用心做事。人做事分4类：用混做事，用力做事，用脑做事，用心做事。用心做事是做事的最高境界，也是我们追求的根本目标。只有用心做事，才能真正把事情做好。“诚信”就是社会的契约精神。电视剧《温州一家人》中讲了这样一个例子。一个温州人向别人借钱，但那个人把借条弄丢了，他抱着试试看的心态问温州人能否还钱。温州人说：“欠你的钱我记在笔记本上了，放心。”并马上还他钱。这就是诚信，这也是市场经济得以生存的根基。“友善”就是善良。建设美丽浙江，创造美好生活，就需要善良。和谐的社会一定是善良的社会。善良也是一个人的优秀品质。卢梭说，善良的行为有一种好处，使人的灵魂变得高尚了。我们也要看到，这3个层面是有联系的，从做好的个人到做社会的人，到做国家的人，是一个逻辑的递进过程。我们的人是属于社会的人，也是属于国家的人，国家也建立在社会各个机构之上、人和人联系的基础之上，也建立在每个人的基础上，所以它们之间是有联系的。因此最重要的是，我们做人就要从爱国、敬业、诚信、友善开始，要用这种价值观来武装我们自己，然后用这种要求来把国家建设成富强、民主、文明、和谐的国家，来建设我们的社会，使我们的社会变成自由、平等、公正、法治的社会。

大力宣传普及以务实、守信、崇学、向善为内涵的当代浙江人共同价值观。在党的十八大提出社会主义核心价值观以前，浙江省党代会提出要在全省积极倡导以“务实、守信、崇学、向善”为内涵的当代浙江人共同价值观。当代浙江人共同价值观作为一项重大的时代课题在浙江省党代会报告中正式提出，具有重要的理论意义、时代意义和现实意义。浙江省在全国率先提出具有区域性、时代性、个性化特征的共同价值观，为推动社会主义核心价值体系建设提供了现实样本，为建设现代化浙江提供了思想动力。一个地区、一个社会的共同价值观念是这个地区、这个社会能自立于其他地区、其他社会之间的“基因身份证”。目前，这 8 个字的共同价值观写在浙江 14000 多个农村文化礼堂里。以务实、守信、崇学、向善为内涵的当代浙江人共同价值观，涵盖了政治、经济、社会、文化等生活的各个方面，具有丰富的内涵和鲜明的特征。

“务实”，即讲求实效、实事求是，主要讲的是政治生活中的价值追求。浙江人历来不善张扬，不好争论，崇尚“多做少说，做也不说”，踏踏实实，一步一个脚印。同时，在改革和发展实践中，能够坚持从世情、国情、省情和面临的实际以及人民群众的愿望要求出发，不囿于以往经验，不照搬别人做法，努力做出符合浙江实际的战略抉择。在新的历史时期，倡导务实，就是要坚持和发展实事求是的思想路线，深入贯彻落实科学发展观，不动摇，不折腾，求真务实、开拓创新。同时，要善于抓住和用好机遇，心无旁骛干实事、脚踏实地求实效，为开创我省经济社会发展新局面做出新的贡献，使我们所做的一切工作、所从事的一切事业经得起群众的评价、实践的评判和历史的评说。

“守信”，即尊重规则、信守承诺，主要讲的是经济生活中的价值追求。浙江历史上商业文化繁盛，许多著名思想家较早倡导“以利和义”“义利并立”，历代浙江人逐步建立起了讲义守信的朴素诚信观。诚信是一切职业道德的立足点。现代市场经济的本质就是信用经济，诚信已成为现代经济的基石。历史事实表明,诚信造就了财富,诚信推动了发展。倡导守信,就是要把诚信作为现代社会文明之基,不仅要弘扬传统的诚信美德,更要大力推进以个人为基础、以企业为重点、以政府为关键的现代信用建设,使遵纪守法、诚信发展、共创共富等意识深入人心,成为全社会自觉的行为规范,构筑新时期的“信用浙江”。

“崇学”,即重学善学、敢闯敢创,主要讲的是文化生活中的价值追求。坚持学习、善于学习,是浙江发展进步的决定性因素。浙江自古文化繁盛,名人荟萃,具有崇文重学的文化底蕴,形成了浙江人特别爱学习、特别能吃苦的精神品格和善于创业、勇于创新的文化传承。在新的历史阶段,浙江要再创发展新优势,就要大力弘扬重学善学的文化传统,扎实推进学习型社会建设,切实在坚持学习中解放思想,破除不思进取的观念,强化敢为人先的意识,不断激发创业热情、迸发创新智慧、鼓足发展动力,使浙江的改革发展始终充满创造性活力。

“向善”,即人心向善、从善如流,主要讲的是社会生活中的价值追求。浙江人历史上不仅擅商、长于致富,更饮水思源、乐善好施,对后世产生了深远影响。和谐社会也是向善的道德化社会。和谐社会本质规定的道德意蕴诉求向善的人文精神,而向善的人文精神也为构建和谐社会提供道德支撑。要引领和谐社会建设朝着健康有序的方向发展,就要激励起人们心中向善的热情,使人在处理人与人、人与社会、人与自然等关系时,自觉履行社会责任,自觉地求善、扬善、行善,引导更多的人在积极的社会参与中感知认同应有的公民责任,使个人的道德良知升华为集体的人文关怀。

当代浙江人共同价值观既是社会主义核心价值观的具体实践形态,也是凝聚全体浙江人团结奋斗的价值共识。以“务实、守信、崇学、向善”为内涵的当代浙江人共同价值观是作为一个群体的“浙江人”的价值观,涉及浙江人做人的价值取向和价值评价等问题,反映和代表了当前广大浙江人民的价值理想、价值愿望和价值追求。

(二)培育践行社会主义核心价值观

培育和践行社会主义核心价值观和当代浙江人共同价值观,我们要努力贯彻落实好《浙江省培育和践行社会主义核心价值观实施方案》,要广泛开展社会主义精神文明实践活动,进一步加强爱国主义、集体主义、社会主义教育,引导人们树立正确的历史观、民族观、国家观、文化观。不断深化"培育践行社会主义核心价值观'六大行动'"。通过开展"我们的价值观"每日报道、"价值观宣讲进基层"等活动,推进核心价值观普及行动;通过深化"我们的节日"主题活动、"我们的家训"活动和实施地方戏曲振兴计划等活动,推进优秀文化传承行动;通过打造"文化地标、精神家园",强化内容、队伍和机制建设,推进文化礼堂建设行动;通过深化最美精神培育、最美人物选树、最美现象宣传和志愿服务推广,推进最美风尚培育行动;通过实施新媒体建设工程、网络生态综合治理等活动,推进网络空间清朗行动;通过开展"诚实做人、诚信做事"主题活动,推进诚信浙江建设行动。要充分运用各类媒体、文艺作品、公益广告和群众性文化活动等的影响力开展宣传教育,推动社会主义核心价值观宣传全覆盖。

围绕立德树人,将核心价值观贯穿国民教育全过程,构建以社会主义核心价值观为引领的大中小幼一体化德育体系,从家庭做起,从娃娃抓起。各级学校要牢牢把握立德树人这个根本任务,严格落实德育工作责任体系,深入推进德育教育改革创新,让高尚的思想品德和深厚的文明素养在广大师生中生根开花结果。在学校要提倡"智慧"双修。"智慧"两个字我们要分开来看,"智"是做事的本领,也就是常说的智商,"慧"是做人的品行,也就是常说的情商。"智"主要靠专业课解决,"慧"要靠思想政治工作和校园文化熏陶来完成。目前总体上看,我们在教育中,有的时候有的地方比较重视"智",而忽视了"慧",所以培养了一些“精致的利己主义者”，这种状况必须改变。我们要大力推进社会主义核心价值观和浙江人共同价值观进学校、进课堂，进一步加强学校的思想政治工作和德育建设，不断丰富校园文化生活，努力打造以文化人的最佳环境。要不断完善学生思想政治教育工作的领导体制机制，形成全社会共同关心支持学生思想政治教育的格局。健全党委领导下的思想政治工作体制，建立校、院（系）二级工作网络，形成党委统一领导，党、政、工、团齐抓共管的工作格局。扎实推进中国特色社会主义理论“进教材、进课堂、进学生头脑”工程。通过加强培训，健全管理、考核、奖惩和选拔等各项制度，进一步加强以学校党政干部和共青团干部、思想政治理论课和哲学社会科学课教师、辅导员和班主任为主体的大学生思想政治教育工作队伍建设。充分利用学校广播、电视、网络、报刊、橱窗等阵地，宣传党的主张、弘扬社会正气、引导社会和校园热点、疏导师生情绪，形成新闻宣传的强大合力。坚持以学生成长成才为中心，把思想政治教育与解决学生实际问题结合起来，切实关心学生心身的健康成长。在农村，要广泛开展农村“春泥计划”，利用寒暑假期、传统节日，组织农村未成年人开展道德实践和社会体验。同时，将核心价值观融入法治浙江建设，弘扬社会主义法治精神。建立重大公共政策道德风险评估和纠偏机制，强化公共政策价值导向。加强企业文化建设，培育企业精神。加强清廉文化建设，推动党员干部廉洁从政修身，争做核心价值观的模范践行者，以优良党风政风促社风民风持续改善。

（三）创新引领、扎实推进群众性精神文明创建工作

紧紧围绕推进社会主义核心价值观建设这个根本，深入研究当前道德领域存在的突出问题，积极探索和创新公民道德建设的有效途径，大力开展公民道德教育和群众性精神文明创建活动。深化公

民道德教育实践活动。以“做一个有道德的人”为主题，从人民群众最现实、最直接、最具体的事情入手，通过典型示范、思想教育、文化熏陶等方式，努力提高公民道德素质。深入开展“讲文明树新风”活动，深化文明礼仪教育，推进志愿服务行动。组织浙江省道德模范和全国道德模范评选推荐，深入开展全民阅读活动，深化“我们的节日”主题教育活动，着力构建人民群众的精神家园。让精神文明成为美丽浙江、美好生活的鲜明底色，用精神和文化来温暖浙江。以落细落小的理念和精细化的要求，进一步修订完善市民公约、村规民约、学生守则和行业规范，用长效机制推动公民文明素养提升迈上新台阶。提升公民文明素质，是在脑袋里搞建设、心灵上做工程，必须落细落小、抓长抓常。

要从身边的小事抓起，从日常生活中的一言一行、一举一动抓起。文明见于细节。乱扔垃圾、乱停车、排队加塞、公共场合大声喧哗等，都是公共文明指数测评中发生率较高的突出问题，要对症下药，力争解决。文明要成为一种自觉，既要靠植根于内心的修养，也要有制度的“硬约束”。为此，要抓长效机制，抓习惯养成。充分发挥市民公约、村规民约、行业规范和团体章程的自我管理、自我教育、自我约束作用，形成常态化激励和处罚问责机制，促进全社会讲文明、树新风。文明养成要从小抓起，把素质培育渗透到校风学风、课堂教学、课外活动、社会实践之中，引导青少年扣好人生第一粒扣子。

在精神文明建设中，要大力提倡创新各种有效的载体与方式。如从 2012 年开始，余姚市委宣传部、文明办和余姚农村商业银行在农村开展“道德银行”建设。“道德银行”制度最突出的特点是以道德评价为切入口，把道德指数和信贷规模结合起来，让无形的道德可量化、可触摸。对每个人进行道德评议。评议前，严格落实群众参与机制，确保网格评议时群众占比 90％以上、村社评议时群众占比 70％以上，且定期轮换评议群众，做到群众的分数群众评、群众议。评议中，严格落实信息公示机制，通过多种渠道及时向群众公示有关事项，确保群众的知情权。评议后，通过银行、公安、工商、税务等部门的档案系统，严格执行部门轮审机制，被查出一票否决事项的，直接取消道德信贷资格，并将接下来1—3年的个人道德积分全部清零。道德评议每季度开展1次，要是有人在道德评议中被扣了分，村里人尽皆知，这是磨不开面子的事。而道德积分达到一定数字，就能在银行获得相应的免担保、免抵押、低利率的信用贷款。“存入”道德，取出贷款。“道德银行”制度的实施，不仅使农民创业有了底气，也有效推动了农村基层治理变革。目前，余姚的“道德银行”已覆盖全市城镇，涵盖所有银行，市级设总行，乡镇设支行，建制村组建网点。截至2019年6月底，全市已有约2.88万农户通过“道德银行”获得信用贷款约24.53亿元。

广泛开展做一个文明有礼浙江人的活动。礼仪是社会生活中人们共同遵守的最基本的道德规范，以风俗、习惯和传统等方式固定下来。对一个人来说，礼仪是思想道德水平、文化修养、待人接物能力的外在表现；对一个社会来说，礼仪是一个国家文明程度、道德风尚和生活习惯的反映。要把重视和开展礼仪教育作为道德实践的重要内容，在全社会范围内开展礼仪教育。特别是借助农村文化礼堂和城市文化家园建设，大力普及文明礼仪的基本知识，举行敬老礼、儿童开蒙礼、中国式婚礼、成人礼、就职礼等。通过这种礼仪的教化，做到内化于心、外化于形，引导公民增强礼貌、礼仪、礼节意识，提高自身道德修养。明确规定并大力提倡在重要场所和重大活动中升国旗、唱国歌，开展各种形式的重礼节、讲礼貌等活动。为了推进敬老，针对一些人对老人赡养不到位的现象，台州有的农村推出“媳妇来晒被，家庭比孝心”活动。村（居）民们把自家老人盖的被子统一晾晒在晒绳上，由镇（街道）领导及群众评委进行评选。评委以无记名投票的方式，以被子的“清洁、柔软、新旧、气味”为标准，评出“孝心被”和“好媳妇”，大力弘扬中华民族孝亲敬老传统美德。

广泛开展区域道德品牌建设，推动各地传承弘扬向善向美的地域文化传统。像嘉善的“善文化”、德清的“德文化”、慈溪的“慈文化”、天台的“和合文化”、浦江的“孝文化”、义乌的“信义文化”等都是很好的地域道德品牌。深化推进好家风建设，推动好家训好家风代代相传。以传承好家训、培育好家风、建设好家庭为主要内容，深入开展“立家训”“重家教”“传家宝”“写家书”“全家福”“家训亮厅堂、挂礼堂、驻心堂”等活动。发动群众制订家训，并把家训挂在家门口，以相互监督评议，让好家风、好家训代代相传。目前浙江有近400万户家庭参与好家风建设活动，约100万户家庭新立家训。大力弘扬传统家庭美德，让注重家庭、注重家教、注重家风成为全省广大干部群众的普遍共识与行动自觉。培养乡贤文化，举乡贤、颂乡贤、学乡贤。积极培育与社会主义核心价值观相契合、与新农村建设相适应的新乡贤文化。乡贤文化根植乡土、贴近百姓，蕴含着尊贤敬贤、向上向善的道德力量，是社会主义核心价值观建设的重要抓手和载体。弘扬新时代的乡贤文化，通过乡贤精神、榜样力量，激励群众合力共建美丽乡村。以“邻里守望”为主题，推开农村志愿服务活动，以文明传文明，共育新风尚。挖掘和保护浙江乡土文化资源，建设新乡贤文化，培育和扶持乡村文化骨干，提升乡土文化内涵，形成良性乡村文化生态。

推进文明出行、文明旅游、文明就餐等主题实践活动。以培育遵德守礼的社会风尚为目标，深入开展文明居住、文明服务、文明交往、文明出行、文明旅游、文明就业、文明娱乐、文明就餐、文明用水、文明上网“十大文明”活动，培养公共意识。大力弘扬助人为乐、见义勇为、诚实守信、敬业奉献、孝老爱亲的高尚品德。深入开展“礼让斑马线、文明过马路、排队守秩序、礼仪待宾客”等活动，使之成为浙江人的自觉行动。开展游客和旅行社之间的双向文明承诺活动，引导游客和企业恪守诺言、文明出游、诚信经营。突出节约粮食重点，广泛开展“光盘”行动。大力推进节约型机关、企业、校园、家庭创建。深化“书香浙江”建设，加强全民阅读推广。深入开展“社科普及周”“浙江人文大讲堂”“浙江艺术讲堂”等活动。抓好垃圾分类宣传教育，倡导文明卫生的生活方式。广泛开展全民健身活动。扎实推进“信用浙江”建设，全面提升政务诚信、商务诚信、社会诚信、司法公信建设水平。建立志愿服务综合评价体系，推动学雷锋志愿服务常态化制度化。

三、深化“最美浙江人”主题宣传活动

榜样的力量是无穷的，要为社会树立正气和培育正能量就要大力树立先进典型，营造向上向善的浓厚氛围。

（一）实施“最美浙江人”品牌提升行动

健全“最美浙江人”发现、选树、宣传、褒奖长效机制，分类开展时代楷模、道德模范、感动人物、身边好人等“最美浙江人”选树宣传。

“最美”这两个字是网民命名的。2011 年 7 月 2 日下午，在杭州滨江区的某个住宅小区，2 岁女童妞妞突然从 10 楼坠落，刚好被路过的吴菊萍看到，她奋不顾身地冲过去用双手接住了孩子。女孩稚嫩的生命得救了，但从 10 楼坠下来的孩子冲击力极大，吴菊萍的手臂瞬间被撞成粉碎性骨折。这一感人事迹迅速在网络得到传播，网民赞美她为“最美妈妈”。2011 年 9 月 20 日，吴菊萍在第三届全国道德模范评选中荣获全国见义勇为模范称号。此后，浙江就广泛开展“最美”行动，大力倡导这种见义勇为的精神。浙江类似的最美人物层出不穷。在吴菊萍之后，大家一定会记起“最美司机”吴斌。2012 年 5 月 29 日，杭州长途汽车客运公司司机吴斌驾驶着大客车，从无锡开往杭州，车上搭载着 24 名乘客。11 时 39 分 24 秒，一块不明飞行物突然迎面飞了过来，击穿大

客车的前挡风玻璃，狠狠砸中吴斌的腹部，紧接着又重重地弹到了他的手臂上。我们无法想象，被相当于一吨半重的力度击中，是什么样的滋味。用抢救的主治医生的话说："那一下重创，让吴斌的肋骨多处骨折，肺、肠挫伤，肝脏组织就像被震碎了一样！"通过视频，我们看到被击中后的吴斌非常冷静，他的第一意识始终是坚持握稳手中的方向盘。他没有紧急刹车，没有猛打方向盘，果断、娴熟地做着一系列规范的安全操作：松开油门，平缓减速……剧烈的疼痛，让他本能地用右手捂了下被击中的部位，但即刻，那只右手就去艰难而努力地操纵排挡杆，力保汽车平稳减速，拉起手刹，开启双跳灯，打开车门。车停下来了，剧烈的疼痛已经布满了吴斌的全身，但他的脑子里只有旅客的平安。他挣扎着缓缓站起，叮嘱乘客："不要急，一个一个下，站在路边。"乘客们清楚地记得，吴斌的声音很低沉，但有一种不容置疑的力量。吴斌的镇定使得车上的乘客丝毫没有意识到，他们刚从死亡的边缘回来。躺在抢救病床上的吴斌，从昏迷中醒来说的第一句话是："乘客都安排好了吗？"这也是他生命中留下的最后一句话。有位诗人这样写道："76 秒前你叫吴斌，76 秒后你是英雄。"

"最美浙江人"就是指模范践行社会主义核心价值观和以"务实、守信、崇学、向善"为内涵的当代浙江人共同价值观的人，他们美在平凡、美在善良、美在奉献、美在责任、美在瞬间。用"最美"生动诠释热爱祖国、热爱人民的思想境界，乐于助人、无私奉献的高尚品格，立足平凡、追求高尚的美好情怀，爱岗敬业、忠于职守的职业精神，他们身上凝结了中华民族的传统美德，展现了浙江改革开放的时代风貌。2012 年至 2015 年，浙江省连续 4 年有人走进北京人民大会堂接受中央领导接见并举办先进事迹报告会。浙江省皮肤病防治研究所上柏住院部医疗队、衢州柯城区人民医院主任医师万少华、浙江大学医学院附属邵逸夫医院眼科主任姚玉峰等，都被中共中央宣传部授予"时代楷模"荣誉称号。我们要大力弘扬这些时代楷模身上闪烁的精神富有的光芒，深入开展“最美家庭”“最美行业”“最美群体”选树活动。深化“最美浙江人”主题宣传实践活动，坚持政府评选、媒体寻访、群众发现相结合，评选发布“发现最美浙江人——浙江好人榜”，推进“万名好人在身边”“道德红榜进基层”“善行义举榜”等好人发布、宣传、交流活动。大力宣传浙江省道德模范、“浙江骄傲”、“风云浙商”、“金牛奖”新农村建设优秀带头人、浙江省“十大杰出义工”、浙江经济年度人物、“文化新浙商”、“科技新浙商”、十大孝贤人物、青春领袖、“金锤奖”浙江省杰出职工等省级年度人物评选，发挥已拥有的群众基础广、社会影响大的先期优势，突出“最美浙江人”内涵，倡导“最美浙江人”精神，在最大限度上使“最美浙江人”精神看得见、摸得着，努力形成全社会崇尚“最美浙江人”、学习“最美浙江人”、争做“最美浙江人”的良好风尚。

（二）推进社会公德、职业道德、家庭美德、个人品德建设

做“最美浙江人”，就是要激励人们向上向善、孝老爱亲，忠于祖国、忠于人民。以提升公民文明素质和社会文明程度为导向，完善测评体系，创新方式方法，深化社会公德、职业道德、家庭美德、个人品德建设。

加强社会公德建设。社会公德是全体公民在社会交往和公共生活中应该遵循的行为准则，是社会生活中最基础的道德规范，涵盖了人与人、人与社会、人与自然之间的关系。当前人们工作、生活的方式日益多样化，公共活动领域不断扩大，相互联系和交往日益频繁，社会公德在维护公众利益、公共秩序，培育良好风尚，保持社会稳定，促进社会和谐等方面的作用更加突出，已经成为提高公民文明素质和社会文明程度的重要内容。一个社会，只有人人遵守公德，才是一个和谐的社会、一个温暖的社会。比如，大家都要遵守排队的公德，这样社会才有秩序，效率才会高。特别是一些弱者，如老人、儿童，他们的权益才会得到

保障。一些国家教育公民在遇到突如其来的灾难时也要遵守排队的秩序,这样人员疏散才会迅速。大家可能对电影《泰坦尼克号》中的几个镜头感触很深:船马上要沉了,但是男人们表现出高尚的道德修养,宁可自己随沉船而去,也要让妇女和儿童优先登上救生船。特别是那几位音乐家,在船快要沉没之时,为了稳定人们的情绪,照样演奏着音乐。这些人物从某种意义上来说都是让人无法忘怀的社会公德楷模。我们要大力倡导文明礼貌、助人为乐、见义勇为、爱护公物、保护环境、遵纪守法等公德规范,鼓励人们做好公民。

加强职业道德建设。职业道德是所有从业人员在职业活动中应该遵循的行为准则,涵盖了从业人员与服务对象、职业与职工、职业与职业、职业与社会之间的关系。随着社会分工的发展和专业化程度的增强,全社会对从业人员的职业观念、职业态度、职业礼仪、职业技能、职业纪律和职业作风的要求越来越高。如果员工没有良好的职业道德,不仅工作做不好,而且这个企业也是没有竞争力的。东京羽田国际机场是全日本吞吐量最高的机场,被评为"世界最干净机场"。荣誉背后,离不开700余位手握扫帚、拿着抹布、隐藏在各个角落的清洁工。其中有一位叫新津春子的清洁工,因技能过硬,被封为日本"国宝级匠人"。在打扫卫生的过程中,她对自己异常"苛刻"。因为水池的排水口清理困难,她发明了好用的小刷子;她经常蹲在地上,借着亮光观察地板上是否有灰尘;她熟记80多种清洁剂的用法,看一眼污渍,就知道用哪种清洁剂可以处理干净。任何一个平凡的岗位,只要用心去做、肯拼搏,都能做出不平凡的业绩。这就是职业道德的典范。当年,林巧稚参加医学院的入学考试,突然看到一个考生晕倒,她马上停止考试,帮助把这个考生送到医院。她认为救人要紧,考试可以明年再来。后来这家医学院破格录取了她,因为医德比什么都重要,这样有爱心的人最适合当医生。我们要大力倡导爱岗敬业、诚实守信、办事公道、服务群众、奉献社会等职业操守,引导生产型行业"负责任地做产品"、服务型行业

"负责任地提供服务",鼓励人们在工作中做一个好员工。

加强家庭美德建设。家庭美德是每个公民在家庭生活中应该遵循的行为准则,涵盖了夫妻、长幼、邻里之间的关系。家庭是社会的细胞,家庭生活与人们的工作和社会生活有着密切的联系,正确对待和处理家庭问题,共同培养和发展夫妻爱情、长幼亲情、邻里友情,有利于每个家庭的美满幸福,也有利于整个社会的稳定和谐。尊老爱幼也是中华民族的传统美德之一。加强家庭美德建设,要大力倡导尊老爱幼、男女平等、夫妻恩爱、勤俭持家、邻里和睦等美德规范,鼓励人们在家庭里做一个好成员。浙江人创作的歌曲《家风》,将中华传统的家风融汇在民族音调的乐风里,惠风和畅,春风化雨,对家风这一特定又普遍的社会风尚做了恰当的艺术诠释,体现了社会的责任感,充满着家庭的亲切感。部分歌词来自人们耳熟能详的经典治家格言,如"勤劳土生金,节俭福临门""做人当有节,礼让路好行"等等。这些中华传统家庭文化沉淀,被注入了音乐的律动感,强化了文学的可唱性,成为一首精致歌词作品中的主题精髓。

加强个人品德建设。个人品德是个人在道德行为中表现出来的稳定心理、内在品质和情操,包括个人的道德认知、道德情感、道德意志、道德信念等,是个体的自我道德意识。培育良好的个人品德,不仅是现代社会中每个成员自我完善、自我发展的需要,更是推动全社会道德建设的前提和基础。什么是教养?教养就是一个人的到来,宛如一阵清风袭来,这阵清风就是教养。有教养没教养都是藏不住的。如果你是一个好人,社会就多一个好人;如果你是一个坏人,社会就多一个坏人。所以,每个人对于社会都是很重要的。我们要加强个人品德建设,就是要增强人们的道德自觉意识,激发人们的道德责任感和使命感,培育自尊自信、理性平和、开放包容、积极向上的社会心态,养成求真、从善、尚美的心理意识,树立正确的世界观、人生观和价值观,鼓励人们在生活中做一个有道德的人。

（三）切实加强志愿服务活动

做“最美浙江人”，要大力培育志愿服务的浓郁氛围。浙江制定出台了《浙江省志愿服务事业发展纲要》《浙江省注册志愿者管理办法》《浙江省志愿服务信用记录与管理办法（试行）》等一系列政策制度。我们要按照这些要求，广泛发动党员、职工、妇女、青少年等志愿者和志愿服务团队，开展各类志愿服务活动，打造有温度的社会。浙江的志愿服务制度化常态化扎实推进，亮点频现。开展“关爱他人、关爱社会、关爱自然”志愿服务大行动，组织党员志愿者、巾帼志愿者、青年志愿者、社区志愿者、文化志愿者队伍扎实开展关爱空巢老人、留守儿童、农民工、残疾人志愿服务，开展敬老、爱幼、助残和送温暖志愿服务，开展普及文明礼仪、维护公共秩序、平安建设、便民利民志愿服务，开展“保护母亲河”“同一条钱塘江”等普及生态文明理念、绿化美化和清洁环境卫生志愿服务。要大力唱响“最美”歌，进一步倡导见义勇为、感恩博爱、互助和谐的人间大爱。深入挖掘全省各条战线上的典型事迹和先进人物，让“最美”由“盆景”成为“风景”，再演化为“风尚”，把浙江建设成“道德高地”。

第三讲思考题：

1. 弘扬红船精神有什么当代意义？
2. 价值观有什么重要作用？
3. 应该怎样培育个人品德？

第四讲

传承优秀文化　积淀发展底蕴

建设文化浙江，必须高度关注浙江优秀传统文化的传承与弘扬，深入实施好优秀传统文化传承发展工程，推进优秀传统文化创造性转化和创新性发展，让优秀传统文化活起来、传下去。

一、梳理浙江历史文脉，保护传承优秀传统文化

浙江自古就是文脉传承之地，历史积淀深厚，区域文化特色明显，人文荟萃。深厚的文化积淀是建设文化浙江的坚实基础，要着力传承优秀传统文化，延续民族文化的根。

（一）深入实施中华优秀传统文化传承发展工程

2017 年 1 月，中共中央办公厅、国务院办公厅印发了《关于实施中华优秀传统文化传承发展工程的意见》，提出："中华文化源远流长、灿烂辉煌。在 5000 多年文明发展中孕育的中华优秀传统文化，积淀着中华民族最深沉的精神追求，代表着中华民族独特的精神标识，是中华民族生生不息、发展壮大的丰厚滋养，是中国特色社会主义植根的文化沃土，是当代中国发展的突出优势，对延续和发展中华文明、促进人类文明进步，发挥着重要作用。"该意见提出实施 7 项重点任务：一是深入阐发文化精髓；二是贯穿国民教育始终；三是保护传承文化遗产；四是滋

养文艺创作；五是融入生产生活；六是加大宣传教育力度；七是推动中外文化交流互鉴。其提出的总体目标是，到2025年，中华优秀传统文化传承发展体系基本形成，研究阐发、教育普及、保护传承、创新发展、传播交流等方面协同推进并取得重要成果，具有中国特色、中国风格、中国气派的文化产品更加丰富，文化自觉和文化自信显著增强，国家文化软实力的根基更为坚实，中华文化的国际影响力明显提升。

2017年9月，浙江省委办公厅、省政府办公厅印发《浙江省实施中华优秀传统文化传承发展工程工作方案》，在全省部署实施中华优秀传统文化传承六大工程：优秀传统文化研究阐释工程，优秀传统文化保护振兴工程，优秀传统文化教育普及工程，优秀传统文化传播交流工程，优秀传统文化创作生产工程，优秀传统文化实践养成工程。当前，我们就是要把这六大工程建设好。在工作中，牢牢把握社会主义先进文化前进方向，大力传承发展中华优秀传统文化的核心思想理念、中华传统美德和中华人文精神，着力提升浙江传承发展优秀传统文化重大工程、重点项目和重要载体的价值导向和思想内涵，用优秀传统文化的精华滋养人民群众的精神世界。充分发挥浙江历史悠久、文化底蕴深厚的优势，发掘优秀传统文化的浙江元素，加强对浙江特色文化的研究，把浙江元素融入优秀传统文化教育普及、保护传承、创新发展、传播交流以及文化产品的创作生产等方方面面。坚持推动优秀传统文化的创造性转化和创新性发展，秉持客观、科学、礼敬的态度，取其精华、去其糟粕，扬弃继承、转化创新，将优秀传统文化和与时俱进的浙江精神有机结合起来，不断赋予优秀传统文化新的时代内涵和现代表达形式，使优秀传统文化与当代文化相适应、与现代社会相协调。充分发挥政府主导作用和市场积极作用，鼓励和引导社会力量广泛参与，统筹各方面资源力量，努力推出一批具有较大反响的重点工程和项目，形成全社会合力推进优秀传统文化建设的大格局。以手绘卡通的形式，制定出全国首张全省域的文化地图，包含文化地标、文化景观、文化旅游景点、历史文化名人等155个标志性文化元素。努力实现浙江优秀传统文化创造性转化和创新性发展。

（二）让文化研究工程创造新的辉煌

习近平同志在为“浙江文化研究工程成果文库”作的总序中指出：“千百年来，浙江人民积淀和传承了一个底蕴深厚的文化传统。这种文化传统的独特性，正在于它令人惊叹的富于创造力的智慧和力量。浙江文化中富于创造力的基因，早早地出现在其历史的源头。在浙江新石器时代最为著名的跨湖桥、河姆渡、马家浜和良渚的考古文化中，浙江先民们都以不同凡响的作为，在中华民族的文明之源留下了创造和进步的印记。”早在5万年前的旧石器时代，浙江就有原始人类“建德人”活动；“上山文化”“跨湖桥文化”“河姆渡文化”“良渚文化”组成了浙江历史文化的年轮。浙江自古以来就是富庶之地，是一方历史悠久、人文荟萃、充满活力的沃土。传说中舜的后代受封于上虞和余姚，大禹治水到过绍兴，并最终长眠在此。春秋时的越国、三国时的孙吴和五代十国中的吴越均以浙江为发端。南宋以临安为都，其一度占据全国的政治和文化中心地位。杭州为七大古都之一，北宋词人柳永就曾赞美杭州“东南形胜，三吴都会，钱塘自古繁华。烟柳画桥，风帘翠幕，参差十万人家”。浙江是名人辈出的地方。自东汉至现代，浙江籍文学家载入史册者已逾千人，约占全国的1/6。浙江的物质文化遗产和非物质文化遗产数量也在全国名列前茅。浙江有4处世界遗产：江郎山（属于中国丹霞）、杭州西湖文化景观、大运河、良渚古城遗址。浙江有不可移动的文物超7.5万处，居全国第一位。在联合国教科文组织公布的“人类非物质文化遗产名录”“急需保护的非物质文化遗产名录”中，浙江有9个项目上榜，位居全国之首。在2006年至2014年公布的4批国家级非物质文化遗产名录中，浙江申报实现四连冠，都是第一名，共有国家级非物质文化遗产代表性项目 233 个，有国家级非物质文化遗产代表性项目代表性传承人 196 人。浙江有省级非遗项目 886 项(连同延伸项共 1076 项)。浙江有国家级文物保护单位 231 处，有省级文物保护单位 910 处。中华人民共和国成立以来，浙江高度重视对优秀传统文化的保护与传承，取得了辉煌的成就，为新时代实施好优秀传统文化传承发展工程奠定了坚实的基础，也为文化浙江建设提供了难得的经验与方法。

实施文化研究工程，梳理浙江文化根脉。浙江素有"文献之邦"之称，历史文献丰富翔实。光是东汉以来存世的浙江文献就有 2000 余种，可谓"泱泱两千年，皇皇两千种"。2005 年，习近平同志在浙江工作期间提议并实施"浙江文化研究工程"，并担任省文化研究工程指导委员会主任。文化研究工程以项目化来组织实施，以成果价值为标准，紧紧围绕"今、古、人、文"四大主题，即"浙江当代发展问题研究""浙江历史文化专题研究""浙江名人研究""浙江历史文献整理"，首次系统梳理、考订浙江历史文化、文化名人及其学术思想和著述，对濒临失传的传统文化经典进行抢救性整理和发掘，同时，全方位总结改革开放以来浙江经济社会发展历程及其成就的人文基因和精神渊源。这个文化研究工程，作为全国人文社科领域首个省级大型学术研究工程，系统地梳理浙江文化的传承脉络，挖掘浙江文化的深厚底蕴，弘扬与时俱进的浙江精神，为提升浙江文化软实力、丰富中华文化宝库做出了贡献。工程实施以来，省财政专项投入超过 1 亿元，设立研究项目 811 项，组织了省内外哲学社会科学界 1000 多位专家学者参与课题攻关。经过多年的努力，文化研究工程共出版学术专著 1000 多部，光浙江名人就有相关著作 100 多部，平均每本 20 万字。通过这个工程，一大批优秀社科人才脱颖而出，推动浙江哲学社会科学研究跃上了一个新的台阶。文化研究工程的实施，对浙江传承弘扬优秀传统文化、加快文化大省建设具有十分深远的意义。全国学术界对工程取得的成果给予了高度评价，认为工程具有重要的战略价值、丰富的思想价值、独特的学术价值、鲜明的应用价值和广泛的教育价值，在推动认识世界、传承文明、创新理论、资政育人、服务社会方面具有重要作用。工程的一大批学术成果获得多项国内高水平奖项，《吕祖谦全集》获国家图书出版提名奖，《汪康年文集》获国家古籍出版一等奖，《郁达夫全集》等获得中国出版政府奖提名奖，《毛泽东在浙江的785个日日夜夜》等成果受到了中央、省直有关部门的肯定。“浙江历史文献集成”“浙江历史人文读本”“浙江古镇古村落研究系列丛书”“民国浙江史研究丛书”“龙泉司法档案选编”等成果得到国内学术界的高度关注。“马一浮全集”“马一浮书法集”“阳明学研究丛书”“黄宗羲全集”“刘宗周全集”“阳明后学资料丛书”3批20多册，均在全国产生了较大影响。“宋画全集”“元画全集”填补了中国宋画、元画整理汇编的历史空白。“宋画全集”“元画全集”先后被美国华盛顿国家图书馆、德国普鲁士图书馆、英国大英图书馆、联合国教科文组织、法国国家图书馆收藏……一项项工程，将散落在浙江历史长河中的珍宝采撷，串珠成链。在近5届浙江省哲学社会科学优秀成果奖中，共获得一等奖36项，约占总数的23%，是浙江改革开放以来在文化研究上取得的最重要的成果。

第一期“浙江文化研究工程”实施10年后，启动第二期“浙江文化研究工程”逐步提上了浙江省领导和有关部门的议事日程。2015年6月29日，中共浙江省委宣传部在向省委常委会汇报“十三五”时期浙江省文化发展的思路时，汇报了启动实施第二期“浙江文化研究工程”的初步设想。对第二期“浙江文化研究工程”启动起到决定性推动作用的，是2016年5月17日习近平同志主持召开全国哲学社会科学工作座谈会并发表重要讲话。他在会上全面系统地阐述了哲学社会科学的重要地位与作用，当前繁荣发展哲学社会科学的目标任务与要求，提出了哲学社会科学工作者的使命与责任。这是习近平总书记在新时代对繁荣发展哲学社会科学的动员令。为了深入学习贯彻习近平总书记在哲学社会科学工作座谈会上的重要讲话精神，根据中共浙江省委常委会工作部署，中共浙江省委宣传部、省委教育工委、省委党校、省委党史研究室，浙江省社会科学院、省社科联等单位负责同志和相关处室负责人，组成4个调研组，深入哲学社会科学工作部门、科研机构、部分高校和地市，通过召开座谈会、查阅资料、走访谈话等形式，调研浙江省哲学社会科学在学术体系、学科建设、人才队伍、管理机制、保障要素等方面的情况，查找、梳理存在的短板和问题，就繁荣发展浙江省哲学社会科学工作充分听取各方意见建议，形成了近2万字的调研报告。调研报告高度评价了第一期“浙江文化研究工程”取得的硕果，建议尽快启动实施第二期“浙江文化研究工程”。以“浙江当代发展研究”和“浙江历史文化研究”为重点，确立一批领衔课题，大力推进“四个全面”战略布局、“五大发展理念”和“八八战略”在浙江生动实践的理论研究；深化浙江文化发展专题史研究，凸显浙江人民对中华文明历史发展的独特贡献；深化浙江与海外的文化交流史研究，彰显浙江文化的国际形象；加强浙江文献或地方文书整理与研究等，努力展现浙江发展的历史传承、文化传统、渐进突破，为宣传浙江、发展浙江提供更好的服务。

第二期“浙江文化研究工程”，延续第一期的“今、古、人、文”主题，同时更加突出以下3个方面。

一是突出当代发展研究。以习近平同志主政浙江期间提出的一系列区域发展方略，到党的十八大以来形成的一系列新理念新思想新战略，以及改革开放以来历届省委、省政府一任接着一任干，尤其是省十三次党代会以来，省委带领全省人民深入实施“八八战略”，推动中国特色社会主义在浙江的创新实践为主线，深刻总结实践意义和理论价值。

二是突出历史文化研究。对浙江历史文化做进一步系统研究，对浙江历史文献做进一步系统梳理，从浙江史前文明对中华早期文明的贡献，到经过两次“文化南迁”直至近现代浙江特色历史文化的形成，挖掘其深刻内涵和当代意义。

三是突出“浙学”文化的阐述。科学概括“浙学”内涵，系统阐释“浙学”的历史形成和当代建构，深入思考“浙学”在浙江当代和未来发展上的文化意义。

2017年3月22日，浙江省政府新闻办举行了“深入实施浙江文化研究工程”的新闻发布会，宣布第二期“浙江文化研究工程”正式启动。第二期工程将根据指导委员会的统一部署要求展开，组建专家工作小组，完善相关制度规定，加强顶层设计，进一步细化研究任务，通过周密论证，细化研究项目，并根据项目实际，分别采取约请委托、整体承接、项目共建、许可纳入、申报评审等形式确定研究主体，经专家评审等相关程序确定立项后开展研究。二期工程以找对学者、有效激励、出好成果为目标，进一步创新体制机制组织研究工作，通过研究单位、研究基地、协同创新中心等各种平台载体，整合省内外专家学者资源，进一步完善集研究方向、平台或载体、人才培养于一体的学术创新链，集学科、人才、成果等于一体的学术研究链，以及集成果普及、成果转化、宣传推介于一体的学术成果应用链。二期工程将在一期基础上，更加强化学术精品意识。一方面鼓励优势团队和资深专家学者出一批精品成果，对有重大影响和重要学术价值的成果，以及在文化研究工程实施中做出重大贡献的单位和个人予以表扬奖励；另一方面，通过工程的实施，积极扶持一批优势学科、优势平台、优势团队和优秀人才，使其成为浙江哲学社会科学的支柱、骨干。同时，联合国内主要报刊、网站和重要的学术期刊等，开设专栏重点介绍工程的优秀成果及其作者，扩大其学术影响，进一步打响“浙学”品牌，推动浙江哲学社会科学进一步发展。第二期“浙江文化研究工程”的展开，必将与第一期一样，在推动浙江传统文化和当代文化的研究上取得更多更大的成果，必定在浙江文化发展史上再写下浓重的一笔。

在实施好二期工程的同时，浙江进一步推动和加强对良渚文化、河姆渡文化、跨湖桥文化和上山文化等文化遗产的挖掘阐释，加强对浙东学派、阳明心学和浙江近代人文思想以及和合文化、浙东海洋文化、治水文化、运河文化、浙江名人等的研究，深入挖掘浙江文化底蕴，推出一批有重要影响的原创性成果和标志性成果。抓好“中华古籍总目·浙江卷”、“中国历代绘画大系”、“浙江通志”、“浙江文丛”等重大出版项目，打造文化传承经典之作。

（三）推进文化遗产保护与传承

加强文物保护利用和文化遗产保护传承，特别是要保护、利用、传承好浙江的四大世界遗产。其中杭州就有3项：杭州西湖文化景观、大运河和良渚古城遗址。

杭州西湖，闻名中外，三面湖山一面城，白堤、苏堤、杨公堤、赵公堤贯穿湖面。西湖景区内有100多处公园景点，有“西湖十景”“新西湖十景”，有60多处国家、省、市级重点文物保护单位和20多座博物馆，有断桥、雷峰塔、钱王祠、净慈寺、苏小小墓等蜚声中外的景点，独具韵味，别样精彩。当人们漫步西湖边，斜阳静静地洒落在偶有船夫泛舟的湖面上，在烟波浩渺、柳丝袅袅的远方，雷峰塔屹立于青山之上，净慈寺中敲响的晚钟声一阵阵地在湖面回荡，让人心旷神怡，流连忘返。1999年，西湖申遗工作正式启动；2006年，西湖再次被列入中国政府申报世界文化遗产的预备名录；2008年8月，经浙江省人民政府致函提请，杭州西湖文化景观作为2010年正式申报项目由国家文物局报中国联合国教科文组织全国委员会核准；2009年2月，向世界遗产中心递交申遗文本及规划纲要；2010年9月下旬，国际古迹遗址理事会（ICOMOS）委派韩国首尔国立大学教授朴素贤到杭州对杭州西湖文化景观申报项目进行实地评估考察；2011年6月，杭州西湖文化景观正式列入世界遗产名录。步步皆景、处处文化的西湖，是全国人民最喜爱的文化旅游地之一。现在，每年到杭州旅游的人将近两亿。某些机构合作发布的报告显示，在外国游客眼中的中国三十大魅力城市中，杭州成为除北上广深外最受欢迎的城市。具体到相关热词，“西湖”依然最为火热。杭州还成功入选世界旅游组织发布的“全球15个旅游实践样本城市”名录，吸引世界旅游联盟永久落户。

继杭州西湖文化景观申遗成功后，大运河开始行走在申遗路上。大运河开凿到现在已有2500多年的历史，是世界上里程最长、工程最大的古代运河，也是最古老的运河之一，并且使用至今。对中国来说，大运河是活态的文化遗产，它不仅是一条人工开凿的运河，更是文化线路和中国民族大融合的见证。大运河的漕运，是世界上独一无二的，是世界上唯一一个为确保粮食运输安全，以达到稳定政权、维持帝国统一的目的，由国家投资开凿和管理的巨大工程体系。申遗的大运河，沿线人口约占全国的15％，沿线城市创造的GDP约占全国的25％。大运河的申遗过程，是保护遗产的过程，在保护的同时考虑发展，在发展中涵盖保护。2017年6月22日，在卡塔尔多哈举行的第三十八届世界遗产大会上，大运河项目成功入选世界文化遗产名录。大运河浙江段位于大运河最南端，是大运河特征最显著、最具代表性的河段，流经5个设区市，19个县(市、区)，共计运河遗产河道683公里，沿线拥有世界文化遗产点13处，运河遗产构成99项。大运河浙江段是横贯浙江南北的经济大动脉，更是一条深深植根于浙江大地、奔流不息的千年文脉，滋养着浙江人文精神。

当前，国家和浙江正在加快推进大运河国家文化公园的建设。2019年，中共中央办公厅、国务院办公厅印发了《长城、大运河、长征国家文化公园建设方案》，强调要以长城、大运河、长征沿线一系列主题明确、内涵清晰、影响突出的文物和文化资源为主干，生动呈现中华文化的独特创造、价值理念和鲜明特色，促进科学保护、世代传承、合理利用，积极拓展思路、创新方法、完善机制，到2023年底基本完成长城、大运河、长征国家文化公园建设任务。国家文化公园根据文物和文化资源的整体布局、禀赋差异及周边人居环境、自然条件、配套设施等情况，结合国土空间规划，重点建设4类主体功能区：一是管控保护区，对文物本体及环境实施严格保护和管控，对濒危文物实施封闭管理，建设保护第一、传承优先的样板区；二是主题展示区，包括核心展示园、集中展示带、特色展示点3种形态；三是文旅融合区，由主题展示区及其周边就近就便和可看可览的历史文化、自然生态、现代文旅优质资源组成，重点利用文物和文化资源外溢辐射效应，建设文化旅游深度融合发展示范区；四是传统利用区，城乡居民和企事业单位、社团组织的传统生活生产区域，合理保存传统文化生态，适度发展文化旅游、特色生态产业，适当控制生产经营活动，逐步疏导不符合建设规划要求的设施、项目等。建设国家文化公园的关键是集中实施一批标志性工程。该方案提出，要聚焦5个关键领域实施基础工程：一是推进保护传承工程，让长城文化、大运河文化、长征精神融入群众生活；二是推进研究发掘工程，突出"万里长城""千年大运河""两万五千里长征"整体辨识度，拍摄电视专题片《长城之歌》《大运河之歌》《长征之歌》；三是推进环境配套工程，推出国家文化公园形象标志，串珠成线、连线成片，打造广为人知的视觉形象识别系统；四是推进文旅融合工程，在大运河淮扬片区以运河水韵为特色发展水上观光和滨水休闲游；五是推进数字再现工程，对文物和文化资源进行数字化展示，对历史名人、诗词歌赋、典籍文献等关联信息进行实时展示，打造永不落幕的网上展厅。为了落实《长城、大运河、长征国家文化公园建设方案》，浙江组建大运河文化保护传承利用暨国家文化公园建设工作领导小组，编制《大运河国家公园（浙江）建设保护规划》《大运河国家文化公园（浙江）建设实施方案》，研究制订大运河标志性文化旅游品牌统一建设实施方案。大力推进大运河（浙江）文化带建设，打造大运河特色文化全景展示、文化遗产有效保护传承、文化创意产业集聚的"文化长河"。精心谋划大运河标志性特色文化公园建设选址，分级分类编排重点项目，拍摄大运河相关影视专题片、纪录片，打造若干条文化旅游精品路线，推出一批文旅示范区、标志性路线示范段，培育一批有竞争力的文旅企业。文化大运河正向我们走来。

在浙江的世界遗产中，特别值得一提的是良渚古城遗址，其申遗成功，意义非同小可。北京时间2019年7月6日，在阿塞拜疆首都巴库召开的第43届世界遗产大会上，杭州的良渚古城遗址被列入世界遗产名录，这标志着中华5000多年文明史的实证被联合国教科文组织和国际主流学术界广泛认可。良渚古城遗址申遗成功，实证了中华5000多年文明史。一直以来，国外不少学者认为中国只有约4000年的文明发展史。良渚古城遗址成为世界遗产，就是世界权威机构承认中华5000多年的文明史。良渚古城遗址申遗成功，使中国的世界遗产总数达到55处，中国与意大利并列成为世界上具有最多世界遗产的国家。良渚古城遗址也成了继杭州西湖文化景观和大运河之后杭州的第三个世界遗产，也是浙江的第四个世界遗产。良渚古城遗址申遗成功，进一步提升了浙江人民的文化自信和自豪感。现在已经有人在网络上提出：看1000年历史到北京，看2000年历史到西安，看5000年历史到杭州。良渚古城遗址申遗成功给浙江和杭州的发展带来的影响将是不可估量的。

成功列入世界遗产名录只是实现文化遗址保护的开始。我们已经做了大量工作，我们还有大量工作要做。当下，需要进一步加强对这些文化遗产的科学研究，精心做好各方面的科学规划，开展考古遗址公园建设，构建考古遗址公园体系。加大保护和利用的力度，真正使这些文化遗产成为浙江文化不断传承的金名片。

我们还要积极参与“海上丝绸之路”申遗。“太平洋海上丝绸之路”，史称“马尼拉大帆船贸易航线”，是16世纪大航海时代由西班牙开拓、以运销中国商品为主的一条国际贸易航线。它把产自我省湖州和杭州的生丝和丝织品，通过福建漳州的月港出海，途经菲律宾的马尼拉和墨西哥的阿卡普尔科，运达西班牙的塞维利亚。它横跨两洋（太平洋、大西洋）三洲（欧洲、美洲、亚洲），运行时间长达250年之久，不仅开创了沿途四国的黄金时代，也对世界经济的发展产生过巨大影响，是经济和贸易全球化的起源和标志。它作为我国申报“海上丝绸之路”项目的首选，当之无愧。近年来，习近平总书记多次提及“太平洋海上丝绸之路”。2018年1月，在致中拉论坛第二届部长级会议的贺信中，他再次提及：“历史上，我们的先辈劈波斩浪，远涉重洋，开辟了中拉‘太平洋海上丝绸之路’。”2009年，联合国教科文组织决定将10月8日命名为“马尼拉大帆船国际日”，以志纪念。历史上，无论是陆上丝绸之路还是海上丝绸之路，只要与中国有关，浙江都是不可或缺的一环。贸易离不开生产，丝绸之路离不开丝绸之府和桑蚕之乡。湖州的“辑里丝”，早在大航海时代就远销欧美，名扬天下。杭州自北宋始，设置了织造局和市舶司（海关），是古代丝绸产品的重要纺织基地和出口口岸。这些史实都说明，杭州和湖州是古代“一带一路”上重要的货源基地和贸易节点。美国学者芮乐伟·韩森通过大量考证，在其著作《丝绸之路新史》中，就将“陆丝”和“海丝”的共同起点定于途经湖州的杭州。所以，“海上丝绸之路”申遗给我们提供了难得的历史机遇，我们要加快做好相关的工作。

（四）加强历史名城、名镇、名村、名街保护

推进历史文化名城名镇名村、历史文化街区保护和城市特色风貌管理，抓好古村落、古民居的抢救性、预防性保护。乡村是文化的根，我们的文化传统许多保留在乡村。中国人上溯几代，大多是农民。农村是中国人的乡愁，也是文化的根与魂。乡村有着更多诗意与温情，它承载着乡音、乡土、乡情以及古朴的生活、恒久的价值和传统。乡村是安详稳定、恬淡自足的象征，故乡是人们魂牵梦绕的地方。回归乡里、落

叶归根是许多人的选择和期望。但是,随着农村的快速发展,一些古村落消失非常迅速。冯骥才说:“我国的很多传统村落,就像一本厚厚的古书,只是来不及翻阅,就已经消亡了。”据统计,2000年我国有约360万个自然村,而到了2010年降至约270万个,10年里少了约90万个村落,平均一天就有近300个村落消失。2004年至2010年,湖南大学中国村落文化研究中心对湖南省113个县的903个乡镇村落进行调查,发现6年间古村落从约9700个下降到约4700个,平均每天损失约1.6个村落。每天几百个村的消失速度,能不令人着急吗?古村落保护现在到了最危急的关头,但我国古村落历史上还从未盘清过家底,大部分村落没有村落志、民俗志等任何文字记录,其历史仅存于村民的口口相传中,一个村落消失,珍贵的历史信息也就随着时间流逝消失殆尽了。

我们要好好研究怎样保护的问题。现在我们农村里的这些文化依存,古建筑、宗祠、戏台、明清建筑已经是非常少了。目前在古建筑、古村落保护上有一个误区,就是推倒老的,翻建新的,把真正的宝贝破坏掉了。曾经有一个村,有一个具有300年历史的市场,省领导去了,看房子已经是危房,就拨款让他们修。当时墙上有各种符号,他们修的时候把这个墙粉刷得雪白雪白的。一个好好的古建筑修好后像新建的一样。我到那里看了,非常心痛,就给村干部讲故事。我到外国一个庄园,也是300年历史,里面有各式各样的美女雕塑,但庄园在森林里,雕塑上站着很多鸟,雕塑上面全是鸟屎。我问管理员,为什么这鸟屎不擦擦干净呢?美女的脸多难看。管理员说,我不能擦的,因为这是岁月留下的文字,就是这些鸟屎告诉你雕塑悠久的历史。他笑着说,你现在抓几只鸟放上去不一定给你拉屎,拉起来也不一样。厚厚的鸟屎,让人一看就知道这是几百年前的雕塑。还有一个县城山上有一座古塔,也被粉刷得雪白雪白的,让人十分遗憾。所以我们要好好研究怎样保护这些古老的东西。从这些情况我们可以看出,保护文化遗产的重要性十分突出，紧迫性刻不容缓，怎样保护的理念也十分重要。

要全面摸清浙江全省传统村落保有现状，围绕保护建筑、保持历史肌理、保存风貌、保全文化、保有生活的要求，科学界定每个村落的保护价值，严格保护村落的格局、风貌、田园景观以及存有环境的空间形态，大力保护有传统历史、时代印记、文化标志、人文故事的乡土建筑。加强对全省历史文化村落的管理，编制传统村落保护名录，建立古建筑档案，提升保护利用水平。坚持乡村物质文化遗产与非物质文化遗产保护并重，传承一批具有浙江味道和地域特色的活态文化，推动传统村落在新时代焕发新活力。2012 年，浙江省委、省政府出台《关于加强历史文化村落保护利用的若干意见》，历史文化古村落保护利用工作全面启动。从 2013 年起，每年启动约 43 个历史文化村落重点村和约 217 个历史文化村落保护利用一般村项目，力求“1 年成形、2 年成品、3 年成景”。全省编制了农村特色文化村落保护规划，制定各项保护政策。按照“记得住乡愁”的要求，以 1122 个历史文化村落保护利用和浙派民居改造为抓手，着力打造一村一品、一村一业、一村一韵、一村一景的特色文化，对重点保护村给予每村 500 万—700 万元的资金扶持。为了留住这些不可再生遗产，保护好中华民族的精神家园，要以保护为先，使雕梁画栋得到修复，文化遗产得以延续，在充分发掘和保护古村落、古民居、古建筑、古树名木和民俗文化等历史文化遗迹遗存的基础上，优化美化村庄人居环境，把历史文化底蕴深厚的传统村落培育成传统文明和现代文明有机结合的特色文化村。

我们要通过深入挖掘提炼反映村落个性的民俗风情、特色产业、民间技艺等，挖掘传统农耕文化、山水文化、人居文化，把特色文化村打造成保护和弘扬优秀传统文化的重要基地。浙江的古村落保护取得了很大的成就，一批破旧损毁的古建筑得到抢救性修复，一批濒临失传的历史文化遗产和记忆符号得到挽救，一大批特色精品村重新焕发生机和活力。在城镇化率高于全国平均水平 10 个点的浙江，仍然有数以千计的传统文化村落屹立在如诗如画的土地上。如温州永嘉的芙蓉村，位于楠溪江中游西岸，那个地方我小时候曾经生活过，有过非常深刻的记忆。北宋太平兴国年间（976—984），始祖陈拱从瑞安场桥迁来定居，并逐步形成血缘村落，至今已有 1000 多年历史。因村西南有三崖摩天，远远望去，形状像芙蓉，所以村庄就以芙蓉作为村名。现在村里存有明清古民居 30 余处，明代大宅遗址 5 处，大小宗祠共 18 座。这些建筑，都是木结构的，院里用卵石铺地，有两层楼，一般是楼下住人，楼上存粮及放东西。芙蓉村以陈姓人家为主。当地有一说——“除了陈，天下没人”，可见当地陈姓人数之多。芙蓉村现在仍然保存着 600 多年前的村落格局。全村呈正方形，坐西朝东。四周是用卵石砌成的寨墙，长 2000 余米，高 2 米，整个村庄犹如一座小城。芙蓉村现在在全面保护的基础上，原封不动地保留老建筑、老道路、老池塘、老百姓的老生活习惯，将一些旧厂房、旧牛棚、旧猪栏改造为艺术家、设计师的工作室，重新挖掘当地的民间手工艺，举办农村集市等，将全村打造成一个旅游胜地和艺术家工作集聚区。又如丽水加强对古村落的保护和利用，大力发展民宿经济，收到了很好的社会效益和经济效益。丽水已经建成约 1400 家民宿，2019 年收入达 41 亿元。如松阳在国家文物局和中国文物保护基金会的支持下，在全县实施传统村落整体保护利用试验区工作和“拯救老屋行动项目”，取得重要进展。修缮古建筑，既改善了原住民生活条件，又带动了松阳民宿发展，形成了政府引导、民间组织和村民共同致力于传统村落复兴的松阳模式。丽水的云和还发生过这样一件事。一位上海的大学女教师到云和住民宿，爱上男主人，欲嫁给他。父母亲说，上海城里人怎么好嫁到乡下去。女儿说，带他们去看看。父母亲一到云和也很喜欢那个地方，于是就同意了这门亲事。艺术家还把这个故事拍成一部电视连续剧，叫《青恋》。

二、让前人的创造推动当下的产业振兴

浙江大力发展丝绸、茶叶、青瓷、木雕等具有地域标记的历史经典产业，并把这些产业的发展与特色小镇建设结合起来，形成一批有历史文化价值的特色小镇。

（一）大力发展历史经典产业

“历史经典产业”指的是浙江境内有千年以上历史传承、蕴含深厚文化底蕴的产业，主要包括茶叶、丝绸、黄酒、中药、木雕、根雕、石刻、文房、青瓷、宝剑产业，它们是传承历史文化的重要载体。要推进历史经典产业传承发展，坚持文化传承与产业提升并重、创新发展与跨界融合并举，扶持一批小微企业，培育一批重点企业，打造一批产业园区，创建一批特色小镇，支持一批重点区域，加快形成特色鲜明、重点突出、布局合理、链条完整、效益显著的产业发展格局，推动我省历史经典产业转型升级、创新发展。

浙江境内有着众多千年以上历史的经典产业。丝绸、黄酒、茶叶、中药、青瓷、宝剑、文房等沁入东方文化元素的传统产品，在浙江依然有着顽强的生命力。生生不息的产业背后不仅是无法割断的文化情愫，而且也是真正成为经典的自身魅力。这些有几千年历史积淀的产业不仅仅是产业，也蕴含浓厚的历史和文化传统，有的本身就是一道风景，能勾起浙江人最美的记忆。但是，这些历史经典产业在发展中面临很多困境，存在着创新不足、拓展不广、发展不快、人才不济等诸多问题。许多产品消费群体年龄偏大，对商务人士和年轻人倾向的前卫时尚产品开发不足，限制了市场开拓，还有些产品地域特色过于明显。浙江省

委、省政府对这些经典产业的保护与发展高度重视,在省人民代表大会上提出要以高度的历史责任感做好历史经典产业的传承、发展工作,在政府支持的前提下,坚持市场化道路,使历史经典产业焕发出新的生机和活力。从经济规模来说,这些历史经典产业的体量并不大,但浙江把它们与规模将达万亿元级的信息、环保、健康、旅游、时尚、金融、高端装备制造等产业相提并论。

1. 丝绸产业

丝绸起源于中国,是中国对世界物质文明的重要贡献之一。外国人认识中国是从丝绸开始的,而连接东方与西方的陆上与海上贸易商路,也因为大宗丝绸产品的交易而被命名为“丝绸之路”。丝绸还与中国的礼仪制度、文学艺术、科学技术以及日常生活有着极大的关联。可以说,古老的中国因为丝绸而带上了一道高贵而美丽的光环。元代初年(约 13 世纪 80 年代),来自意大利的旅行家马可 · 波罗游历了杭州。他把杭州称为“天城”,说自己时常游历这座城市,对于这里的一切事情都详细地进行了考察,并且一一记录下来。那么他看到了什么呢?在那本著名的游记中,他说杭州有一个美丽的大湖,“整个湖面宽广明秀,站在离岸不远的船上,不仅可以观赏全城的宏伟壮丽,还可以看到各处的宫殿、庙宇、寺观、花园,以及长在水边的参天大树”,同时,“又可以欣赏到各种画舫,它们载着行乐的爱侣,往来不绝,风光旖旎”(《马可 · 波罗游记》,梁生智译,中国文史出版社 1998 年版)。城里有发达的手工业,“在此处所经营的手工业中,有十二种被公认高于其余各种,因为它们的用处更为普遍。每种手艺都有上千个工场,而每个工场中都有十个、十五个或二十个工人。在少数工场中,甚至有四十个人工作”。这些工场中,有很多是丝绸工场。因为马可 · 波罗说过,这里“男子与妇女一样,容貌清秀,风度翩翩。因为本地出产大宗的绸缎,加上商人从外省运来绸缎,所以居民平日也穿着绸缎衣服”。在他的印象中，这是一个盛产丝绸的美丽城市。几百年后的今天，杭州市以及其所在的浙江省，依然风光如画，工商业发达，而且依然以丝绸产品享誉世界。

2. 黄酒产业

我在绍兴工作过5年多时间，对绍兴黄酒情有独钟。黄酒甘甘的醇、厚厚的香、如浓茶般的色，让人陶醉。见酒，酒不醉人，人早自醉。绍兴黄酒源自鉴湖。因鉴湖水质特佳，含有某些独特微量元素，特别适合酿酒，所以绍兴人称，离开鉴湖水，酿出来的酒味道一定是不一样的。清代梁章钜在《浪迹续谈》中提到：“盖山阴、会稽之间，水最宜酒，易地则不能为良，故他府皆有绍兴如法酿制，而水既不同，味即远逊。”绍兴黄酒，采用绍产优质糯米和鉴湖水酿制。当时一位农技人才还是我联系的知识分子，印象很深，他就是种植绍兴糯米的专家，常听他说起“绍糯119”。开耙，发酵，经数年不等酿制而成绍兴黄酒。绍兴黄酒主要有元红、加饭、善酿、香雪四大类，风味独特，各有千秋，据说糖分含量不一样。兴致起饮之如饮甘饴，兴致靡饮之茅塞开，回味隽永，令人欲罢不能。邓小平虽然没到过绍兴，但也对绍兴酒情有独钟，他不仅自己喜欢喝，也喜欢用它来款待客人、馈赠友人。绍兴黄酒集团大厅中就有一张小平同志喝绍兴酒的照片。

3. 茶叶产业

浙江是中国茶叶与茶文化的重镇，更是当今中国生产绿茶的第一大省，堪称绿茶之都。茶文化的奠基之作《茶经》诞生在浙江，说是在杭州余杭的径山。“茶道”之说出于浙江，儒、释、道都有茶文化。沿及至今，浙江的绿茶生产面积约占全国的1/10，产量约占全国的1/5，创汇占全国的3/5，出口占全国的7/10，为中国绿茶出口之最。浙江的茶叶文明享誉中外，是中国茶叶文明中不可或缺的重要组成部分。

4. 青瓷产业

考古调查发掘和科学测试结果证明，浙江上虞曹娥江中游地区东汉窑场生产的青瓷，烧成温度、抗弯强度、吸水率等已达到甚至超过现代瓷器的各项标准，浙江因此成为举世公认的瓷器发祥地。东汉以后，浙江的制瓷业蓬勃发展，从未间断，先后出现了越窑、瓯窑、婺州窑、龙泉窑、南宋官窑等闻名遐迩的窑口，它们以卓尔不群的智慧所夯筑成的坚实台基，支撑起了中国瓷器文化的万丈高楼。特别是当下的龙泉青瓷，一方面坚守传统工艺，让青瓷在世界展示无穷的魅力。另一方面，大胆地推进创新，现在青瓷早已不仅仅是做杯子、做文房用品、做餐具、做家庭摆设，而是已经做到首饰上，做到服装上，已经完全融入当下的时尚生活。

浙江省先后出台文件对丝绸、黄酒、茶叶、青瓷等历史经典产业予以扶持。对于丝绸产业，探索线上线下、众筹营销、网上个性化定制等营销模式，打造旅游购物丝绸营销创新平台，鼓励企业通过跨境电商平台加大出口。浙江的丝绸龙头企业早已经不仅仅是生产丝绸，而是做大做强丝绸文化，把产品做到G20杭州峰会及许多国际会议上，作为国礼送给外国贵宾。对于黄酒产业，鼓励相关企业加快面向互联网的战略转型，探索线上线下营销、众筹营销、电子商务、网上个性化定制等模式，选择一批产品入驻阿里巴巴“中国质造”平台。支持企业开发黄酒营销的智能手机第三方应用程序。推进数据化营销，加强黄酒电商平台大数据的整合利用，提升精准营销能力。对于中药产业，采用信息技术建立“浙八味”等大宗中药材的全过程追溯体系，实现来源可查、去向可追、责任可究。依托互联网技术构建医疗机构、中药企业、病人三方信息共享平台，完善集电子处方接收、煎药、配送、业务咨询于一体的智能化服务体系。

浙江还把历史经典产业与特色小镇的建设结合起来。2015年浙江省人民代表大会提出建设特色小镇，就是以新理念、新机制、新载体推进产业集聚、产业创新和产业升级。未来3年里将重点培育100个特色小镇，在产业上聚焦信息、环保、健康、旅游、时尚、金融、高端装备制造等七大产业，兼顾茶叶、丝绸、黄酒、中药、青瓷、木雕、根雕、石雕、文房等历史经典产业。特色小镇是按创新、协调、绿色、开放、共享发展理念，结合自身特质，找准产业定位，科学进行规划，挖掘产业特色、人文底蕴和生态禀赋，形成“产、城、人、文”四位一体有机结合的重要功能平台。到2019年底，浙江省一共建成和培育194家特色小镇，其中正式命名的有22家。2018年统计显示，特色小镇产值约8741.9亿元，上缴税收约582.1亿元。特色小镇是推动浙江经济社会发展的一个新领地，也是推动历史经典产业发展的新天地。在浙江省第一批“特色小镇”创建名单中，与“历史经典产业”有关的小镇有9个，约占全部37个的1/4。所有这些举措，对于这些经典产业的发展起到了重要的推动作用。

浙江还高度重视文化创意街区的打造，如杭州桥西历史文化街区、湖州小西街文创街区、绍兴兰亭文创街区、泰顺石文化创意街区等等，促进了传统文化与现代产业的有机融合，使人民群众得以共创共享文化产业发展的丰硕成果。

（二）切实加强“老字号”保护传承

老字号是政府为了引导具有自主知识产权、优秀民族文化和独特技艺的老字号加快创新发展，发挥老字号在经济和社会发展中的重要作用而专门认定，并制定相关政策来保护和促进其发展的一批民族品牌。老字号是一个特定的概念，是经过一定的程序和机构认定才能享受的。老字号拥有世代传承的产品、技艺或服务，具有鲜明的中华传统文化背景和深厚的文化底蕴，赢得社会广泛认同，拥有良好的品牌信誉，具有不可估量的品牌价值、经济价值和文化价值。到2019年，浙江有中华老字号91家，居全国领先地位，涵盖中药、黄酒、丝绸、茶叶、青瓷、宝剑等历史经典产业，如胡庆余堂、王星记等。浙江每两年进行一次省级老字号认定，2008年开始认定“浙江老字号”，第一批认定了168家，2010年认定了64家，2011年认定了66家，2013年又认定了115家。浙江社会经济发展的良好基础和深厚的人文积淀，给老字号的诞生与传承提供了肥沃的土壤。近百年来，浙江涌现了杭州的胡庆余堂、楼外楼、张小泉，温州的老香山、金三益，嘉兴的五芳斋、源大，桐乡的三珍斋，绍兴的咸亨酒店、古越龙山黄酒等在全国乃至全球有影响力的老字号。

老字号已经成为浙江产业的一道亮丽风景线，也成为浙江旅游产业中的一张金名片。如“红顶商人”胡雪岩，1874年在吴山脚下开张“江南药王”胡庆余堂。140多年过去了，胡庆余堂是现今国内保存最完好的晚清古建筑群，系徽派建筑风格的典范。雕梁画栋，亭台楼阁，大厅高悬“是乃仁术”，内堂题写“戒欺”，两块匾额，像硬币的两面，代表江南药王“救赎性命、反哺民生”的宏愿。胡庆余堂国药号始终秉承“戒欺”祖训、“真不二价”的经营方针，已成为保护、继承、发展、传播中药文化精粹的重要场所，是杭州人文历史文化不可或缺的重要组成部分。胡雪岩不会想到，他的财富帝国在短短的10年后崩塌，唯有“药局”屹立百年。走进胡庆余堂，一排排黑底金字的药牌安静得不容置疑，但这里却是杭州最繁忙的地方之一。杭州人到了春冬，总是习惯到胡庆余堂买膏方来滋补身体。外地人到杭州，总想到胡庆余堂参观，顺便买几帖中药，这就是老字号的魅力所在。杭州城里还有一条“扇子巷”，是清光绪元年（1875）王星斋创立“王星记”的地方。竹、木，纸、绢，拉花、画花，折扇、纨扇……王星记的花扇进贡清廷；王星记的黑纸扇，雨淋不透，暴晒不翘，为杭州一宝。古语有云：“坐轿子，扇扇子，荣华富贵一辈子。”古人诚不欺我。若是结婚时执上一把扇子，既引领了时尚，又增添了财运。王星记扇制作技艺，于2008年被列入国家级非遗名录。

我们要进一步推进浙江老字号保护传承，加强老字号品牌保护，完善浙江老字号认定机制，强化老字号技艺传承，制定推出老字号历史文化遗产保护目录等；推进老字号创新发展，支持老字号企业产品、技术和经营创新，提高其竞争能力，办好中华老字号精品博览会等。

（三）推进传统工艺保护振兴

根据《中国传统工艺振兴计划》的要求，2018年5月，文化和旅游部、工业和信息化部联合发布第一批国家传统工艺振兴目录，共14大类383项。浙江省有22个项目入选，数量居全国各省（区、市）前列。浙江省入选的传统工艺项目涵盖纺染织绣、雕刻塑造、金属加工、陶瓷烧造、文房制作、漆器髹饰、印刷装裱、器具制作等八大类别。其中，纺染织绣类有杭州织锦技艺、杭罗织造技艺、湖州双林绫绢织造技艺等，雕刻塑造类有青田石雕、东阳木雕、乐清黄杨木雕、瓯塑等，金属加工类有杭州铜雕，陶瓷烧造类有龙泉青瓷烧制技艺、越窑青瓷烧制技艺，文房制作类有富阳竹纸制作技艺、龙游皮纸制作技艺，漆器髹饰类有宁波泥金彩漆髹饰技艺，印刷装裱类有杭州下城木版水印技艺，器具制作类有龙泉宝剑锻制技艺、王星记扇制作技艺。此后，浙江发布第一批浙江省传统工艺振兴目录，共计15个类别，包括南宋官窑瓷烧制技艺、宁波金银彩绣、木活字印刷技艺、张小泉剪刀锻制技艺、金华木版年画、嵊州泥塑、舟山螺钿镶嵌制作技艺等。有100个传统项目入选，包括纺染织绣、服饰制作、编织扎制、雕刻塑造、家具建筑、金属加工、剪纸刻绘、陶瓷烧造、文房制作、漆器髹饰、印刷装裱、茶叶加工、酒类酿造等。这些传统工艺，是历史传到今天的手艺，是物质文化和非物质文化的典型代表，也是祖先们“工匠精神”流传到今的载体，历史意义和文化意义非同小可，我们一定要通过各种途径和方法把这些传统工艺流传下去，为当下的生活服务，也为文化遗产的保护服务。

为此，浙江省制订了《关于贯彻落实中国传统工艺振兴计划的实施意见》，提出了浙江传统工艺振兴的10项主要任务。

一是建立传统工艺振兴目录。按照项目的影响、规模和发展前景情况，按引领项目、示范项目、发展项目3个大类实施分类指导和管理。

二是加强非物质文化遗产传承人队伍建设。大力实施《中国非物质文化遗产传承人群研修研习培训计划》，进一步完善代表性传承人制度，提升传统技艺、传统美术类传承人群技艺水平以及文化艺术素养、审美能力、创新能力。

三是加强传统工艺生产性保护基地建设。形成具有示范效应的非遗特色产业集群，推动非遗生产性保护与旅游、文化创意、设计服务等相关产业的融合发展。

四是推动传统工艺产品展示销售。鼓励在传统工艺集中的历史文化街区和村镇、自然和人文景区、传统工艺项目集中地，设立传统工艺产品的展示展销场所，集中展示、宣传和推介具有浙江地域特色的传统工艺产品。

五是加强文化生态保护。注重生态环境保护，对传统工艺集中的乡镇、街道和村落实施整体性保护，保护传统工艺相关的文化空间和特定的自然人文环境。开展传统工艺美术证标认证，加强对传统工艺美术品种的保护。充分发挥非遗主题小镇和民俗文化旅游村在传统工艺振兴中的带动作用，助力经济社会发展，使当地民众受益。

六是加强传统工艺理论和技术研究。在保持优秀传统的基础上，创新思维理念，探索传统工艺与现代科技、工艺装备的有机融合，加强新技术、新工艺、新材料的应用开发，切实加强成果转化。

七是加强传统工艺品牌培育。以我省传统工艺优势项目为重点，加强品牌培育。提高传统工艺产品的文化内涵和附加值，让传统工艺在人们的日常生活中得到传承。

八是加强社会普及教育。开展非物质文化遗产进校园等活动，深化非物质文化遗产传承教学基地建设。充分发挥图书馆、文化馆(站)、博物馆、美术馆、非遗馆、农村文化礼堂等各级各类公共文化机构的作用，丰富民众文化生活，增强传统工艺的社会认同。鼓励电视、网络媒体等推出丰富多彩的传统工艺类节目。

九是鼓励社会力量参与。推进行业组织建设，加强行业自律和诚信体系建设，开展行业管理、服务和维权工作。鼓励金融机构开发适合传统工艺企业特点的金融产品和服务，加强对传统工艺企业的投融资支持与服务。鼓励社会力量兴办传统工艺企业，建设传统工艺展示、传习场所和公共服务平台，举办传统工艺的宣传、培训、研讨和交流合作等。鼓励地方成立传统工艺行业组织、服务平台等。

十是加强对外交流合作。积极推动我省优秀传统工艺“走出去”。加强与“一带一路”沿线国家和地区的交流与合作，展现我省传统工艺的传承、创新和发展成果，展示浙江传统文化的独特魅力。借助国家级人文交流与合作平台，组织传统工艺传承人、企业和行业组织代表开展国际交流和研修培训，以及技术领域的研究与合作。

做好这 10 项工作是当务之急。

三、推进优秀传统文化代代传承

在文化浙江的建设中，我们一方面要重视物质文化的保护，让那些看得见的古村落、古建筑、古桥能够继续生存下去。另一方面，也要加大对非物质文化遗产的保护传承力度。

(一)保护与传承非物质文化遗产

开展非遗名录项目保护,是传承历史文化很重要的一项工作。什么是非物质文化?《中华人民共和国非物质文化遗产法》明确规定:本法所称非物质文化遗产,是指各族人民世代相传并视为其文化遗产组成部分的各种传统文化表现形式,以及与传统文化表现形式相关的实物和场所。包括:(一)传统口头文学以及作为其载体的语言;(二)传统美术、书法、音乐、舞蹈、戏曲、曲艺和杂技;(三)传统技艺、医药和历法;(四)传统礼仪、节庆等民俗;(五)传统体育和游艺;(六)其他非物质文化遗产。物质文化物在即在,非物质文化许多是人不在即亡,人的生命远不如物的生命长,所以对非物质文化的保护比物质文化更困难,也就更紧迫。没有任何文字记录、影像记录、行为记录的文化如果消亡,就是永远的消亡。如阿炳的二胡曲。中华人民共和国成立不久,音乐学院的老师去阿炳那里采风,录了10多首曲子,由于磁带用完了,说回去拿来再录,后来忙,没有及时去,几个月后,阿炳就去世了。据说,阿炳有几百首二胡曲,你看这是多么的可惜。人类从此留下永远无法弥补的艺术遗憾。所以,在非遗的保护中,对传承人的保护特别重要。

浙江人文渊薮,非物质文化遗产精彩纷呈,有10个项目被先后列入联合国教科文组织非遗名录,包括昆曲、古琴艺术、中国传统蚕桑丝织技艺、龙泉青瓷传统烧制技艺、中国篆刻、中国剪纸、中国木拱桥传统营造技艺、中国活字印刷术、中国皮影戏、二十四节气。文化和旅游部公布了第五批国家级非物质文化遗产代表性项目代表性传承人名单,共1082人,浙江74人榜上有名,位列各省(区、市)第一。自2007年以来,国家文化主管部门认定了5批共3068名国家级代表性传承人,浙江省以196人的入选人数,位居总数第一。

在非遗的保护和传承上要做的事是很多的。

一要借助互联网推进非遗的社会传承与产业发展。要以数字技术开辟非遗传承发展的新思路；以数字技术开创非遗传播方式的新手段；以数字技术推动非遗欣赏方式与接受方式的新变革；以数字技术打开中国非遗“走出去”的新通道。如余杭中泰街道紫荆村成立了两个竹笛生产合作社，竹笛制作从业人员有1000多人，通过互联网线上线下营销，当地成了竹笛销售电商村，年产中高档笛箫近百万支，年产值超亿元，国内外市场占有率达80%以上。互联网让传统艺人不再为生存发愁，让他们走出了一片新天地。在世界互联网大会永久举办地乌镇，一家竹编企业制作了网络课件，在微店上不定期推出竹编DIY商品、竹器编结在线课程，让人们根据需要购买材料，通过网络在家学习，受到很多粉丝欢迎，现在学习竹编的人越来越多。又如民间文学和传统音乐可以成为网上朗读和网络音乐作品，也很有市场。

二要强化设计理念，推进非遗活化。文化可以靠设计实现各种转化。让非遗走进当下百姓的生活并成为时尚，必须借助设计的力量。当下在设计中最重要的是大力推进中国文化的时尚化，包括非遗的时尚化。国务院公布了我国第一至第四批国家级非物质文化遗产代表性名录，共计1372项，另有省级非遗名录近万项，全国县以上非遗共计8万多项。这是当下最珍贵的设计宝库，可以开发出无穷的产品。举办“匠·无界”浙江省非物质文化遗产传统工艺品及相关衍生品设计大赛，推进传统工艺融入生活、融入社会发展，效果非常好。浙江一些地方把非遗应用在农产品包装上，制作“重阳糕礼盒”“老味道礼盒”“农民画包装农产品”等，深受市场欢迎。如列入国家级非物质文化遗产代表性项目保护单位名单的“桐庐剪纸”，具有江南特有的灵气，凝练概括、厚中见秀、玲珑剔透、含蓄华丽。桐庐剪纸汲取了套色木刻、国画渲染及民间美术的斗色手法，发展出套色剪纸、染色剪纸和斗色剪纸。在桐庐乡间，剪纸艺术早已有之，窗花、灯花、鞋花、衣饰花、喜花广为流传。现在，当地将剪纸的图案做到服装上、箱包上、丝巾上、文具上，深受市场欢迎。

三要把非遗与休闲旅游相结合。非遗与休闲旅游的结合开辟了传承活化的新空间，当下旅游的发展也给非遗的传承活化带来很大的需求空间。传统体育、游艺、民俗、技艺都可以与旅游结合。我去过遂昌，参观汤显祖故居，看了当地人演出的《牡丹亭》。在400年前，我们就有这么优美婉约的戏曲，听了令人如痴如醉。遂昌还在端午节民俗活动中，把许多非遗，有的甚至是快失传了的，重新挖掘出来，展示出来，深受各方面的好评，进而带动了当地旅游产业的发展。又如温州瑞安的东源木活字印刷术，自元朝初年至今已传承了14代，完整再现了中国古代活字印刷的传统工艺，堪称远古印刷术的活化石。今天，瑞安人仍用此印制家谱，祖传的150字口诀一直流传于当地艺人之间。当地现在把这活字印刷技术结合到旅游开发上，深受游客的欢迎。苍南倪处村章氏一族，7代传承米塑艺术。他们带动180余名村人学习制作米塑，申报了省级非物质文化遗产。

四要激活民间传承非遗的内在动力。浙江是民间艺术大省，乡间村里生活着众多民间艺术家，民艺精品层出不穷，是“活”在生活中的艺术。要着力培养非遗新的接受群体，特别是青少年，从而拓展传承空间。如桐庐把剪纸作为中小学校的必修课，让孩子们从小接受非遗文化，增强对民族文化的了解和自豪感。又如嵊州把“面塑”融入学校教育，捏面人需要手脑结合，有助于开发孩子的大脑。余杭滚灯，诞生于民间庙会，舞进北京“鸟巢”、舞出国门，如今在余杭已发展成几十万市民参与的群众健身项目。

五要把非遗传承与特色小镇建设结合起来。在浙江的特色小镇建设中，特别强调“产业＋文化＋旅游”，完全可以做好非遗项目的结合文章。当前，全省已经建立了非遗主题(实验)小镇17个。入选的小镇具有非遗资源主题突出、项目传承保护有效、文化旅游有机融合、发展规划思路明晰的特点。

浙江省已经提出非物质文化遗产保护发展规划，推进浙江非物质文化遗产保护事业取得新的全面进步，与高水平全面建成小康社会目标相适应。民众深切感受到非物质文化遗产的悠久魅力，在全社会形成文化自觉、文化自信、文化自强的意识和氛围。浙江的非物质文化遗产保护工作继续走在全国前列，成为我国非物质文化遗产保护的重要示范区域。在全省建立起比较系统的，具有时代特征、浙江特点和地域特色的现代非物质文化遗产保传承体系，形成各项保护工作体制机制更加完善，保护传承的基础建设更加扎实，保护水平整体性提高，非物质文化遗产保护成果全面呈现，代表性项目普遍焕发生机活力这五大非物质文化遗产传承弘扬与合理利用的新格局。当前，我们要按照这个规划的要求，把浙江省的非物质文化遗产保护发展工作做得更好。

（二）实施戏曲保护振兴计划

传统戏曲也是非物质文化遗产中十分重要的组成部分。浙江是多种中国戏曲的发祥地，是传统戏曲大省，是南戏的故乡，享有“一部中国戏曲史，半部在浙江”的美誉。最早的南戏形成于浙江温州；汤显祖在遂昌做官，创作了《牡丹亭》；晚清的王国维写下了《宋元戏曲史》，记述了浙江这片土地上曾经拥有的戏文传奇。浙江境内不仅有越剧、婺剧、绍剧等众多剧种，还有诸如马灯戏、茶灯戏、菇民戏、花鼓戏等极具地方风情的小戏。浙江有传统戏曲项目 58 项，拥有收录在联合国教科文组织“人类非物质文化遗产代表作名录”中的传统戏曲项目 2 项（中国昆曲，包括浙江昆曲与永嘉昆曲；中国皮影戏，包括海宁皮影戏），国家级非物质文化遗产名录项目 24 项。这些传统戏曲，在传统浙江以及当代社会，传播着礼义廉耻、忠孝节义和真善美，这是祖先留下来的宝贵精神文化财富。我在桐乡乌镇参加世界互联网大会时，与其他与会代表一起观看越剧《梁山伯与祝英台》，看到不少代表包括一些外国人泪流满面，可见我们的戏曲魅力无穷。现在乌镇有一个戏曲节，把互联网与戏曲结合起来，让它们“比翼双飞”，吸引了无数中外来宾前来观赏。2019 年落幕的第五届乌镇戏曲节共 11 天时间，来自 13 个国家和地区的 24 部“特邀剧目”演出 100 场，18 组入围作品角逐“青年竞演”，五大洲的艺术表演团体奉献 100 多组街头表演作品，论坛、工作坊、朗诵会等 5 个板块的“小镇对话”举办了 24 场。随处可见的演出、活动海报和悬挂在老街两侧的 100 位中外戏曲名家肖像，使颇具江南水乡特质的乌镇西栅景区成了观众心中的戏曲圣地。经过 5 年探索，“艺术家说了算”的乌镇戏曲节也已成为颇受国外戏曲界关注的中国戏曲节。

为全面振兴地方戏曲，浙江省出台《浙江省传统戏曲保护振兴计划》，每年安排 1600 万元用于 56 个传统戏曲非遗项目的传承和越剧艺术的振兴发展。强化传统戏曲保护，创新濒危剧种、曲种保护方式，深化传统戏曲、曲艺非物质文化遗产项目保护。扶持越剧、婺剧等戏曲剧种传承，扶持戏曲团体发展、戏曲剧本创作、戏曲人才培养、戏曲市场培育等，推动戏曲创新发展。建立健全省戏曲传承发展工作体系，形成有利于传统戏曲活起来、传下去、出精品、出名家的良好环境。加快国家和省级文化生态保护区建设，加强传统生产生活方式等“活态文化”保护，守住根脉，留住乡愁。实施戏曲非物质文化遗产项目的分级保护与分类管理，建设地方戏曲生态保护区，鼓励各地设立地方戏曲剧种区域生态保护区，打造“戏曲小镇”“戏曲谷”。抢救濒危剧种，对省级以上戏曲非物质文化遗产项目进行抢救性记录，整理复排濒危剧种传统剧目。振兴发展越剧等代表性地方戏曲剧种，加强对京剧、昆曲的扶持。要打造一批传统戏曲特色县、特色镇、特色村，积极推进戏曲进校园。鼓励学校结合音乐课程、地方课程或校本课程开展戏曲教育教学，鼓励组织校园戏曲社团和兴趣小组等形式推动戏曲普及活动。鼓励引导社会力量支持戏曲传承发展。积极扶持戏曲团体发展。改善戏曲创作生产场地条件。扶持基层和民营戏曲艺术表演团体。保障重点戏曲院团。加大对国家级和省级重点戏曲院团的支持，发挥地方特色戏曲优势，推出戏曲精品剧目，集聚优秀戏曲人才，打造名团、名剧、名角，引领全省戏曲艺术表演团体繁荣发展。扶持戏曲剧本创作。加大原创剧本创作扶持力度。加大中青年编剧扶持力度，培养本土编剧人才，孵化省内原创剧本。扶持戏曲人才培养。完善戏曲教育教学体系。支持浙江音乐学院、浙江艺术职业学院等院校加强戏曲相关学科专业建设。加强艺术院校与戏曲艺术表演团体的协同合作，创新发展戏曲教育新模式。

（三）宣传普及优秀传统文化

纪录片《我在故宫修文物》和文博探索节目《国家宝藏》引发广泛关注，证明中华优秀传统文化从不缺少知音和追随者，而是需要能讲中国故事的"说书人"。引发观众共鸣的，不仅是历史情怀，更是共通的中华传统美德与价值观念，这是每一位中国人的文化基因密码。

要打造更多的优秀传统文化产品，全面展示文化魅力。

开展浙江经典民间故事动漫创作生产。认真策划选题、广泛宣传发动，以经典民间故事特别是浙江的民间故事为题材，整合资源、统筹安排，组织拍摄系列民间故事动漫作品，大力塑造经典动漫形象。

开展浙江优秀传统文化影视精品创作生产。发挥浙江省影视产业优势，围绕重大历史故事和重要历史人物，挖掘浙江本土资源和题材，提升创作组织化程度，加大投入力度，打造一批代表浙江文化形象、富于浙江地域特色、深受人民群众喜爱、具有国际国内影响力的影视精品佳作。

开展浙江优秀传统文化美术书法音乐创作。推进重大题材音乐创作计划，推出一批体现时代精神、具有浙江特色的音乐作品。组织开展"全民书法"传承、"书法进万家"等活动。

开展浙江优秀传统文化文学创作。围绕继承和弘扬优秀传统文化，重点打造和推出一批深刻反映浙江优秀历史文化传统和深厚思想内涵的长篇小说和报告文学。以优秀传统文化滋养网络文学创作，组织“记得住乡愁”网络作家采风创作和体验营活动，开展传统文化网络文学主题创作。

要运用书刊、电台、电视台、互联网新媒体等载体，让优秀传统文化展现出永久魅力和时代风采。在主流媒体上打造优秀传统文化节目，继续做好浙江省级媒体优秀传统文化栏目。策划推出一批集创新性、故事性、前瞻性于一体，具有浙江特色和全国影响力的原创优秀节目栏目。把优秀传统文化的有益思想、艺术价值与时代特点相结合，打造一批底蕴深厚、涵育人心的优秀公益广告，在各类公共场所和媒体展陈播出。要多拍一些与优秀传统文化相关的纪录片，以及撰写各种专著，特别是要多撰写一些通俗性读物，让传统文化走进青少年中。建好用好图书馆、文化馆、博物馆、美术馆、非遗馆、文学馆和社科普及基地等设施，多渠道传播优秀传统文化。制订实施好浙江省“互联网＋中华文明”行动计划，实施新媒体传播工程，加强优秀传统文化的网络和新媒体传播。充分利用新媒体在广大人民群众尤其是年轻人中普及的优势，整合社会科学、文学艺术、新闻出版、广播影视、慈善公益、教育基地等网上资源，打造一批有影响力的网上文化传播载体和平台。依托新载体和新平台广泛深入宣传优秀传统文化。加大对新媒体相关内容制作生产的扶持和管理力度。

（四）让传统节日融入新时代生活

注重传统节日文化与现代文明的有机结合，倡导与培育积极向上的节日新习俗。充分利用农村文化礼堂、城市文化公园、高校文化校园、社区文化家园和企业文化俱乐部等文化阵地和场所，组织开展各类优秀传统文化教育普及活动，把弘扬传统美德与丰富基层群众文体活动有机结合起来。深化“我们的节日”主题活动，以传统节日、文化节庆为契机，组织开展具有民族传统和地域特色的民俗文化活动，丰富春节、元宵、端午、七夕、中秋、重阳等传统节日内涵，形成新的节日风俗。组织开展特色节庆民俗活动、群众性文化体育活动、送温暖献爱心志愿服务活动等。我曾经观看过金华磐安树大旗的民俗活动，感到很有味道。磐安古茶场是我国目前发现的最早的古代茶叶交易场所。宋代重建茶场和茶场庙，形成以茶叶交易为中心的会市活动——春社和秋社。明清以来，逐渐演变为茶场庙庙会。磐安赶茶场以"茶神"许逊的传说和对许逊的崇拜为核心，最早开始于唐朝。"迎龙虎大旗"是茶场庙庙会标志性的民间艺术项目，也是国内独有的群体性传统民间竞技活动。龙虎大旗重约 40 公斤，长和宽分别约为 25 米和 18 米，竖大旗必须由 80—100 名壮汉来共同完成。旗杆顶部站 4 人，中间站 10 多人，剩下的都站到旗杆的末端，有的负责抓住绑在主旗杆顶部和中部用来稳定方向的绳索，有的负责抓住支旗杆及平衡杠杆。一阵锣鼓紧密地敲了起来，80 个壮汉如冲锋上阵的战士，把中间的主旗杆往上顶，而拉绳索的人左奔右跑，调整大旗的方向……只在两三分钟内，大旗笔直地竖了起来。32 根支旗杆呈发散状分布在主旗杆的周围。茶场庙边空旷的广场上，龙虎大旗高高竖立，迎风飘扬，人们驻足观看，无不欢欣鼓舞。这类活动，既保留了传统，又是发展当地旅游和促进农产品销路的极好途径。

要构建优秀传统文化课程和教材体系，把优秀传统文化融入课堂和校园文化建设。围绕立德树人根本任务，把中华优秀传统文化融入教育的各环节和各领域，不断优化校园育人环境。大力推进传统文化核心思想理念、中华传统美德和中华人文精神的教育引导，着力提高青少年学生的道德品质，培育理想人格，提升人文素养。中小学、高校开设中华优秀传统文化必修课，在哲学社会科学及相关学科专业和课程中增加中华优秀传统文化的内容。把优秀传统文化纳入中小学德育课和高校思想政治理论课教学，融入青少年学生道德水平及人格培养过程，积极影响青少年学生价值观的塑造和形成。推动优秀传统文化融入校园文化活动。开展多层次的经典诵读活动。如由国家语言文字工作委员会、中央广播电视总台推出的，由中央电视台科教频道（CCTV-10）自主研发的原创文化类电视节目《中国诗词大会》，就深受学生的欢迎。浙江的外卖小哥雷海为夺得《中国诗词大会》第三季总冠军。夺冠后评委董卿为他“点赞”：“祝贺你，雷海为！你不仅战胜了所有对手，你更战胜了你自己，更战胜了生活！”这类活动十分受人民群众欢迎，并给社会带来了正能量。要建立不同门类的学生兴趣小组或社团组织，组织中小学生学习优秀传统文化知识、参与优秀传统文化活动等，激发学生对优秀传统文化的兴趣爱好。加强优秀传统文化整理出版。努力推出一大批具有思想深度、文化厚度和精神高度，并在国内外具有一定影响的优秀传统文化出版物。

第四讲思考题：

1. 怎样评价浙江文化研究工程？
2. 非物质文化遗产有什么作用？
3. 历史经典产业需要怎样发展？

第五讲

加快媒体融合　拓展浙江影响

当今时代，新闻舆论极为重要。正确的舆论可以引领社会、凝聚人心、推动发展，错误的舆论则会撕裂社会、搞乱人心、破坏发展。做好新闻舆论工作，事关旗帜和道路，事关贯彻落实党的理论和路线方针政策，事关顺利推进党和国家各项事业，事关全党全国各族人民凝聚力和向心力，事关党和国家前途命运。

一、推进媒体融合发展，构建现代传播体系

新时代新闻舆论工作的职责和使命是：高举旗帜、引领导向，围绕中心、服务大局，团结人民、鼓舞士气，成风化人、凝心聚力，澄清谬误、明辨是非，连接中外、沟通世界。媒体工作者要切实把这职责和使命担起来。

（一）推动传统媒体和新兴媒体融合发展

在互联网时代，新闻舆论工作必须加快推进媒体融合发展工程，把传统媒体与互联网时代的新媒体紧密地融合起来，打造新型主流媒体，构建现代传播体系，提高新闻舆论传播力、引导力、影响力、公信力。

党中央对推动传统媒体和新兴媒体融合发展高度重视。2014 年 8 月 18 日，中央全面深化改革领导小组第四次会议审议通过了《关于推

动传统媒体和新兴媒体融合发展的指导意见》,对新形势下如何推动媒体融合发展提出了明确要求,做出了具体部署。该意见指出,整合新闻媒体资源,推动传统媒体和新兴媒体融合发展,是落实中央全面深化改革部署、推进宣传文化领域改革创新的一项重要任务,是适应媒体格局深刻变化、提升主流媒体传播力公信力影响力和舆论引导能力的重要举措。融合发展使我们的主流媒体科学运用先进传播技术,增强信息生产和服务能力,更好地传播党和政府声音,更好地满足人民群众的信息需求。

推动媒体融合发展,要遵循新闻传播规律和新兴媒体发展规律,强化互联网思维,坚持正确方向和舆论导向,坚持统筹协调,坚持创新发展,坚持一体化发展,坚持以先进技术为支撑。

推动媒体融合发展,要将技术建设和内容建设摆在同等重要的位置。要顺应互联网传播移动化、社交化、视频化的趋势,积极运用大数据、云计算等新技术,发展移动客户端、手机网站等新应用新业态,不断提高技术研发水平,以新技术引领媒体融合发展,驱动媒体转型升级。同时,要适应新兴媒体传播特点,加强内容建设,创新采编流程,优化信息服务,以内容优势赢得发展优势。

推动媒体融合发展,要按照积极推进、科学发展、规范管理、确保导向的要求,推动传统媒体和新兴媒体在内容、渠道、平台、经营、管理等方面深度融合,着力打造一批形态多样、手段先进、具有竞争力的新型主流媒体,建成几家拥有强大实力和传播力公信力影响力的新型媒体集团,形成立体多样、融合发展的现代传播体系。要一手抓融合,一手抓管理,确保融合发展始终沿着正确的方向推进。

当今世界,互联网对人类的生产生活产生了重大的影响,也给新闻传播带来重大影响。当前,我国移动新闻用户超过 5 亿人,占网民总数的 70%以上。随着 5G、人工智能、可穿戴设备等技术的快速发展,移动媒体发展必将进入突飞猛进的新阶段。马云曾表示,未来 30 年属于

"用好互联网技术"的公司、国家和年轻人。今后一个人离开网络将难以生存。而且互联网进一步渗透到所有的社会活动和商务活动中,催生出更多的新兴经济模式。在这样的时代,网络文化影响更加深远,网络艺术已经是普遍的文化消费方式。截至2018年12月,中国网民规模达8.29亿人,互联网普及率达59.6%,较2017年底提升约3.8个百分点,全年新增网民约5653万人。手机网民规模达8.17亿人,网民通过手机接入互联网的比例高达98.6%。截至2018年底,浙江省网民规模达到4543.7万人,比2017年增加约587.7万人,互联网普及率约为79.2%,比全国互联网普及率高了约19.6个百分点。截至2018年底,浙江手机网民规模达4498.3万人,约占全省网民总数的99.0%,手机网民规模比2017年增加约593.7万人。所以有人说,手机已经成为现代人不可分割的一个"器官"。每天早上醒来首先拿起来的就是手机,晚上睡下去最后一个放下的东西也是手机。据相关调查,北京、西安、上海的年轻人每天花在手机上的时间分别是6.72小时、6.15小时、5.45小时。特别是5G时代的来临,为媒体与互联网融合发展提供了难得的历史机遇。5G从网速上比较,形象地比喻就是:2G是自行车,3G是摩托车,4G是火车,5G是高铁。5G就是互联网的高铁时代。4G下载需要9分钟的文件,5G只需要6秒钟。随着5G的应用,音乐、动漫、影视、游戏、演艺等传统产业的数字化程度不断加深,具有可视化、交互式、沉浸式等特质的数字创意产品和服务将不断涌现。互联网与手机将进一步融入人们的生活,成为人们须臾不可分割的东西。

2019年1月25日,习近平总书记在中共中央政治局第十二次集体学习时强调,全媒体不断发展,出现了全程媒体、全息媒体、全员媒体、全效媒体,信息无处不在、无所不及、无人不用,导致舆论生态、媒体格局、传播方式发生深刻变化,新闻舆论工作面临新的挑战。我们要因势而谋、应势而动、顺势而为,加快推动媒体融合发展,使主流媒体具有强大传播力、引导力、影响力、公信力,形成网上网下同心圆,使全体人民在理想信念、价值理念、道德观念上紧紧团结在一起，让正能量更强劲、主旋律更高昂。

从传播的角度看，互联网的发明是继文字、印刷术、电信技术之后的又一次革命，各种有形介质的数字化，实现了多种媒体技术的整合。我国的全媒体融合发展势头极为迅猛。人们在日常生活中已经离不开社交网络的微博、微信等，人们看新闻已经从过去通过报纸、电视，到今天主要通过以聚合各种新闻为统一平台的粉丝达到数亿人的“今日头条”。近年来，以短视频为主要内容与手段的平台——“快手”“抖音”异军突起，以锐不可当之势深入人们的生活。反之，传统媒体受到严峻的挑战，受众数量断崖式下跌，生存危机接踵而来。所以，我们的主流媒体必须加快与新媒体的融合发展，借助互联网，借助各种新技术，凤凰涅槃，重新争取读者、听众与观众。

我们这里所说的“媒体融合”的概念，包括狭义和广义两种。狭义的概念是指将不同的媒介形态“融合”在一起，形成一种新的媒介形态，如电子杂志、博客等。广义的“媒体融合”包括一切媒体及其要素的结合、汇聚甚至融合，不仅包括媒体形态的融合，还包括媒体功能、传播手段、所有权、组织结构等要素的融合。当下的“媒体融合”是信息传输通道多元化条件下的新作业模式，就是把互联网、手持智能终端等新兴媒体传播通道与报纸、电视、电台等传统媒体有机地结合起来，实现资源共享，集中处理，进而衍生出各种不同形式的媒体产品，然后通过不同的平台传播给受众。媒体融合发展是一场重大而深刻的变革，已经深入融媒体生产的每个流程和各个方面。从中央到地方，各主要新闻单位都在努力探索适合自身的媒体融合发展路径，新闻客户端、微博账号、微信公众号、手机报、移动电视、网络电台等不断涌现，传统媒体与新兴媒体优势互补、相得益彰的态势日益凸显，多媒体传播矩阵开始形成。

面对新的挑战与机遇，我们的主流媒体要进一步解放思想，破除陈旧观念的束缚，形成适应媒体融合发展的新理念。要积极探索媒体深度融合发展的共赢模式，力求在深度融合发展上谋求新突破、见到新实效。推进媒体深度融合发展，最终要提高自身媒体产品的到达率、阅读率、点赞率和转发率，努力做到快速传播、移动传播、全媒传播、分众传播、互动传播、权威传播，让主旋律更高昂、好声音更响亮、正能量更强大。

我们要进一步强化机遇意识。传统媒体与新媒体的竞争与合作，既带来了挑战，也带来了深度融合的重大机遇，只要我们抓住机遇，有效整合媒体内容、新的技术、传播平台、运行机制等方面的资源，加快形成适应新形势下媒体发展新的组织结构、传播方式和媒体平台，我们就能走出一片新的天地。

要强化互联网意识。当下的时代，谁掌握互联网谁就掌握未来，互联网的大数据是我们新的资源所在，也是新的竞争力所在。我们要迅速增强对大数据的采集、分析和处理能力，从海量的数据中筛选出有用的数据为我所用，努力提升我们的信息处理水平和传播水平。

要强化平台意识。新形势下的传播力，关键在形成强有力的传播媒体平台。我们一方面要不断打造具有强大竞争力的传播平台，同时也要善于利用各种有效的平台，加强协作与交流，善于借船出海，提升我们的传播力和影响力。

要强化内容意识。在新形势下做好新闻舆论工作，关键还是内容，要真正把内容做好，使我们传播的内容更加接地气，更加有吸引力和感召力。为此，就要讲好故事，一个时代有一个时代的故事，新时代的精彩故事需要精彩表达。要下决心把内容做出高水平。这里关键要有过硬的队伍，特别是作风过硬的媒体工作者队伍。我们的媒体工作者要切实地转变作风，以好作风写出好作品，以好作品体现好作风，这样，我们的媒体就能立于不败之地。

（二）在融合发展中打造新型主流传媒

浙江要以浙江日报报业集团、浙江广播电视集团等为龙头，实施移动优先战略，推进采编发流程再造，抓好“中央厨房”建设，强化全媒体人才培养，构建以“两微一端”为重点的移动媒体矩阵，形成一批具有全国影响力的新型主流传媒集团。要集聚资源力量，打造3—5个在全国具有强大传播力、影响力的新媒体平台和一批知名新媒体传播品牌。这里所说的“中央厨房”概念，源于餐饮业的一种管理运作方式，用于统一品牌营销、连锁经营。其集中采购、集约生产、统一配送，提高生产的标准化水平，有利于降低成本、提高效率、增加效益。在新闻舆论工作中，把这一概念引入媒体融合，就是借用这种方式，重新梳理和优化重组编采发流程，以“大编辑中心＋垂直采编部门”模式，建立内容生产一体化组织体系，提供“采、编、播、存、用”全流程一站式融媒体服务，推动形成“一次采集、多种产品、多媒体传播”格局，以最大化利用新闻信息资源，最大限度地满足不同群体需求，最大限度地保证核心品牌的有效延伸与效益最优。

浙江日报报业集团、浙江广播电视集团在媒体融合发展上做了大量的探索，也取得了很大的成绩。浙江日报报业集团把推进媒体深度融合作为重大改革工程，抢抓机遇、开拓创新，循序渐进、系统着力。以体制机制创新作为突破口，着力激发融合发展活力。以“中央厨房”为核心，建立“一次采集、多种产品、多媒体传播”的工作格局。将原浙江在线新闻中心、浙江新闻客户端编辑团队与《浙江日报》采编部门合并，以“大编辑中心＋垂直采编部门”模式，打造一支具备全媒体采编播技能的合成军，形成“一中心八个部”的组织架构。其中全媒体编辑中心包括纸媒的夜班编辑部、把网站和App融为一体的数字编辑部。8个全媒体新闻部负责报网端微视多端新闻产品的采集、编辑、分发工作。

按照“中央厨房”的功能定位，进一步建立完善工作机制，细化一系列的配套措施，使改造后的采编流程和策采编发网络紧密结合、无缝衔接。为了加强统一协调，设立全媒体指挥监测中心，统筹调度采编资源，通过每日早会、午会、晚会统一指挥配置报、网、端、微采编资源，实现全媒体、全流程、全天候新闻采编发布和传播效果监测。全媒体指挥监测中心实行24小时实时反应，接受各类爆料及热点推送，并通过大数据分析，提供实时舆情分析及反馈。采编早会分析研判当日新闻线索，布置采访选题。采编午会汇总采访进展情况，确定重点选题。采编晚会研判稿件质量，确定版面安排。这样的工作机制，有效保证了指挥运行忙而不乱、高效有序。通过这些改革，主流媒体阵地大大拓展，融合新闻生产能力和传播能力显著提升，形成了传统媒体与新兴媒体优势互补、此长彼长的良好态势。浙江日报报业集团的融媒体发展走在全国省级报刊的前列。

浙江广播电视集团也在媒体融合发展上做了许多探索。如在党的十九大新闻宣传报道中，新蓝网-中国蓝新闻客户端与浙江卫视、浙江之声等北京报道团队共同组建的中国蓝融媒体新闻中心联动配合，高效准确地实现了全媒体产品的采集、制作与发布。他们认为，只有真正关注用户群体，用网友喜闻乐见的方式，才能让新媒体产品的关注度和传播力迅速提升。为此，他们努力创新创优融媒产品，运用虚拟现实、HTML5、动画三维等技术推出了一批传播度高、美誉度高的产品。融媒形式紧跟潮流，竖视频、网络视频直播、原创歌曲等出新出彩，共同形成了全媒体、立体化的传播形态。相关数据显示，在开幕会直播时段，新蓝网直播页面点击量约为109.3万，“中国蓝新闻”客户端直播页面点击量约为124.4万，两端共计百万人同时观看。新蓝网-中国蓝新闻客户端推出的原创MV《浙江浙江，我的家》，以浙江5年来在经济、文化、环境、改革等方面的发展成果和发展目标为素材，由网站团队自己作词、编曲，并亲自演唱、录制。清新的旋律配上朗朗上口的“浙江元素”歌词，得到了网友的喜爱。新蓝网-中国蓝新闻客户端还突破以往简单的发布模式，除了在自己平台的两端重点发布、推送外，注重“对外推销”。利用集团微博、微信等新媒体矩阵，将重点内容进行二次推广，进行全省乃至全国重要网站和客户端的同步推送。与“浙江发布”等微信公众号，新浪、腾讯等网站和客户端合作，广泛传播重要内容和优质产品。同时，对重要报道和产品进行二次创作，以实现多次传播。如水墨动画视频《那山，那水，那人家》，第一波以 4 分钟短视频的形式推出，第二波以 HTML5 的形式推出，第三波结合中国美院幕后创作故事，对产品进行再次传播。这种“发酵”式的传播，形成了持续效应，使产品到达了更多终端、更多用户手中，大大增强了产品的影响力。

（三）建设以“浙江发布”为驱动的政务新媒体集群

为了顺应当前信息化浪潮和舆论传播格局变化，加强信息发布和政策解读，打造权威信息发布平台、民生信息服务平台及热点事件回应平台，浙江省建设“浙江发布”网络平台。2014 年 6 月 16 日，由浙江省委、省政府授权浙江省人民政府新闻办公室官方微博、微信“浙江发布”正式上线。建设“浙江发布”网络平台，就是利用社交新媒体，整合浙江全省新闻发布资源，深化拓展党务政务信息公开渠道，及时准确发布权威信息，回应群众关切和社会热点，为改革发展稳定营造有利的舆论环境。“浙江发布”网络平台承担引领全省微政务发展的主体作用，努力成为浙江党政信息网络发布的“通讯社”，在推进党委、政府与民众沟通、更好地服务人民群众上当好主平台。浙江各地各部门通力协作，把握互联网传播规律，创新信息传播渠道和方式，加快构建政务微博微信矩阵，把“浙江发布”打造成权威信息发布的平台、热点事件回应的平台、民生信息服务的平台，为建设美丽浙江、创造美好生活做出新的贡献。

为了推进政务新媒体健康有序发展，2019 年 5 月，浙江省人民政府办公厅发布了《关于推进政务新媒体健康有序发展的实施意见》。该意见提出要以习近平新时代中国特色社会主义思想为指导，认真落实党中央、国务院和省委、省政府全面推进政务公开的决策部署，坚持正确导向、需求引领、互联融合、创新发展的原则，大力推进政务新媒体工作，不断提升数字化背景下政府履职能力，努力建设权威高效、利企便民、人民满意、走在前列的“指尖上的网上政府”。到 2020 年，基本建成以“浙江发布”两微一端、“浙里办”移动客户端为引领，各市、县（市、区）政府和省级单位政务新媒体整体协同、迅速响应的矩阵体系，打造一批群众爱看爱用的政务新媒体。到 2022 年，全省政务新媒体规范发展、创新发展、融合发展的新格局日益成熟，政务新媒体传播力、引导力、影响力、公信力全面提升，真正成为移动互联网时代提升政府效能和公信力，更好联系和服务群众的重要平台。在工作的推进中，浙江省人民政府办公厅是全省政务新媒体工作的主管单位，各市、县（市、区）人民政府办公室（厅）是本地区政务新媒体工作的主管单位，负责推进、指导、协调、监督政务新媒体工作。行业主管部门负责对本行业承担公共服务职能的企事业单位新媒体工作的指导和监督。政务新媒体主办单位按照谁开设、谁主办、谁负责的原则，履行政务新媒体的规划建设、组织保障、健康发展、安全管理等职责。政务新媒体主办单位可通过政府购买服务等方式，竞争择优选择相关机构具体承担政务新媒体日常运维工作。加快建设全省统一的政务新媒体管理平台，为政务新媒体矩阵管理、评论管理、日常监测和指挥调度等提供服务。加强对政务新媒体的日常监管，积极运用技术手段进行实时监控，及时通报、督促整改存在的突出问题。政务新媒体按照主管主办、属地管理的原则，接受宣传、网信部门的有关业务统筹指导和宏观管理。

各地、各部门要充分发挥政务新媒体传播快、受众广等优势，以内容建设为根本，不断强化政务新媒体信息公开、政民互动、政务服务等功能。

1. 深耕政务公开

围绕党委和政府中心工作，做好栏目设置、主题策划和线上线下联动，深入推进政务“五公开”。重点推送“最多跑一次”改革、优化营商环境、财政预决算、公共资源配置、重大建设项目批准和实施、社会公益事业建设、民生实事等重点领域政务信息。发布重要政策要同步关联政策解读信息，运用生动活泼、简明易懂的语言，以及图表图解、音频视频、数据实例等形式在政务新媒体推送，提升政策解读效果。要把政务新媒体作为突发公共事件信息发布和政务舆情回应的重要平台，提高响应速度，及时公布真相、表明态度、辟除谣言、消除误解。县级政务新媒体要与本地区融媒体中心建立沟通协调机制，联动做好信息发布。

2. 加强政民互动

建立健全政务新媒体公众留言回复机制，畅通政民互动渠道，认真做好公众留言审看发布、反馈处理工作。充分利用浙江政务服务网统一政务咨询投诉举报平台和“基层治理四平台”，优化“浙里办”移动客户端等政务新媒体掌上咨询投诉用户体验，推动用户咨询、投诉、举报等“最多跑一次”。政务新媒体要依托浙江政务服务网统一政务咨询投诉举报平台，完善和使用统一、权威、全面的咨询答问库，不断提升答问效率和互动质量。积极运用大数据、云计算、人工智能等技术分析研判社情民意，为政府决策提供精准服务。

3. 优化掌上办事

“浙里办”移动客户端是全省“掌上办事”的统一入口。要深化“最多跑一次”改革，依托浙江政务服务网和“浙里办”移动客户端，强化政务新媒体办事服务功能，围绕利企便民，进一步优化办事流程、精简办事环节，大力推行掌上办事、“一证通办”。着力做好办事入口的汇聚整合和优化，统筹推进政务新媒体与政府网站、实体办事大厅的线上线下联通、数据互联共享，为公众提供优质便捷的办事指引和政务服务。政务新媒体提供掌上办事服务应依托本地区、本部门已有的办事系统，实现数据同源、服务同根、一次认证、一网通办。

到2019年底，浙江做到41件个人和企业全生命周期事项实现“一件事”全流程办理。政务服务事项掌上可办比例达80.5%，跑零次可办比例达97.4%，“一证通办”民生事项比例达91.4%。企业开办实现一日办结，一般企业投资项目实现竣工验收前审批“最多90天”。推进机关内部“最多跑一次”改革。现在很多人都对浙江政府的办事效率赞不绝口。一个外国人说，他到杭州，要将父母房产证上的名字改为自己的名字，在杭州行政办事中心一个半小时就办好了，他说，类似的事在外国至少要办半个月。一位青田干部在办公室点点鼠标就办完了退休手续。她的同事老王比她早5个月退休，却足足跑了7个部门提交了7份材料。让她办事如此顺利的，就是“一件事”改革。浙江围绕每个人从出生到身后的全生命周期，梳理形成上学、就业、婚育、退休等9个阶段24件“一件事”，并推动民生领域30多个重点改革项目落地。这也是政务新媒体为浙江老百姓带来的直接好处。

二、强化内容、技术两轮驱动，提高媒体创新能力

媒体融合发展，要两手抓。一手抓内容建设，这是根本；一手抓技术建设。就像高速公路上，一要把高速公路建好，二要把汽车造好，这样才能形成内容与技术相得益彰、相辅相成的好局面。

（一）强化融合创新，提升媒体竞争力

要推动市县媒体整合区域资源，强化融合创新，打造区域性新型主流媒体。支持省主要传媒集团与市县媒体建立战略合作关系，实现平台、资源、技术等共建共享。强化内容技术两轮驱动。提高主流媒体议题设置能力和内容创新能力，充分发挥内容原创、权威报道、观点提供等方面优势，强化融合传播。要把内容创新放在首位。

要把好导向，正确的舆论导向是新闻创新的命根子。一要把好价值导向，一定要坚持社会主义核心价值导向。二要把好和谐导向，要坚持团结稳定鼓劲，促进社会和谐。三要把好稳定导向，有利于凝聚人心而不是搞乱人心。四要把好道德导向，要促进社会形成良好的道德风尚。在这个基础上，我们要努力让传播的内容接地气、有看头，贴近老百姓的心坎。特别是要做好表达方式的创新。

内容传播容易被人们所接受。语言表达要通俗化。当年毛泽东同志看到我们的宣传干部在墙上写着"反对买卖婚姻！"，就说，这样写太书面语，要写"讨老婆不要钱！"，这样才容易让老百姓看得懂，记得住。我们的叙事方式要尽量故事化。有故事就能传播好。什么叫有故事，就是注意人物、细节、情节三要素。打动人的一定靠情节和细节，所以，有好的故事就一定会传播开来。为什么我们在传播社会主义核心价值观时，要大力宣传一些先进典型，就是这些先进典型生动感人有故事。

在传播渠道和技术上要顺应互联网移动化、社交化、视频化、互动化趋势。主流媒体要加强网络传播能力建设，不断创新话语体系和表达方式，做大做强网上的主题宣传、形势政策宣传、成就宣传、典型宣传，使正能量成为网络空间最强音。要极大地丰富优秀内容的供给。结合重大宣传主题，精心组织制作思想性、感染力、传播力强的好作品。建立网络优秀产品激励和扶持机制，支持理论工作者、文艺工作者、高

校师生、网民以及文化企事业单位、影视节目制作机构、社科研究机构等创作生产更多适合在网上传播的网络内容。推动社科理论成果、思想评论、优秀文艺作品的数字化网络化传播。

高度重视传播手段建设和创新，运用移动互联网、大数据、云计算、无人机采集、虚拟现实等技术，跟踪5G传输、全息投影、物联网、人工智能等前沿技术，发展新应用新业态。利用先进技术，加大融媒体产品的制作生产力度，多渠道推送到互联网电视、智能手机、平板电脑、可穿戴设备等终端，推进新闻传播平台与社交网络平台实现无障碍对接，打通新兴媒体和传统媒体的用户群。在传播上我们就要坚持一条：哪里人多我们到哪里去。我们的传播就是要争取更多的人，因此人在哪里我们就去哪里。我们要用上十八般武艺，包括我们的媒体工作者的技术保障也要跟上，要全副武装，增强单兵作战能力。要加强网军建设，培育一支能够发声、敢于发声的网络队伍。完善互联网属地管理原则和治理模式，建立健全网络综合治理体系，让网络空间清朗起来，健全网络舆情及时反映和研判机制，妥善应对处置网上突发舆情，健康快速地推进媒体融合发展。

在市县级媒体融合发展上，浙江有一个很好的典型，那就是长兴传媒集团。作为县级媒体融合发展的先行先试者，长兴传媒集团主动顺应互联网发展大势，于2011年开始整合广播、电视、报纸、杂志、网站等资源，持续推动传统媒体和新兴媒体在内容、渠道、平台、管理等方面深度融合，为县级媒体融合发展探索和积累了可资借鉴的成功经验。长兴在太湖旁，是全国有名的百强县。2018年，长兴实现地区生产总值约609.78亿元，人均生产总值约95961元，按平均汇率折算为约14501美元。这座城市因媒体融合发展再次名闻遐迩，成为县级媒体融合发展的样板，吸引了全国数百批次考察团队前来“取经”。我也曾经带队去总结过他们的经验。在浙江省创新团队评审中，他们的陈述获得评委们高度的评价。现在集团每年有近20场全媒体融合式直播、100

部专题片、300 场大型活动，具备全媒体集约式采编播平台、多元化传播矩阵、“新闻＋”全产业链。集团成立以来，旗下已拥有 3 个电视频道，2 个广播频道，1 份报纸，2 个网站，“两微一端”用户超过 65 万户，有线电视用户 18 万户，成为整合广播、电视、报纸、杂志、网站、两微一端、大数据业务的县域全媒体，并荣获全国广电媒体融合创新案例。传媒集团总资产 9 亿多元，2017 年营收约 2.09 亿元。从长兴传媒集团的发展中我们可以看出，只要抓住机遇，创新发展，县级传媒也能走出一片新天地。

（二）推进新闻创新创优，强化品牌栏目和节目建设

浙江省内开办了一些新闻栏目与节目，深受粉丝的欢迎，形成了一批知名的品牌。如 2014 年起，浙江卫视开办了电视节目《今日聚焦》，每周一至周五 18:53 播出，主要内容为浙江省各地发生的重大新闻事件，主要是曝光存在的各种问题，揭短亮丑，起到舆论监督的作用。它的口号是：用新闻的力量来推动进步。曝光的内容有：某地农用地违建厂房；某地最大的石材市场持续违规开办 10 多年；某地干部办事作风懒散、“中梗阻”；村支部书记非法占地数千平方米建别墅花园；少数干部占用公共资源、优亲厚友，侵害群众利益；等等。这督促了广大党员干部深挖细查、即知即改。《今日聚焦》已经是浙江最有影响力和权威性的节目之一。中共浙江省委要求各级领导干部每天都收看《今日聚焦》，以便及时发现和整改问题。各级一把手都把这个栏目作为查找问题的重要途径，举一反三，迅速整改。该节目创办以来深受群众欢迎，在万人样本调查中的收视率约为 3.3%，成为浙江最受关注的电视节目之一。

《浙江日报》开办了一个栏目叫《之江评》，针对中央和省委、省政府的重大部署，针对经济社会发展中的重大问题，针对现实中发生的突出

问题，撰写评论文章，以活泼生动的笔调写重大的问题，得到读者的一致好评，许多人把它看作评论化的省委文件。

浙江在线的“浙江即时报”也办得很有影响力，获得了“浙江省重点创新团队”称号。“浙江即时报”秉承“第一时间、追赶现场”的新闻理念，以网络即时新闻滚动播报为主要产品形式，依据现代网络传播手段，强调新闻事件的不断跟进和不懈追踪，运用图片、文字、短视频、微博、微信等新媒体矩阵完整呈现突发新闻事件的进程和全貌。“浙江即时报”致力于出现在每一个浙江省重大突发事件的现场，及时权威发声，即时还原事件，将一个又一个新闻现场最快、最真、最全地呈现给广大网友。有的网友说：“事件要知道，就看‘及时报’。”“浙江即时报”利用网络媒体快速、及时、交互、多元等优势属性，以浙江在线新闻中心为主阵地，各部门协同，多记者联动，全媒体展示，全天候更新，形成和完善了即时新闻的报道样板，引导浙江网民形成“看即时新闻，上浙江在线”的阅读习惯。

全国各地在新闻媒体创新，打造品牌栏目和节目上也非常着力。如内蒙古自治区做过一档电视理论节目，叫作《开卷有理》，第一季是“马克思靠谱”。这个节目有一首主题歌叫《马克思是个 90 后》，影响很大，在很多 KTV 可以点到，很多年轻人会去唱。这个节目还出了一本书，也叫《马克思靠谱》，该书成为畅销书。如上海电视台创办的《这就是中国》栏目，请复旦大学知名教授张维为担任主讲人，拥有一大批粉丝，其中很大占比是年轻人。

2018 年，中国应用新闻传播论坛暨“中国应用新闻传播十大创新案例”颁奖大会在上海举行。直播和移动报道平台“现场云”（新华社新媒体中心）、“侠客岛”（《人民日报》[海外版]）、融媒体直播流“看看新闻 Knews24”（上海广播电视台）、Dreamwriter 智能纠错技术（腾讯新闻）、短视频平台“抖音”（字节跳动）、数据新闻 DT 财经（第一财经）、非虚构写作“正午”（界面新闻）、县级融媒体中心“融媒眼”（长兴传媒集团)、全球财经资讯“华尔街见闻”(阿牛科技)、《疫苗之王》(微信公众号“兽爷”)获奖,代表着中国新闻创新和品牌建设已经进入一个快速发展期。

我们还要推动名记者、名编辑、名评论员、名主持人融入新媒体平台。打通传统媒体和新媒体人才使用通道,推动名记者、名编辑、名评论员、名主持人到新媒体平台上施展才华,开办原创栏目,培育品牌微信公众号,通过专题培训、实战演练、业务研讨、观摩交流等方式,引导现有人员向全媒记者、全媒编辑、全媒管理人才转型。要健全完善原创新闻作品版权保护制度和有偿使用制度。推出更多优质高效的融媒体产品,把提高原创内容生产能力作为核心追求,落实到融合发展全过程。要建立以用户为核心的传播力指数考核评价体系,为融媒体内容传播效果评估和绩效考核提供多维度的量化指标,以精准数据评价有效解决传统媒体绩效考核的模糊性问题,不断提升融媒体原创能力、精品生产能力、产品运营能力和用户凝聚能力。

(三)创新融合发展体制机制

体制机制是管全局、管长远的。要实现各种要素优化整合,提高资源配置效率,体制机制是关键。媒体融合发展也要确立敢于创新、善于创造的理念。要敢于破除体制机制障碍,建立起适应新形势新任务新要求的新的体制机制。

一要创新领导机制。媒体融合是一场“自我革命”,涉及深层次的资源整合、利益调整和运行机制。只有坚持问题导向、迎难而上,才能激发活力、持续突破。有的传统媒体,机构设置重叠、职责交叉,整体效能发挥不出来;有的媒体的评价考核方式落后,调动不了媒体工作者的积极性和创造性;等等。对于这些都要加以改革调整。

二要创新融合机制。从奖惩制度、激励制度入手,调动媒体工作者参与传统媒体与新兴媒体融合发展的高度自觉性和积极性。着力解决机构分散、功能重复、内容同质、力量分散等问题，积极探索推进传统媒体与新媒体全方位对接、融合式发展，加快构建现代化立体传播体系。

三要创新保障机制。要研究制定推进媒体融合发展的路线图、时间表和任务书，完善各种经费、物质、人员的保障机制，引导人力、物力、财力和精力向媒体深度融合发展集聚，为媒体融合发展创造最好的环境。

三、建设一支适应媒体融合发展的人才队伍

推进媒体融合发展，关键要有一支政治觉悟高、作风过硬、技术高超的媒体工作者队伍，使我们的媒体工作者能够成为先进思想的倡导者、学术研究的开拓者、社会风尚的引领者、党执政的坚定支持者。

（一）创新媒体人才激励和管理机制

制定适应媒体融合发展的人才激励约束机制，研究设计更加科学合理的考核评价体系、职级晋升制度、薪酬分配办法，稳妥推进解决新闻采编人员身份“双轨制”问题。建立全媒体传播效果评价体系，逐步完善落实第三方评估机制。探索传媒企业实施特殊管理股制度、经营团队股权激励试点。坚持采编和经营“两分开、两加强”，全面落实阵地管理和导向管理，确保党对新闻媒体的主导权管理权。

2017 年 5 月，中共中央宣传部、中央编办、财政部、人力资源和社会保障部联合印发《关于深化中央主要新闻单位采编播管岗位人事管理制度改革的试行意见》。该意见强调，媒体竞争的关键是人才竞争，媒

体优势的核心是人才优势。随着我国新闻事业快速发展，新闻单位采取多种用人方式，以满足日益增长的用工需求，并增强队伍活力。但体制内外的“身份”管理，用人“双轨制”，造成部分采编播管人员同岗不同责、同工不同酬，影响采编播管人员成长成才和积极性的发挥，影响新闻舆论工作队伍稳定，影响新闻事业长远健康发展。为切实解决这些问题，该意见提出深化中央主要新闻单位采编播管岗位人事管理制度改革的重点工作任务，主要包括以下7项。

一是统筹配置现有编制资源。中央主要新闻单位按规定合理使用编制，用足用好现有资源，加大新闻单位内部挖潜力度，调整人员结构，将编制资源向采编播管岗位集中，优先保障核心业务岗位用编需求。结合深化文化体制改革，统筹宣传文化系统事业编制资源，通过优化结构解决新闻单位采编播管岗位编制需求。

二是开展人员编制总量管理试点工作。在中央新闻单位中选择具有代表性的先行试点，实行人员编制总量管理，探索形成新的资源配置方式和管理模式。随着人员编制总量管理改革相关配套政策的不断完善，今后逐步解决与编制管理的衔接问题。对试点工作涉及的具体问题，由有关部门研究制定试点办法，完善相关配套政策。

三是规范用工制度。中央主要新闻单位要建立规范的用工制度，与全体采编播管人员直接签订聘用合同或劳动合同，推动形成新闻单位与采编播管人员相对稳定的人事劳动关系。不采取劳务派遣方式使用采编播管人员。

四是完善考核评价和退出机制。中央主要新闻单位要完善采编播管人员管理制度，对所有人员同等要求、统一管理。建立以绩效考核为基础、一视同仁的激励约束机制，完善采编播管人员退出机制，达不到岗位要求的人员依法依规予以调整岗位、转岗培训、解除聘用合同或劳动合同等。

五是形成推动媒体融合的用人机制。积极适应媒体融合发展需要，探索建立相对统一、公平合理的用人制度，完善新闻单位内部激励约束机制，实现同一平台工作人员同样管理标准、同等地位权益，充分调动新闻从业人员的融合发展积极性。

六是加大政策支持力度。逐步完善财政投入政策，健全政府购买服务机制，统筹利用现有资金渠道，为中央主要新闻单位采编播管岗位人事管理制度改革提供必要的支持。新闻单位加大自身投入力度，解决人事管理制度改革需要增加支出等问题。

七是加强党的领导。强化党委（党组）主体责任，把全面从严治党的要求贯彻落实到思想政治建设和作风建设之中，不断健全监督机制。

参照中央改革意见，浙江各媒体在用人机制上也加强了改革力度。如浙江日报报业集团推出了以岗位薪酬管理为目标着力深化人事和分配制度改革，打破事业企业身份界限，实现了同岗同酬。制订了《互联网技术人员管理办法（试行）》和《实行 P 序列岗位管理细则》，并在新媒体和技术部门试行。P 序列岗位管理的核心是按能力业绩定岗定薪，量化绩效指标考核，由原先的岗位管理变为能力评价管理，通过分类定义岗位、确定岗位任职资格模型、制定与市场接轨的薪酬标准、推行目标明确的 KPI（关键绩效指标）考核办法，实现岗位层级能升能降、薪资能高能低、人员能进能出。实行 KPI 考核，即部门为每个人员设定合理的、可量化的工作目标，按季度和年度进行阶段性考核评级，考核结果与薪酬、晋升、淘汰挂钩，形成以绩效为导向的评价体系。以采编部门为例，KPI 考核要素包括：原创力、精品力、传播力、团队协作、创新能力、工作态度等。这样，既把集团战略规划分解为部门目标、个人指标，又为职工个人实现从“符合预期”到“杰出成长”提供了明确的路线图。实践证明，P 序列岗位管理能够大大激发员工的创造力和生产力。两年多来，有约 20％的职工岗位等级得到提升，约 30％的职工薪酬得到提升。

（二）加强全媒体人才培养

媒体融合发展需要全媒体人才。目前一些媒体的现有工作者队伍素质和结构还不能完全适应融合发展需要，人员队伍存在年龄老化，人员紧缺，高精尖、全媒型人才匮乏的现象，尤其是既懂新闻传播规律又懂新媒体发展规律、既懂传媒政策又懂市场运作的复合型、专业型人才紧缺，制约了媒体融合发展事业的推进。以下是湖州某县对媒体工作者队伍的调研。该县传媒现有采编人员 132 人。从学历上看，研究生学历 2 人，本科学历 85 人，后者约占 64%。其中全日制本科 72 人，约占 55%；大专学历 27 人，约占 20%；高中学历 18 人，约占 14%。从年龄上看，35 岁以下 80 人，约占 61%；50 岁以上 13 人，约占 10%。从职称上看，专业技术人员 50 人，约占全部采编人员的 38%，其中高级（副高）职称 4 人，中级职称 10 人，初级职称 36 人。从编制上看，在编（事业）人员 45 人，合同聘用人员 87 人。从以上数据来看，整个采编队伍的学历水平还不够高，大专及以下人员占比约为 34%，全日制本科生只占约 55%；从年龄上看，整个采编队伍还是比较年轻的，35 岁以下人员占到 60%以上，新进人员较多，可塑性强，接受新事物比较快，需要系统性地加以指导；从职称上看，专业技术人员占比较低，只有约 38%，才 1/3 多一点；从编制上看，约 1/3 是在编人员，约 2/3 是合同聘用人员，需要合理化的薪酬制度来配套。为此，我们首先要推动现有媒体人员的融合转型。进一步加大教育培训力度和多岗位挂职锻炼，引导现有人员向全媒记者、全媒编辑、全媒管理人才转型。同时，要加大人才引进力度，从高校及相关部门、企事业单位引进一批复合型人才。新闻单位可以与高校共建新闻学院，与高校联合办学，加强新闻传播专业、信息技术专业、设计专业等的课程融合教育，培养更多的跨界新闻传播人才。

(三)培育作风过硬的媒体工作者队伍

在队伍建设中,媒体工作者队伍的思想作风建设最为重要,要切实加强马克思主义新闻观教育,不断深化“走基层、转作风、改文风”活动,培育一大批作风过硬的媒体工作者。浙江在全国和省级新闻奖中评选出来的新闻优秀作品,都是深入基层,在不辞劳苦的采访中形成的。可以说,好新闻“不是用笔,而是用脚写出来的”。中国新闻奖是经中央宣传部批准的全国性年度优秀新闻作品最高奖,由中华全国新闻工作者协会主办,每年评选一次。中国新闻奖共设 4 个大类,29 个评选项目,其中报纸、通讯社设消息、言论、通讯、系列报道、新闻摄影、报纸版面、新闻漫画和报纸副刊 8 项,广播、电视设消息、评论、新闻专题、系列报道、新闻性节目编排和新闻现场直播各 5 项。每届设一等奖、二等奖和三等奖,特别情况下还设个别荣誉奖、特别奖。浙江每年都有一大批新闻作品在全国和省级评选中获奖,数量一直居全国前列。浙江新闻奖是浙江省级优秀新闻作品最高奖,由浙江省新闻工作者协会组织评选。2018 年度有 467 件作品获奖。其中特别奖 1 件,一等奖 96 件,二等奖 151 件,三等奖 213 件,社会活动奖 6 件。获奖作品集中展示了浙江省新闻界在 2018 年里,以优良的作风深入一线,不断创新重大主题报道、典型宣传报道、热点引导以及媒体融合创新的成果;进一步突出重大主题宣传,壮大主流思想舆论,唱响主旋律,传播正能量;进一步突出增强“脚力、眼力、脑力、笔力”的要求,体现“走转改”——来自基层一线的鲜活新闻作品获奖比重进一步提高,不断提高新闻舆论传播力、引导力、影响力、公信力。所以,一定要加强对媒体工作者好作风的培育,因为作风是内在素质的外在表现。转作风关键要解决好 4 个问题。

一是从社会的旁观者向社会的参与者转变。我们有些新闻记者老说是第二性的,你们干我们看,你们干我们报道。这个看起来对,但也不对。我们不是社会发展的旁观者，而是参与者，要去除这种旁观者的心态，以强烈的事业心和责任感来做好新闻工作。

二是从被动服务向主动服务转变。就是新闻工作不能是被动的，人家找上门才去做。而要主动地策划，设置题目，发现典型，主动地去总结经验，寻找问题，报道典型。

三是从蜻蜓点水的采访向蹲点采访转变。我们现在有的记者，采访时总是打一枪换一个地方，甚至有的把人家的新闻统稿一拿就算采访过了。这种情况肯定出不来好报道，所以要提倡蹲点采访，特别是一些重要的采访，要真正蹲在一个地方待几天，这样才能出好文章。当年穆青采访焦裕禄的事迹，在兰考待了几个月，才写出一篇传世之作。

四要从怕苦怕累向吃苦耐劳转变。好新闻不是天上掉下来的，而是用脚、用心写出来的，所以要提倡用脚写新闻，当然更重要的是用心写新闻。

加强媒体工作者队伍建设，当前还要做好以下这些工作。

一是建立培养培训机制。要加大对人才的培训培养，通过举办学习班、送学校培训、交流挂职、担当助理、到媒体融合发展做得比较好的地方和单位锻炼等多种方式，抓好培训培养工作。要制订年度和较长期的轮训计划，在对现有媒体工作者队伍做出全面评估的基础上，分批次有先后地系统加以培训。对新进人员要制订具体的成长计划。既要积极放手锻炼，又要给予充分的实践锻炼机会，还可以请老同志结对帮扶，传帮带，源源不断地为人才队伍提供新鲜血液。要组织开展大学习大调研大练兵活动，通过新闻实践，不断提高媒体工作者队伍的脚力、眼力、脑力、笔力，切实提升团队的战斗力。

二要建立人才引进机制。靠人才培训总体上看还是比较慢的，往往跟不上形势快速发展的需要，为此，就要加大人才引进力度。要制定一些优惠的政策，引进人才。要把引进新技术人才、互联网人才放到媒体融合发展的首要位置，既可以直接调入，也可以采用柔性流动的方式，以兼职、特聘、特邀等方式引进各类优秀人才。还可以针对一些特殊岗位，制定特殊人才引进和激励政策，为引进特殊人才、高端人才创造良好的政策环境。从实践中看，先邀请有关专业的大三学生前来单位实习，有利于双方进行深入了解，也为引进人才做好准备。

三要建立激励机制。要改革用人机制，引入竞争、激励和约束机制，实施中层干部竞聘上岗，工作人员双向选择，优化人力资源配置，让优秀人才脱颖而出。以良好的待遇激励人，以发展的目标激励人，以真情实感激励人，以充分发挥作用的工作环境激励人。探索实行首席制、轮岗制、交流制等，让优秀人才有待遇、有地位、有成就、有归属感，加强本单位的文化建设，增强团队的凝聚力。

四要建立管理机制。完善绩效工资分配体系和奖励政策，坚持业绩导向，薪酬向基层一线倾斜、向采编队伍倾斜、向关键岗位倾斜，充分激发人才的工作热情和创造力。突出媒体融合，鼓励采编人员向全媒体人才转型，实行相应的退出机制，比如末位淘汰制，进一步激发员工队伍的积极性。

第五讲思考题：

1. 新闻舆论工作有什么重要作用？
2. 媒体融合发展的关键是要做什么？
3. 怎样培养适应媒体融合发展要求的人才？

第六讲

繁荣文艺事业　攀登艺术高峰

文艺是时代前进的号角，最能代表一个时代的风貌，最能引领一个时代的风气。要改造国人的精神世界，首推文艺。举精神之旗、立精神支柱、建精神家园，都离不开文艺。

一、文艺的时代责任与繁荣发展的历史机遇

文艺，即文学和艺术，是人们对生活的提炼、升华和表达。古今中外，伟大的时代总是会产生能与之媲美的文学艺术创作。

（一）浙江文艺具有悠久历史和辉煌成就

浙江是文艺大省，东汉以来载入史册的浙江籍文学家逾千人，在中国文学史上具有举足轻重的地位。到了现代，浙江籍现代文学名人占据了新文学运动的半壁江山。浙江的书画艺术源远流长。从秦汉到东晋，中华文化中心渐移至江南，浙江一跃成为中华文化的腹心之地，书画艺术迎来了辉煌。在当代，浙江依然是书画艺术的重镇。浙江的戏曲艺术独树一帜。一部中国戏曲史，半部在浙江。北宋晚期，温州诞生了中国最早的完整戏曲形式之一——南戏。中华人民共和国成立以来，浙江对戏曲遗产进行了深入的发掘、抢救、整理和改革，使戏曲表演艺术再度焕发青春，出现了许多享誉剧坛的优秀剧目。改革开放以

来，以浙江小百花越剧团为代表的一批戏曲院团，创造了“一花引得百花开”的“小百花”现象。浙江的影视艺术成就突出。中国电影走过了一个多世纪的历程，从默片到有声，从黑白到彩色，每一次变迁背后都有浙江人的身影。改革开放以来，浙江深入挖掘革命历史题材、重大现实题材和浙江本土题材，相继推出了一大批主旋律题材影视剧，多次荣获“五个一工程”奖等国际国内大奖，形成了重大题材影视剧的“浙江现象”。

浙江文艺发展史是一部求真求美求善的历史，文人与贤人齐出，治绩与诗文比美。浙江文艺将这种代代相传的文化精神，深深地融入创作中，书写了闪耀星空的诗章名篇，为中华文化留下了奇珍瑰宝。

浙江文艺发展史是一部博采众长的历史，不忘本来，吸收外来，开拓未来，兼收并蓄，独具特色。浙江文艺既善于博观约取，又善于再造转化，努力将自己的独创性融于文艺百川，形成了保持本色、融合多元的特质。

浙江文艺发展史是一部勇于创新的历史，千百年来，代有才人，各领风骚。浙江文艺敢于打破传统，善于创新创造，为后世提供了示范和动力。

浙江文艺发展史是一部思考求索的历史，绝世名篇层出不穷，笔端呐喊振聋发聩。浙江文艺的血脉中始终流淌着对家国命运的关切，闪烁着时代进步的光辉，浙江文艺用智慧的光芒照亮了人们前行的道路。

当我们走进中国特色社会主义新时代，需要用文艺的力量去温暖人、鼓舞人、启迪人，需要我们的文学艺术家用博大的胸怀去拥抱时代，用深邃的目光去观察现实，用真诚的感情去体验生活，用艺术的灵感去捕捉人间之美。如何弘扬优秀传统，继承创新，开拓未来，再创浙江文艺发展的辉煌成就是浙江文艺工作者的重大历史责任和时代使命。

为推进浙江的文艺繁荣发展，浙江省委、省政府做出全面部署。2016 年，为深入贯彻落实习近平总书记在文艺工作座谈会上的重要讲话和《中共中央关于繁荣发展社会主义文艺的意见》精神，中共浙江省委制定了《关于繁荣发展社会主义文艺的实施意见》，提出全面实施繁荣文艺七大工程：实施地方戏曲振兴工程，打造国家级戏曲传承发展示范区；实施当代文学提升工程，打造全国文学重镇；实施美术书法音乐创作工程，打造全国美术书法重镇；实施影视精品打造工程，打造全国影视重镇；实施网络文艺发展工程，打造全国网络文艺重镇；实施基层文艺繁荣工程，打造一流文化成果共享平台；实施文艺浙军培育工程，打造文艺人才高地。当前，我们要按照省委、省政府的部署，着力实施文艺繁荣发展和高峰攀登工程，推出更多思想精深、艺术精湛、制作精良的大作、力作，将浙江打造成文学重镇、影视重镇、美术书法重镇和戏曲重镇。

（二）实施文化精品战略，创作生产更多、更好的力作

精品之所以"精"，就在于其思想精深、艺术精湛、制作精良。精品是时代生活的写照。中国共产党的百年奋斗，中华人民共和国的成立给中国社会带来的翻天覆地的变化，改革开放取得的伟大成就，都为我们的艺术家提供了取之不尽的创作源泉。这是国家和民族之幸，更是艺术家之幸。在这种沧海桑田的变化中，有多少文艺素材可以汲取，有多少经典之作可以问世？中华绵延五千年的历史和丰富多彩的文化，同样是艺术家用之不竭的创作资源。时代呼唤着文艺精品，也为文艺精品的涌现提供了肥沃的土壤。在这样的时代，我们需要极大地提升文艺原创力，推动文艺创新发展，这是新时代文艺守正创新、繁荣发展、质量提升所迫切需要的。文艺原创力与创新性，既是作家艺术家创造力的标志，也体现着一个民族的艺术创造精神和整体活力。与全国的发展一样，浙江经济社会的快速健康发展，为文艺繁荣发展提供了雄厚的物质基础；全省人民不断增长的精神文化需求，为文艺繁荣发展展现

了广阔前景；浙江省委、省政府的一系列重大举措，为浙江文艺的繁荣发展提供了强大动力。浙江大力推进文艺创作繁荣发展，打造了许多浙产的精品力作，浙江影视、浙江动漫、浙江网络文学等在全国有很高的知名度。

精品也来自真善美。文艺的永恒是追求真善美，人们希望从文艺中获得美的享受，从而提升修养、陶冶情操、净化心灵。无论科技如何发展，美感都是衡量文艺作品极为重要的尺度。我们要大力实施省文化精品扶持工程和文艺精品打造计划，扩大省文化精品工程扶持资金规模，建立文化精品创作题材库，加强文艺“新品、优品、精品”创作。围绕建党 100 周年等时间节点，启动重大革命历史题材和现实题材影视创作项目、文学精品打造项目、舞台精品打造项目、视觉艺术主题创作项目、重点文艺精品出版项目，打造讴歌党、讴歌祖国、讴歌人民、讴歌英雄的精品力作，努力形成文艺创作生产的高峰。探索推行签约艺术家制度，积极引入国家级文艺名家参与我省文化精品创作生产。

打造文艺精品也要借助科技的力量。文艺也要拥抱互联网，这是当今创作和传播文艺精品的重要途径。文艺与互联网结合在一起产生了惊人的聚变效应。作为互联网强省，浙江一直在文艺上探索拥抱“互联网＋”的多种路径，在数字阅读、数字出版、网络剧、互联网娱乐、大数据等方面一路前行。实施省网络文学精品创作和传播重大专项，大力发展网络剧、网络音乐、网络演出等，推动新兴文艺类型繁荣有序发展。坚持“重在建设和发展、管理、引导并重”的方针，推动网络文学、网络音乐、网络剧、微电影、网络演出、网络动漫等新兴文艺类型繁荣有序发展。浙江拥有一批网络作家名家，网络文学作品数量、质量均居全国前列，网络文学下游产品开发如影视剧、动漫、游戏等十分活跃，“互联网＋”方兴未艾，创业创新政策环境和氛围浓厚。浙江省网络作家协会成立短短几年时间里，会员就创作了 700 余部逾 6 亿字作品，改编成影视剧、游戏、动漫项目 100 余个。《芈月传》等 6 部作品入选国家新闻出版广电总局评选的“年度优秀网络文学原创作品”。除了网络文学树起了“浙军”大旗，浙江还极力推动网络音乐、网络剧、微电影、网络演出、网络动漫等新兴文艺类型繁荣有序发展。促进传统文艺与网络文艺创新性融合，鼓励作家艺术家积极运用网络创作传播优秀作品，积极扶持奖励网络文艺精品。充分发挥新媒体的独特优势，把握传播规律，加强浙江重点文艺网站建设，用好微博、微信、移动客户端等载体，促进优秀作品多渠道传输、多平台展示、多终端推送。

办好中国国际动漫节、中国越剧艺术节等品牌活动，为优秀文艺作品提供展示平台。2006 年，在越剧百年诞辰之际，绍兴成功举办了首届中国越剧艺术节，自此，每 4 年举办一届的中国越剧艺术节成为永久落户浙江的国家级艺术节，并发展成为一个重要的文化艺术交流平台。艺术节围绕“戏曲故里、文化浙江、越剧盛会、人民节日”主题，突出“汇集越剧精品，展示地域特色，实践文化惠民，凸显市场运作”的办节思路，搭建起优秀传统文化的交流平台，集中展示中国越剧艺术繁荣的最新成果，进一步推动越剧艺术事业的可持续发展。2018 年 10 月 12 日，第四届中国越剧艺术节在绍兴开幕。24 台精选剧目在绍兴各大剧院上演，其中 9 台为越剧现代戏，有的以乡村振兴为主题，有的反映改革开放大潮中浙商敢为天下先的创业精神。40 场广场戏曲展演在绍兴 8 个广场连演 5 天，将 10 月的绍兴打造成“越剧之城”。艺术节期间还举行配套论坛和展览。“新时代越剧艺术发展高端对话”邀请业内外专家共同展望越剧发展新趋势、新方向、新目标。“越剧文化产业展”集中展示推动越剧融合发展的相关产业。

2019 年，浙江文化精品创作成果丰硕。浙江立足作为红船起航地、改革开放先行地、习近平新时代中国特色社会主义思想萌发地的资源优势，深入实施重大文艺创作工程，组织创作电视剧《在远方》《外交风云》《红船》《一大代表》，电影《老师·好》《春天的马拉松》《我在原地等你》，舞台剧《红船往事》《枫叶如花》等精品力作。《外交风云》《在远方》作为中华人民共和国成立70周年献礼剧在一线卫视和三大视频网站开播。图书《心无百姓莫为官》，电视剧《麦香》《可爱的中国》，歌剧《呦呦鹿鸣》等4部作品获全国第十五届精神文明建设"五个一工程"奖，68个项目入选2019年国家艺术基金资助项目。设立浙江省文化艺术发展基金，切实加大对文艺精品创作的扶持引导。举办2019中国大运河国际钢琴艺术节暨郎朗杯钢琴大赛。深化推进省属国有文艺院团改革，挂牌组建浙江省演艺集团。

其中的"五个一工程"奖是由中共中央宣传部和省级宣传部门组织的精神文明建设"五个一工程"评选活动，自1992年起每年进行一次，"五个一工程"是：一部好的戏剧作品，一部好的电视剧(片)作品，一部好的电影作品，一部好的图书(限社会科学方面)，一部好的理论文章(限社会科学方面)。并对组织这些精神产品生产成绩突出的部门，授予组织工作奖。对获奖单位与入选作品，颁发获奖证书与奖金。1995年度起，将一首好歌和一部好的广播剧列入评选范围，"五个一工程"的名称不变。"五个一工程"实施以来，对各地、各单位精神文明产品生产的发展与提高，产生了积极的促进作用，体现了精神文明重在建设的方针，把以科学的理论武装人、以正确的舆论引导人、以高尚的精神塑造人、以优秀的作品鼓舞人的号召落实到实际工作中。

(三)文艺创作要弘扬主旋律，提倡多样化

我们的文艺创作，要体现"弘扬主旋律，提倡多样化"的要求。主旋律就是必须始终坚持为人民服务、为社会主义服务的方向；提倡多样化，就是全面贯彻百花齐放、百家争鸣的方针。弘扬主旋律，是社会主义制度对文化建设提出的本质要求，是社会主义精神文明的具体体现，是社会主义文化必须担负的社会责任。提倡多样化，是由人民群众日益增长的多样化、多层次、多方面的精神文化需求决定的，是社会主义

文化繁荣发展的活力所在。这两者相辅相成、不可或缺，都统一于贴近实际、贴近生活、贴近群众的具体实践中。总之，在坚持文艺为人民服务、为社会主义服务方向的基础上，认真贯彻“百花齐放、百家争鸣”的方针，尊重差异、包容多样，充分发扬艺术民主，在艺术创作上提倡不同形式和风格的自由发展，在艺术理论上提倡不同观点和学派的充分讨论，在艺术发展上提倡不同品种和业态的积极创新，使社会主义文艺百花园更加绚丽多彩。

文艺要把握正确的导向，就要不断健全完善文艺评价激励机制。建立文艺作品质量综合评价体系，完善文艺作品立项、备案、采购、评审、发行等标准，把价值取向、艺术水准、受众反应、社会影响作为主要指标，倡导讲品位、讲格调、讲责任，抵制低俗、庸俗、媚俗。坚守文艺的正确导向，坚持文艺作品要传播社会主义核心价值观。在文艺作品的立项、备案、采购、评审、发行过程中，建立专家评审、群众评议、相关部门把关、领导审核、市场检验等一整套的工作流程，特别是在整个过程中，高度重视建立健全文艺作品的评价激励和文艺评论、批评机制，把这些作为文艺事业沿着正确的轨道发展的重要支撑，作为推动文艺繁荣发展的重要力量，作为党领导文艺工作的有效方法和有力手段。文艺评论和批评是思想的炼金术，也是文艺精品的助产士。中国古代文论的“文气”说、“风骨”说、“滋味”说、“意境”说等精辟概括，都深刻地影响了文艺批评，激发了创造活力。浙江深入实施马克思主义文艺理论与评论建设工程，深入研究中国特色社会主义文艺理论，加强文艺评论阵地、机制建设，办好文艺评论期刊和报纸、电视台、专业网站等评论栏目，把好文艺批评的方向盘，把群众评价、专家评价和市场检验统一起来，把社会效益放在首位，形成良好的批评风气，催生更多既叫好又叫座，既经典又流行的精品力作。健全文艺阅评工作制度，加强文艺评论队伍建设、阵地建设、品牌建设，褒优贬劣、激浊扬清，指导创作、引领思潮。

（四）坚持文艺为大众服务，繁荣发展基层文艺

建立推动文艺工作者深入生活、扎根人民长效机制。繁荣发展基层文艺。发挥好浙江省文化和旅游厅、文学艺术界联合会、作家协会、文化馆（站）和各级文化部门在繁荣基层文艺中的引领作用，组织专业文艺工作者到基层一线教、学、帮、带。坚持文化惠民，促进文化共享。持续开展“万场文艺下基层”、“文化进万家”、“高雅艺术进校园”、文化艺术志愿服务等活动。“文化走亲”“农家书屋”“文化加油站”在全省遍地开花。开展送戏、送书、送讲座展览等“三送”文化下乡活动，每年举行公共文化服务性质的文艺演出活动 1 万场以上，送书下乡 100 万册以上，送讲座展览下乡数千场以上。各地开展的各种文化艺术节和“百姓文艺”系列活动，极大地丰富了群众的文化生活，让文化成为人民群众生活中的重要组成部分。

加强基层文艺内容建设，发挥优秀传统文化的滋养作用，创作生产一批适合基层生活特点、深受群众喜爱的公共文化作品。加强基层文化队伍建设，培养万名村宣传文化管理员，培训万名基层文艺骨干，壮大社会文化志愿者队伍，从而增强基层文化的自我发展能力。浙江的民间文化活动兴旺，老百姓的参与意识高涨。目前，全省有业余文艺团体近 3 万家，业余文艺骨干 50 余万名，极大地活跃了社会文化氛围。随着互联网技术和新媒体的发展，浙江的基层文化活动与互联网融合日益红火，文字数码化、书籍图像化、阅读网络化成为新的文化形态，在基层催生了一大批新兴文艺类型和网络文艺工作者群体，他们已经成为繁荣基层文艺事业的有生力量。

在基层文化活动中，各地还打造各种区域特色的文化群落。如台州诞生了“仙居诗群”。仙居县通过组织丰富多彩的采风活动，举办诗会和诗歌朗诵会，形成了良好的诗歌创作氛围。仙居诗歌创作队伍不

断壮大，诗歌作者逾50人，已出版诗集的约有10人。人民文学出版社大型诗刊《星河》在2015年冬季卷用22页的篇幅推出“仙居诗群”，有15位诗人的67首诗歌入选。省作家协会《江南诗》杂志于2016年第2期又推出“仙居诗人小辑”，共发表仙居10位诗人的30多首诗作。仙居诗群的诗歌题材丰富、诗风多样，多抒发内心情怀，讴歌美丽仙居，乡土气息浓郁，具有明显的江南山水的特色。

依托农村文化礼堂办好“我们的”系列主题活动。2013年，为了贯彻落实党的十八大精神，加强农村精神文明建设和文化建设，浙江省启动农村文化礼堂建设。到2019年底，浙江全省已经建成14000多家文化礼堂。这些文化礼堂成为浙江农村的文化综合体，也是农民的精神家园。文化礼堂在发展中，逐步形成了“我们的”系列活动。如“我们的村晚”，每年春节期间浙江农村在文化礼堂开展各种文艺活动和联欢活动。如“我们的家园——万家农村文化礼堂庆丰收”系列活动等，一支支扎根农村、社区的文艺队伍，在浙江大地唱响《希望的田野》。深受文化熏陶的村民们，出现在省“村歌”创作演唱大赛、浙江排舞大赛等多级联动的文艺活动中。还有“我们的村歌”，江山市的大陈村党支部以村歌治村，走出一条文艺治村的新路子。每每听大陈村党支部书记汪衍君唱《妈妈的那碗大陈面》，我总是泪流满面。歌中唱道：“轻轻地在风中翻转，香香地在碗中盘旋，美美地和着我们欢笑，那芳香诱人的大陈面。遥远地从徽州迁来，落户在大陈的山间。祖宗殷殷的叮咛和嘱托，就像这浓浓的大陈面。妈妈的慈爱、游子的祝愿，浓缩进芳香可口的大陈面。不管我们走得多么远，故乡永远在我们的心间。妈妈的那碗大陈面，伴随着我们一年又一年。不管我们走得多么远，故乡永远在我们的心间。”江山村歌因具有大众性、民族性、特色性等特点，被推荐列为G20杭州峰会的文化礼品。

二、传承浙江文学传统，打造文学重镇

文学就是通过一种审美方式对世界的把握与表达。浙江充分发挥浙派作家群的优势，激发文学创作活力，提升当代文学整体水平，推动浙江当代文学走在全国前列。

（一）铸就文学精品，创造浙江文学新辉煌

历史上，浙江文学就独树一帜，享誉中外。改革开放以来，浙江的文学事业进一步蓬勃发展，茅盾文学奖、鲁迅文学奖、郁达夫文学奖等都在浙江颁布，还有各种创作奖、新人奖层出不穷，激励浙江作家群创作更多更好的作品。打造文学重镇，需要深入细致的工作，一件作品一件作品地抓，一个项目一个项目地抓，坚持不懈，才能抓出成效，打造出更多的好作品。鼓励原创作品，创作更多的优秀作品。好作品才是硬道理，衡量一个时代、一个作家的文学成就，最终都要看作品。引导广大作家树立精品意识，深入挖掘重大革命和历史题材、当代现实题材、浙江本土题材，精益求精，推出更多触动灵魂、震撼人心，有思想深度、艺术高度的鸿篇巨制。深入实施“浙江现实主义文学精品工程”、“文学解读浙江创作工程”、“浙江记忆”文学创作等重点扶持项目。2017 年，文学类就有散文集《乘慢船，去哪里》、报告文学“浙商三部曲”、长篇小说《两地秋》、报告文学《地球之光》等被列入第十二批浙江省文化精品扶持工程项目。同时，积极推荐和推动浙江作家获取国家文学创作的支持。近 3 年就有 10 部作品入选年度中国作家协会重点作品扶持选题。如 2019 年度，就有浙江作家黄亚洲的报告文学《大陈岛密码》获“讴歌新时代、庆祝中华人民共和国成立 70 周年”主题专项扶持，海飞

的长篇小说《唐山海》、王旭烽的长篇小说《望江南》、哲贵的长篇小说《三兄弟》获得重点扶持。同时，在 2019 年度中国作家协会网络文学中心重点作品扶持项目中，蒋胜男的网络文学作品《铁血胭脂》获得重点扶持。

浙江全省整合创作资源，做好优秀文学作品创作的统筹策划，建立原创作品题材储备库，重点扶持一批体现社会主义核心价值体系、弘扬浙江精神，在国内有较大影响的优秀文学作品。组建浙江作家研究中心，组织召开重点作品研讨会或首发式，不断提高重点作品扶持工程的有效性和吸引力。规范文学评奖工作，不断扩大奖项的权威性和号召力。建立健全浙江优秀文学作品的扶持奖励机制，加大对优秀文学作品的扶持奖励力度。完善重要期刊刊发奖励条例，健全优秀文学作品扶持奖励机制、重点作品翻译立项申请机制，奖励在国内外市场反应良好、影响突出的优秀作品。如在浙江省 2012—2014 年度优秀文学作品评选活动中，共有 163 部（篇）作品申报参评，其中 85 部（篇）作品入围终评，43 部（篇）作品获优秀文学作品奖。《中国模范生——浙江改革开放 30 年全记录》《家国书》《回家》《主义之花》等一批优秀文学作品获全国精神文明建设“五个一工程”奖。2017 年，浙江儿童文学作家作品《水妖喀喀莎》《其实我是一条鱼》获第十届全国优秀儿童文学奖，2 名浙江青年作家获第二届中华文学基金会“茅盾文学新人奖”，浙江网络作家作品《血歌行 1：学府风雷》《百年家书》入选国家新闻出版广电总局“优秀网络文学原创作品”，报告文学作品《致青藏》《快递中国》获徐迟报告文学奖，《快递中国》《小巷总理》《国楮》《一百年的暗与光》《十五岁的星空》《“两山”之路——“美丽中国”的浙江样本》《水妖喀喀莎》等 7 部作品获浙江第十三届精神文明建设“五个一工程”奖。2017 年，第二届“茅盾文学新人奖”暨首届“茅盾文学新人奖・网络文学新人奖”颁奖典礼在桐乡举行，浙江省青年作家东君、祁媛获得本届“茅盾文学新人奖”。在 2019 年浙江省第十四届精神文明建设“五个一工程”表彰座谈会上，胡宏伟的报告文学《东方启动点——浙江改革开放史（1978—

2018)》，何建明的报告文学《那山，那水》，阎受鹏、孙和军的报告文学《东极之光——“里斯本丸”事件纪实》，汤汤的童话《雪精来过》，古兰月的长篇小说《守艺》等 11 部文学作品获“五个一工程”优秀作品奖。

浙江创作出版了多部重大题材作品。有反映家国情怀的革命历史题材作品，如反映抗战“凡我国土，寸土不让”的海飞长篇小说《惊蛰》，已经改编为影视剧；界愚长篇小说《江河东流》，讲述一名旧军阀的儿子在革命与斗争中，成为一名年轻爱国将领的故事。何建明的报告文学《那山，那水》，以文学样式诠释“绿水青山就是金山银山”；胡宏伟的报告文学《东方启动点——浙江改革开放史(1978—2018)》，追踪解读浙江改革开放 40 年发展历程；张国云的“企业三部曲”《企业纪》《资本纪》《智能纪》，聚焦企业的改革开放、深耕实体经济、人工智能等领域。朱晓军的报告文学《中国工匠》，讲述绍兴市柯桥区一对贫苦农民兄弟奋斗成为行业精英的故事。还有袁敏的非虚构作品《兴隆公社》，回望知青岁月。李英创作的报告文学《大国治村》，书写了中国乡村振兴战略的生动实践。牛凳的网络文学作品《春雷 1979》，反映年轻人参与和见证改革开放 40 年，并最终蜕变成“肯吃苦，愿实干，尚学习，求进取”的行业中坚力量。还有多个重点项目正在创作中。如黄亚洲的长篇报告文学《大陈岛密码》，反映了大陈岛垦荒精神；海飞的长篇小说《唐山海》，讲述了一个青年在血与火的战斗洗礼中成长，刻画了信仰坚定的共产党人的形象；王旭烽的长篇小说《望江南》，描绘民族实业家的人生际遇，呈现中华民族饱满的生命力量。总的来说，浙江文坛呈现出一片欣欣向荣的景象。

(二)组织作家深入生活，以满腔热情为时代讴歌

所有的好作品一定都来自火热的一线，作家生活在这个大变革大发展的时代，有大量新的、鲜活的经验，值得去发现、去表现。作家只有

把有血有肉的生活描摹反映出来，把内在动力和精神内涵挖掘提炼出来，才能创作出艺术价值和社会价值俱佳的精品力作，推动文学创作从高原向高峰攀登。浙江特别重视组织作家深入一线采风，把“深入生活、扎根人民”作为一项长期的实践活动。鼓励广大文学工作者走进基层走进大众，更加自觉主动地书写时代、书写人民，更加自觉主动地砥砺品格、锤炼作风。浙江作家围绕省委、省政府中心工作，特别是围绕习近平同志在浙江工作期间提出的“八八战略”、“绿水青山就是金山银山”、红船精神等重要理念，在浙江省委、省政府推进“五水共治”“最美浙江人”“文化浙江”等重大主题中，创作了一大批有影响的文学作品。为了配合中共浙江省委“建设美丽浙江，创造美好生活”战略部署，进一步唤起人们保护绿水青山的意识，讴歌浙江的母亲河——钱塘江，组织全省作家、诗人共 20 多人，开展以“钱塘江抒怀”为主题的大型文学采风创作活动，历时 18 天。采风团沿开化钱塘江源头，经衢江、兰溪江、新安江、富春江、分水江、钱塘江，到海宁市入海口，总行程近 3000 公里。采风创作活动采取边走边写、边写边发的创作方式，共创作了散文、诗歌作品 325 篇(首)，最后汇总出版了“钱塘江抒怀”三部系列采风作品：《水之精灵》《大江情怀》《潮涌东方》。同时，借鉴中国历史上盛世作赋的传统，开展“百水赋”作品征集活动，收到讴歌浙江美丽山水的辞赋 663 篇，精选 103 篇汇编成《百水赋》一书，中共浙江省委书记专门为之作序。

2013 年以来，浙江省委、省政府大力实施“五水共治”，即治污水、防洪水、排涝水、保供水、抓节水，全省上下众志成城，实现了全域全程全民治水，使浙江大地江河湖海面目一新。面对“五水共治”治出的大好局面，浙江文学界有责任深入治水一线，挖掘其中涌现的先进人物和典型事迹，用文学之笔触予以展示和宣扬。为此，在中共浙江省委宣传部统筹指导下，省作家协会组织开展了“流淌的故事——来自‘五水共治’的报告”主题采风创作活动。采风要求主要抒写平凡人物不平凡的治水事迹。通过小人物、小故事展示大时代、大战略，以鲜活的人物生活细节和情感变化讲述浙江人民实践中国梦的生动故事。这就要求作家必须深入基层和一线去蹲点采访，与采访对象同吃同住同劳动，从细节中发现好故事，从细节中发现闪光点。参加采风的 65 名作家，“一对一”地采访 180 多个重点采访对象。近 1 个月的蹲点采访，作家们共走访了 90 个县（市、区）、200 多个乡镇（街道），采访了 3000 多名基层干部和群众，从全省各地基层治水一线搜集了海量的创作素材。在此基础上，作家们调动情感，奋笔疾书，共创作报告文学作品 146 篇。后筛选 130 篇作品（共计 65 万字）汇编成《流淌的故事——来自浙江“五水共治”的报告》。

2016 年 9 月 30 日，我在《流淌的故事——来自浙江“五水共治”的报告》首发式上说：“《流淌的故事——来自浙江‘五水共治’的报告》是反映浙江省委、省政府‘五水共治’重大决策辉煌成就的书。这本书拿在手里的感觉是很有分量的，因为这是我们这代浙江人治水记忆的缩影，是我们时代精神的书写。‘文章千古事’，写下来的东西是可流传的，还会对未来文化的进步发展产生影响。从这本书延伸开来，有两个问题值得我们思考：一是文学如何讲好浙江故事？二是作家如何担当起社会责任和历史使命？浙江实施‘八八战略’、建设‘两富’‘两美’浙江的生动实践和争做‘最美浙江人’主题活动，为作家们开辟了广阔的创作空间，提供了丰富的创作源泉。我们组织开展了‘绿水青山就是金山银山’‘钱塘江抒怀’‘百水赋’‘流淌的故事——来自“五水共治”的报告’等主题采风活动，聚焦浙江大地可歌可泣的壮举，为浙江的建设鼓之呼之，为‘两美’浙江呐喊助威，可以说是文学围绕大局服务中心的‘范本’。同时，在创作中要坚持导向，写出精品，要求文学作品在坚持导向的同时又在形式上与新闻、历史资料等有所区别。在这方面，《流淌的故事——来自浙江‘五水共治’的报告》做了很好的尝试。这本书写了基层公务员、清洁工、普通村民、低保户、志愿者、企业老总等，用纪实的形式和文学的手法还原这场‘攻坚战’中‘一线战士’的风貌，将‘五水共治’的艰难、决心、毅力真实地展现出来。政策是刚硬的，省委、省政府以壮士断腕的决心调动全省力量打组合拳；故事是柔软的，我们的艺术家以各种读者易于接受的形式展现治水精神，形成全社会的精神共鸣，为治水工程助力，为浙江精神注入新源泉。古人说：‘文章合为时而著，歌诗合为事而作。’从‘美丽浙江’建设到社会主义核心价值体系构建和中国梦的实现，文学担当了不可替代的作用。”

浙江组织了很多作家深入生活、感悟文化、抒发情怀，把文章写在浙江的大地上。如组织作家到杭州市上城区开展“寻找城市的千年记忆”采风活动。上城区历史悠久，是南宋定都杭州时的皇城所在地，南宋在凤凰山东麓建皇城、筑宫殿，历时150余年，可见，上城区是杭州历史的样本。为了感悟和推介上城的历史，这次活动不仅请来了新闻界的记者朋友深入古城街巷“走读上城”，更邀请了30余位早享盛名的文人作家“品味上城”，凭借他们的笔感受千年历史的余温。作家们热情高涨，在细雨蒙蒙的日子里，走大街，串小巷，观古迹，品民俗，在一片感叹中，最后作家们集体创作形成一本文集——《寻找城市的千年记忆》。我为这本书作了一个序。大致内容为：“窗外斜风细雨，我拿着这本还没有付梓印刷的《寻找城市的千年记忆》，思绪早已经回到了3个月前。那时还是初夏，也是一个细雨绵绵的日子，蝉鸣刚刚响起。虽然如今桂花香已经弥漫杭城，但难忘那个寻找城市千年之梦的日子。杭州的历史，不能不提‘南宋古都·经典上城’。2500年前，孔子临水长叹：‘逝者如斯夫，不舍昼夜。’行走在上城，让人常常会有这样的感受，一砖一石、一塔一佛，曾经历了多少金戈铁马，又沐浴了几许杏花春雨，如今静谧在郁郁树色中，或许会在一个瞬间，停住行人的目光，沧桑岁月，井栏小巷，那些早已烟消云散的过往，却依旧在你我心中勾留。城市化在大踏步地前行，高楼如雨后春笋般林立。但城市永远离不开她的灵魂。

我们踏着历史的河流而来，再现代化的城市，也离不开自己的历史文脉与人文之根。我们寻找城市的千年记忆，不只是为了发思古之幽情，更是为了更好地保护这些弥足珍贵的历史遗存，提升城市的文化特质，打造城市的品质生活，树立城市的文化形象。这本书收录了16篇记者采访报道、36篇作家体验文章，希望能够为读者了解上城、爱上上城打开一扇窗，铺出一条路。更衷心地希望'寻找城市的千年记忆'活动，能够在杭州乃至全省更多城市展开。珍惜城市的过去，其实是为了珍惜当今与未来。"现在重新读来，仍让我感慨万端。

后来，浙江有关部门又组织了30多位作家行走古运河，品味杭州千年的变迁与一条河的故事。以坐落在杭州拱墅区的拱宸桥为南端的京杭大运河，蜿蜒千里，绵长岁月，承载着厚重的历史文化，滋润着两岸秀美的风景。杭州因水而兴而美，也因水而名而尊。运河作为杭州的一张文化名片，荟萃了众多的历史古迹和人文景观，沿岸的洋关旧址、富义仓、小河直街等历史遗存，演绎并见证着千年的时代变迁和人文气息。在这里，还可以眺望近代以来的工业遗址，品味淳厚的市井生活，消磨流淌的休闲光阴，构想当代的文化创意。透着浓郁历史文化气息的运河，以其独特的魅力和风情吸引着无数文人墨客。30多位作家行走在微风拂面、波光粼粼的运河边，从拱宸桥畔的京杭大运河博物馆、小河直街历史街区到香积寺，从漕运文化、仓储文化、禅宗文化到民居文化，领略大运河的古朴与沧桑，品读大运河的历史与今天。流水般的思绪诉诸笔墨，作家书写下各自心中的大运河印象。后来他们又集体创作写成了一本《千年古运河》，我又给他们写了一篇序。

浙江还积极组织作家深入生活一线采写"最美浙江人"，出版了讴歌基层干部榜样杭兰英先进事迹的《当家人》、讴歌"时代楷模"德清上柏麻风病村先进医护集体的报告文学《一百年的暗与光》。为编辑出版《浙江文化地图》，作家们深入浙江各地，撰写了155个文化景观散文作品。浙江是网络文学大省，网络作家在围绕社会发展热点上也做了大量可圈可点的工作，如：《运河密码》，讲述浙江省“五水共治”背景下的大运河文化带建设；《天下网安》，涉足网络安全领域。

除这些大型的采风活动外，作家们还经常蹲点体验生活，在这基础上，形成长篇报告文学《之江长风——“绿水青山就是金山银山”十年纪事》等一批文学创作成果，以及聚焦浙江的“千村示范、万村整治”工程的报告文学《美丽中国这样走来》，聚焦浙江“最多跑一次”改革的报告文学《第一速度》。

（三）扶持基层文学创作，培育文学肥沃土壤

浙江是一个有很深文学传统的地方，不仅有一大批文学家，更有无数的文学爱好者，他们是文学繁荣发展的基础，也是产生作家的肥沃土壤。浙江特别重视基层文学活动的开展，经常举办文学周活动，邀请《人民文学》《当代》等杂志的主编召开“青年作家创作提升会”，举办网络文学研讨会，举办“小说点评会暨优秀文学进校园”活动，名家名编为小说作者开展“一对一”辅导等活动，丰富了浙江基层文学爱好者的文学生活，提升了他们的创作热情和创作水平。

盘点一下，2017 年，浙江各市几乎都有自己的文学活动。如杭州举办了历时两个月的“诗意运河、风雅杭州”首届京杭大运河国际诗歌大会、“中国作家看杭州”大型创作采风活动以及“能不忆江南——中国文学与南方”文学交流活动等。宁波举办了“2017 年度春天送你一首诗”、第五届宁波（国际）文学周、浙江儿童文学名家与宁波文创产业高峰论坛。温州乐清、洞头、文成先后举办了“书香乐清·经典阅读”高端文化论坛、中国诗人“诗画洞头行”活动和全国诗歌大赛。湖州策划出版了《湖州当代优秀文学作品选》《湖州故事》等重点图书。嘉兴桐乡承办了中国作家协会“文学照亮生活”全民公益大讲堂暨优秀文学作品诵

读会。绍兴开展了“作家会客厅”等活动。金华举办了“童话书屋·第二届童话节”。衢州举办了中国林业生态作家协会首届代表大会。丽水举办了小说专题文学创作大赛。台州仙居举办了“仙居诗群”作品研讨会(在杭州召开)。舟山岱山、湖州南浔、衢州江山等县(市、区)分别成功举办全国海洋文学大赛、“徐迟报告文学奖”颁奖会以及美丽乡村主题文学征文比赛等。繁荣浙江的文学创作,很重要的一件事就是要办好阵地。浙江省作家协会努力办好“4 刊 3 网 2 号”,即《江南》《江南诗》《长篇小说月报》《浙江作家》4 家刊物,浙江作家网、江南杂志网、浙江网络作家网 3 家网站,以及浙江作家、江南杂志 2 个微信公众号。浙江文学内刊百家联盟会员单位达 103 家。

近几年来,嘉兴的嘉善县一直开展“善文化微散文”大赛,我当了很多年的评委。为更好地弘扬“善文化”,践行“善文化”,嘉善县每年举办全国“善文化微散文”大赛。其中第二届“善文化微散文”大赛就吸引了 10 万余名网友参与,收到有效参赛作品近 3000 篇、相关微博 50043 条,比首届增长了 1 倍多。投稿者中既有专业作家、新闻工作者、文化干部,也有业余作者及在校学生,既有年过六旬的老人,也有刚刚学会写作文的小朋友;总体呈现出人数多、涉面广、层次高、作品好等 4 个特点,有规模、有人气、有质量、有水平。经过初评、复评、终评和网络评选,最终遴选出一、二、三等奖,佳作奖和特别奖共计 40 件获奖作品。活动期间,配合开展“名眼看嘉善”“微眼侃嘉善”“微访谈”等微系列活动,邀请评委、知名作家和有一定影响力的微博达人走进嘉善,走访嘉善的善人善事,深度发掘“美丽嘉善”的人文之美,点评、诠释“善文化”内涵。对于有些参评作品,我至今印象极深,难以忘怀。如有一篇作品说:阿明是一位盲人,对生活失去了热情。住院时同病房的阿强经常给他描绘窗外的美好景象,使他渐渐增强了对生活的向往。一天,他听不到阿强的声音,问护士,护士说阿强因病去世了。后来,阿明做了眼角膜移植手术,回到病房,发现房间里根本没有窗。短短的一段文字,让人感到温暖与情怀。

还有嘉兴的海宁市，近几年一直开展微诗歌大赛，向社会传达正能量。其中一篇作品是《母亲》，作者写道："清晨，母亲抱着我走近朝霞；黄昏，我背着母亲和夕阳回家。"简单一句话，表达了人的一生，让人泪流满面。还有一首《周长》，其中一句为："故乡的月色是娘手中细细的线，一段月色从灯头到灯尾，只有一只布鞋的周长。"这些作品，都深深地打动了我，让我体会到人间的温暖与温情。还有浙江一些民间文学爱好者，把文学作为自己日常生活的一部分，在柴米油盐中品味诗化的生活情趣。如海宁的三轮车夫何永智，20 多年来，在大街小巷踩三轮。他有客人时踩三轮，没客人时写诗歌，累计在报刊上发表了几百首诗。他还出版诗集《往事如歌》，他写道："风清月朗/水平如镜/渔火点点/泻下蛇样的火焰/在水下轻轻地扭动/照亮些许的往事。"这三轮车夫的诗情让人赞叹。

（四）利用互联网优势，建设网络文学强省

今天，中国网络文学已经发展到一个惊人的蓬勃局面。据统计，截至 2018 年底，中国有约 4.32 亿名网络文学读者，有 1400 多万名网络写手，其中各大网站实际签约作者约为 68 万人。网络文学的海外传播成为事实和热点，通过网络文学网站的翻译和图书的出版，中国网络文学作品遍及北美、俄罗斯、东南亚、欧洲等国家及地区。一些专家概括了所谓"世界四大文化现象"：美国好莱坞电影、日本动漫、韩国电视剧和中国网络文学。浙江省是互联网大省，在互联网强劲发展的态势下，网络文学发展一直走在全国前列。浙江是全国第一个成立网络作家协会的地方，也是中国网络文学研究院和中国网络作家村所在地，每年举办网络文学周活动，网络文学发展势头十分强劲。浙江杭州成为网络文学人才聚集、作品助推、评论研究、作家培训、产业延伸、版权交易等

“6 个中心”，是名副其实的“中国网络文学之都”。在网络文学建设上，浙江要着重做好以下工作。

一是健全组织结构。构建全国首家省、市、县 3 级网络作家协会组织体系。省网络作家协会为了延伸服务手臂，拓展工作覆盖面，加强对全省范围内网络作家、写手的引导、联络和服务，在活动、培训等方面形成资源共享平台。省网络作家协会成立后，不断扩大协会覆盖面，将网络作家协会的工作手臂向基层延伸。先后指导成立宁波市、衢州市、杭州市、金华市以及慈溪市、衢江区等市县（区）网络作家协会。基层的优秀网络作家可以便捷加入省网络作家协会，共同参与活动并享受同等服务。省网络作家协会也利用地方文化资源，开展相应合作项目，达到资源共享、相互呼应、交流畅通、合作密切的效果。

二是打造集聚园区。2017 年，“中国网络作家村”设立于杭州市滨江区白马湖，由海山公园 3 号楼“天马苑”、孔家里农居 SOHO“神仙居”两个区块组成。10 多位知名网络作家入驻。网络作家村将提供政策扶持、专业服务、知识产权保护、产业对接延伸等服务，并吸纳国内人才，形成人才洼地。相关部门发布了扶持网络文学发展的政策措施，落实相关政策和配套服务，鼓励知名网络作家落户，设立网络文学众创空间，设立网络文化创投基金，提供知识产权服务和保护，力求将“中国网络作家村”打造成一个集作品创作、项目孵化、版权交易、作品改编、互动交流、影视动漫游戏衍生开发等于一体的产业生态链。

三是组建研究机构。2017 年 4 月，由中国作家协会、浙江省作家协会和杭州市文学艺术界联合会三方合作建立的中国作家协会网络文学研究院，正式落户杭州。研究院聘请 10 位网络文学研究专家为研究院首批特聘研究员，聘请 15 位知名网络作家为特约网络作家。研究院将按照群团改革精神，发挥中国作家协会和省市作家协会、文学艺术界联合会的力量，整合政府、群团、社会各方资源，集聚网络文学界权威专家，对我国网络文学最前沿的发展态势和创作现象展开研究，探讨并总结网络文学创作、产业、传播一体化的理论成果，使之成为我国网络文学业态和产业智库。努力打造“网络文学周”品牌平台，重点组织开展“网络文学国际论坛”“网络文学年度奖”“网络文学传播集会”等活动，形成并发布权威信息和成果。以上这些机构让浙江成为我国网络文学研究的中心和高地。同时，省网络作家协会与浙江传媒学院合作，建立“浙江网络文学创作与研究中心”，探索创作与研究相融合的创新机制，依托高校资源和师资力量，实施网络作家进修培训，开辟网络文学学历教育，开展学术研讨研究活动等，探索住校作家制和作家工作室制，出版《华语网络文学研究》。

四是打造活动品牌。创办“网络作家体验营”，通过组织网络作家到基层采风、体验生活，更好地引导年轻网络作家走出书斋接地气。目前已开展 4 次体验营活动，共有 70 余名网络作家参与活动。组织年轻的网络作家走进“江南红村”、浙南红色根据地，实地考察革命历史遗址，开展爱国主义教育。组织网络作家上海岛进军营，穿军装住营房，与官兵互动，体验军人生活。活动期间，召开现场座谈会。网络作家谈深入生活感受，交流创作经验。为规范活动开展，制定《浙江省网络作协网络作家体验营实施办法(试行)》，将网络作家体验营以制度的形式固定下来。

五是兴办创作基地。在湖州长兴、舟山嵊泗、衢州衢江等地挂牌建立网络文学创作基地，为网络作家采风走访、短期创作等提供支持。与浙江在线合作建立“云端悦读·魔方书城”，打造原创网络文学阅读平台。

六是创新服务方式。将网络作家评职称纳入作家评职称体系。根据网络作家的特点，完善职称申报评审条例。举办网络文学奖以引导创作、扶持新人。如 2017 年举办首届网络文学双年奖，奖励在网络文学创作上做出突出贡献者。奖项的宗旨是，探索网络文学作品权威的评价机制，努力评出思想性、艺术性和可读性相统一的优秀网络文学作品，不以点击率和市场排行榜为唯一标准，树立网文作品的文本典范。首届双年奖共评出一、二、三等奖作品10部，优秀作品15部，展现了2年来我国网络文学创作的优秀成果，其中现实题材的优秀作品占了较大分量。网络文学双年奖评选得到社会高度关注和认可，以至于“网络文学双年奖”成为百度热搜词。2018年举办首届中国网络文学周活动，涵盖高峰论坛、成果发布、公益互动、产业集市、走读浙江等五大板块，呈现网络作家主体性、网络文学产业性、论坛研讨国际性的特点。活动目的是进一步提升网络作家原创力，推动网络文学创新，推出一批新时代讲述中国故事、蕴含民族精神、具备中国标识的网络文学精品，并推动中国网络文学“走出去”。

六是培养网络文学人才。积极引导网络作家坚守社会责任、文学品格、道德风尚和法律法规等4条底线，促进网络文学内容和网络文学作家转型升级。将网络作家纳入“新荷计划”培养范畴。对网络作家与其他纯文学青年作家一视同仁，使其一同享受青年人才培养计划的扶持政策。根据网络文学特有规律，出台《浙江省网络文学优秀作品扶持办法》，探索专门针对网络作家的创作扶持工作。扶持、发掘网络文学优秀作家作品，激励网络作家创作贴近实际、贴近群众、贴近生活的具有正能量的作品。

浙江文坛还有一朵艳丽的鲜花，那就是独树一帜的儿童文学。浙江儿童文学一直就有厚实的历史积淀，鲁迅、周作人不仅是浙江儿童文学的奠基人，也是中国儿童文学的奠基人。在改革开放以来的儿童文学发展版图中，浙江儿童文学亦是极具分量的，文脉相承，不绝如缕，在国内一直处于第一方阵。浙江儿童文学有良好的代际延续传统，承上启下，老作家老当益壮，中年作家笔耕不辍，新生力量后续力强劲，每个时期有每个时期的代表人物，这为浙江儿童文学的整体推进提供了持续人才支撑。改革开放以来，浙江的儿童文学作家像浙江的企业家一样，敢于创新，勇于创作。在儿童文学创作上，浙江涌现出大量在国内外有很高知名度的作家和作品。浙江省作家协会副主席汤汤的童话作品《水妖喀喀莎》，还有作家孙玉虎的幼儿文学《其实我是一条鱼》，于2017年9月获得第十届全国优秀儿童文学奖。比较有影响力的作品，有冰波的《窗下的树皮小屋》《狼蝙蝠》《阿笨猫》《毒蜘蛛之死》等，谢华的《小桥吱呀吱呀》《岩石上的小蝌蚪》《快乐的老提》等。

三、实施影视精品工程，打造全国影视重镇

电影大家都喜欢看，很多人的童年回忆里，总装着几部影响一辈子的电影。我小时候特别喜欢看电影。那时放的《地道战》《地雷战》《小兵张嘎》《平原游击队》等还是黑白片，即便已经看了无数遍，我还是看得津津有味。因为除了看电影没有其他什么娱乐活动，一年到头也看不到一场戏。想看电影，但没有钱，为此我吃了不少苦头，也动了不少脑筋。走10多里的夜路就是为了看一部电影。有时候看电影，人太多，大人们站在前面看，我们小孩只能站在银幕背面看，虽然画面都是水平翻转的，但我们仍然看得津津有味。读大学时，看电影是课余一项重要娱乐活动。学校旁边有一个露天电影场，水泥板搭成的凳子，冬天很冷，但再冷也挡不住我们看电影的热情。那时电影场天天爆满，好看的电影一出来，经常买不到票。那时候，我看过不少外国拍的电影，如《啊，野麦岭》《桥》《追捕》等。看过电影后的很长时间里，电影里的镜头都会在我脑海中浮现，我经常会与电影的主人翁一起经历喜怒哀乐。所以，那时候记住的电影明星也特别多。电影，从它问世起就与人的生活紧紧联系，也伴随着许多人走过一生。时至今日，无论大众娱乐的方式如何改变，无论传播的方式如何更迭，电影都有自己的一席之地，也一定会继续演绎自己的故事与精彩。

(一)电影与浙江有深厚的历史渊源和当代情缘

世界电影与电影业起源于19世纪末的法国、英国、美国等地。1896年8月11日,在上海徐园内,一个叫“又一村”的地方放映了“西洋影戏”,这是中国历史上第一次电影放映,拉开了中国电影发展的序幕。中国电影发展非常快,从当年的无声、单机、黑白影片到今天的巨幕电影。特别是改革开放以来,中国的电影事业发展更加迅速。1978年中国没有多少块银幕,2012年也仅有13118块银幕。到2019年,全国银幕总数达到69787块,大约是2012年的5.3倍,稳居世界第一。2019年中国的电影票房总计约642.66亿元。特别值得一提的是,2019年全年票房前10名影片中,国产影片占8部,进口片仅《复仇者联盟4》和《速度与激情:特别行动》入围。《流浪地球》《中国机长》《疯狂的外星人》《哪吒之魔童降世》等影片充分体现出中国电影生产水平的大提升。

浙江与电影具有很深的渊源。在中国早期电影史上,知名的电影人中,浙江籍的大概占了1/3。如电影实业家张石川、张元济、邵醉翁和电影艺术家夏衍等。1913年,宁波人张石川与广东人郑正秋共同导演了《难夫难妻》,这是中国人拍摄电影故事片的开端。1922年,张石川等在上海创办的明星影片股份有限公司拍摄了中国第一部正剧长故事片《孤儿救祖记》。1931年,他们拍摄制作了中国第一部蜡盘配音有声电影《歌女红牡丹》,成为中国电影艺术的奠基之作。中华人民共和国成立后走上电影艺术创作道路的导演艺术家中,著名电影导演谢晋就是浙江人。特别是改革开放以来,浙江的电影事业发展迅速。今天,浙江有3000多家影视制作机构,约占全国的1/4。浙江每年生产电影60多部,约占全国的1/12;电视剧3000多集,约占全国的1/4;动画片约2.5万分钟,约占全国的22%。浙产影视剧数量、质量和影响力在全国领先，影视产业“北有北京、南有浙江”的格局已基本形成，所以浙江提出要打造中国影视产业的副中心。2019 年，浙江以约 50.18 亿元的票房，位列全国第三，仅次于广东和江苏。2019 年也是浙江电影生产创作再丰收的一年，在全国 48 部票房过亿的电影中，浙产电影占了好几部。如由新丽传媒股份有限公司等出品，程小东导演的古装奇幻电影《诛仙 1》，受到不少年轻观众喜爱，最后拿下了约 4.04 亿元的票房佳绩；由浙江普照影业有限公司等出品，张栾导演，于谦主演的《老师·好》再现了师生之间的有趣互动和真挚感情，获得口碑票房双丰收，总票房约为 3.55 亿元；由华策影视等出品，毕赣导演，汇聚汤唯、黄觉等著名演员的《地球最后的夜晚》，收获票房约 2.82 亿元，并开创了一个新档期“跨年档”。

为了进一步加快浙江电影产业的发展，2017 年 8 月，浙江省人民政府办公厅发布《关于加快促进影视产业繁荣发展的若干意见》。第一，该意见提出，浙江电影的发展目标是推动我省影视创作生产从数量扩张为主向质量提高为主转变，影视市场资源配置由国内为主向统筹国内国际转变，影视产业价值链拓展从低端向高端转变。着力打造一批在国内乃至国际具有较大影响力的电影、电视剧、动画片、纪录片、互联网影视剧等影视作品，培育一批实力雄厚、具有较高知名度和较强竞争力的大型影视骨干企业，塑造一批国内一流并具有较强国际影响力的影视交流展示活动，形成覆盖研发、创意、制作、发行、交易、教育、播出、衍生产品和延伸产业开发的影视产业链，打响影视浙江品牌。到 2020 年，力争把浙江省打造成全国影视产业副中心；影视产业规模和质量在全国名列前茅，成为浙江省文化产业发展的重要增长点。第二，该意见提出，发展电影产业的主要任务是繁荣影视创作、培育市场主体、加强平台建设、发展新兴业态、提升产业价值、拓展对外贸易、培养影视人才等。

（二）繁荣影视精品创作，提升影视作品质量

浙江打造全国影视产业副中心，最重要的工作是推动影视精品创作繁荣发展，打造更多的电影精品，全面提升影视作品质量。加大影视创作组织化力度，加强选题规划，策划、征集、创作和推出一批重点项目。实施影视剧本孵化计划，夯实剧本基础。突出创作重点，凝聚创作力量，打造一批具有全国影响力的精品力作。我们说，好的电影，首先要有一种正确的价值导向。有的电影让人看了如云里雾里，就是因为价值导向不明确。其次，好的电影需要有好的故事。打动人最终靠故事。好电影一定要在好故事的挖掘上下功夫，这样的电影感染力吸引力才强，才有票房号召力。再者，中国当前每年生产近千部电影，但好的还不够多，电影的创作还需要进一步下功夫。

1. 抓好影视剧本创作

把打造精品力作放在突出位置，推出一批思想精深、艺术精湛、制作精良、市场与口碑俱佳的精品影视剧。要拍出好电影，剧本是源头，没有好剧本，电影就是无源之水。所以要大力抓好剧本的创作，特别是火热的实践为我们提供了取之不竭的创作素材，关键是要组织作家深入生活创作，写出无愧于时代的好作品。浙江经常组织作家深入生活进行创作，经常召开好剧本座谈会，进行深入的研讨。在2019年的浙江国际青年电影周上，一个重要的组成部分就是2019“夏衍杯”优秀电影剧本征集活动证书颁授仪式暨电影编剧论坛，在夏衍先生的故乡——杭州市江干区举行。此次电影剧本征集活动共收到合格剧本1039部，经过初评、复评、终评3个阶段的多轮“盲评”，最终34部入选，其中“优秀电影剧本”5部，“创意电影剧本”9部，“潜力电影剧本”20部。《生生不息》等5部作品荣获“优秀电影剧本”；《我是大师兄》等9

部作品获得“创意电影剧本”;《阳光照进戈壁滩》等 20 部作品获“潜力电影剧本”。通过这样的活动,推动电影剧本的创作。同时,浙江进一步加大投入力度,完善扶持激励机制,设立重大题材、重点影视项目扶持奖励经费,对列入重点的影视创作项目给予立项扶持、制作补贴和成果奖励。以更高标准、更深层次拓展和提升影视文化全产业链条,着力在剧本创作、后期制作、营销推介、衍生产品开发等环节上下功夫,完善产业服务配套设施,推动形成具有高技术支撑、高价值附加的产业生态系统。

2. 培育电影龙头企业

深化文化体制改革,培育壮大创作主体,做强国有影视创作单位,激发民营影视机构创造活力。民营影视企业茁壮成长,已经成为浙江影视产业大军的主体。浙江 90%以上影视制作机构、90%以上电影产量和 80%以上影院建设资本来自民间,涌现了“影视第一股”华谊兄弟、“电视剧第一股”华策影视、“演艺第一股”宋城演艺等优秀影视企业。浙江有影视文化上市公司 26 家,数量居全国首位。如华策影视,最早是从一家“小作坊”起步,2005 年建立公司,2010 年上市。如今的华策影视已经是全国影视行业龙头企业,在影视剧产量、一线卫视播出量两方面一直居于全国之首,收视率排名全国前 10,总计有 1 万多小时的影视作品销往全球 180 多个国家和地区。2019 年 4 月,长三角电影发展联盟在浙江海宁成立。该联盟旨在共同推动长三角地区电影艺术资源的挖掘和运用,打造区域电影文化品牌。联盟将给制作、编剧、导演、演员等各方面影视人才提供一个更高、更广阔的交流合作平台。联盟的成立给区域影视产业实现资源互通、人才共享、团队联合、产业融合带来了机会,同时也促进了区域经济发展和文化交流,推动了长三角区域影视产业链转型升级和电影产业化进程。联盟希望其作用能够从长三角区域辐射到电影全行业,经过 3—5 年的发展,将长三角区域整体电影发展水平提升到全国领先地位。

3. 加强影视产业园区建设，优化提升园区服务功能

建立产业园区，实现集聚发展，是浙江经济发展的经验与方式，也是电影产业发展的好途径。统筹推进全省影视基地（园区）建设，重点支持横店影视文化产业集聚区、象山影视城、影视产业国际合作实验区等基地建设，实现差异化发展。浙江横店影视产业实验区作为首个国家级影视产业实验区，从1996年拍摄《鸦片战争》起，已经成为世界上最大规模的影视制作基地，在浙江影视业改革发展中具有重要的风向标意义。作为全国首个集影视创作、拍摄、制作、发行、交易于一体的国家级影视产业实验区，今天的横店已不仅是浙江的横店，也是中国乃至世界的横店。横店是影视业发展的热土，经过20多年持续发展，目前已成为世界上规模最大的影视实景拍摄基地，形成了全国影视业最为密集的产业集群，构建了较为完善的影视产业服务体系和工作机制，在影视设施、要素集聚和管理服务等方面基础较好，影视产业发展总体呈现良好态势。2018年前11个月，实验区入区企业实现营业收入约248.55亿元，同比增长约22.20%，上交税费约23.96亿元。浙江省委、省政府先后制定了《关于设立浙江省横店影视文化产业实验区　提升影视文化产业发展水平的意见》《关于加快推进横店影视文化产业发展的若干意见》等文件，打出了支持横店发展的政策组合拳。进一步支持和推动横店影视文化产业持续健康发展，高标准谋划推动横店影视文化产业集聚区建设，科学规划有利于整合资源、高效运转、做大做强的体制机制。加快集聚区审批落地，真正让政策红利充分释放，为横店创新发展打开广阔空间。

浙江另一个电影产业集聚区是象山影视城，位于浙江省宁波市象山县，总占地面积1176亩。自2005年开城以来，象山影视城相继接待拍摄《神雕侠侣》《赵氏孤儿》《西游记》《大轰炸》《四大名捕》《王的盛宴》《钟馗伏魔：雪妖魔灵》《琅琊榜》《芈月传》《太子妃升职记》《三生三世十

里桃花》等1000多部影视作品。象山影视城已逐步形成场景制作、服装道具、群众演员、吃住服务、购物消费影视旅游的产业链。目前，象山影视城建有神雕侠侣城、春秋战国城、民国城及唐城，摄影棚数量与体量均居全国前列。

浙江省委、省政府还在之江文化产业带建设中，进一步突出影视产业的发展。2018年，浙江省委、省政府在之江文化产业带重点实施32个重大文化产业项目，其中，影视文化产业领域重点项目7个，艺术创作产业领域重点项目8个，动漫游戏产业领域重点项目4个，项目计划总投资超过1000亿元。

4. 加大产业扶持力度

以"最多跑一次"改革为牵引，在影视立项、审批、版权等方面优化服务、加强管理，打好政策供给组合拳，大力营造有利于影视文化产业发展的良好生态。针对影视文化产业发展中涉及的土地、资金等瓶颈性要素制约，立足产业发展和当地实际加以研究解决。认真落实财政部、国家税务总局关于小微企业普惠性税收减免措施，抓好相关政策在浙江的落地落实。继续发挥财政资金和各类产业基金作用，撬动社会资本进入，为影视文化产业发展蓄能助力。加强浙江本土题材影视剧的创作生产，进一步形成浙产影视品牌效应。

5. 突出强化文化与科技融合

积极引导和规范发展网络剧、数字影视、动漫制作、演艺科技、网络直播等新兴业态，打造从创作、拍摄、制作、发行、交易到衍生产业的影视文化全产业链和工业化生产体系，做大做强一批高新技术影视企业特别是后期制作企业，不断提高影视企业核心竞争力。发展好影视旅游、影视服务、影视金融、影视教育等现代服务业，着力推进影视文化与旅游、工业、商贸、健康等行业的有机结合、协同发展，坚持走融合发展、集聚发展、高质量发展之路。做强做优中国国际动漫节、横店影视节、浙江青年电影节等影视展会，形成具有浙江特色的影视展会品牌优势。

（三）影视产业精品不断涌现，积极推动浙江影视作品“走出去”

通过多年的努力，浙江的影视产业取得了重大成就。浙江省有许多作品在全国精神文明建设“五个一工程”中获奖。如电影《超强台风》《推拿》《听风者》《西游记之大圣归来》《岁岁清明》，电视剧《鸡毛飞上天》《东方》《海之门》《向东是大海》《焦裕禄》《温州一家人》《国家命运》等。还有很多作品，如《中国1921》《五星红旗迎风飘扬》等一批弘扬主旋律的电视剧作品在全国脱颖而出，《向东是大海》《温州一家人》《青恋》等现实题材电视剧在中央电视台一套黄金时段播出，形成了重大题材电视剧的“浙江现象”。这些影视作品，以艺术的形式记录了浙江改革开放40多年的发展历程，是一个时代的缩影。如电视剧《鸡毛飞上天》，就是以一对夫妻的情感故事和创业历程为核心，讲述了浙江义乌改革发展30多年曲折而又辉煌的历程，表现了人民群众对美好生活的追求与向往这一时代主题。该剧以现实主义手法和浪漫主义情怀，加上细腻真挚的情感灌注、生动有趣的故事叙述、鲜明准确的人物性格刻画，让这对夫妻的奋斗故事既有了现实生活的质感，又包含了对人生价值的思考。《青恋》也是一部类似的作品，讲述一个原本在城市工作的青年林深回到家乡云舍村，在遇到采矿破坏当地生态环境的情况时，挺身而出为村民们寻找其他致富之道，力求为老百姓谋得一条“既要金山银山，又要绿水青山”的出路。其间，他遇到重重困难，但所幸得到了镇党委书记秦望、村支书年初一等的关怀与支持，也得到了企业高管沈聆的友情帮助。该剧主角以亲身参与的方式见证了中国美丽乡村建设的巨大成就。这些文艺作品的核心都是大时代中小人物的成长。这些小人物的成长、成就和成功，是改革开放以来时代发展与变迁的缩影。

浙江加快影视作品“走出去”步伐，采用市场化、商业化模式推动影视剧作品“走出去”，特别是高品质的纪录片、动画片，尤其是现实主义题材的影视作品，已成为“走出去”的主流。2017 年，中国电视剧出口额已超 8500 万美元。中国的电影、电视剧，在世界上越来越受欢迎。如电视剧《小别离》在蒙古国教育电视台黄金时段播出，菲律宾国家电视台则专门为《鸡毛飞上天》举行开播仪式，古装电视剧《延禧攻略》在越南成为“新晋网红”等。浙产影视作品在“走出去”方面可圈可点。浙江的华策影视通过市场化机制已成功将 1 万多小时中国影视精品力作行销至全球 180 多个国家与地区。

建在杭州的中国（浙江）影视产业国际合作实验区，是影视作品创作生产和出口产品译制的重要平台，是中华文化“走出去”的重要窗口，是中国影视产业国际化发展的重要基地。合作区总建筑面积约 12 万平方米，主要业态包括国际文创企业总部、创意创作空间、大师名家工作室、主题商业中心、影视培训中心、多功能剧场、衍生品研发展示中心等。其中包括影视译制和人才培养公共服务平台、影视文创企业海外发展服务中心、浙江影视大数据研究院、浙江华策影视高等研究院国际教育中心、两岸影视产业交流中心、国家广播电视总局研修学院南方教育基地。这一国家级影视产业合作区的正式启用，标志着国际影视合作开始新征程，国际文化“走出去”开启新窗口。合作区制定了一系列的扶持政策，以加快产业发展。

四、实施地方戏曲振兴工程，打造国家级戏曲传承发展示范区

浙江是戏曲大省，也是中国戏曲的重要发源地、南戏的故乡，享有“一部中国戏曲史，半部在浙江”的美誉。最早的南戏形成在浙江温州，

明代汤显祖在遂昌做官，创作了《牡丹亭》，晚清王国维写下了《宋元戏曲史》，记述了浙江这片土地上曾经拥有的戏文传奇。中华人民共和国成立后，浙江的戏曲更是到了繁荣兴盛的时代。浙江境内不仅拥有越剧、婺剧、绍剧等众多剧种，还有诸如马灯戏、茶灯戏、菇民戏、花鼓戏等极具地方风情的小戏。改革开放之后，浙江戏曲得到长足的发展，取得了巨大的成就。

（一）全面推进浙江戏曲发展

建立健全地方戏曲传承发展工作体系，让地方戏曲活起来、传下去，出精品、出名家。浙江戏曲经历过无数风雨劫难、兴衰起落，充满无穷魅力。浙江在地方戏曲的保护和发展上致力于实现“八个一批”目标，即抢救一批濒危剧种，命名一批传统戏剧之乡，确立一批传承基地，扶持一批重点院团，推出一批优秀剧目，培养一批戏剧名家，开展一批重大活动，形成一批戏剧品牌，努力建设国家级戏曲传承发展示范区。特别是加强越剧、婺剧、绍剧等代表性地方戏曲剧种发展规划，提高全省戏曲非物质文化遗产项目整体保护发展水平。开展戏曲剧种普查，建立省级戏曲剧种数据库和信息共享交流平台。对省级以上戏曲非物质文化遗产项目进行抢救性记录，整理复排濒危剧种传统剧目。自2005年以来，浙江省人民政府已先后公布5批浙江省非物质文化遗产代表作名录，共1076项，其中传统戏曲项目58项，涉及保护地区76个，认定和公布传统戏曲代表性传承人169名，其中39名被认定和公布为国家级非物质文化遗产传统戏曲代表性传承人。浙江现有国家级非遗传统戏曲类项目24项。实施戏曲非物质文化遗产项目的分级保护与分类管理，支持嵊州市越剧原生地建设，逐步形成以浙江为核心的中国越剧文化中心。鼓励各地设立地方戏曲剧种区域生态保护区，打造“戏曲小镇”“戏曲谷”。鼓励引导企业、社会团体和个人通过多种形式参与支持戏曲保护传承。为了使传承人留下珍贵的影像资料，同时让青年传承人肩负起继承传统戏曲的重任，浙江每年举办“浙江好腔调”全省传统戏剧展演，开展濒危剧种传承展示活动。

传统的戏曲不仅是宝贵的文化遗产，也是当今文化生活中难得的精神财富。如昆曲，其化妆、布景、色彩、唱腔、动作等，无不让人惊艳。汤显祖的《牡丹亭》于明万历四十五年(1617)刊行以来，经久不衰。《牡丹亭》描写了官家千金杜丽娘对梦中书生柳梦梅倾心相爱，竟伤情而死，化为魂魄寻找现实中的爱人，人鬼相恋，最后起死回生，终于与柳梦梅永结同心的故事。该剧是中国戏曲史上杰出的作品之一。有行家看过此剧后写道：“那春暖花开的后花园中，杜丽娘赏花怜花，惜花咏花，一场春梦里，与柳梦梅相遇相怜，万般柔情，千般不舍，醒时最终一场空。‘风月无古今，情怀自浅深’，那短暂的美妙中，演尽了每个人心中深藏的那辗转难眠、灯火阑珊的角落……昆曲的唱词，每一句都极其慢地唱来……在快节奏的生活之下，全身心去感受古典艺术之美，仿佛是看到了世界的某朵花，看到了自己灵魂的另一面，如此美丽——而生活，本应就这样‘虚度’时光。”

(二)支持戏曲精品创作，扶持戏曲院团发展

戏曲精品的打造，要关照当下的社会发展与人民群众的精神文化需求。中国古代的道德教化就是靠戏曲来承担的，这些传统戏曲，在历史上以及当代社会中，传递着礼义廉耻、忠孝节义和真善美，是祖先留下的宝贵的精神文化财富。进入新时代，要把社会主义核心价值观与精神文明建设内核融入戏曲创作。中华优秀传统文化中的情感、道德与思想本就是戏曲最擅长表现的内容，同时，要在艺术上实现传统技法的提升再造，在人物形象上实现生命质感的深度挖掘，使之更加充分地体现中国精神、中国价值、中国力量。为此，一方面，要加大对戏曲的传

承保护力度；另一方面，要扶持现实题材作品的创作，如国家艺术基金自 2014 年申报起，就将重大革命和历史题材、现实题材作品创作和展览、演出列为年度资助重点，至今已经资助立项 1000 多项，其中现实题材项目总计 900 多项，资助资金约 5.8 亿元。有关部门统计数据显示，现实题材作品在近 5 年共有 1195 部，其中京昆类 22 部、地方戏类 642 部。同样，浙江也加大对现实题材作品的创作，如在第十批浙江省文化精品扶持工程的 72 个项目中，戏曲类项目占了 10 个，剧种涵盖面较广，越剧、婺剧、话剧占据主流，都是贴近当下现实、贴近百姓生活的现实题材。一部好的戏曲作品，关键还在于创作者对现实生活的观察和表现。杨万里曾有描写自然风光的两句诗："好山万皱无人见，都被斜阳拈出来。"(《舟过谢潭三首·其一》)其实现实生活也像好山好水一样，壮丽画卷时刻在向我们呈现，只要我们能用一双善于发现美的眼睛去挖掘它，真正沉潜深耕，最终一定能让好作品"春色满园"。剧本是戏曲的源头，要加大力度扶持戏曲剧本创作。实施浙江省中青年编剧扶持计划，培养本土编剧人才，孵化省内原创剧本。加大对国家级和省级重点戏曲院团的投入保障，使这些院团更好地发挥地方特色戏曲优势，推出戏曲精品剧目，集聚优秀戏曲人才，打造名团名剧名角，引领全省戏曲艺术表演团体繁荣发展。

如浙江小百花越剧团，培养了一大批导演、演员、舞美人员，着力推进越剧守正创新，打造了一批叫好又叫座的艺术精品。如《西厢记》《五女拜寿》《陆游与唐琬》等剧目，并排演了《寒情》、新版《梁山伯与祝英台》、《江南好人》、《二泉映月》、《孔乙己》、《寇流兰与杜丽娘》等大量实验性、探索性极强的剧目，奠定并强化了"现代越剧"的剧种风格，形成了传统与现代审美意识有机融合的时代风貌，影响全国，引领浙江戏曲的发展方向。同时，浙江还积极扶持基层和民营戏曲艺术表演团体，改善戏曲创作生产场地条件。浙江戏曲团体中目前有近 600 多个民营院团，这是浙江戏曲繁荣的宝贵土壤。

通过以上努力，浙江戏曲取得了很大的成就。2013年，浙江省的话剧《谁主沉浮》获文华优秀剧目奖，京剧《飞虎将军》获文华新剧目奖。2016年，越剧《狸猫换太子》主要演员吴凤花获文华表演奖。还有越剧《我的娘姨我的娘》获全国精神文明建设“五个一工程”奖。歌剧《青春之歌》、婺剧《宫锦袍》等一批创作被列入国家重点扶持项目。话剧《凤凰》、舞剧《王羲之》等得到社会高度评价。

浙江各地的戏曲探索与发展也可圈可点。如中共宁波市委宣传部、宁波市文广新局出品，宁波演艺集团、宁波交响乐团等联合创制演出的民族歌剧《呦呦鹿鸣》，赢得广大观众和业内同行的广泛赞誉，被列入中国文学艺术界联合会“中国精神·中国梦”主题文艺创作工程，为新时代现实题材歌剧创作带来一股清新之风。歌剧《呦呦鹿鸣》以我国中医药科学家、2015年诺贝尔生理学或医学奖、2016年国家最高科学技术奖获得者屠呦呦为主人公，以童年屠呦呦作为情节起点，以老年屠呦呦的回忆作为线索贯穿全剧。剧本将屠呦呦名字的由来，童年生病与中医药结下不解之缘，从此立志从事中医药研究的经历，她的爱情和婚姻，她及其科研团队投入青蒿素研究的曲折历程，串成一条连贯发展、流畅行进的情节主线，将深奥医理、枯燥数据和艰难曲折的实验过程艺术化为一台有意味、有看头、有亮点的生动戏曲，从而成功实现了现代题材、真人真事、现代科技与歌剧艺术的奇妙遇合，在歌剧舞台上生动鲜活地塑造了屠呦呦这位当代伟大女科学家的知性形象。

（三）培育戏曲市场，推动戏曲传播

一是浙江大力建设戏曲演出综合体。以文化资本为纽带，结合实际，推动建设集戏曲艺术表演团体、经纪机构和消费市场于一体的戏曲演出综合体。加大政府购买戏曲演出力度。打造浙江戏曲平台，展示戏曲成果。如三年一届的浙江省戏剧节是全省性、群众性戏剧艺术节

会，从1983年以来已连续举办12届，前后推出400余台原创戏曲。秉承“把舞台还给人民群众”的宗旨，戏剧节除省级院团外，初赛地点都设在各剧团所在地，方便当地群众参与。入选戏剧节的参赛剧目，重点挖掘地域文化资源，均为体现浙江地域特色的本土化作品，曲种类别不仅涵盖越剧、婺剧、绍剧、京剧、昆剧、甬剧、瓯剧、调腔、平调等传统戏曲形式，也包括话剧、音乐剧、木偶戏、滑稽戏等其他多种戏曲形式。戏剧节秉持改善戏剧生态、鼓励艺术创新、包容并蓄各剧种的原则，推出了一批内外兼修、富有潜质的青年艺术人才。一批充满活力和创新精神的新一代青年演员出演根据传统剧目改编的青春版话剧、京剧、越剧。这类剧表演形式新颖，将传统文化和现代化大众化潮流相结合，成为戏剧节一大亮点。浙江省戏剧节是浙江省舞台艺术政府奖三大艺术赛事之一，是繁荣戏剧精品创作、推出戏剧艺术新人的重要阵地和品牌活动。要推动戏曲走进校园，鼓励学校结合音乐课程、地方课程或校本课程开展戏曲教育教学，鼓励组织校园戏曲社团和兴趣小组等推动戏曲普及活动。

二是强化农村文化礼堂功能作用。充分利用农村文化礼堂等公共文化设施设备举办戏曲传习与演出活动，将农村基层戏曲演出场地纳入村级公共服务平台建设。鼓励引导社会力量支持戏曲传承发展。利用浙江省互联网发达的背景，创新戏曲传播方式。建设戏曲演出网上交易平台和观众交流平台，推动戏曲网络传播，拓展戏曲传承发展新空间。组建“浙江舞台艺术演出院线”，培育戏曲演出市场和年轻消费群体。特别是戏曲院团有大量青年演员，他们上舞台的机会较少，但可以利用新媒体“平台”，比如运用网络直播、众筹等方式，把新演员与戏曲推出去，充分发挥他们青春靓丽、富有朝气的特点，在打造“新偶像”的同时积聚“粉丝”、宣传剧团、扩展流量，把线上联动与线下互动结合起来，为戏曲培育新的观众群体。

五、实施美术、书法、音乐创作工程

美术、书法、音乐一直是浙江文艺的亮点，中国美术学院、浙江音乐学院，以及其他几所大学的美术学院、艺术系等都是浙江美术、书法、音乐人才集聚的地方，分布在全省各地的美术、书法、音乐人才更是数不胜数。截至 2019 年，浙江有中国美术家协会会员 400 多人，浙江省美术家协会会员 1500 多人；有中国书法家协会会员 1000 多人，浙江省书法家协会会员 4300 多人；有浙江音乐家协会会员 2100 多人。浙江要充分发挥美术、书法、音乐创作优势，打造全国美术、书法重镇，创造浙江美术、书法、音乐当代高峰。通过音乐、舞蹈、美术、书法教育等形式，加强全省大中小学美育教育，培育艺术新人。

（一）发挥美术优势，创造当代高峰

浙江美术源远流长，从三国的曹不兴算起，到元代的黄公望，再到现当代的吴昌硕、黄宾虹、潘天寿，从浙江“出山”而有案可稽的大小画家就达 670 余人，占全国的 1/3 以上。中华人民共和国成立前后，以潘天寿、林风眠、江丰为代表的艺术派别，在中国美术界有所谓“浙江画坛三派”之说。“天下第一社”西泠印社在美术书法上打造了一座艺术高峰。20 世纪五六十年代，全国八大美术学院的院长，几乎全是浙江籍人或在浙江工作、学习过。浙江一直是全国美术创作重镇，浙江美术在新的历史机遇下不断阔步前行。浙江的美术家一直坚持深入生活，深入一线创作，在“深入生活、扎根人民”的过程中，真切了解老百姓的喜怒哀乐、冷暖疾苦，把现实生活中最鲜活、最形象、最生动的一面，通过提炼和加工，艺术化地展现出来。整合创作资源，搭建创作平台，围绕

重大主题，推出重点创作项目，创作更多承载中国梦想、弘扬中国精神、凝聚中国力量的优秀美术书法作品。特别是涌现了一批弘扬中华民族精神的美术家，创作了一批讴歌时代的精品力作，一个又一个美术大展落户浙江。美术名家辈出，精品不断涌现。如在“百年追梦”浙江美术书法创作精品工程的创作中，由浙江美术界老、中、青三代美术家代表组成的创作团队，历时3年，创作完成了30件精品力作，展现了从1840年至1949年浙江人民“百年追梦”历程中的重要事件和人物，留下了弥足珍贵的艺术群像。这也是近年来浙江省规模最大、水平最高的文艺精品创作工程。浙江美术家协会人才济济，在浙江美术事业的发展中起着领军作用。它积极组织美术家进行创作，迎接全国“建党100周年”美术创作工程和“中华家园”美术创作工程，做好“百年追梦”浙江美术书法创作精品工程（第二期）的创作、展览工作；配合第六届全国青年美展，举办浙江省第七届青年美展；办好第四届杭州中国画双年展、“万年浦江”全国工笔画作品展等；同时办好浙江美术作品展、中国书坛兰亭书法双年展等品牌活动。

浙江省内的浙江美术馆、宁波美术馆、西湖美术馆等一批专业美术场馆发挥优势，举办了一系列在全国范围内具有较大影响力、较高学术价值的美术展览活动，为浙江民众带来了丰富的视觉和艺术享受。在最近的5届中国最高规格、最大规模的国家级美术作品展览中，浙江有1120件作品入选，近200件作品获得各种奖项，其中金奖13件、银奖28件、铜奖52件、优秀奖72件，在全国名列前茅。浙江省建成国有和民办美术馆、书画院、艺术馆共112家，建筑面积在2000平方米以上的美术馆就有18家。此外，全省有超过500家画廊（店），近10个艺术博览品牌，30余家艺术品拍卖行，近100个收藏品古玩市场，还有多家艺术品电子商务网站，不断完善的美术品市场形成了多层多级、立体交叉的体系。

浙江省的群众性美术创作团队十分强劲，逐渐形成了各具代表性的艺术风格,美术人才和美术群体不断涌现。如丽水的巴比松油画创作群体,从 20 世纪 90 年代开始,30 多年来坚持扎根基层,扎根人民,反映他们身边的生活,创造了一批非常令人感动的具有地方特色的油画作品。当年参加丽水"巴比松"最早的年轻艺术家,现在都已经退休了,新一代的又上去了。丽水巴比松油画创作群体的发展史是一群有文化情怀的人走过的一段从寂寞到辉煌的艺术历程,令人感动。从中我们看到:丽水巴比松油画艺术一是体现了一种文化价值。艺术靠深深地扎根于自己优秀的传统文化,广博地吸收外来文化。丽水深厚的文化土壤,培育出丽水巴比松油画艺术的特质,也给了我们一种文化自信。二是体现了一种精神价值。丽水巴比松油画艺术最重要的价值导向就是激励人们热爱写生:画派的前辈们踏遍青山,崇尚写生,激发了一大批人对写生的热爱。古堰画乡每年都有约 15 万人写生,这是在艺术上重新树起了求真务实精神的旗帜。三是体现了一种生态价值。倡导我们向大自然学习,从大自然中我们可以获取无穷的艺术创作灵感、多样的艺术表达形式、多变的艺术创新源泉。四是体现了一种生活价值。美术把传达美、教育美、体验美、创造美作为生活的重要一部分,更加广泛地深入寻常百姓家,与孩子的教育、青年人的审美修养、中年人的业余生活、老年人的文化养老等更加紧密地结合起来,相信丽水巴比松油画艺术的明天一定会更加美好。

(二)建设书法强省,传承书写艺术

浙江的书法有悠久的历史,王羲之的《兰亭集序》成为中国书法史上的里程碑之作。追溯历史,浙江书法艺术源远流长,高峰迭出。浙江孕育了王羲之、虞世南、褚遂良、孙过庭、赵孟頫、吴昌硕、沈尹默、陆维钊、沙孟海等彪炳史册的书法大师,他们"弘既往之风规,导将来之器识"(孙过庭《书谱》),以自己独特的艺术风格、深厚的艺术造诣和卓越

的学术见解，铸就中国书法历史的辉煌，创造了一座座书法艺术高峰。改革开放以来，浙江的书法艺术取得了长足的进步，迎来了繁荣发展好时期，书法特有的文化传播力与感染力不断增强。浙江省精心策划组织开展了各种主题鲜明的书法活动，书法活动内容不断更新与开拓，形成了浙江特色的书法品牌。浙江书坛已成为中国当代书法发展的风向标之一。书法，传承的是气度，绽放的是精髓。在老一辈书法家的带领下，“重学养、重品格、重基础、重个性”已成为代代相传的精神核心。近10年，浙江书坛硕果累累。如在2011年全国第十届书法篆刻作品展览中，浙江就有142人次入展，11人次获奖，取得了获奖数全国第一的优异成绩。在2013年的各类全国性大展中，浙江有824人次入展，73人次获奖，也是全国第一。在2015年的全国第十一届书法篆刻作品展览中，浙江入展比例为全国第二。近5年中，浙江在全国性大展、学术研讨会上，有1792人次入展入选，153人次获奖，继续位居全国前列。

浙江各地的书法群体不断涌现，包括杭州、温州、绍兴、嘉兴、舟山等，已然成为全国书坛的一道亮丽的风景线。在浙江书法发展中，浙江书法协会起着领军作用，它制定了弘扬中国书法主旋律，以创作为龙头，以展览、评论为导向，以“双精工程”为目标的工作指导方针和重学养、重品格、重基础、重个性的人才培养目标，把工作中心转移到创作人才队伍的培养与建设上来，使得学术研究和创作实践平衡发展，建立起良性的循环系统；坚持开放多元、大书坛、大容量的工作思路，提倡学术民主、学术自由的风气与和而不同、兼容并蓄的风度，促进了当今群星灿烂、生动活泼局面的形成。如“现代书法”“学院派书法”“本体主义”的实践和理论等，都在全国书坛产生了较大反响。浙江还打造了各种书法大展大赛的平台。如2019年8月，由浙江省文学艺术界联合会、浙江省书法家协会、常山县人民政府联合主办的“浙江书法奖·沙孟海奖”第十届全浙书法篆刻大展评审在常山举行。本届大展以常山江“宋诗之河”为主题，共收到投稿作品4733件，是大展举办以来收到作品最多的一次。其中部分作品将被刻到常山江旁的宋诗文化长廊上。

浙江把书法艺术全面地推向基层。如杭州桐庐，历史悠久，文化灿烂，人文荟萃，英才辈出，孕育了俞和、袁昶、叶浅予等书画大家。桐庐县委、县政府高度重视当代文化建设和书法事业，助推县域文化经济发展，为打造最美县城锦上添花。根据浙江省书法家协会申请，经中国书法家协会严格考察，桐庐县被命名为“中国书法之乡”。浙江还开展创建“浙江省书法村”活动，旨在传承中华传统艺术之魂，发挥书法的文化载体作用和教化功能，丰富农村文化生活，充实农民群众精神世界，打造农民群众精神家园，推动基层文化发展与繁荣。2019 年，全省共有 20 个村、社区入选“浙江书法村”名单，衢州市古韵悠然的塔石镇泽随村便是其中之一。泽随人“一手拿锄头，一手拿毛笔”，将书画作为乡村振兴发展的底蕴和文脉。泽随村先后设立古村书画中心、文化礼堂书画展览室、练习室、授讲堂等，同时通过举办泽随主题书画展、书画采风创作等活动，培养了众多优秀书画家、书画爱好者，营造了墨香浓郁、书韵悠远的文化氛围，被授予“浙江书法村”称号。温州市鹿城区虞师里社区也被授予“浙江书法村”称号。目前虞师里书画社拥有会员上百名，其中中国书法家协会会员 4 名，浙江省书法家协会会员 7 名，温州市书法家协会会员 9 名。他们大力推进书画活动场地、培训场地、展览场地等书法阵地建设，经常举办非富多彩的书法活动，开设公益性书法培训活动，给书法爱好者提供了以字会友的绝佳平台。

浙江省大力推动书法进校园活动。如 2018 年浙江省中小学生书法篆刻比赛，就得到全省 200 多所学校的积极响应，收到各类作品逾 2000 幅。大部分作品以结合新时代特点，弘扬红船精神为主题，联系学生生活，通过作品反映当代学生坚定理想、热爱生活和认真学习、敢于创造、健康向上的精神风貌。本次展览在集中选优的基础上，遴选了 52 幅优秀作品进行展出，是学生书法篆刻艺术的一次高水平展览，集中展现了全省中小学生扎实的书法功底。

(三)推进音乐创作计划,打造新时代最美声音

浙江的音乐也源远流长。20 世纪 70 年代在浙江余姚河姆渡遗址发掘出土的 160 件骨哨及陶埙,说明早在 7000 多年前,我们的祖先就在这块古老的土地上播下了音乐的种子。浙江地理环境优越,繁荣的经济、发达的文化,造就了一代又一代文化名人,也为浙江音乐文化的发展提供了有利条件,使其逐渐形成了富有独特乡土味和浓郁生活气息的鲜明特色。浙江历史上产生了“浙江古琴”“浙江锣鼓”“江南丝竹”等一批丰富多彩的音乐门类及各自的代表人物。浙江的民族民间音乐,就其表现形式和演奏演唱内容划分,主要有民间歌曲、民间乐曲,以及戏曲音乐、曲艺音乐等。

音乐与我们的生活息息相关,好的音乐更让人难以忘怀。当年我在腾讯开微博时,有 40 多万粉丝。我曾在微博上写了个“音乐与家务”的帖子,参与跟帖和转发的有 600 多人。我说,做家务要和音乐相结合,拖地板要有拖地板的音乐,洗碗要有洗碗的音乐。我说洗碗用江南丝竹,拖地板用圆舞曲最好,拖把就是你的舞伴,地拖好了,你对拖把还依依不舍。后来很多人跟帖,说很好。我老听小提琴协奏曲《梁山伯与祝英台》,每次听到都好像第一次听一样,总是很感动。当年《梁山伯与祝英台》就是陈钢、何占豪体验生活创作出来的。所以,要创作更多更好的作品,要体现思想性、艺术性、观赏性相结合的文化产品,就要深入基层、深入生活搞创作。要把我们的艺术家组织起来,到基层去体验生活。真正的音乐,真正好的艺术作品一定诞生在基层,诞生在生活中。我还跟浙江音乐家协会的领导讲过一件事,我到外省去都能听到很多歌颂当地的歌曲,能够代表浙江的歌曲是什么?听来听去还是《采茶舞曲》,那是 20 世纪五六十年代的歌曲。新时代代表浙江的歌曲不多,我说《天路》是西藏的,《茉莉花》是江苏的,江苏太湖还有个《太湖美》。我

希望我们大家一起努力，多创作一些代表浙江的歌曲。

10 多年来，浙江音乐事业不断发展。浙江推进重大题材音乐创作计划，举办“未来音乐家双年赛”，推出了一批体现时代精神、具有浙江特色的音乐作品。特别是建成了浙江音乐学院，为浙江音乐事业的发展奠定了坚实的人才基础。浙江省委、省政府将学校纳入浙江文化强省建设总体规划，加快推进内涵建设，努力建成高水平音乐学院；支持学校深化教育改革，创新人才培养模式，推进与省属文艺院团合作，开展文化系统青年艺术人才培养培训，开放办学，开门办学；支持学校建设一流学科和优势专业；支持学校推进与各地中小学校合作，提升中小学生素质教育质量和水平；继续加大人才、资金等要素保障力度。

还有浙江歌舞剧院，从小民乐、小歌舞开始，发展成为集歌舞乐于一身的省内最大的国办院团，也是浙江省里主要的音乐舞蹈艺术团体。浙江歌舞剧院的《采茶舞曲》《幸福水》等在全国有较大影响。他们创作了浙江省首部音乐剧《蓝眼睛・黑眼睛》，中国首部原创动漫剧《魔幻仙踪》，原创歌剧《青春之歌》，原创舞剧《李叔同》《王羲之》，系列小舞剧《生命舞迹》，“一带一路”舞蹈专场《风从海上来》，原创的风情歌舞《水墨江南》，民族管弦乐《〈富春山居图〉随想》，民族歌剧《在希望的田野上》《红船》等。浙江从 1993 年开始，每 3 年举办浙江省音乐舞蹈节。在 2017 年举办的浙江省第十届音乐舞蹈节上，全省各地选送近 300 个节目，100 个作品脱颖而出进入决赛，且均为原创作品。

在浙江音乐人的共同努力下，浙江音乐在全国的影响力越来越大。2003 年以来的全国精神文明建设“五个一工程”中，浙江有许多歌曲获奖。如歌曲《同志们》《东方为什么红》《钢筋班的棒小伙》等，音乐剧《告诉海》、大型歌舞类节目《宋城千古情》、歌剧《红帮裁缝》等榜上有名。10 多年来，浙江还产生了大量优秀的歌曲，如《红船向未来》《美丽浙江》《最美的人》等。浙江全省各种合唱节、音乐节遍地开花，各种合唱团队、音乐爱好者团队的活动开展得如火如荼，在全国的各种音乐大赛中也获得很多大奖。浙江新的音乐基地正在建设中，浙江国家音乐产业基地萧山园区已与国家音乐产业促进会签订战略合作协议，共建音乐科技智慧城。浙江音乐的明天一定充满魅力。

第六讲思考题：

1. 什么是文艺精品？
2. 文艺如何与互联网融合发展？
3. 文艺评论需要把握什么？

第七讲

发展文化产业　增强文化实力

说起文化产业，先要讲讲北京故宫博物院的文化创意产品。前几年，故宫口红在网上火爆，一上线就宣告售罄。还有印着“御膳房”的冰箱贴，和朝珠的样子完美结合的耳机，印有雍正手书的“朕亦甚想你”的折扇，等等。故宫文创产品屡屡成为“网红”，想要买到某些商品甚至还需要“拼手速”。公开资料显示，随着故宫 IP 市场的不断扩大，到 2017 年，故宫网站访问量就达到约 8.91 亿；9 款 App 下载量累计突破 450 万；书签、T 恤、钥匙扣等文创产品销售额在 2017 年达 15 亿元。2018 年，故宫一共研发了 11900 多种文创产品。可见，文创产品已经成为传递故宫文化的重要渠道。现在，到故宫的观光客不再只是拍几张照了，专程来看展、买文创产品的人数比例显著提升。买博物馆文创产品已经成为许多人的一种生活方式。这就是文化产业的魅力。

一、文化能创造无限的经济价值

文化是具有战略价值的重要资源，是国家的“软实力”。文化产业兼具经济和文化的双重属性以及物质和精神的双重力量，是衡量一个国家综合国力的重要经济指标。

（一）文化产业在经济社会发展中的独特作用

文化产业是以创意为核心、文化为灵魂、科技为支撑的新兴产业形态，是21世纪的“朝阳产业”“黄金产业”。历史经验表明，经济危机或萧条时期，往往是文化产业逆势而上、发展繁荣的难得机遇期。美国在20世纪的经济大萧条时期，以百老汇和好莱坞为代表的文化产业成为重要的经济增长点，形成巨大的消费市场，并成为美国人精神与梦想的救助站。美国文化产业约占其GDP的25%。日本从军事立国，到经济立国，再到文化立国，也是为应对经济发展问题而进行的经济增长方式的调整。全球65%的动画片出自日本，文化产业约占其GDP的18%。以应对亚洲金融危机为契机，韩国的文化产业实现了跨越式发展，文化产业已约占其GDP的16%。“韩流文化”不仅拉动了巨大的本土消费，也带动了庞大的国际贸易。改革开放以来，中国的文化产业快速发展，取得了巨大成就。2017年，全国文化及相关产业增加值约为3.55万亿元，占GDP比例约为4.29%，文化及相关产业已逐步成长为我国宏观经济发展中重要的增长点。2019年，文化产业已经约占浙江省GDP的7.8%，已经成为浙江的重要产业。从总体上看，文化产业在经济社会发展中具有以下重要作用。

1.助推转型升级，促进经济发展由传统产业向现代产业转化

21世纪，人类进入了知识经济时代，知识、智力、信息、技术、创意等成为经济发展的决定性因素，文化创意经济在全球广泛兴起。文化产业具有绿色、低碳、优结构、促转型、扩消费、增就业、可持续的独特优势，对促进经济发展方式转变极具价值，是我国实现经济转型，由低端向高质量发展的重要途径。而且，文化产业还有一个重要的特性，就是经济越不景气的时候，其越能逆势上扬。经济处于困难时期，以自然资

源、土地、资金、劳动密集等为依托的传统产业,应对危机的脆弱性马上突现出来,而蕴涵着智力、知识、技术和创意资源的文化产业,成为改造传统产业,提升其核心竞争力的重要依托,能大大增强企业的抗危机能力。文化产业是以创意内容为主要生产要素的产业形态,其产品具有可复制、低成本、高附加值的特点,对自然资源和能源消耗非常低,对自然环境基本上没有污染,是符合科学发展要求的产业之一。这种产业特点一方面为人们的低成本消费提供了一种现实选择,另一方面也为企业实现资源的再生利用、实现可持续发展开辟了道路,促使许多企业进一步高度重视文化产业的发展,提升产品的文化含量,从而增强企业的竞争力。

从世界文化产业发展的历史进程来看,文化产业总是随着时代的进步而进步。千百年来,文化产业已经历 3 个发展阶段:第一阶段是以农耕文明为基础,以手工业为主要生产方式的传统文化产业,这是人与手的产物,我们的非物质文化遗产,如石雕、木雕、剪纸、绣花等,就是这个阶段的产物。第二阶段是以工业文明为基础,以大规模机器生产为主要方式的现代文化产业,这是人与机器的产物,如电影、唱片等。第三阶段是以信息文明为基础,以数字技术和互联网为主要生产方式的新兴文化产业,这是人与网络的产物,如数字阅读、网络电视、网上娱乐等。在数字经济高度发展的今天,文化产业以无法阻挡的势头向前发展,并融入当今的社会生活与生产之中。

2. 增强内在活力,促进经济发展由低端价值向高端价值提升

改革开放以来,我国的企业竞争已经过了 4 个阶段,由最初的资本竞争,完成原始积累就能发展;到管理竞争,现代企业制度占竞争优势;到市场竞争,无论产品如何,有市场就有一切;今天已经到文化竞争,只有文化的竞争才是最根本、最长远的竞争。在产业价值链中,有一条著名的“微笑曲线”:加工制造业在价值坐标的下端,而研发设计和市场营销在价值坐标的上端。我们许多传统的以加工制造业为主体的产业,

只能获取产品价值的小部分,而价值的大部分都被研发设计和营销获取。因此,我们推动经济的转型升级,就是推动产业链由低端的加工向研发和营销两端上升,从而提升产业产品的附加值。这种提升,与文化创意有关,因为研发要靠创意创新,营销要靠品牌拓展。改革开放 40 多年来,浙江的第一代企业家的竞争力是勇气——改革开放初期,竞争是快鱼吃慢鱼,敢为天下先就有机会;第二代企业家的竞争力是理性,要靠科学的理念和严密的思考;第三代企业家的竞争力是美感,既要重视利用科技改变功能,也要重视利用设计改变造型,加强产品的设计,增加产品的美感,提高产品的竞争力。

3. 培育消费空间,促进经济发展由挤占市场需求向创造市场需求转化

随着经济的发展,老百姓的消费需求会不断发展变化。党的十九大提出,新时代我国社会主要矛盾是人民日益增长的美好生活需要和不平衡不充分的发展之间的矛盾。过去老百姓的消费需求主要是衣食住行,随着社会的发展,现在老百姓的消费需求中,精神和文化的分量越来越重。文化产业具有突出的情感抚慰与心灵感化功能,可以抚慰心灵、梳理情绪、陶冶情操,推动社会成员乃至整个社会保持和谐美好、向上向善的状态。从世界经济发展的规律来看,人均 GDP 超过 6000 美元,文化需求会出现井喷现象。我国的人均 GDP 已接近 10000 美元,浙江省人均 GDP 已经超过 13600 美元。随着居民收入的不断提高,精神需求和文化消费的支出将会大为增长。

4. 开拓发展前景,促进经济发展由依托现有优势向创造新的优势转化

改革开放 40 多年来,浙江省经济社会发展取得巨大的成就,也形成了独特的发展优势。在新的形势下,我们仍然需要依靠这些优势。

但是，更加激烈的竞争要求我们随着时代的发展，与时俱进地创造新优势，只有走在前列，才能创造走在前列的成就。那要如何才能不断地创造新优势呢？这是当前面临的一个重大课题。而文化产业的发展可以为我们创造新的优势。就经济发展的自然资源而言，浙江是比较缺乏的，但是从文化产业发展的资源来看，浙江极为丰富。文化产业发展所需的资源主要有 8 类，即生态山水文化资源、历史物质文化资源、历史非物质文化资源、革命红色文化资源、传统文化技术资源、传统文化思想资源、地方特色文化资源、文化人才资源。对于文化资源，我们要做好资源普查工作，对这些文化资源进行筛理，分类进行利用。有的需要保护，有的可以开发利用，有的进行产业化。总的来说，就是将这些文化资源转化为资本资源和发展资源，去创造社会财富和经济财富。所以，在文化产业的发展上，浙江具有悠久的历史文化、良好的生态环境、充足的人才储备、明显的市场优势、独特的人文精神、发达的经济基础，这些都为浙江文化产业的发展和经济转型创造了独特的优势。

（二）全面把握文化产业的基本内涵

什么是文化产业？我国文化产业概念的提出有一个历史过程。2000 年 10 月，党的十五届五中全会通过了《中共中央关于制定国民经济和社会发展第十个五年计划的建议》，第一次在中央正式中文件使用了文化产业这一概念，提出了完善文化产业政策，加强文化市场建设和管理，推动有关文化产业发展的任务和要求。党的十六大报告第一次在党的全国代表大会报告中使用了文化产业的概念，明确指出，发展文化产业是市场经济条件下繁荣社会主义文化、满足人民群众精神文化需求的重要途径，要完善文化产业政策，支持文化产业发展，增强我国文化产业的整体实力和竞争力。党的十七大报告则是多次提到了“文化产业”的概念。2009 年 7 月，国务院通过《文化产业振兴规划》，这是继钢铁、汽车、纺织、装备制造、船舶、石化、轻工、电子信息、有色金属、物流等十大产业振兴规划以外的又一大产业振兴规划，标志着文化产业作为战略性产业提升到国家战略层面。为全面反映我国文化产业的发展情况，2003 年 7 月，在中共中央宣传部的推动和直接领导下，由国家统计局牵头，由文化部、国家广播电影电视总局、国家新闻出版总署、国家文物局等单位参加的"文化产业统计研究课题组"成立了。经过深入研究，课题组于 2004 年 3 月 29 日，以国家统计局的名义发布了《文化及相关产业分类》，从统计学意义上首次对文化产业的概念和范围进行了权威界定。2018 年，国家统计局对文化产业的定义又做了一次修改，确定文化产业的主要类型与内涵。国家统计局关于印发《文化及相关产业分类(2018)》的通知，根据国民经济行业分类，将文化产业设置为 9 个大类，分别是新闻信息服务、内容创作生产、创意设计服务、文化传播渠道、文化投资运营、文化娱乐休闲服务、文化辅助生产和中介服务、文化装备生产、文化消费终端生产。根据相似性，在每个大类下设置若干中类，共计 43 个中类，在每个中类下设置若干具体的小类，共计 146 个小类。

我国文化产业具有双重属性。从字面上看，文化产业是"文化"和"产业"的集合体；从本质上看，文化产业是文化的产业化和产业的文化化，以文化为资源来进行生产，向社会提供文化产品和服务，满足人们的精神需求。文化产业与生俱来就有"双重属性"，其不仅具有商品属性，而且具有意识形态属性。文化产业提供的文化产品和服务，有教育人民、引导社会的意识形态属性，或可称为"教化"属性；在社会主义市场经济条件下，文化也有通过市场交换获取经济利益、实现再生产的商品属性。在"双重属性"中，意识形态属性是文化产品的特殊性，商品属性是文化产品的普遍性。因此，发展文化产业，要正确处理"双重属性"，注重从社会效益和经济效益"两个效益"维度考量发展效果，要在将社会效益放在首位的前提下，努力实现经济效益和社会效益的有机统一，实现双赢甚至是多赢。当经济效益和社会效益发生冲突时，经济效益要服从社会效益。

（三）浙江文化产业发展基础与新时代目标

改革开放以来，浙江经济社会的快速发展，综合实力的不断增强，为文化产业的发展提供了坚实的经济基础；改革开放的不断深入和社会主义市场经济体制的日趋完善，为文化产业的发展提供了有利的宏观环境；浙江大力推进经济领域的改革创新和文化体制改革，为文化产业的发展提供了制度保障；人民生活水平的不断提高，带动了文化消费的快速增长，为文化产业的发展提供了重要的市场拉动；浙江丰富的传统历史文化资源是浙江文化建设取之不竭的宝藏，为文化产业的发展提供了丰富的资源优势；得天独厚的地缘区位优势，为文化产业发展提供了良好的人才、信息、技术和物流的流通平台。这些促进因素相辅相成，共同推进浙江文化产业大发展，推动文化产业成为浙江省的重要产业。一些重点产业保持在全国的领先优势，新兴文化业态快速成长，文化产业在推动经济转型升级中作用突出，成为浙江省经济发展的新亮点。

1. 文化产业的贡献率明显增大

2019 年，在中国文化产业发展综合指数和生产力指数上，浙江均列上海、北京、江苏之后，居全国第四位，影响力指数居第三位。浙江有 4 家文化企业入选全国“文化企业 30 强”，数量名列前茅，3 家企业成为国家文化和科技融合示范基地。国家级短视频基地落户杭州。深化文化旅游融合发展，加快国家全域旅游示范省建设。文化产业增加值约为 4600 亿元，增长约 10％，GDP 占比约为 7.8％。产业结构日趋合理。分行业类别看，文化及相关特色产业的 15 个行业中，在 2019 年有 11

个行业营业收入实现增长。其中，增速超过20%的行业有4个，分别是：创意设计服务业，营业收入约617亿元，增长约24.9%；文化投资运营业，营业收入约5亿元，增长约23.6%；文化装备生产业，营业收入约293亿元，增长约22.8%；文教休闲娱乐产品业，营业收入约529亿元，增长约37.7%。分产业类型看，文化服务业企业营业收入增长较快，占比有所提高。

2. 文化产业核心层加快发展

以新闻出版、广播影视、出版发行和文化艺术为主的传统意义上的文化产业核心层保持较快增长，特别是影视动画、图书出版、演艺娱乐、艺术品经营等行业快速发展，产业规模逐步扩大，继续保持全国领先地位，成为带动浙江省文化产业发展的基础性力量。如2017年，浙江省新闻出版广播影视业发展继续保持积极向好的态势。营业收入突破2111亿元，增加值突破657亿元，总体规模稳居全国前列。其中，新闻出版业实现营业收入约1596.4亿元，居全国第四位，增加值达到456.1亿元。广播影视业实现经营收入约514.7亿元（含电影院票房收入约41.2亿元），居全国第二位；增加值达201.1亿元。浙江省文化服务出口走在全国前列，2017年文化服务进出口总额约为55.29亿元，其中文化服务出口约为27.01亿元，覆盖184个国家和地区。

3. 文化产业的集聚度不断提高

集团、集约、集聚发展是文化产业发展的重要特点。经过几年发展，杭州、宁波、温州、金华等区域中心城市的文化产业发展优势逐渐凸显，产业实力和发展环境进一步提升，骨干文化企业逐渐集聚，产业的示范、衍生和辐射效应进一步显现。同时，经过多年培育，浙江省文化产业集聚区建设进入快速发展阶段，园区数量呈现跨越式增长的势头，全省各地涌现出众多具有鲜明地域特色的文化产业集聚区，涵盖了影视制作、动漫游戏、出版印刷、文具生产、艺术品业等众多产业门类，对全省文化产业发展的示范和带动效应不断扩大。据不完全统计，浙江省共有各种类型的文化产业园区（基地）150 多个。浙江文化产业的发展状况为新时代的突破式推进奠定了坚实的基础。

4. 在特色小镇建设中强化文化的作用

浙江省人民政府出台的《关于加快特色小镇规划建设的指导意见》指出："特色小镇是相对独立于市区，具有明确产业定位、文化内涵、旅游和一定社区功能的发展空间平台，区别于行政区划单元和产业园区。"从此定义上看，特色小镇体现为在产业、文化、生态、建筑、功能、管理机制等方面的"特""新""活"，规划面积一般控制在 3 平方公里左右，建设面积一般控制在 1 平方公里左右；是产业、项目、人才、资源、文化等方面的集聚，同时具有社区功能。特色小镇是应对经济发展新常态、浙江后工业时代、浙江经济转型升级的需要而产生的，是具有特色产业的特殊经济体和经济转型升级的综合体，是一个科技、文化、生态相融合的平台。浙江在特色小镇建设中努力与文化产业的发展高度融合，打造小镇的特色文化品牌、名片或亮色，把塑造特色文化渗透于、贯穿于特色小镇建设过程的始终，以特色文化来提升小镇的品位和核心竞争力。同时，保护具有文化内涵的特色建筑，营造好独具特色的人文景观、住宅景观与商业景观。厚植人文精神土壤，涵养弘扬人文精神，体现人文关怀，促进特色小镇建设与人文精神同育共长。

5. 文化产业发展的未来目标是成为万亿级产业

浙江省委、省政府把文化产业的发展摆在一个十分重要的地位上，把文化产业作为浙江省第八个万亿级产业来打造，提出要加快推进文化产业提质增效和转型升级，聚力打造全国文化内容生产先导区、文化产业融合发展示范区、文化产业新兴业态引领区。2017 年 11 月，浙江省出台《关于加快把文化产业打造成为万亿级产业的意见》，提出到2020年，力争全省文化及相关特色产业总产出达到1.6万亿元，增加值近5000亿元，占GDP比重达8%以上，基本建成全国文化内容生产先导区、文化产业融合发展示范区和文化产业新业态引领区。提出要全面实施八大重点产业计划，即影视演艺产业发展计划、数字内容产业打造计划、文化创意设计产业提升计划、文化新兴业态促进计划、工艺美术产业升级计划、文化制造业转型计划、文化旅游融合发展计划、文化体育产业推进计划。该意见还对强化产业发展支撑，加强政策制度保障等问题提出了详细的要求。

二、培育最优发展环境，打造万亿级文化产业

推进文化产业发展，需要做的工作是全方位的，从浙江文化产业发展的经验看，主要要做好以下重点工作。

（一）深化文化体制改革，增强体制机制活力

2013年11月12日，中国共产党第十八届中央委员会第三次全体会议通过了《中共中央关于全面深化改革若干重大问题的决定》，其中单列推进文化体制机制创新一部分。明确提出："坚持以人民为中心的工作导向，坚持把社会效益放在首位、社会效益和经济效益相统一，以激发全民族文化创造活力为中心环节，进一步深化文化体制改革。完善文化管理体制。按照政企分开、政事分开原则，推动政府部门由办文化向管文化转变，推动党政部门与其所属的文化企事业单位进一步理顺关系。建立党委和政府监管国有文化资产的管理机构，实行管人管事管资产管导向相统一。"

国家层面还制定了《深化文化体制改革实施方案》,编制了《国家“十三五”时期文化发展改革规划纲要》。特别是按照党中央的部署,出台了文化体制改革和文化产业发展的综合性、专门性文件30多个,涉及文化体制改革综合配套政策及电影、出版、小微企业、对外文化贸易等方面,构建了文化经济政策框架。据不完全统计,2012年至2017年间出台的重点文化政策有78项,除了文化部制定的15项政策之外,由国务院及各部委联合发布的政策达到63项,政策内容涉及文化消费、知识产权建设、数字创意产业、市场监管、对外文化贸易、文化法律法规等各个领域,呈现出较强的综合性特点与部门合作发展特点。特别值得一提的是,2016年11月7日,第十二届全国人民代表大会常务委员会第二十四次会议通过了《中华人民共和国电影产业促进法》,这是我国历史上第一部关于电影产业发展的法规。该法规共60条,对电影创作、摄制,电影发行、放映,电影产业支持、保障,法律责任等做出了明确的法律规定。

党的十九大以后,中国走进新时代,文化体制改革和文化产业的发展更是进入了一个崭新的阶段。2019年,党的十九届四中全会明确提出:“深化文化体制改革,加快完善遵循社会主义先进文化发展规律、体现社会主义市场经济要求、有利于激发文化创新创造活力的文化管理体制和生产经营机制。健全现代文化产业体系和市场体系,完善以高质量发展为导向的文化经济政策。完善文化企业履行社会责任制度,健全引导新型文化业态健康发展机制。完善文化和旅游融合发展体制机制。加强文艺创作引导,完善倡导讲品位讲格调讲责任、抵制低俗庸俗媚俗的工作机制。”在浙江省的改革发展进程中,我们越来越认识到,改革是促进发展的根本途径,只有通过改革,才能破解文化发展难题,才能解放和发展文化生产力。浙江省以推动经营性文化单位转企改制为中心环节,加快推动出版发行、电影制片发行放映、文艺院团、广电网络传输机构等重点领域的转企改制,建立健全文化领域的市场主体。同时,通过文化体制改革和文化企业兼并、重组、联合等形式,推动文化单位跨行业、跨地区、跨所有制发展,打造一批大型文化企业集团。

浙江是最先在改革上取得突破的省份。2003 年,浙江就被确定为全国两个文化体制改革综合试点省之一。作为中央确定的文化体制改革综合试点省份,浙江省一直坚持“以改革促发展,以创新推提升”的理念,紧紧抓住转企改制这个中心环节,着力解决制约文化发展的深层次矛盾和问题。按照政企分开、政事分开原则,进一步理顺党政部门与其所属文化企事业单位关系,推动政府部门由“办文化”向“管文化”、由“管微观”向“管宏观”、由“管脚下”向“管天下”的转变。着力推进文化领域“最多跑一次”改革,提升文化领域治理水平。从 2016 年底开始的“最多跑一次”改革,在打造浙江最优的发展环境上取得了令人瞩目的成就。到 2019 年底,浙江省全面实施“10＋N”优化营商环境便利化行动,41 件个人和企业全生命周期事项实现“一件事”全流程办理。政务服务事项掌上可办比例达 80.5%,跑零次可办比例达 97.4%,“一证通办”民生事项比例达 91.4%。企业开办实现一日办结,一般企业投资项目实现竣工验收前审批最多 90 天。推进机关内部“最多跑一次”改革。推动普惠金融、税收征管、土地征收和事业单位、国有企业等改革,全社会活力进一步迸发。浙江文化产业相关部门借“最多跑一次”改革的契机,全面提升文化治理水平。全省驰而不息地推进文化领域“最多跑一次”改革,坚持规则引领、标准先行,在基本实现掌上办、网上办、跑零次的基础上,启动推进“证照分离”改革工作,切实优化服务,提升管理效能。推进“互联网＋监管”平台建设,按照“事前管标准、事中管检查、事后管处罚、信用管终身”的原则,加强日常监管,严厉打击文化领域违法违规行为。持续深化文化领域供给侧结构性改革,优化发展环境,加快推进重大项目建设,继续推动文化产业保持良好发展态势。

分类推进文化事业单位改革,深化人事、收入分配、社会保障、经费保障等制度改革。推动公共文化馆、图书馆、博物馆、美术馆等建立事业单位法人治理结构。2014 年,浙江根据国务院《关于建立和完善事业单位法人治理结构试点的意见》，制定了浙江省《文化体制机制改革创新实施意见》，并确定了6家单位，即浙江图书馆、温州市图书馆、湖州市图书馆、嘉兴市文化馆、嘉兴市博物馆等进行法人治理结构改革试点。如温州市图书馆经公开招募共遴选出13名理事，其中除本馆职工代表2名外，还包括文化教育界代表3名、工商企业界代表3名、卫生界代表1名、读者代表2名、图书馆志愿者代表1名和温州市文广新局代表1名。理事会对图书馆各项工作事务拥有发言权、表决权、监督权、选举权等。图书馆工作计划、财务预算、领导班子人选、薪酬分配方案、重大项目等，都需理事会表决并获得2/3以上理事通过方可实施，每届理事任期3年。每月最后一个周末在图书馆设理事接待日，理事轮值征询、听取读者意见。

通过改革，不断完善文化产业发展环境。为贯彻落实“坚持把社会效益放在首位、实现社会效益与经济效益相统一”的要求，浙江国有文化企业加快公司制、股份制改造，法人治理结构、现代企业制度不断完善，成为业内守正创新的示范者、改革发展的领头羊。浙江日报报业集团推出以短视频为呈现方式的天目新闻客户端，推动媒体融合纵深发展；浙江广电集团推出以短视频为主打的“蓝媒视频”新媒体产品，全力打造优质视频内容聚合平台。浙版传媒上市获得中宣部批复同意。浙江省文化产业投资集团有限公司挂牌成立，成为浙江省文化产业发展的重要投资主体和投融资平台。浙江新远文化产业集团和浙江省古建筑设计研究院转隶。浙江歌舞剧团、浙江曲艺杂技总团和浙江话剧团等单位经整合组建，成立了浙江演艺集团。

（二）优化投资环境，创新发展方式

改革开放以来，浙江省不断打造最优的投资环境和发展氛围，加强对国有资产管理模式的研究，探索党委、政府共同监管的体制机制，努

力实现管人、管事、管资产、管导向相统一。加强对各市、县(市、区)文化产业发展的指导和引导,推动制定分行业、分区域文化产业发展规划和政策。完善文化产业相关法规,制定促进文化产业、电影产业发展的地方性法规以及加快数字文化产业发展、文化文物单位文化创意产品开发等的政策意见,在重点行业发展、文化金融、文化科技、文化贸易、文化人才建设、文化用地保障等方面进一步加大扶持力度。支持文化产业项目以技术、版权等无形资产作价计入投资,对符合条件的优先列入省重大产业项目库。加大对重大文化产业项目用地倾斜力度,鼓励盘活利用闲置低效工业用房、仓储用房、老旧建筑等存量土地房产资源兴办文化产业项目,在相关特色小镇建设中合理确定文化产业用地比例。加大对省级重大文化产业平台项目用地的支持力度。在省属国有文化单位企业改制过程中,原划拨土地使用权采取出让方式处置的,土地出让金按国家和省有关规定执行

2018 年,浙江省对推选出来的 20 个文化产业发展重点县(市、区)根据《浙江省文化产业发展专项资金管理办法》给予文化产业发展专项资金补助,2019—2021 年每年补助 1000 万元。2019 年,又研究制定了《关于推进浙江省影视产业高质量发展的若干意见》等。

不断完善文化管理体制,加快构建把社会效益放在首位、社会效益和经济效益相统一的体制机制,健全管人、管事、管资产、管导向相统一的国有文化资产管理体制。2015 年 3 月 16 日,中共浙江省委办公厅、浙江省人民政府办公厅正式印发《关于设立浙江省国有文化资产管理委员会的通知》。浙江省确定了浙江省国有文化资产管理委员会的主要职能。其职能主要包括 7 个方面:(1)审议省属国有文化企业(含企业化管理事业单位,下同)发展方向、战略布局与总体规划;(2)推进全省国有文化资产管理改革,加强国有文化资产管理;(3)提出全省国有文化资产管理重大政策建议;(4)组织实施省属国有文化企业绩效考核及负责人薪酬管理;(5)推动省属国有文化企业建立现代企业制度,完

善法人治理结构;(6)审议省属国有文化企业和其他省级文化单位设立、变更、撤销(注销)及生产经营活动中涉及国有文化资产管理的重大事项;(7)承办省委、省政府交办的其他事项。浙江省国有文化资产管理委员会在加强浙江省国有文化资产管理上发挥了重要作用。推进加快文化领域供给侧结构性改革步伐,推动文化产品和服务优化升级;推进出版、发行、影视、演艺等领域国有文化企业进一步完善法人治理结构,建立健全有文化特色的现代企业制度;推动出版、发行、影视、新闻网站、已改制非时政类报刊等进一步完善公司法人治理结构,切实增强自身“造血”功能,形成具有文化特色、符合现代企业制度要求的组织形式和运营方式,以培育合格文化市场主体和骨干文化企业为重点,推进省级重点国有文化集团公司制股份制改造,率先在符合条件的新闻出版传媒企业试点探索“特殊管理股”制度;推动有条件的国有文化集团上市融资,培育和打造浙江文化领域的“航空母舰”,形成一批文化领军企业。浙江全省已经有 38 家文化企业上市,有 80 多家文化企业在“创业板”上市。大力推进浙江出版集团有限公司、东海电影集团有限公司等国有重点文化企业股份制改造,加快浙江时代院线股份有限公司、浙江出版传媒股份有限公司等的上市步伐。

(三)做大做强文化市场主体

推动重点龙头文化企业跨地区跨行业跨所有制兼并重组,打造一批主业突出、核心竞争力强、市场占有率高的“文化航母”,培育一批行业知名、特色鲜明的骨干文化企业,扶持一批“专、精、特、新”的成长型文化企业。组建省级文化产业发展集团,鼓励各地成立文化产业投资(发展)公司(集团)。当前,文化资源的大整合、大调整越来越成为时代潮流。从全球范围看,从 20 世纪 90 年代开始,各行业、各领域的企业兼并、破产重组成为时代潮流,文化产业领域也不例外。经过一次又一次大规模的兼并、破产重组，一批超大规模的传媒、娱乐、影视集团形成了。这些文化产业“巨无霸”或是“航空母舰”出版书刊、音像，制作电影、电视节目，拥有报纸、杂志、电台、有线电视等，并且将触角延伸至体育俱乐部、主题公园、零售商店、休闲娱乐公司等众多领域，形成了规模之势。与此同时，具备规模优势的巨型文化产业集团又加快推进了跨地区、跨行业、跨国界的兼并重组进程，通过大公司之间在资金、技术、经营组织方式等方面的重新组合和集中，进行产业结构上的调整，形成传媒业、娱乐业、旅游业与电信业、电脑业、出版业等相互融合、相互渗透的新格局。从国内情况看，我国文化领域经过文化体制改革的不断“洗礼”，市场或资本的力量已经在文化领域崭露头角，并进一步积蓄能量，推动全国文化资源的大调整和大整合。

加快培育骨干文化企业或文化企业集团，把深化改革和资源整合有机结合起来，着眼于培育富有竞争力的文化企业集群，推动业务相近、资源相通的文化企业组建集团公司，开展跨地区、跨行业、跨所有制兼并重组，打造一批文化领域国有骨干企业和战略投资者，大幅度提高浙江省文化企业的规模实力和国际竞争力，强化其对文化市场的引领、带动作用和对全省文化资源的整合集聚功能。2018 年 12 月，浙江省文化产业投资集团有限公司成立，为省属国有一级企业（正厅级），注册资本金 30 亿元，具有独立法人资格，实行独立核算、自主经营、自负盈亏。浙江省文化产业投资集团作为全省文化事业文化产业发展的投资主体和投融资平台，履行党委、政府文化投资职责，行使国有文化资本投融资主体职能等。集团的业务范围包括文化领域的各类投融资业务、资产管理业务、经营性业务和综合性服务等，以及省委、省政府授权交办的其他经营性业务。集团的成立有助于贯彻落实中央和省委、省政府关于文化改革发展的一系列决策部署，推动全省文化产业提质增效和转型升级，加快把文化产业打造成为万亿级产业。

充分发挥浙江市场机制灵活、民营资本充裕的优势，降低社会资本准入门槛，鼓励引导非公有制和混合所有制文化企业发展。推动建设众创空间，扶持文化创客，增强发展活力，探索具有鲜明浙江特色的文化产业发展道路，努力形成以公有制为主体、多种所有制共同发展的文化产业格局，形成各方参与、多方投入、协力推进的强大合力。当前，在兼并重组的风潮中，民间资本进军文化产业的势头十分强劲。在图书发行、影视制作、动漫游戏、歌舞演艺等领域，民营资本已经全面进入。经过多年的探索和积累，民营文化企业已具备相当实力。浙江省民营经济发达，民间资金充裕，民营企业家对发展文化产业热情高。在法律和政策许可的范围内，应降低非公资本进入文化产业的门槛，吸引社会资本参与到振兴文化产业的进程中来。为此，要适应形势发展的要求，制定和实施更加完善的政策措施，鼓励和引导各种非公有制文化企业的发展。按照国务院《关于非公有资本进入文化产业的若干决定》的要求，制定鼓励非公有资本进入《浙江省文化产业项目投资指南》中鼓励类和允许类领域。积极吸收民间资本进入文化创意、影视制作、演艺娱乐、动漫、印刷、出版物分销等领域，允许其参与对外出版、网络出版，允许其以控股形式参与国有影视制作机构、文艺院团改制经营，鼓励更多更好的民营资本投入文化产业发展，鼓励非公有资本参与国有文化单位的转企改制和股份制改造，形成多种所有制共同发展的文化产业格局。此外，还要加强对民营文化企业的扶持和管理，积极培育一大批具有活力和竞争力的文化发展主体。

支持现有大型民营企业集团做大做强，培育一批龙头民营文化企业。在浙江文化上市企业中，民营企业起主导作用。如“电影第一股”华谊兄弟、“网吧软件第一股”顺网科技、“演艺第一股”宋城演艺、“电视剧第一股”华策影视、“广告传媒第一股”思美传媒等都是民营企业。目前，浙江影视节目制作机构中民营企业占95%以上，印刷企业中民营企业占99%以上。同时，也要高度重视打造中小文化企业。要充分发挥浙江民营资本充裕和市场体制机制优势，重培育、打基础，加大资金、项目、土地、人才等方面的政策扶持，不断优化文化发展环境，培育数量庞大、实力较强、特色鲜明、成长性佳的“专、精、特、新”中小文化企业，继续巩固和扩大浙江民营文化产业的发展优势。

三、培育浙江文化产业品牌群

文化品牌是文化产业的核心竞争力，是软实力的重要支撑。要把打造文化品牌作为发展文化产业的着力点，挖掘、培育和打造一批具有浙江特色的文化品牌，加强品牌的策划宣传、培育运行，打造覆盖全省、特色鲜明的浙江文化品牌群，全面提升浙江文化的传播力、辐射力和影响力。

（一）做大做强科技与文化融合发展品牌

深入实施影视演艺产业发展、数字内容产业打造、文化创意设计提升、文化新兴产业促进等产业发展计划，形成一批具有全国影响力的行业品牌。新兴文化产业是与知识创新、科技创新密切相关的产业，日益倚重强大的创意资源和高新技术手段。浙江文化产业发展转型升级的重要途径，就在于不断创新文化产业业态，积极发展新兴文化产业。要适应迅猛发展的新形势，瞄准世界文化科技发展的战略前沿，大力推动现代科技特别是信息技术在文化领域的广泛运用，加强数字技术、数字内容等核心技术的研究，提高装备技术和制造技术的水平。支持杭州、宁波、横店等国家级文化和科技融合示范基地建设，培育一批高新技术文化企业。推动出版发行、工艺美术、文化娱乐、文化制造、印刷复制等传统产业转型升级，鼓励演出、娱乐、艺术品展览等传统业态实现线上线下融合。做优做强杭州、宁波、横店等国家级文化和科技融合示范基地，加强文化共性关键技术研发，重点突破新闻出版、广播影视、创意设计、文物保护利用、非物质文化遗产传承发展等领域系统集成应用技术。围绕文化科技产业重点领域组建一批技术创新联盟，建立专业化技术转移机构和职业化技术转移人才队伍，实现创新链与产业链有效连接，形成高效快捷的成果转化通道。加快文化服务业智能化升级，强化文化领域新一代人工智能技术的有效供给。

充分发挥浙江历史文化、民俗文化、生态文化、都市文化的资源优势，结合发展重点文化产业，打造陶瓷、丝绸、石雕、刺绣、宝剑、湖笔、书画、古玩等一大批具有浙江特色的民间工艺美术品品牌，打造一批具有较高知名度和美誉度的影视、动漫、出版物、演艺等现代文化产品品牌，打响“诗话江南、山水浙江”的文化旅游品牌和杭州西湖国际博览会、宁波文化旅游节、湖州·国际湖笔文化节、嘉兴端午民俗文化节、衢州国际孔子文化节等文化节庆品牌，构建江南水乡文化、宁温台海洋文化、浙中农耕文化和商贸、丽水畲乡民俗文化等区域特色文化品牌。

（二）做大做强文化创意设计产业品牌

创意设计是文化转化为经济的中介环节。创意设计不仅体现在构思、策划、主题、灵感等独创性思维上，也体现在体制机制、组织管理以及对不同类型的资本、技术、信息、销售等的有机组合上。通过体制创新，带动内容、技术、服务和管理的创新。创造性组合可以点石成金，化为巨大的财富；通过各个环节、各种资源的有机组合，创新经营模式，可以推动整个产业的跨越式发展。所以，文化产业的一切要从创意设计起步，让创意设计贯穿创新创业的始终，用创意设计创造一切。对于文化产业来说，没有创意设计，就没有未来。浙江改革开放初期，部分靠“星期六工程师”来发展，即来自北京、上海等地的工程师在周末来浙江帮助发展乡镇企业，现在也到了一个靠“星期六设计师”发展的时代，就是要引进更多的设计师为浙江发展助力。要把浙江打造成设计之都，大力发展创意设计产业，将创意设计融于文化产业设计、生产、销售、服务各个环节和内容、技术、营销、衍生产品开发等产业链的各个方面，建立以市场为导向的新型经营模式，全面提升产业文化生产力。文化与设计制造产业的融合催生了工业设计、建筑设计、品牌设计、艺术设计、园林设计等设计产业的兴起。

做好设计，一是要做一个有思想的设计师。设计思维就是学习如何思考问题，要在长期的积累基础上，提出真正有价值的创意和想法，来解决特定的实际问题。设计就是要创造与众不同的事物，所以设计特别需要求异思维、另类思维，创意需要异想天开、"脑洞大开"，有多大的想象力才有多大的创造力。

二是要关注联系。世界上任何两个看起来没有联系的东西之间很可能是有联系的。一个口香糖品牌销量直线下降，口香糖生产公司通过市场调查，查找原因，最后找到的原因竟然是手机的使用。过去没有手机，人们无事的时候就会嚼口香糖。自从有了手机，人们再也没有没事的时候了，所以想不起嚼口香糖。手机与口香糖销售，看似毫无联系，实则紧密相关。所以有一句话说，打败你的从来不是你的敌人，而是一个你根本不知道的东西。我们在设计中，就要找到这种关联，想着"我的产品可能用到哪里"，这样就能有新的创意。我们在设计金华婺剧衍生品的时候，就把婺剧的脸谱画到雨伞上、箱包上、纸扇上、文具盒上等，很受消费者的欢迎。

三是当下在设计中最重要的是大力推进中国文化的时尚化，特别是要高度重视通过设计将非物质文化产业化。现在全国有国家级非物质文化遗产名录 1372 项，省级非遗名录 8786 项，地市级非遗名录 18186 项，县级非遗名录 53776 项，共计 8 万余项。这些是我们设计的重要的思想资源和创意源泉。

四是创意拼的是眼界与视野，要从古人、从世界其他国家和地区、从高手那里汲取营养，开创自己的创意空间。经过近几年的精心培育和发展，浙江已成为中国文化创意产业发展最快的省份之一，逐步形成了软件、工业设计、广告、传媒、艺术品创作和交易等优势产业以及产业集聚区。如浙江省广告业发展较快，各项发展指标处在全国前列。截止到2017年底，浙江有广告经营单位51275户，广告从业人员约27.3万人，全年广告收入约551.2亿元。全省建有杭州、宁波2个国家级广告园区和15个省级广告园区，广告园区遍及全省各行政市。全省现已建成各级广告园区总面积约9578.2亩，入驻广告及关联企业约4000家。2017年，全省广告园区实现广告及关联产业经营额约280亿元。

杭州市是浙江创意设计产业的龙头。我曾经建议，杭州可以进一步打响“最艺是杭州”的文化创意品牌，这里借用白居易的诗句“最忆是杭州”，改动后用来做品牌口号。进一步提升杭州文化创意产业的时尚化、国际化特色，扩大影响力和集聚力。杭州的文化产业在浙江各城市中独领风骚。截至2018年底，杭州规模以上文创企业数量达2742家，营业收入达8369亿元，同比增长约20.3%。杭州全市文创产业专业工作人员已达72万人，成为国内集聚文化名人最多的城市之一。杭州数字内容产业发展态势良好，以数字化、网络化为代表的文创产业，行业提升优势明显。杭州不仅传承了西湖文化、钱塘江文化、大运河文化、良渚文化等独具特色的历史文化，还发展了以创意和创新为内涵的杭州时尚文化，影视动漫、艺术设计、服装服饰、信息经济、文化会展等，已经成为杭州越来越有影响力的品牌产业，所以，要把“历史与时尚最完美结合的杭州”作为杭州的文化特质加以打造，把“杭州历史文化的时尚化”作为主要设计理念，做大做强“杭州设计”品牌与产业。建议杭州进一步打响“最艺是杭州”的品牌，举办以“最艺是杭州”为主题的杭州设计周，以江南文化为重要元素，打造独具韵味的设计盛会。结合国家“一带一路”倡议，邀请“一带一路”国家的设计师到杭州从事设计工作，对杭州的各种产品进行设计，并开展交流、展示、研讨等活动。

衢州的常山打造“宋诗之河”品牌，寻找到1000多首在常山写的宋诗，我参与谋划如何将“宋诗之河”品牌与餐厅的设计结合时建议：一是餐厅的设计要运用好宋诗，以诗化的餐厅，或“品味诗化的生活”为主题来设计餐厅的环境。二是餐厅的软包装和装修设计可以运用宋诗元素，如窗帘、桌布、灯具、服务员的服装等，都可以运用宋诗书法作品来设计。三是宋诗在菜谱上的运用，菜谱可以设计成诗集的样子，同时，一些菜可以以宋诗命名。四是设计一个小活动——“吃到一首宋诗”，在碗底印上一首宋诗，吃完面和菜，喝掉汤，这首宋诗就会露出来，这就叫“吃到一首宋诗”，很有情趣。五是餐厅的音乐可以以宋诗朗诵为主，不断地播放，从声音上打造与众不同的餐厅。六是每张桌子都可以以宋诗来命名，如：根据写与朋友吃饭喝酒的诗句“雨里黄花愁正绝，篱边白酒意殊深”，桌子的名字就可以叫“雨里黄花”和“篱边白酒”。七是可以用宋诗设计筷子，客人走的时候也可以送一双筷子做礼品。以上这些只是策划与设计的思路，真正落地还要靠设计师设计出来，并能够制造出来。

（三）做大做强文化与互联网融合发展品牌

树立“文化＋”“互联网＋”理念，推动文化产业与科技、金融、制造、旅游、体育等相关产业的深入融合，增加其文化含量和产业附加值。把文化资源优势转化为产业和市场优势。大力发展网络视听、数字出版、数字教育、动漫游戏等新兴文化业态。文化产业是一个覆盖面广、产业链条长、辐射渗透力强的产业形态，与信息、教育、旅游、设计、制造业等相关产业的关系本身就很密切。文化产业与相关产业融合的速度、深度与广度呈现快速发展的态势。特别是文化产业与信息产业的融合，推动了双赢发展：文化产业为信息产业提供了内容产品，无论是互联网、手机，还是多媒体电子产品，都需要海量的文化内容予以支撑，随着音频、视频技术的快速发展，信息产业对文化产品的需求量呈几何级数增长，文化产业成为信息产业高速发展的主要推动力。随着5G等数字技术的兴起，数字文化产业迅猛发展。数字文化产业就是依托数字技术进行创作、生产、传播和服务的新兴文化产业，其具备传输便捷、绿色低碳、需求旺盛、互动融合等特点。产业涵盖数字游戏、互动娱乐、影视动漫、立体影像、数字教育、数字出版、数字典藏、数字表演、网络服务、内容软件等内容。从网络文学、网络阅读、网络游戏、网络动漫、网络音乐、网络视频到电竞产业，浙江省数字文化产业版图不断延展，越来越多高端化、多元化、规模化、特色化的高能级平台的打造，推动着数字文化产业蓬勃发展。比如，咪咕阅读，引领着数字阅读的潮流，在主流阅读App市场中下载排名达到第二；网易走在网络游戏行业的前列，成为中国第二大游戏公司；电竞数娱小镇、e游小镇等多个平台，强力助推着电竞行业的快速发展。

作为全国互联网强省和文化强省，浙江拥有发展“文化＋互联网”产业得天独厚的条件。浙江召开全省文化产业发展大会，提出要发挥好世界互联网大会永久举办地、国家级信息经济示范区的优势，依托杭州国家数字出版产业基地、乌镇互联网经济创新发展综合试验区、金华数字创意产业试验区，以业态创新、产品创新和内容创新为重点，加快发展网络文学、网络影视、网络游戏、数字动漫、数字音乐等数字内容产业，加快培育文化新业态，拓展产业发展新空间。浙江要贯彻落实全省数字经济发展大会、全省文化产业发展大会精神，全面实施数字经济“一号工程”和“文化＋互联网”产业推进工程，加快文化产业与数字经济深度融合，推进文化产业高质量发展。2017年底，浙江省获得互联网出版资质的企业有64家，获得网络视听节目资质的单位有45家，备案单位9家。杭州国家数字出版产业基地营业收入达132.57亿元。2018年5月，浙江组织开展了2018年度浙江省“文化＋互联网”创新企业遴选活动。全省有183家文化企业参与申报。遴选活动着重考察企业的引领能力、研发能力、可持续发展能力、竞争能力和综合表现能力等五大能力，最终确定10家企业入选2018年度浙江省“文化＋互联网”创新企业名单。这些企业将发挥内容创新、技术创新、商业模式创新等集成创新优势，提升发展质量，增强核心竞争力，加快做强做优做大企业，发挥文化与科技双向融合的引领示范效应，为浙江省打造万亿级文化产业做出新贡献。

2018年，浙江广播、电视人口综合覆盖率分别约为99.73％和99.80％。共有影视制作机构3368家，其中上市公司26家；全年制作电视剧52部2358集，动画片54部19393分钟；制作影片117部，电影票房收入约48.9亿元，比上年增长约11.3％。其中，杭州动漫游戏产业发展继续领跑全国。2019年前三季度，杭州动漫企业生产的动画作品在电视、网络等平台播出量超过8000集，累计时间超过10万分钟，制作动画电影6部，创作漫画作品406部，发行约134.5万册，开发游戏产品540余款。动漫游戏实现产值约187.2亿元，上缴税金已经超过2018年全年，产值逐步攀升；杭州动漫游戏企业境外销售额达4.82亿元，其中动漫企业境外销售收入约1200万元，游戏企业境外销售收入约4.7亿元。2019年前三季度，全国共有37部国产电视动画片被国家广电总局列入推优目录，其中有8部来自杭州，占比超过1/5，继续位居全国第一。

（四）做大做强文化与旅游融合发展品牌

浙江省委、省政府高度重视旅游产业的发展，提出建设大花园战略，要把浙江打造成为全球知名的健康养生福地，打造成有国际影响力的旅游目的地。全面建成“诗画浙江”最佳旅游目的地，2020年旅游业总收入突破1.5万亿元，入境人数突破1800万人次。

文化是旅游的灵魂，旅游是文化的载体。文化丰富了旅游的内涵，提升了旅游的品位；旅游为文化传承提供了新的空间和新的渠道，也为文化创造注入了新的动力。浙江大力推进实施文化和旅游融合发展工程，把融合理念贯穿于文化和旅游产业发展全过程，嵌入产业规划、项目推进、内容建设、宣传展示等环节，谋划做好文化、旅游和农业融合发展的文章。文化与旅游要实现融合发展，就要把文化贯通旅游六要素——“吃”“住”“行”“游”“购”“娱”。

一是“吃”向文化层面拓展。人们的吃，从吃便宜，到吃味道，到吃面子，到吃健康，到吃文化——美食中的养生理念、健康理念、生态理念、文化理念越来越得到强化。

二是“住”向文化层面拓展。要建造更多的文化主题酒店。主题酒店是指以酒店所在地最有影响力的地域文化特质为素材，设计、建造、装饰、生产和提供服务的酒店。赋予酒店某种文化主题，并围绕这种主题塑造浓郁文化氛围，打造酒店特色和提升其文化品位。在很多地方，文化主题酒店的设施远没有星级酒店好，但价格却超过星级酒店。如一些地方的地域文化主题民宿、书店主题民宿、花店主题民宿、美术主题民宿、茶道主题民宿等，就很受市场欢迎。

三是“行”向文化层面拓展。打造各种文化旅游线路，如历史古道的开发、文化主题游步道的建设、动漫主题马拉松的开展、当地特色文化之路的挖掘。

四是“游”向文化层面拓展。开展健康养生游、研学修行游、探秘寻访游、文化体验游、民俗风情游、艺术采风游等，打造研学旅游、非遗体验、宗旅融合等旅游产品。

五是“购”向文化层面拓展。比如文创旅游产品的开发、参与式旅游产品的开发、旅游纪念品的创新、当地特色文化与旅游产品的结合等。

六是“娱”向文化层面拓展。打造旅游夜生活，开发文化主题公园。有专家预计，到 2020 年，中国主题公园市场规模将达 120 亿美元。此外还有当地演艺特色产品的开发，娱乐综合体的打造，等等。开展都市风景美化诗化、文化运动设施建设和提升工程，有机串联街区小镇、综合体度假区，打造民俗演艺、体育休闲、都市观光、滨水度假等优质旅游产品。

2018 年，浙江全年旅游产业增加值约为 4391 亿元，比上年增长约 10.0%，约占 GDP 的 7.8%；旅游总收入约 10006 亿元，接待游客约 6.9 亿人次，其中接待入境过夜游客约 456.8 万人次。杭州宋城的所在地，原来只是一块荒地。宋城集团拿到这个地块，以“建筑为形，文化为魂”为经营理念，建造仿宋代风格的城区，主体建筑依据北宋画家张择端的长卷《清明上河图》而建，通过再现各种宋代民俗，还原了宋代都市繁华的风貌。大型歌舞《宋城千古情》更是杭州宋城景区的灵魂，其用声、光、电等科技手段和舞台机械等呈现方式演绎了杭州良渚古人的奋进、宋代皇宫八方来贺的繁荣辉煌、岳家军精忠报国的惨烈场景、梁山伯与祝英台的凄美爱情、白蛇与许仙的千古绝唱、杭州在当代各国游客来临时的欢腾，给观众带来视觉的享受和心灵的震撼。《宋城千古情》一经推出便深受观众喜爱，最忙的时候一天要演 8 场，场场爆满。它也被中共中央宣传部评为精神文明建设“五个一工程”奖。

当前在文化与旅游的融合上，要抓住“四条诗路”（浙东唐诗之路、大运河诗路、钱塘江诗路、瓯江山水诗路）文化带建设的机遇，把浙江推出的“四条诗路”营造成山水田园诗般的画境，以展现青山巍峨、绿水环绕、燕语莺啼的生态画卷。系统谋划开展沿线环境治理和自然风貌综合保护，改善山水田园自然风光，有机串联名山名湖、名镇名村，打造山水风光、休闲生态、康体养生等优质旅游产品，开发“东坡行吟”“潇洒闲情”“名湖名村”“诗路采风”等旅游线路，营造咏史怀古诗般的意境和交响乐史诗般的气韵。在 2020 年浙江省人民代表大会上，浙江省人民政府提出，要实施一批诗路文化标志性项目，推进 100 个重大文化产业项目，打造 10 个 4A 级博物馆、美术馆景区，创建 20 个文旅产业融合试验区。要繁荣“四条诗路文化带”，持续深化浙江“四条诗路”文化产业发展主题活动，打响一批诗路旅游目的地和诗路旅游线。全面启动建设集宣传展示、旅游信息服务、业态培育、文创产品孵化等功能于一体的诗路数字文旅平台诗路 e 站建设。

紧紧抓住浙江建设特色小镇的契机，推动旅游融合发展。特色小镇与旅游融合发展可以分为四大类来做：一是“特色历史人文＋传统加工制造＋旅游”。依托可挖掘的独具特色的历史人文传统，比如茶叶文化、丝绸文化、湖笔文化、黄酒文化、青瓷文化等等，同时叠加现代旅游业，既传承具有深厚历史文化底蕴的加工制造业，又通过旅游光大其独有的历史人文传统。二是“经典加工制造＋时尚设计＋旅游”。改革开放以来形成的经典加工制造业与浙江的特色区块经济相结合，其特点是有一定的历史发展进程，也有一定的发展前景，可以嵌入时尚设计元素，也可以叠加一定的旅游功能，以实现制造业的转型升级。比如海宁皮革时尚小镇、桐乡毛衫时尚小镇、诸暨袜艺小镇等。三是“特色天然资源＋旅游度假养生”。具有独特天然条件和自然资源的，或是具有独特自然风光和风土人情的，如莲都古堰、景宁畲乡、西湖云栖、武义温泉等，可以发展特色旅游业；具有难得新鲜空气和洁净水源的，适合休闲度假，利于健康养生，如桐庐健康小镇、奉化滨海养生小镇，可大力发展健康养生产业。四是“未来新兴产业＋旅游”。这是有发展前景的独具特色的未来产业，是现代信息、科技、高端制造等战略性新兴产业，如梦想小镇、基金小镇、硅谷小镇、地理信息小镇、千岛湖航空小镇等。

（五）做大做强文化与生命健康产业融合发展品牌

我国经济社会的发展和人民群众生活的不断改善，给生命健康产业的发展带来了强大的新机遇。浙江省对生命健康产业的发展高度重视。2019 年浙江省政府工作报告提出大力发展生命健康产业的新目标，指出要着力推进数字经济、生命健康、高端装备、文化旅游、能源环保等5个千亿投资工程，谋划实施一批产业大项目，提升八大万亿级企产业竞争力，要加快建设“互联网＋”科技创新高地和生命健康科技创新高地。浙江省把“生命健康产业”和“数字经济”作为两大重要的支柱产业来打造。这两大产业将是支撑浙江未来发展的重要基础。生命健康产业不仅仅是一个万亿级的大产业，更是新一轮科技与产业革命中世界主要国家角力的重要领域。当前，浙江各地生命健康产业正发展得如火如荼。宁波杭州湾新区生命健康产业园规划面积约10平方公里。该园区以医疗器械、生物制药、健康食品和保健品产业为核心，致力于打造成长三角地区重要的生命健康产业基地。温州提出打造健康养生之城，推出一系列重大举措。绍兴滨海新城正在大力打造浙江生命健康产业新高地。杭州桐庐以得天独厚的中医药文化基础，建立富春山健康城，在约36.72平方公里的规划范围内构建了生命科技产业区、中医健康养生区、运动休闲康体区和杭黄高铁综合体板块的“3＋1”产业发展体系。湖州、台州等地的步伐也正在加快。

文化与生命健康息息相关，要紧紧抓住生命健康产业发展的好势头，加快文化的融入，提升生命健康产业的文化温度，并推进文化产业与生命健康产业的共同发展。

1. 要进一步弘扬热爱生命、崇尚健康的理念

生命与健康是人一生的追求。有健康才有蓬勃的生命，然后才会有生活。生命健康产业的蓬勃发展，说明人们对自身更加关注，体现了人们对生活的高质量追求与向往。

2. 文化产业要与生命健康产业有机融合

从一定意义上说，人类的疾病史是从传染病时代到躯体疾病时代，到今天的心理疾病时代。心理疾病与人的文化生活、心灵调适有着紧密的关联。国外有的医疗机构让绝症病人做手工艺品,收到很好的治疗效果,就说明了这一点。

3. 把文化元素注入健康养生产业之中

在家庭护理和康复设备中,更要体现中华传统医学思想。要强化文化健康养生,让文化产业走进康复医院和护理学院等服务业项目。把中华科学的养生理念与保健产业的发展有机结合起来。

4. 加快生命健康人才队伍培养

特别是要加强对这支队伍的思想道德教育和精神文明建设,提升其救死扶伤、造福大众的能力,鼓励其探究生命、崇尚科学的追求,培养其甘冒风险、自我奉献的情怀,树立其团结协作、凝心聚力的意识。把高超的医疗技术与良好的服务理念紧密结合起来,为健康中国的建设奠定最重要的人才基础。

四、打造文化产业发展新平台

要推进文化产业的发展,打造强大的支撑平台很重要。为此,浙江规划建设由数字文化产业基地、动漫游戏产业基地、影视文化产业基地、艺术创作产业基地等组成的之江文化产业带,引领全省文化产业发展。

(一)加快推进之江文化产业带建设

2018 年规划的“之江文化产业带”,以钱塘江(杭州段)为轴线,以上城、江干、西湖、滨江、萧山、富阳等 6 个沿江分布的主城区为核心,以“串珠式”的布局模式,串联起区域内产业基地、文化企业、文化金融机构等各类文化设施，打造一条文化长廊、生态长廊、旅游长廊。之江文化产业带将通过实施规模化、集群化、高端化、融合化、国际化的战略，打造数字文化产业基地、影视产业基地、艺术创作产业基地和动漫游戏产业基地等产业基地。自之江文化产业带规划以来，浙江省与杭州市大力推进其建设，召开省“一带一中心”建设领导小组会议，指导杭州市配套出台《之江文化产业带建设推进计划（2018—2022年）》，进一步落实属地责任。《之江文化产业带建设规划》中确定的55个重大项目，在2019年底就有38个项目开工或基本建成，完成率和开工率达到69%。在此基础上，继续做大做强之江文化产业带。推动之江发展应以数字文化、影视产业、现代演艺、艺术教育等为重点，依托区域互联网、大数据、云计算、物联网、人工智能等技术优势，推进数字化转型升级。同时，加快推进之江文化中心、中国（浙江）影视产业国际合作实验区、之江国际影视产业集聚区、浙江电影科技城、中国网络作家村、国家音乐产业基地萧山园区等一批重大项目建设，持续办好中国国际动漫节、杭州文化创意产业博览会、MIP China 杭州·国际影视内容高峰论坛、中国（杭州）电竞数字娱乐大会、中国网络文学周等重大活动。

（二）做强一批文化产业大平台

做强浙江横店影视文化产业实验区、中国（浙江）影视产业国际合作实验区等一批文化产业大平台。2020年浙江省政府工作报告提出，要支持浙江横店影视文化产业集聚区、中国（浙江）影视产业国际合作区等平台做大做强。浙江正在打造中国影视产业副中心，浙江也已经是全国影视制作生产、宣传发行、传播交流的重要基地之一。不管是影视企业的数量、规模，还是浙产电影、电视剧的产量、质量和影响力，浙江在全国均处于领先地位。浙江每年生产电影60多部，约占全国的1/12；电视剧3000多集，约占全国的1/4；动画片约2.5万分钟，约占全国的22%；拥有影视制作机构3000多家，约占全国的1/4；影视文化上市公司有26家，居全国首位。

为进一步加快影视产业的发展，浙江省相关主管部门出台了一系列政策，起草制定了《关于推进浙江省影视产业高质量发展的若干意见》，重点打造浙江横店影视文化产业集聚区、中国（浙江）影视产业国际合作区、象山影视城等平台，加强对浙江影视发展的行业指导和政策扶持，并做好相关服务工作。

浙江横店影视产业集聚区是经国家广电总局批准，于2004年4月正式挂牌建立的全国第一个国家级影视产业园区。10多年来，横店影视文化产业保持高速发展，不断做精做强，成为浙江省乃至全国的"排头兵"。现在，全国1/4的电影、1/3的电视剧（2/3的古装剧），累计6.4万多部（集）影视剧在横店拍摄。2018年4月，浙江省委、省政府出台《关于加快推进横店影视文化产业发展的若干意见》，设立横店影视文化产业集聚区，推动集聚区成为浙江影视文化产业发展的战略性平台，把横店打造成为全省文化产业的龙头基地、全球最强的影视产业基地和全国影视文化产业的集聚中心、孵化中心、交易中心、人才中心、体验中心。2019年3月，浙江省人民政府正式批复同意设立横店影视文化产业集聚区，这标志着横店影视文化产业从此进入集聚发展的新阶段。横店影视文化产业集聚区的空间区域包括以横店影视文化产业实验区约365平方公里为主体的规划控制区，以及由金华市域范围内发展影视文化产业的其他区域组成的辐射带动区，其中核心区面积约136平方公里。其将坚持以核心突破促进集聚发展、以能级提升促进转型发展、以改革创新促进高效发展、以绿色引领促进持续发展，建立覆盖影视创作、制作、发行、投资、交易、衍生品开发等全环节的产业化平台体系，引导影视产业与科技、金融、创意设计、泛娱乐化等深度融合，培育影视文化新业态，构建现代影视产业集群。随着电影工业的发展，越来越多的影视剧开始从实景拍摄转向摄影棚拍摄。目前横店有摄影棚

100 个，在未来 2—3 年内将增加到 200 个。其中全球最大的约 1.2 万平方米的摄影棚即将投入使用，可提供给影视剧组更为全面的摄影棚服务，也完全有能力满足国际、国内一流电影的创作需求，以此促进后期产业的发展，提高影视制作的科技含量。为支持电影和现实题材电视剧拍摄，横店还发布了相关的影视优惠政策：电影及现代、当代、科幻题材类型的影视剧组在横店拍摄，可享受免费使用摄影棚的优惠政策。为鼓励影视制作公司创作更多的正能量影视精品佳作，针对国家重点扶持的影视剧项目、重大革命历史题材影视剧、讴歌时代精神的主旋律作品，除了享受以上优惠政策外，横店还将给予更大力度的政策支持。

此外，利用文化产业大平台加快提升“影视浙军”品牌效应，组织推出一批思想精深、艺术精湛、制作精良、市场与口碑俱佳的精品影视剧。培育互联网影视和影视衍生两大新兴产业，发展好影视旅游、影视服务、影视金融、影视教育等现代服务业，打造从创作、拍摄、制作、发行、交易到衍生产业的影视文化全产业链和工业化生产体系。做强做优中国国际动漫节、横店影视节、浙江青年电影节等影视展会，形成具有浙江特色的影视展会品牌优势。

（三）培育文化产业新的增长点

继续培育打造文化产业重点县（市、区）、文化类特色小镇、重点文化产业园区、文化创意街区。实施一批重大文化产业项目，储备和招引一批重大项目，建立全省重大文化产业项目数据库。加快推进一批重点文化产业发展项目，将其纳入文化领域供给侧结构性改革的总体安排，研究制定重大文化产业项目扶持政策，加快组织实施一批成熟度高、成长性好、具有先导性的重点项目。深入挖掘各地的文化资源，充分利用城市的有机更新，利用旧街区、旧民居、旧厂房、旧办公楼等发展文化产业园区，培育和引进一批文化企业，打造更多的文化创意园。在浙江的山海协作工程[①]中，实施文化山海协作计划，加快推动各地文化资源融合发展，特别是将发达地区的创意设计团队向欠发达地区转移。在文化资源的配置上，浙江没有发达与欠发达之分。一些经济相对欠发达的地区，文化资源反而特别多。关键是要有创意设计力量将这些文化资源转化为资本资源与发展资源。加快推进文化产业重点县（市、区）、文化类特色小镇、重点文化产业园区、文化创意街区和重点文化企业等产业发展平台建设，示范带动全省文化产业发展。建立全省重大文化产业项目数据库，加强对项目的定期跟踪、服务保障和业务指导。全面落实促进实体经济更好更快发展的若干财政政策，加大对文化产业发展的扶持力度。加强对文化企业的税务指导和服务力度，规范税收法规执行，提升企业适应新税法的能力。支持国有经营性文化事业单位转企改制，享受国家有关文化体制改革的税收优惠政策。符合条件的高新技术文化企业减按 15%的税率征收企业所得税；实际发生的职工教育经费支出，不超过工资薪金总额 8%的部分，准予在计算应纳税所得额时扣除，超过部分准予在以后纳税年度结转扣除。扩大省转型升级产业基金规模，新增 20 亿元定向用于支持文化产业发展，发挥好各级文化产业基金的引导作用。

大力发展文化金融产业。自 2013 年浙江省设立国内首家文创金融专营机构——杭州银行文创支行以来，全省已成立 16 家文创银行。2019 年 12 月 10 日，宁波获批创建国家文化与金融合作示范区。在文化金融合作平台建设不断强化的同时，浙江文化产业投资也十分活跃，各类基金纷纷成立。浙江省文化产业投资集团与 3 家银行达成战略合作关系，获得 920 亿元授信。长三角数字文化产业基金项目完成签约，

---

① 浙江山海协作工程是浙江省委、省政府为了推动以浙西南山区和舟山海岛为主的欠发达地区加快发展，实现全省区域协调发展而采取的一项重大战略举措，2002 年 4 月正式实施。

总规模达 100 亿元。浙江省文化产业投资基金正式成立，首期规模为 20 亿元。横店影视文化产业股权投资基金正式组建，基金募集总规模为 10 亿元。浙江省已迈出了“文化＋金融”的融合与创新之路，探索着金融赋能文化产业的“浙江模式”。

（四）提升浙江文化产业会展影响力

2019 年，浙江省组织省内文化企业参加第十五届中国（深圳）国际文化产业交易博览会，会同上海、江苏、安徽在国家会展中心（上海）联合举办第二届长三角国际文化产业博览会，打造长三角地区文化产业发展平台。同时，浙江文化会展平台不断做大做强。中国（杭州）国际动漫节、中国义乌文化产品交易博览会、杭州文化创意产业博览会、中国（宁波）特色文化产业博览会、温州国际时尚文化产业博览会等重点文化会展的效益、产值和影响不断提升，品牌效应持续体现。中国国际动漫节是唯一的国家级动漫专业节展，也是国内规模最大、人气最旺、影响最广的动漫专业盛会，被《国家“十二五”时期文化改革发展规划纲要》列为重点扶持的文化会展项目，是中华文化“走出去”的重要平台。中国国际动漫节自 2005 年以来每年春天固定落户杭州举行，它以“动漫的盛会、人民的节日”为宗旨，以“专业化、国际化、产业化、品牌化”为目标，以“动漫我的城市，动漫我的生活”为主题，内容包括会展、论坛、大赛、活动四大板块 20 多个品牌项目，美国最具实力的动漫集团迪斯尼、梦工场，日本最大的漫画出版集团集英社，以及来自法国、俄罗斯、乌克兰、克罗地亚、加拿大、韩国等 10 余个国家的知名动画节机构代表，中央电视台、广州奥飞动漫、深圳环球数码等国内著名基地和企业，中国美术学院、北京电影学院、中国传媒大学等著名高校都是动漫节的常客。2019 年，中国国际动漫节迎来 15 岁生日，青春活力正当时，各项纪录齐刷新。2019 年 4 月 30 日至 5 月 5 日，第十五届中国国际动漫节在白马湖动漫广场主会场和全市12个分会场精彩呈现了45项主要活动，参与地区、参与人数、办展规模、交易金额和节展效益均创新高：总参与人数高达143.6万人次，其中主会场约38.1万人次；共有来自86个国家和地区的代表参与；2645家中外企业机构、5778名客商展商和专业人士参展参会；实际成交及达成签约交易、意向合作项目1368项，涉及金额总计约165.04亿元。其中的中国（杭州）国际少儿漫画大赛，作为中国国际动漫节中参与面最大、国际化程度最高的青少年品牌活动项目之一，2019年共收到43778件参赛作品，有921个团队集体选送参赛，其中仅涉外团队就有82个，涉外作品达6000余件。漫画大赛优秀作品还开启了国际巡展之旅，相继在加拿大、新加坡、日本、马来西亚、英国、德国等地开展文化交流，促进了中外孩子们的交流互动。这些会展平台为浙江文化产业的发展和品牌的打造提供了强力的支撑。

以杭州、宁波等国家文化消费试点城市建设为契机，支持举办浙江文化消费季活动，培育一批线上线下融合的文化消费综合体。2016年，文化部、财政部联合下发《关于开展引导城乡居民扩大文化消费试点工作的通知》。浙江的杭州市和宁波市被文化和旅游部列为首批国家文化消费试点城市。文化消费是指对精神文化类产品及精神文化性劳务的占有、欣赏、享受和使用等。文化消费是以物质消费为依托和前提的。文化消费需求的增长总是受制于社会的生产力水平的发展，因而文化消费水平能够更直接、更突出地反映出现代物质文明和精神文明的程度。浙江省积极探索提升文化消费，特别是运用大数据来推动文化消费。以大数据、云计算、移动互联网等信息技术，分析用户需求、开发新型产品、推行智慧服务，精准对接文化消费人群，满足多元文化消费需求，激发市民群众文化消费潜力，以高质量的文化供给不断满足人民群众对美好生活的新期待。如2017年，杭州居民文化消费总额超过345亿元，居全省首位，人均文化消费支出约3735元，较上年增长约13.1％；2018年文化消费总额增速保持在10％以上。

浙江各地围绕扩大文化产品和服务有效供给、推进惠民便民措施、提高文化消费便捷度等方面积极开展工作，成效显著。通过政府购买、消费补助等途径，培育新的文化消费增长点，引导和支持文化企业开发新技术、新产品，发展新业态和新模式。建立健全社会资本参与机制，多渠道推进文化消费配套设施建设，支持文化消费综合体建设。适应互联网时代趋势，充分发挥"淘票票""淘文化"等网上文化交易平台的作用，推行文化消费卡等举措，为群众提供更多质优价廉、便捷高效的文化消费体验。支持开展浙江省文化消费季活动，发挥杭州、宁波等国家级文化消费试点城市作用，推出更多适合群众需求的高品质文化产品（服务）和保障举措，引导和扩大城乡居民文化消费。

第七讲思考题：

1. 文化在经济转型中有什么重要作用？
2. 设计与文化产业发展存在什么样的关系？
3. 文化与旅游如何融合发展？

第八讲

加强网络建设　营造清朗空间

当今时代,互联网已经渗透到人类生活的每一个方面。离开互联网,人类已经无法正常生活。

一、互联网在文化发展中的重要作用

随着现代信息技术的迅猛发展和互联网的普及应用,互联网已经与我们的生活息息相关,也与文化浙江建设息息相关。

(一)互联网是科技革命带来的福祉

人类历史上,主要有3次科技革命,每次科技革命都给人类留下一张“网”。

18世纪英国发起的技术革命,是人类技术发展史上的第一次科技革命。这次革命从纺织业开始,最具代表性的是1785年瓦特制成的改良型蒸汽机投入使用,人类社会由此进入了“蒸汽时代”,于是就有了轮船、汽车、火车,人类建起了交通网,这就是第一次科技革命给人类留下的第一张网。

第二次科技革命发生在19世纪中期的欧洲,这次革命以电器的广泛应用为标志。1866年,德国人西门子制成了发电机,随后,电灯、电车、电影放映机相继问世,人类进入了“电气时代”。这次革命给人类留下了第二张网，就是电力网。

第三次科技革命以计算机的广泛应用为核心。世界上第一台电子数字式计算机于 1946 年 2 月 15 日在美国宾夕法尼亚大学研制成功，它使用了 17468 个真空电子管，耗电量约为 174 千瓦，占地面积约 170 平方米，重达 30 吨。1969 年，美国国防部高级研究计划署资助建立了一个名为 ARPA（阿帕）的网络，这是互联网（Internet）的前身，这次科技革命给人类留下的第三张网就是互联网。

互联网在中国的发展可以追溯到 1986 年。当时，中国科学院等一些科研单位通过国际长途电话拨号到欧洲一些国家，进行国际联机数据库检索。虽然国际长途电话的费用是极其昂贵的，但是能够以最快的速度查到所需的资料还是值得的。这是我国使用互联网的开始。1994 年 4 月，我国正式接入国际互联网。

随着改革开放的深入推进和中国经济社会的不断发展，中国的互联网发展以超常规的方式突飞猛进。到 2018 年底，中国网民规模达 8.29 亿，比上年新增了约 5663 万网民；互联网普及率约为 59.6%；网站总数量已达 523 万个。浙江是互联网强省，网民规模和互联网普及率都高于全国平均水平。截至 2018 年底，浙江网民规模达 4543.7 万，比 2017 年增加约 587.7 万，互联网普及率约为 79.2%，比全国互联网普及率高约 19.6 个百分点。浙江的信息基础设施建设加快完善，网络覆盖及保障能力不断提升。2018 年，浙江率先完成全省“光网城市”建设，光纤到户覆盖家庭数居全国前列，100M 以上宽带用户占比达 71.9%，杭州、宁波等地 5G 基站建设稳步推进，形成高速畅通、覆盖城乡、质优价廉、服务便捷的宽带网络基础设施和服务体系。2018 年，全省数字经济核心产业实现增加值约 5547.7 亿元，对全省 GDP 的贡献率达到 17.5%，数字经济总量规模位居全国第四。浙江电子商务总体发展水平处于全国领先位置，全省累计实现网络零售额约 16718.8 亿元，居民网络消费约 8470.5 亿元。浙江的电子信息制造业、软件和信息技术服务业综合发展指数均居全国第三，区块链领域全球专利数量居全国第三。浙江良好的互联网发展环境，对人才的“吸附力”越来越大。报告显示，互联网上市企业数量约占全国9.2%的杭州，人才净流入率居全国第一，是“北上广深”数字经济人才流出的第一目的地。

（二）互联网给意识形态领域带来的机遇与挑战

互联网不仅具有强大的信息沟通功能，也具有强大的社会动员功能，对于社会成员，特别是对年轻人来说，互联网已成为主要的传播媒体。互联网迅猛发展给党的意识形态工作和思想道德、精神文明建设带来的新挑战新考验集中表现在以下3个方面。

一是互联网已经成为意识形态斗争的主战场，对巩固党的执政地位、确保国家长治久安提出了严峻挑战。网上渗透与反渗透、颠覆与反颠覆的斗争更趋激烈。尽管我国网民数量稳居世界第一，但世界互联网信息约80%是美国提供的，90%以上是英语信息，我国的信息输出量不到全球信息量的1%，网络话语权“西强我弱”的格局非常突出。网上斗争已成为一场事关意识形态领域领导权、事关国家安全的“没有硝烟的战争”。过不了互联网这一关，就过不了长期执政这一关。

二是互联网已经成为各种社会思想情绪表达和宣泄的大通道，对思想舆论领域立主导、谋共识提出了严峻挑战。以互联网为代表的新媒体的兴起，在为思想舆论工作提供新载体、新渠道、新空间的同时，也进一步增加了意识形态工作和社会舆论引导的难度。特别是网络的开放性、多元性和交互性，使得信息传播方式由过去的以传统媒体为发布主体，向网民人人均可发布转变。在这样一个有别于传统舆论场的网络舆论场上，各种真实的、虚假的，理性的、非理性的，正确的、错误的思想和声音互相叠加、碰撞。与此同时，随着网络规模的急剧扩张和网民参与意识的日益提高，一些网民跨地域随时随地联系互动，频频发出各种声音，介入公共事务和公共事件，网上舆论的规模和影响越来越大。在互联网海量的信息面前，如何在多元中立主导、在多样中谋共识、在多变中把握正确方向，已成为网络环境下摆在我们面前的一个亟待解决的重大课题。

三是互联网已经成为现实问题的聚焦点，对创新社会管理、维护社会稳定提出了严峻的挑战。随着互联网影响的日益扩大，越来越多的人通过网络来表达诉求，越来越多的社会问题向网络空间延伸，出现了"网下冒烟网上燃烧、网上网下交相呼应"的新势头。网络不仅日益成为社会舆论的主要集散地，而且成为一些群体性事件的策源地。如2020年初，在新型冠状病毒肺炎疫情的发展中，互联网上各种信息和声音层出不穷，真真假假，让老百姓看不明白。所有这些新情况、新变化，给我们加强意识形态领域工作、创新社会管理、维护社会稳定带来了前所未有的挑战。互联网的迅猛发展，在重塑社会舆论格局和传媒生态的同时，也使我们的执政环境发生了极其深刻的变化。互联网已堪称当代中国社会生活中的"最大变量"，所以加强网络建设，营造清朗的网络空间，是不容推卸的历史使命。

二、实施网络内容建设工程，构筑清朗网络空间

通过网络内容建设传播，使互联网成为传播社会主义先进文化的新途径、壮大主流舆论的新平台、开展信息服务的新渠道，构筑更加清朗的网络空间。

(一)唱响网上主旋律,使党的主张成为网络最强音

浙江各有关部门顺应互联网移动化、社交化、视频化、互动化趋势,指导省内重点新闻网站加强内容建设和传播能力建设,创新话语体系和表达方式,深入开展党的理论创新成果宣传,积极开展网上形势政策宣传、主题宣传、成就宣传、典型宣传,使党的主张成为网络空间最强音。

在网络上深入开展党的理论创新成果宣传,广泛宣传每一个时代都需要思想的统率与引领。习近平新时代中国特色社会主义思想是我们走进新时代的强大思想武器,只有掌握科学的思想理论,我们才能克服前进中的困难,才能战胜各种风险和挑战,才能走向光明的未来。要坚定"四个自信",增强"四个意识",坚持"两个维护",始终在思想上政治上行动上与以习近平同志为核心的党中央保持高度一致。要广泛开展形势政策宣传,使网民更加充分地认识到,当今世界正在经历百年未有之大变局,实现中华民族伟大复兴正处在关键期,国际激烈的竞争与国内繁重的建设任务交织在一起,需要我们以更加清醒的头脑认清形势,坚守初心,砥砺前行。要广泛开展各种主题宣传活动,结合改革开放 40 年、中华人民共和国成立 70 周年、中国共产党诞生 100 周年、全面建成小康社会、完成"十三五"发展规划等,开展主题教育,凝心聚力,为夺取更大的胜利添砖加瓦。

在此基础上,开展以"中国梦"为主题的中国特色社会主义宣传教育活动,就能起到很好的效果。

一是广泛开展"最美引领梦想"宣传教育。中国梦是人民群众对美好生活的向往,充分体现中华民族的精神追求,充分体现时代精神。要广泛开展"最美引领梦想"宣传教育,大力践行社会主义核心价值观和当代浙江人共同价值观,引导广大干部群众学习"最美人物",唱响"最

美声音”，传递“最美精神”。以多种形式，使“最美浙江人”的“最美精神”在社会公众中内化于心、外化于行，以“最美精神”引领“中国梦”，让“最美精神”激发“中国梦”，为实现“中国梦”提供精神向导。

二是广泛开展“劳动创造梦想”宣传教育。人民创造历史，劳动开创未来。劳动是推动人类社会进步的根本力量。幸福不会从天而降，梦想不会自动成真。中国梦的实现，必须依靠辛勤劳动、诚实劳动、创造性劳动。要广泛开展“劳动创造梦想”宣传教育，大力弘扬爱岗敬业、诚实守信、无私奉献的精神，引导广大干部群众通过劳动开创美好生活。各行各业要广泛开展劳动。

三是广泛开展“实干成就梦想”宣传教育。“空谈误国，实干兴邦”，发展才是硬道理。中国梦的实现，最终要落实到经济社会的健康发展和人民群众生活的改善提高上来。各行各业要广泛开展“劳动创造梦想”宣传教育，大力倡导立足岗位埋头苦干、艰苦奋斗，引导广大干部群众出实招、干实事、求实效，为建设美丽浙江、创造美好生活而努力奋斗。

积极组织网民参与主题宣传活动。按照中共浙江省委提出的“五水共治”的要求，开展“中国梦想·美丽浙江”系列宣传活动，其中，就要组织网民积极参与大力宣传浙江水的自然之美、文化之美、发展之美。宣传浙江的江、河、湖、海、湿地等丰富灵秀的水资源，优美的自然风景，绚丽的湖光山色，总结提炼浙江源远流长的治水历史、博大精深的治水精神及其蕴含的先进思想、科学理念，挖掘展示浙江千百年来盛赞水生态、弘扬水文化、发展水事业的优秀作品，特别是要宣传“五水共治”中涌现出的先进典型和先进人物，曝光身边污染水、浪费水、破坏水的不良行为，宣传弘扬亲水、爱水、保水的思想意识和先进典型，树立节约、节俭新风正气。发动网民开展“记录浙江之美”主题网络活动。围绕“我身边的水”“我是护水大使”“秀秀看到的好山水”等主题，发动广大网民通过微博、微信、博客、论坛等互动平台，全面发现、记录、感悟、传递身边美的印记，并汇编出版优秀微作品。建立网上互动专区，发动广大网民撰写微散文，拍摄微图片，制作微视频，随时随地捕捉身边的人和事。组织知名网络博主开展“名博看浙江”活动，通过调研走访、参观考察、座谈交流等方式，感受浙江水之美，点评浙江水之美，宣传浙江水之美。

在网络上广泛开展成就宣传，特别是在重大的时间节点，大力宣传中国和浙江发展的伟大成就。浙江网络媒体在以上这些方面的宣传中做了大量卓有成效的工作。通过网站PC端、移动客户端、微博、微信等积极宣传习近平总书记重要活动、重要讲话，开设“新时代　新征程”等专题专栏深入宣传党的十九大精神及新思路、新举措、新成效，结合“红船精神”提出13周年、“八八战略”实施15周年等重要时间节点推出系列原创报道和活动，用老百姓听得懂、愿意听、能接受的语言和传播方式讲好浙江故事，弘扬主旋律，传播正能量。如，由中共浙江省委宣传部、省委网络安全和信息化委员会办公室等联合举办的“2019年中国梦（浙江）网络视频大赛”，活动以微电影、微纪录片、网络影视剧、短视频等方式，展现中华文化的永久魅力和时代风采，展示新时代人民群众追梦筑梦圆梦的多彩画卷，大大提升了网络视听作品的思想内涵和审美价值，引起了各方面的高度关注，半年多时间就收到作品2038部。参赛作品题材丰富，类型多样，还有来自世界各地的优秀作品，最后评出了若干奖项，收到很好的宣传效果。又如，由中共浙江省委网络安全和信息化委员会办公室主办的“梦想在身边”“初心在身边”“改革在身边”等“在身边”系列活动，有1000多名记者参与，各网络媒体开出了300多个专题专栏，刊登了2万余篇稿件，通过HTML5、图文稿件、短视频、动画等方式，将人民群众对美好生活的向往淋漓尽致地展现出来。活动报道引起广泛反响，有超过1.5亿次点击量。除有关主管部门开展的活动外，各媒体也充分发挥自身能动性，开展各种宣传活动。浙江广电集团的新蓝网-中国蓝新闻客户端“蓝媒视频”为庆祝中华人民共和国成立70周年，联动全省广电融媒体联盟“蓝媒号”，推出特别策划“70年·70秒”大型融媒行动，面向全社会征集短视频，请网民以创造者、见证者的身份，记录和展现自信的浙江、奋斗的浙江、开放的浙江，上传作品进行互动。这些作品紧扣主题，立意积极向上，表现方式新颖，语言生动活泼，用富有创意的视角捕捉时代变迁，用镜头语言见证浙江70年发展变化，彰显家国情怀。主题包括“山水风景”“变化发展”“人文故事”“风俗菜肴”“故乡面孔”“特色民俗”“脱贫攻坚”“丰收画卷”“美丽家乡”“祝福祖国”等，社会反响极大。同时，它们还开展了“我在建国路上拍张照——庆祝中华人民共和国成立70周年全国主流手机报互动报道”“共庆生　同献礼——我为祖国献首歌”短视频征集大赛等活动。这些活动，方法简便，发动面广，参与者众，因此能收到良好效果。

在典型宣传方面，浙江大力推动先进典型在网络上的宣传，如奋不顾身接住坠楼女孩的吴菊萍，她的事迹最早就是在网络上传播的，网民把她称为“最美妈妈”，现在“最美”已经成为浙江思想道德建设的品牌。吴菊萍事后讲起这事，说：“2011年7月2日，原本一个很平常的星期六，却成为我一生中最难忘的日子。那天中午，我和丈夫外出办事，刚走到小区门口，突然听到有人高喊：‘孩子要掉下来了！’我的心猛地一揪，赶紧跑回去，只见22幢10楼的窗口，一个孩子像小草一样在风里摇摆。我没有多想就冲上去了。我觉得就是出于母性，看到孩子有危险，每一个母亲都会奋不顾身上前，即便没有任何亲缘关系。事情在瞬间发生，我听到楼上一声尖叫，下意识地张开双臂，只是‘嗖’的一下，左手臂一阵剧痛，整个人倒了下去。我知道，我接住了，但我失去了知觉。真的没想到，我本能的一接，竟然能引起全社会的关注。源源不断的爱心，让我忘却了伤痛，心中充满了温暖。我想说的是，其实，在那个千钧一发的时刻，还有许多人都在全力营救妞妞这个小生命，更多的荣誉应该属于这些默默付出的普通人。在我受伤之后的一段时间，‘最美’这个称呼，成为一种社会时尚：‘最美教师’‘最美战士’‘最美姑娘’‘最美护士’‘最美司机’等‘最美人物’在社会上频频涌现。和我一样，他们大多是平凡的人，工作在平凡的岗位，但在关键时刻，闪耀英雄的光辉；在点滴小事间，折射人生的价值。对他们的赞美和推崇，反映了人们内心对道德良知的真切企盼，对人间真情的美好期许。”

又如在2020年抗击新型冠状肺炎疫情的斗争中，新蓝网-中国蓝新闻客户端联合浙江省广播电视集团各频道以及各地蓝媒号，聚焦平凡个体和群体，讲述温情故事，宣传广大医护人员的无私无畏、党员带头冲锋的先进事迹、普通百姓的无私奉献，弘扬社会正能量。如“战‘疫’一线　我是党员我先上”专题持续更新，陆续推出《来自一线医护人员的五份入党申请书》等稿件，《感谢城市中奔波的“骑士”　外卖和快递怎么取对彼此更负责?》一文，几小时便获得超百万点击量，《云和两名90后护士今早“逆向而行”出征湖北!》《今天下午，宁波又一批医护人员将驰援湖北!》等多篇人物报道让网友眼眶湿润。

（二）发展壮大重点新闻网站，使其在主流舆论中发挥引领作用

浙江始终把阵地管理和阵地建设作为重要环节，加快传统媒体与新兴媒体融合步伐，打造新型主流媒体。以省级主流媒体为依托，培育一批有较大影响力的新媒体公众号，打造网络主旋律传播矩阵。如浙江日报报业集团旗下的“浙江在线”，是国务院新闻办公室确定的地方重点新闻网站，是浙江省委、省政府官方网站，同时也是浙报传媒的新媒体板块。网站以“权威媒体、大众网站”为基本定位，内容影响力和经营实力已跃居全国地方网媒前列。2011年9月，浙江在线新闻网站纳入“浙报传媒”整体上市，成为国务院新闻办首批10家转企改制新闻网站中首家成功登陆A股的网络媒体。浙江在线在内容生产方面，全力打造最具公信力和传播影响力的省级网络媒体。在突发事件报道中，

“浙江即时报”栏目已初露锋芒，荣获国内诸多重要奖项。网站先后推出的“民生帮帮帮”“浙江视界”栏目也在业界取得良好反响。手机移动端方面，拥有“浙江手机报”等多个平台，并运营浙江在线官方微博、官方微信，成为浙江日报报业集团新媒体主力阵地。在其他方面，如“住在杭州”房产频道和手机报、短信等无线增值业务两翼突进，教育、健康、旅游、汽车、财经等频道呈现齐头并进的良好局面，培育了“全省医院预约挂号平台”“考高直通车”“网上旅游推介会”等优质品牌。目前，着力发展若干个实力雄厚、浙江第一、全国领先的网络项目，全力创新发展，重点开拓移动端产品的发展，做好集团转型、新媒体融合发展的排头兵，努力建成具有自主核心竞争力和全国影响力的跨地区、跨行业、跨媒体的网络全媒体平台。

浙江省广播电视集团的视频网站新蓝网，是 2009 年 10 月整合集团旗下 18 个广播电视频道相关资源组建而成，同年 12 月 28 日测试上线。新蓝网创建了广播电台、电视台与新媒体融合型网络视听节目生产制作体系。通过加强对重点内容制作团队的扶持，以市场方式运作，打造一批正能量内容制作团队。新蓝网依托浙江省广播电视集团雄厚的内容、技术、人才资源背景，追求“高起点、大手笔、全互动、新业态”的发展目标，秉承“全球视野、兼容开放”的媒体理念，坚持“服务社会、推动进步”的立网宗旨，“重内容，重特色，重传播，重人才”，努力以精英的实力创造大众文化。立足“民生、娱乐、互动”三大主题，产品涵盖全方位的新闻资讯、影视作品、娱乐互动、名播名博、游戏动漫、深度访谈、新锐时评、财经产品、应用服务、分享社区等，着力满足网上人群浏览、表达、交流、分享、娱乐、理财等多元化、个性化诉求。新蓝网已成为浙江知名的重点新闻网站，在主流舆论中发挥了重要作用。

浙江在网络管理与发展上，一方面从国家战略层面、社会综合治理层面加强顶层设计，确立党委、政府、企业、网民等多元主体的主体责任，明确治理目标和任务，坚持线上线下协调联动，守住网上舆论阵地。

另一方面，建立用户端的网络内容自律体系。用户是网络内容生态建设的重要参与者。网民的浏览、阅读、转发、点赞、打赏、付费等上网行为和数据都是网络内容生产与分发传播的重要参考依据。网民的素质和行为对网络内容的生产者、网络平台的运营者、网络社会的发展趋势有重要影响。浙江着力推动各网络平台运营者通过上网规则、平台约定、入网须知、技术限制等方式引导网民增强责任自负、依法上网、文明上网、保护个人隐私、维护网络安全等意识，通过各种规范、宣传、教育、大赛、评比等方式，让每位网民都能够加强网络行为自律，从而促使网络空间不断清朗起来。

（三）发挥商业网络积极作用，扩大正面舆论覆盖面

在网络空间建设中，高度重视充分发挥商业网络传播平台的积极作用，扩大正面舆论覆盖面和影响力。统筹推进网络文明创建、网络公益活动等，让正能量充盈网络空间。丰富优秀网络文化产品供给，实施“现象级”新媒体产品打造计划，组织制作一批高水平、有影响的原创融媒体产品。大力培育催生网络文化精品，鼓励文艺工作者、高校师生、网民以及影视节目制作机构、文化企事业单位、社科研究机构等创作生产更多适合在网上传播的网络文化产品。

浙江有关部门深入贯彻落实《关于加强和改进互联网管理工作的意见》，组织互联网宣传管理大调研活动，围绕“怎么管”“怎么用”两大问题，研究制定实施意见，营造健康和谐的网上舆论环境。

一是网上主题宣传有声有色。协调全省网络媒体紧紧围绕省委、省政府中心工作，通过开设专题专栏、策划网络访谈等多种形式，组织开展加快转变经济发展方式、海洋经济发展战略、创新社会管理等一系列网上重大主题宣传活动，成功举办“和谐浙江”专家博客主题笔会，形成正面集中的网上舆论强势。积极探索“网络问政”新途径，建立重点

新闻网站网民留言回复制度，互联网日益成为党和政府密切联系群众的新平台。

二是网上舆论引导积极主动。认真总结互联网舆论引导的有效做法，稳妥地处置了一批突发公共事件，压缩了负面信息的传播空间。创新网上舆论引导工作机制，以事发地和涉事部门为主体开展网上舆论引导的联动工作格局得到加强，突发事件网络应急处置机制更趋规范。

三是网上内容管理规范有序。成立浙江省网络文化协会，签署《浙江省网络文化信息传播自律公约》，有效发挥了互联网行业组织的自我教育、管理和服务作用。继续完善互联网日常监管制度，加强网上日常巡查，壮大网上发言人、网络评论员队伍。深化网上专项整治工作，形成了清理整治网上违法有害信息长效管理机制，有效净化网络文化环境。举办浙江网络文化节，弘扬文明办网、文明上网的新风尚。

浙江是网络强省，有许多网络巨头在浙江，它们在推进浙江经济社会和网络发展，以及也在网络正能量的传播上发挥着引领作用。如世界知名的网络企业阿里巴巴集团在这些方面就做得很出色。阿里巴巴集团于1999年，由马云带领团队在浙江杭州创立。2014年9月19日，阿里巴巴集团在纽约证券交易所正式挂牌上市，创造了史上规模最大的IPO(首次公开募股)纪录。2019年11月26日，阿里巴巴港股上市，总市值超4万亿元，成为港股“新股王”。阿里巴巴集团经营业务和关联公司的业务包括：淘宝网、天猫、聚划算、全球速卖通、阿里巴巴国际交易市场、1688、阿里妈妈、阿里云、蚂蚁金服、菜鸟网络等。阿里巴巴进军网络文化十分迅速，成立阿里音乐集团，创办阿里影业集团，与韩国SM公司签署在华音乐业务和电子商务业务的战略合作协议。SM将通过阿里巴巴集团和其旗下阿里音乐集团在华进行网络音乐销售、营销及商品策划等活动。2016年6月，阿里巴巴集团正式成立“阿里巴巴大文娱板块”。该板块囊括了阿里巴巴集团旗下的阿里影业、合一集团、阿里音乐、阿里体育、UC、阿里游戏、阿里文学、数字娱乐事业部。

2018 年 2 月，阿里巴巴集团、文投控股股份有限公司收购万达集团持有的万达电影约 12.77%的股份。

阿里巴巴集团在自己的发展中，坚守“让天下没有难做的生意”的使命，坚守 6 个“价值观”：客户第一，员工第二，股东第三；因为信任，所以简单；唯一不变的是变化；今天最好的表现是明天最低的要求；此时此刻，非我莫属；认真生活，快乐工作。同时，将践行价值观纳入考核体系，将考核分成了 2 个维度——业绩与价值观。在价值观考核上以 6 个核心价值观为标准确立了 5 个层级。每个价值观的层级由低到高，以此构成价值观考核细则。并通过设立“感动阿里奖”、“六脉神剑”考核制、“阿里日”、“阿里公益金”、“天天正能量”公益传播平台等“五小载体”，以倡导、参与、鼓励、考核等方式，积极推进社会主义核心价值观教育，让年轻员工的社会责任感不断增强，感人事迹层出不穷。例如，“感动阿里奖”即以“感动”为标准的 10 万元大奖。阿里巴巴迄今共颁了 5 次“感动阿里奖”。获奖者除了王维、吴菊萍、高国新、张伟、李菁和墙辉，还有勇救同事自己却被撞断 7 根肋骨的邓鹏迪、摸黑跳进河里救起 7 岁儿童的王绍国等。阿里巴巴集团高度重视企业党的建设和思想政治工作，并在网络管理与发展上，在浙江网络安全与政府信息化推进上，在浙江省重大的网络活动中，如在浙江召开的世界互联网大会，在浙江网络人才的培养等方面，都坚守自己的价值观，起到领头羊作用。阿里巴巴集团也高度重视社会公益事业，如 2019 年 10 月底，由阿里巴巴集团发起的“顶梁柱”公益保险项目惠及贫困人口超 789.15 万，建立近 15 个“幸福团”员工公益组织，近万人次参与活动，覆盖关爱聋哑儿童、孤寡老人，环境保护等许多领域。

杭州作为互联网发达城市，在网络正能量的传播上更是走在全省前列。杭州适应全媒体时代信息传播的新特点，构建纸质、视听、网络、个人通信终端等媒体相互衔接、功能互补的传播体系。地方各大新闻网站主动传播和弘扬正面信息，在转发纸媒报道、广电视频的同时，深入微博、论坛、博客等领域，介入并引领网友的讨论与评说，与社会同频共振，与百姓息息相通。而传统媒体强化全面报道、深度报道，注重细节挖掘，提升事迹的感染力、吸引力，诠释“最美”的精神内涵，开掘人物事迹的核心价值观内核，牢牢把握主流舆论的引导力。如“最美妈妈”吴菊萍事迹的发掘过程，就是一个很好的例子。吴菊萍接妞妞的事迹发生后，杭州《都市快报》编辑部获得最初新闻线索说某小区有个妇女伸手托救坠楼的小孩后，当即判断出这一新闻线索可能的内在意义和核心价值，立即派出多路骨干记者采访。尚在休假的记者驱车近150公里赶到富阳，与刚被送到富阳医院抢救的吴菊萍相见。因为第一时间介入，记者赢得了吴菊萍及其家人的信任，他们向记者提供了事发当时的新闻素材。而记者也一直陪伴在她身旁，像义工那样忙前忙后。当晚回报社写消息稿，记者在末尾写上：“吴菊萍是中国共产党党员，2000年入党，党龄11年。”第二天，记者接着采写通讯《吴菊萍　勇敢的妈妈　伟大的母亲》，见报后国内各大知名网站全文转载，网友跟帖8000多条，称吴菊萍是“最美妈妈”。从此，这个“最美”的美誉遍布国内外媒体，连美联社、法新社等西方媒体也纷纷撰文赞扬“最美妈妈”。主流媒体在发掘“最美”现象中，有着高出一筹的把握。杭州日报报业集团与杭州文化广播电视集团等主流媒体，连续开设“寻找身边的先进典型”和“发现最美杭州人”栏目，始终掌握发掘“最美”现象的主动权。通过读者（观众）来电、来信、QQ、微博等多种方式，吸引广大市民参与，5年来连续宣传了700多名平民英雄。在此基础上，每年评选杭州“十大平民英雄”，数以万计的市民投票。而且，每次评选结束，都在西湖沿线竖起大型灯箱，悬挂“平民英雄”的彩色照片，将其形象立于熙熙攘攘的人流之中。他们仁爱助人的优秀品质、爱岗敬业的责任意识、奉献牺牲的英雄气概，融于湖天一色的景色之中。

浙江在网络正能量的传播上，既重视巨头的引领作用，也重视对分散的“网红”的引导。如切实加强对“网红”的培训引导。当今时代，网络直播呈井喷式发展，很多普通人因这个行业一夜成名。但是在这个行业背后，各种“潜规则”横流，各种负能量的东西沉渣泛起，导致乱象丛生。而这些网络主播中也有相当数量是有情怀、有才华、有梦想的年轻人，他们渴望更多的认同、更好的评价和更大的发展空间，也需要社会给予各种关心、指导和帮助。为此，浙江通过举办各种大赛、培训班等来加强对这些“网红”的引导，提升“网红”的思想道德修养和个人品位，并给予全新的包装和职业规划，深受社会欢迎。

三、动员全社会力量传播网络正能量

网络正能量的传播，需要打造更多正能量的内容，同时通过多种途径，动员全社会关注与参与，形成强大的社会力量。

（一）推动优秀文化产品在网络上传播

大力推动优秀文艺作品、优质文艺资源和社科理论成果的数字化网络化传播，拓展各类优秀网络内容和产品的传播渠道和落地空间，重点支持一批社科理论、文艺网站（频道）和新媒体传播平台建设。积极创建网上文化家园。在网络上传播思想理论，探索思想理论大众化新途径、新手段，理论宣传普及的成效更加明显。积极探索以信息化手段推动理论大众化工作。围绕“让科学理论占领网络，让网络传播科学理论”主题，依托腾讯网、浙江在线建立“浙江微理论”微博和配套网页平台，相继开设“生态文明建设‘安吉模式’”等多个讨论专题，参与讨论和转发达 6 万多人次。各地也纷纷借助干部网络学院、在线学习中心、微博、网上党校、手机报、学习 QQ 群等渠道和载体努力推动理论大众化。

浙江是网络文艺强省，许多网络文艺工作者在网络上发表了围绕时代发展、讴歌社会进步、传播真善美的优秀作品。如2017年，浙江网络作家管平潮的作品《血歌行1：学府风雷》、疯丢子的《百年家书》入选国家新闻出版广电总局“优秀网络文学原创作品”。《血歌行1：学府风雷》以历史原型建构世界观，讲述少年苏渐反抗侵略者的故事，不仅弘扬爱国主义精神，更彰显不畏艰难、永不言败、天道酬勤的价值观。小说饱含传统历史文化元素，文本的演绎与中药、民俗、丝路故国、唐代御史台及府兵制等内容紧密结合，体现的是作者对中华民族“文化自信”的充分肯定。特别是有关丝路民族的描写，更契合“一带一路”倡议，打破了网络文学易脱离时代母题的困境。显而易见，这种弘扬中华民族正义、坚定、果敢等传统品质又充满正能量的优秀作品，既是网络文学反映现实的审美特性，也是网络文学所应承担的历史使命。疯丢子的《百年家书》表现了新时代的到来是由数不清的无民英雄付出生命的代价换来，祖国曾经弱小，但绝不懦弱。星星之火，依然能照亮我中华大地。中华儿女用自己的血，为中华人民共和国的成立打下了坚实的基础。正是无数英烈的不屈坚守，让我们能站在祖国的土地上自由欢笑。

为了推动网络文艺正能量的传播，浙江举办网络文学双年奖和网络文学周等活动，推动网络文学创新，推出一批新时代讲述中国故事、蕴含民族精神、具备中国标识的网络文学精品。加强对网络文学人才的培养，积极引导网络作家坚守社会责任、文学品格、道德风尚和法律法规等4条底线，促进网络文学内容和网络文学作家转型升级。出台《浙江省网络文学优秀作品扶持奖励办法》，激励网络作家创作贴近实际、贴近群众、贴近生活的具有正能量的作品。

浙江社科网作为浙江省社会科学界联合会和浙江省哲学社会科学工作领导小组办公室主办的网站，极力推动学习、研究、宣传马克思主义，动员、组织全省社会科学工作者立足浙江，面向实际、面向世界、面向未来、面向现代化，开展理论研究、学术交流、科普咨询、成果转化，为浙江经济、政治、社会、文化、生态建设提供精神动力、智力支持和思想保证，成为浙江省社科理论界重要的宣传平台。

浙江省网络管理相关部门在网民中积极推进争做中国好网民工程，加快网络社会组织建设，构建网上网下同心圆。建设省、市、县3级网络社会组织，逐步形成了品质、品类、品牌“三品”并重的发展格局，实现全省网络社会组织“一县一品”全覆盖、网络社会组织党组织建设广覆盖、网络社会组织浙江品牌深覆盖。浙江省登记在册的网络社会组织已经超过300家。浙江市级层面网络社会组织建成覆盖面达100%，县域网络社会组织基本覆盖。网络社会组织按照功能属性进行梳理分类，其中电子商务类54家，网络公益类21家，网络安全类13家。每年网络社会组织开展活动总计达2500余场，活动涉及网络公益、网络正能量传播、新媒体作品创作、“中国好网民”建设等近百项内容。2016年初，中共浙江省委宣传部、省委网络安全和信息化委员会办公室联合下发《网上文化家园创建行动实施方案》，推动各地各单位按照“文化乐园、精神家园”创建定位，网聚浙江文化，传承浙江文化，着力打造具有浙江特色的网上文化阵地。2017年，浙江省公布了首批省级网上文化家园项目名单，浙江文化通App、浙江文明网“好家风”专栏、杭州掌上文化礼堂、“绍兴青年”微信公众号、阿里公益“天天正能量”平台等41个项目名列其中。首批公布的省级网上文化家园项目，系全省各地各单位层层推荐，经专家评委会评审认定，从159个候选项目中评选产生，包含14个思想引领类、14个文化服务类、4个文化产品类、4个民生服务类和5个社会组织类项目。这些举措，大大推动了网络空间的清朗化，促进了网上网下同心圆的建设。

（二）加强学校网络管理与网络建设

据《浙江省互联网发展报告（2017年度）》，截至2017年底，浙江省网民中10—49岁年龄段的群体占比达84.8%，大学本科及以上学历占比高出全国平均水平约 13.3%，大学专科学历占比高出全国平均水平约 10%。约 66.9%的网民每天上网 3 小时以上。所以，过去我们讲，谁引领了青年谁就引领了未来；现在可以说，谁引领了网络谁就引领了青年。学校，特别是高等院校的网络管理与建设工作，特别重要。我们要通过加强校园网络建设，全面加强学校思想政治工作，打造立德树人的文化环境。始终坚持守土有责、守土负责、守土尽责，教育引导学生培育和践行社会主义核心价值观，踏踏实实修好品德，成为有大爱大德大情怀的人。创新网络思想政治教育，开展高校校园网络文化建设专项试点工作，建立优秀网络文章在科研成果统计、职务职称评聘方面的认定机制，着力培育一批导向正确、影响力广的网络名师。立足校园网站建设开办一批贴近师生学习生活的网络名站、名栏，建设一支由学生和青年教师骨干组成的网络宣传员队伍，推进辅导员博客、思想政治理论课教师博客、校务微博、校园微信公众账号等网络新媒体建设。加强互联网语境下的思想政治工作研究与探索，实施校园新媒体建设工程，借助“互联网＋”东风，让思政教育“活”起来。

浙江大学提出，为贯彻落实全国高校思想政治工作会议精神和中共中央、国务院有关文件精神，进一步加强高校网络文化建设，充分发挥网络文化育人功能，学校将优秀网络文化成果纳入学校科研成果统计、各类晋升评聘和评奖评优范围。优秀网络文化成果包括在报刊、电视、互联网上刊发或播报的，具有广泛网络传播的优秀原创文章、影音、动漫等作品。原创文章字数应不少于 1000 字。优秀网络文化成果要以社会主义核心价值观为导向，运用正确思想文化对各种社会舆论和价值观念进行引导，用优秀的文化内容引导人、陶冶人、激励人，努力营造适合于师生发展的网络文化环境，使之成为弘扬主旋律、传播正能量和提升浙大声誉的重要载体。

（三）规范网络内容传播秩序

建立网络综合治理体系，健全完善具有浙江特点的互联网属地治理模式。对于宣传思想工作来讲，互联网带来的最大挑战就是传播方式的重大变化，具体表现在“3 个强势”上：一是在形成舆论上越来越强势，“人人拥有麦克风、个个都是发言人”，传统媒体的影响力受到严峻的挑战；二是在传播文化上越来越强势，网络文学、网络音乐、网络游戏、网络视频等，产生了越来越广泛的影响；三是在社会动员上越来越强势，社会各阶层、各利益群体都能通过网络，更直接地表达自己的意见与利益诉求，网络世界和现实世界的互动越来越频繁，给我们对社会热点问题和突发事件的舆论引导带来前所未有的挑战。为此，我们要创新实施互联网属地管理模式，实施网络空间清朗行动。

党的十九大报告指出：“加强互联网内容建设，建立网络综合治理体系，营造清朗的网络空间。”建立网络综合治理体系是牢牢掌握意识形态工作领导权的关键所在。要调动社会各方面参与网络综合治理体系建设的主动性和积极性，积极解决信息共享、资源统筹、工作协调不够等问题。充分联合网信、经信、公安、通管等主管部门力量，致力于网络综合治理体系建设，形成主导性推力。充分让政府、行业部门等各方力量形成合力，加快推进电子政务，鼓励各级政府部门打破信息壁垒、提升服务效率，充分调动网民、网络社会组织、网络企业等的参与热情，使企业积极履行社会责任，行业组织充分发挥自律作用，社会公众积极建言献策，获得来源更加广泛的力量支持。在主管主体责任落实方面，中共浙江省委印发《关于贯彻落实〈党委（党组）网络意识形态工作责任制实施细则〉的若干意见》等系列文件，明确各级网信部门属地管理责任，切实加强各类网络平台监管，扎实做好网络直播平台、应用商店服务备案以及小程序审核等新平台新业务服务管理，把网络内容监管要求、监管标准落实到版主、博主、群主的具体行动上。同时,浙江坚定贯彻落实《网络安全法》等法律法规,提升网络执法管理规范,加快网络执法队伍建设。建立健全省互联网信息内容行政执法协调工作机制,成立省网络治理法律顾问委员会,不断加大网络生态治理力度,相继开展"2018 净网·清风迎春""清朗"等 30 多个网上专项整治行动。还积极探索建立网络信用体系,创新"依法管网、数据管网、信用管网"举措,充分发挥浙江媒体网站联合辟谣平台作用,持续完善浙江省互联网违法和不良信息举报中心网站功能,建立全省网络举报协同处置机制,部署省内网站开设"网上有害信息举报专区"、开通举报电话,初步形成全省网络举报"一张网"矩阵。1 年多时间里,辟谣平台辟谣内容超过 4000 多条,新浪微博"#浙江辟谣#"微话题阅读量 4200 多万,讨论量 1.7 万多条;2018 年上半年,举报中心网站共受理有效举报 22261 条,成功处置 21793 条,推动形成了对网上有害信息"人人监督、人人喊打"的良好局面,共同打造清朗网络空间。2019 年初,浙江省出台《关于建立网络信用体系 加强网络信息服务监管的指导意见》,按照依法公开、程序正当、保护权益原则,建立网络运营者"红、灰、黑名单"制度,并制定与各自级别相符、轻重适当的不同奖惩措施,鲜明奖励诚信,严厉处罚失信,推动形成"守信光荣、失信可耻"的良好网络风尚,给人民群众营造了一个公平诚信、健康有序的网络环境。

浙江各地在网络管理上也大胆探索与创新。2016 年 1 月,温州在国内第一个推出全省网络传播清朗指数。温州活跃有影响力的各类微信公众号共有 600 多个,主体涉及政府部门、新闻媒体、企事业单位、个体企业、民间大 V 等,为了规范并激发网络参与者弘扬正能量,形成标示、引导、激励作用,温州发布国内首个互联网"清朗指数"。让新媒体的内容传播保持良性有序的发展,摒弃传播内容越负面、阅读量和传播量就越多、传播力就越强、排名就越靠前的恶性循环模式,温州市通过对微信传播指数(WCI)以及本地微信传播规律的研究,设计出"内容系数”“管理系数”“信用系数”3项核心系数，通过科学的公式生成互联网“清朗”指数。温州互联网“清朗”指数包括总排行榜、政务榜、媒体榜、草根资讯榜、生活服务榜等5类榜单。根据不同时段，统计数据又分为“周报”“月报”“年报”，它不仅能反映媒介整体热度和发展走势，而且能反映出互联网媒介对舆论生态环境的影响。首批公布的“清朗”总榜中，前3位为《温州晚报》《温州都市报》以及“健康温州”微信公众号，三者的“清朗”指数均达到了1160分以上。

（四）健全网络舆情研判机制，妥善处置网上突发舆情

当前正处于转型变革期，各类突发公共事件随着社会转型的深化呈现多发、高发的态势。互联网技术的发展和应用普及，尤其是移动互联网的迅速崛起打破了既有的时空边界，任何一次突发公共事件经由互联网的放大、传播都可能引发舆情危机，对社会的正常秩序产生不良影响。因此，如何有效防范、应对突发公共事件网络舆情危机是不容回避的时代课题。当前，中国处于发展的快速期、矛盾的浓缩期，发生各种社会问题和舆情是必然的。面对舆情，我们要做到以下几点。

一是敢于发声、善于发声。在舆情应对中，要妥善处理事件发生与舆情应对的关系。把事件处理好是把舆情处理好的根本。当然，往往处理事件需要一个过程，所以就要两手抓，一手抓事件的处理，一手抓舆情的应对。遇到问题，出现舆情，没有什么可怕的，只要应对好，坏事有时反而会变好事。所以要敢于发声，善于发声。舆情应对最重要的还是要敢于说明真相。不敢说真相，寄希望于瞒、捂等方式，甚至希望依靠删帖压制舆情，结果不仅无助于舆情的缓解，反而会引起公众更大的猜疑。舆情应对就是要让真相跑在谣言之前。

二是直接主管部门是直接发声部门。负责事件处置的涉事部门是

舆情应对的第一责任主体，舆情监管部门只承担搭建平台的责任，让具体的负责部门去发声。事件负责部门是最了解事件发生的来龙去脉的，是最了解真相的，所以说话也最有权威性。现在在实际工作中，有些涉事部门总是想把舆情处理的责任推给舆情监管部门，这是不对的，甚至很容易出问题。

三是快讲情况、慢讲原因。事件发生了，出现舆情了，社会各方面关注了，要在第一时间把情况讲清楚，不要让人民群众去猜疑。所以说情况要快，但是由于事件的发生有时候情况比较复杂，一下子难以搞清楚，就只讲“有关部门正在调查中”，社会也会理解。在舆情应对上有一个时间概念，叫“黄金 1 小时”，也就是第一时间回应舆情的时间越短越好。心理学中有一个“首因效应”，公众对突发公共事件形成的第一印象至关重要。

四是要以群众最能听得进的语言说话。新闻发言人怎么发言是一种艺术。要针对舆情关注的要点来回答问题，特别是不能老以“某某领导如何重视”等官样文章来回应，这样效果一定不好。要以朴实无华的语言、老百姓最能接受的语言来说情况说道理，这样才有利于平息舆情。

五是要有自己的网评员队伍。任何舆情的出现，经常有一些好事之徒，甚至不怀好意者唯恐天下不乱，要兴风作浪，所以要有一支好的网评员队伍引领舆情朝着正确的方向发展。

浙江的网络管理部门要以高度的政治敏感性和工作责任心，对网上各种舆情进行科学分析、准确判断，练就一双透过现象看到本质的“慧眼”，为领导决策提供有价值的舆情信息参考。广大党员干部要把“用网”作为一项基本功，争取成为网评员。通过开设个人微博、运用微信等载体，多上网，勤实践，了解熟悉网络技术，摸清弄懂网络规律，探索掌握舆情动态，唱响网上主旋律，传递网上正能量，切实提高引导网上舆论的能力和水平。同时，要主动有为，努力提高网络舆情发现研判处置能力。在关键时刻敢于发声，有效掌握网络舆论引导的主动权。在突发事件和热点舆情发生后，相关部门新闻发言人和广大网评员要主动回应社会关切，及时稳妥处置。浙江省共青团就组建了青年网络文明志愿者队伍，下发了《关于组建浙江省青年网络文明志愿者队伍、深入推进青年网络文明志愿行动的通知》，发动共青团员志愿者数不少于团员总数的20%，覆盖到每一个团支部，从而建立起一支庞大的网评员队伍。

要培养一批高水平的新闻发言人。新闻发言人是国家、政党、社会团体任命或指定的专职、兼职的新闻发布人员，其职责是在一定时间内就某一重大事件或时事，约见记者或举办新闻发布会、记者招待会，针对有关问题阐述本部门的观点立场，并代表有关部门回答记者的提问。我国的新闻发言人制度始于1983年，真正热起来则始于发生“非典”的2003年。当时在不到3个月的时间里，卫生部连续举办了67次新闻发布会。经过此后十几年的发展，新闻发言人制度已经成了政府管理和服务的必要方式，在政府与公众沟通中体现出实际价值。特别是面对各种突发事件，不少地方政府的新闻发言人迅速做出反应，为媒体提供权威性信息，满足公众知情权，有效引导社会舆论，促进事态正常发展。在抗击新型冠状病毒肺炎疫情中，各级政府每天召开新闻发布会，讲清疫情发展情况，说明重要问题，回应社会关切，传播政府声音，新闻发言人在其中起到了极好的作用。这也是中国新闻发布和发言史上的一个典范。当下，我们正面临信息高度丰富、传播极其迅速、公众知情权意识逐渐增强、社会矛盾多变多发的现实，加强新闻发言人队伍建设极为重要。浙江省已经建立各级党委、政府，群众团体全覆盖的新闻发言人队伍，要挑选思想政治素质高、知识面广泛、专业业务能力强、反应敏捷、口才好的人作为新闻发言人，并切实加强对新闻发言人的业务培训，对其进行实践训练，不断提高他们的能力和水平。

（五）完善网络信息内容管理规章制度

实践经验表明，要将所有从事新闻信息服务、具有媒体属性和舆论动员功能的传播平台纳入管理范围，对所有新闻信息服务和相关业务从业人员实行准入管理，统一管理制度和要求。构建网络内容执法管理体系，健全网络文化市场监管机制，组织网络内容管理联合执法和系列专项整治行动。建立重点网站联系服务制度。2019 年 11 月，浙江省发展和改革委员会印发《浙江省公共信用信息平台网络安全管理暂行办法》，提出为加强和规范浙江省公共信用信息平台网络安全管理工作，切实维护社会公共利益，保护自然人、法人和其他组织的合法权益，依据《中华人民共和国网络安全法》《中华人民共和国计算机信息系统安全保护条例》《浙江省公共信用信息管理条例》《浙江省政务数据安全管理办法》等法律法规和文件，制定本办法。本办法所称浙江省信用平台是指浙江省本级建设的，依托统一电子政务网络、电子政务云平台等基础设施，以公共信用信息库、公共信用产品主题库、信用应用工具和信用服务为主要构成，向省市县相关部门及社会公众提供服务的一体化综合性平台。本办法所称网络安全是指浙江省信用平台的管理者、建设者、运维者和使用者采取策略和措施，防范省信用平台被攻击、侵入、干扰、破坏以及公共信用数据被泄露、窃取和篡改等非法使用的能力、状态和行为。工作原则是浙江省信用平台网络安全工作坚持统分结合，坚持管理和技术并重，按照“谁主管谁负责，谁建设谁负责，谁使用谁负责”的原则，在各自职责范围内做好网络安全保护工作，加强协同，合力保障平台安全。本办法分 7 章 26 条，对职责与分工、技术防护、管理保障、检测监测与应急处置、监督与责任追究等做出了明确的规定。

建立网络内容建设激励机制。加大对优秀网络内容产品和创作团队的扶持力度，将其纳入省“五个一工程”奖、浙江新闻奖等奖项评选和省文化精品扶持范围。建立科学合理的绩效考核制度和优秀网络文化成果评价认证应用机制。鼓励社会组织、行业协会等设立优秀网络文化产品扶持发展基金。在2018年度的浙江新闻奖评选中，进一步调整优化奖项结构，新媒体作品奖从2017年的73件提高至89件，适应了媒体融合发展的新趋势，表达了对网络作品的高度重视。

第八讲思考题：

1. 互联网对意识形态工作有什么机遇与挑战？
2. 重大舆情需要怎样应对？
3. 怎样做一个网络正能量的传播者？

第九讲

做强公共文化　提升服务水平

当你早上或者晚上到西湖边漫步，你一定会被西湖边到处有人唱歌跳舞的场景所震撼和感染。中国大妈的广场舞已经让世界各国人民目瞪口呆。据说浙江省有1000多万人常年跳广场舞。

一、实施基本公共文化服务提升工程

加快构建城乡一体、区域均衡、人群均等的现代公共文化服务体系，高水平推进基本公共文化服务标准化均等化。实施基本公共文化服务提升工程，是文化浙江建设的一项重要任务。

（一）强化政府公共文化服务责任

文化建设的根本目的就是不断满足人民群众的精神文化需求，着力改善和发展人民群众的文化民生，让文化发展成果最大限度地惠及全省人民。为此，需全面落实政府在公共文化服务中的主导作用。政府的职能主要体现在提供公共文化服务和为各类文化主体发展创造良好的政策环境、法制环境和市场环境等方面。切实履行好“公共服务、政策调节、社会管理、市场监管”的职能。切实承担起提供公共文化服务、保障人民基本文化权益的职责，把建设公共文化服务体系纳入经济社会发展总体规划。在深入调查研究的基础上，科学制定文化发展规划，制定引导和推动文化事业和文化产业发展的政策措施。依靠公共财政投入为主建设公共文化服务体系，扶持公益性文化单位，建设文化基础设施，通过政府购买文化产品用于公共文化服务，建立健全公共文化设施免费开放的财政保障机制，不断提高公共文化产品和服务的供给能力。强化文化管理体制改革，推进政企分开、政资分开、政事分开、政府与市场中介组织分开，推动形成行为规范、运转协调、公正透明、廉洁高效的管理体制，为各类文化主体创造公平公正的服务环境。政府主管部门担负文化市场监管的职责，保障市场有序运行，扫除有不良内容的书刊、音像制品、电子出版物及网上淫秽色情信息等危害人们身心健康、污染社会文化环境的文化垃圾。打击违反《中华人民共和国宪法》规定的破坏社会安定、危害国家安全、煽动民族分裂的出版物、侵权盗版出版物以及其他非法出版物，维护国家文化安全和文化市场秩序，为繁荣文化市场创造良好的环境。

全面建设公共文化服务设施，构建公共文化服务体系。把建设公共文化服务设施作为一项重要的民生工程，作为关系老百姓幸福生活的重要举措来抓。浙江各级党委、政府把人民群众基本文化权益的保障作为文化建设的根本要求，按照体现基本性、公益性、均等性、便利性的要求，以政府为主导，以公共财政为支撑，以公益性文化事业单位为骨干，以基层特别是农村为重点，有力有效地推进公共文化服务体系建设，加快构建覆盖全省城乡的公共文化服务体系。特别是在“广覆盖、高水平、可持续”9个字上做足文章。努力在“广覆盖”上下功夫，实现文化设施、文化服务、文化活动全省覆盖，做到城乡一体、服务均等，使广大群众能够方便快捷地享受到优质的公共文化服务。努力在“高水平”上下功夫，建成软、硬件相互配套，服务门类齐全，服务机制科学有效，体现浙江省经济水平地位、适应群众生活需要、服务水平走在全国前列的公共文化服务体系。努力在“可持续”上下功夫，建立长效的运作机制，大力加强内容供给，完善相关的政策法规，以科学高效的制度保障,更加长远、更加持续地推进我省公共文化服务体系建设,在全国率先建成比较完备的公共文化服务体系。

浙江省公共文化服务建设取得显著成绩。在公共文化服务标准化试点和基层综合性文化服务中心试点方面,浙江省均以"第一名"的成绩通过文化部的验收,被作为示范在全国推广,成为"浙江样板"。浙江省公共文化服务体系基本实现城乡全覆盖。基本公共文化服务标准颁布实施。公共文化产品和公共文化服务渠道进一步拓宽,公共文化服务效能稳步提升。在乡村,遍布全省的文化礼堂成为群众文化生活的新场所,全省2000多项文化服务内容可供随时下单。在城市,实体书店成商场社区标配,全省数百家城市书房陆续开张,数千场公益文艺演出点亮夜空,上万场讲座和展览走到群众身边,文化走亲活跃城乡舞台。

(二)加快重大文化设施建设

大力推进之江文化中心、浙江自然博物馆、浙江小百花艺术中心、浙江电影科技城、浙江方志馆等重大文化设施的建设。浙江在公共文化服务体系建设上,特别重视重大文化设施的建设,这些重大设施对于带动全省公共文化服务水平的提高,满足人民群众不断提升的文化需求,具有引领性、标志性的作用。

之江文化中心是浙江省委、省政府为了推进文化浙江建设,补齐浙江文化发展的短板而做出的重要决策部署,是浙江省"十三五"文化基础设施建设的重点项目,是文化浙江建设的重要标志,也将成为杭州乃至浙江省的标志性建筑。之江文化中心是一个多元化复合型文化综合体,它集结了省级"四大馆"——浙江省博物馆新馆、浙江图书馆新馆、浙江省非物质文化遗产馆、浙江省文学馆,并配置有公共服务中心设施和中央景观公园。之江文化中心处于杭州市西湖区之江板块，总用地面积约 258 亩，总建筑面积约 32 万平方米（其中地上约 16.5 万平方米，地下约 15.5 万平方米），是由地面建筑群、地下空间和景观公园构成的有机整体。四大场馆沿边布置，对内互为对话关系，围合中心场所；对外向城市开放形成广场，总体由内而外形成气韵流动的开放空间。项目定位为文化和旅游融合发展、公共服务与文化消费结合、传统文化加有机活态的省级综合性文化中心，通过资源共享、要素集聚，并结合之江文化产业带的建设，打造特色鲜明的高端文化平台，使之成为全省重要的知识信息枢纽和区域图书馆网络中心、浙江历史文化的展示窗口、省级文学创研基地及资料中心、浙江记忆的活态展示、生活体验中心，推进公共文化服务、创意创业、文旅融合与文化消费的良性互动，使之成为长三角地区乃至国内一流的标志性重点文化设施和“文化浙江”的金名片。之江文化中心的设计布局通透开放，亲民便民，通过地域文化特色的建筑、环境氛围的营造，突显公益服务和旅游休闲、文化的深度融合，可发挥极大的社会效益。

浙江自然博物院是国家一级博物馆，是中国历史最悠久的自然博物馆之一。浙江自然博物院主馆在杭州西湖文化广场，随着社会对博物馆的展示、馆藏、研究等方面的需求越来越强烈，原馆远不能适应需求，为此，2013 年，根据省委、省政府的部署，在湖州安吉建设浙江自然博物院安吉馆。该项目于 2014 年 6 月完成立项，占地约 300 亩，馆舍面积约 6.1 万平方米，由世界著名的设计公司来进行博物馆建筑设计。我也参加过几个方案的讨论，最后选定由享誉世界的戴卫·奇普菲尔德建筑事务所主持设计。设计遵循“建筑长在山坡上”的整体设计理念，8 幢建筑分散布局，基本保持了地块的真山真水、自然原生态，打造“自然中的博物馆”。该项目于 2016 年 3 月开工建设，2018 年 5 月进场布展，于 2018 年 12 月建成试开馆。2019 年 10 月，浙江自然博物院安吉馆正式开馆。

浙江自然博物院安吉馆设置地质馆、贝林馆、海洋馆、自然艺术馆、恐龙馆和生态馆六大主题展馆。安吉馆依山傍水，绿地茵茵。橙色的建筑与周边的绿水青山相依，本身就是一个大自然的博物馆。走进博物馆，能长知识、品历史、品自然，让人感怀人与自然和谐相处是多么重要。这里的地质馆主要介绍浙江大地20亿年变迁的地质发展历程。最有意思的是，这里的岩石及陨石等标本你可以随意触摸。贝林馆是以美国慈善家贝林先生捐赠的动物标本为基础，以热带非洲与寒温带北美两片大陆对话的形式，呈现丰富多彩的动物世界。海洋馆以“无尽深蓝”为主题，设置了从浅海到深海的8个展示单元，营造出一个立体化的体验空间。在安吉这样一个山区，体会海洋的味道，有一种与众不同的情趣。孩子们最喜爱的恐龙馆，以化石标本、复原骨架、仿真模型和多媒体互动等形式展示全球各时代最具代表性的恐龙。浙江也是恐龙之乡，在这里，你会看到浙江大地上的远古“居民”。安吉是习近平总书记在浙江工作期间提出“绿水青山就是金山银山”理念的地方，所以大家不要忘了看生态馆，这里以“绿水青山的召唤”为主题，生动地诠释了“山、水、林、田、湖、草是一个生命共同体”和“绿水青山就是金山银山”的生态发展理念，让浙江人回望自己发展的历史，品味今天的经济发展与生活的美好。安吉馆充分利用声、光、电来营造与众不同的博物馆氛围，让人徜徉在一个绿色的世界里享受着生活的快乐，并领悟到许多知识与理念。

还有坐落在黄龙洞旁的浙江小百花艺术中心，其建筑以蝴蝶为造型，融入梁山伯与祝英台化蝶的越剧文化元素，让人对它的落成与开业充满期待。慢工出细活，这个建筑从立项到建成，花了10多年时间。投入使用后，相信一定会惊艳所有来客。还有浙江电影科技城、浙江方志馆等，也将是浙江人民感悟文化的好去处。

（三）健全公共文化服务设施网络

浙江鼓励各地加快建设重点文化设施和基本公共文化服务设施，实现市有5馆（文化馆、图书馆、博物馆、非遗馆、美术馆）、县有4馆（文化馆、图书馆、博物馆、非遗馆或展示场所）、乡镇（街道）建有综合性文化服务中心，推进以县级图书馆、文化馆为中心的总分馆制。推进公共文化设施免费开放和无障碍设施改造。浙江是全国最早推进公共文化设施免费开放的省份。浙江始终把保障人民群众基本文化权益作为文化改革发展的出发点和落脚点，以保障人民群众看电视、听广播、读书看报、进行公共文化鉴赏、参与公共文化活动等基本文化权益为主要内容，建设和完善覆盖城乡、结构合理、功能健全、实用高效的公共文化服务设施。

2017年，浙江省人民代表大会常务委员会通过《浙江省公共文化服务保障条例》，对全省各级人民政府建设公共文化服务设施做出明确规定："（一）设区的市应当建有公共图书馆、文化馆、博物馆、美术馆、非物质文化遗产展示馆、综合档案馆、青少年宫、老年人活动中心、妇女儿童活动中心、科技馆、体育场馆、工人文化宫、广播电视播出传输覆盖设施等公共文化设施。（二）县（市）应当建有公共图书馆、文化馆、博物馆、非物质文化遗产展示场所（馆）、综合档案馆、体育场馆、公共阅报栏（屏）、广播电视播出传输覆盖设施等公共文化设施。（三）市辖区应当建有公共图书馆、文化馆、非物质文化遗产展示场所（馆），根据实际需要建有综合档案馆、体育场馆、公共阅报栏（屏）、广播电视播出传输覆盖设施等公共文化设施。（四）乡（镇）、街道应当依托综合文化站建设基层综合性文化服务中心，并建有体育健身设施。省级中心镇、常住人口5万以上的乡（镇）、街道应当设立图书馆分馆、文化馆分馆。（五）村（社区）应当依托文化礼堂、文化活动室等建设基层综合性文化服务中心，并建有体育健身设施。”努力建设城市的15分钟文化圈和农村半小时文化圈。并抓好广播电视“村村通”、农村有线广播“村村响”、广播电视对农节目服务、农家书屋、农村电影放映等工作，扎实推进公共文化服务工程建设。到2018年末，浙江全省共有公共图书馆103个，文化馆101个，文化站1374个，隶属文化部门的艺术表演团体64个，博物馆308家（其中民办博物馆153家）、美术馆8家和农家书屋25335家，乡镇（街道）综合文化站和村（社区）文化活动中心实现全覆盖。广播、电视人口综合覆盖率分别约为99.73%和99.80%。图书出版社14家；公开发行报纸95种，出版期刊233种。同时加强内容建设，推动文化设施与群众需求之间的有效对接，多选择群众看得懂、用得上的文化产品，多开展群众乐于参与、便于参与的文化活动，确保公共文化服务体系既“建得成”，又“用得好”。

二、打造家门口的文化设施，方便百姓文化生活

浙江在文化设施建设上，一方面高度重视大型文化设施的建设，另一方面，更加重视百姓家门口的文化设施，形成城市15分钟文化圈、农村半小时文化圈。

（一）建设农村文化礼堂，打造农民精神家园

多年来，浙江历届省委、省政府高度重视农村基本公共文化服务建设，在实施“文化惠民工程”“千村示范、万村整治”“美丽乡村”等建设中，注重丰富农民群众精神文化生活，推动浙江农村文化设施的建设。浙江省在农村公共文化设施和服务上，一个最大的创新亮点就是建设农村文化礼堂。2013年，为了贯彻落实党的十八大精神，加强农村精

神文明建设和文化建设，浙江省启动农村文化礼堂建设。约7年时间以来，浙江的农村文化礼堂像雨后春笋般涌现，成为农民的精神家园和文化活动的综合体，到2019年底，浙江已经建成14000多个农村文化礼堂。农村文化礼堂已成为浙江农村亮丽的风景线，被农民们视为文化地标、精神家园。这项工作得到了中央领导的高度肯定，引起全国范围内的广泛关注，许多省推广了浙江经验。当下，浙江正在大力推进农村文化礼堂"建管用育"长效机制建设。

浙江的农村文化礼堂建设连续多年成为浙江省人民政府操办的10件实事之一。在这种强有力的推动下，农村文化礼堂建设规模不断扩大，内涵不断丰富，效益不断显现，影响不断拓展。农村文化礼堂自2013年开始全面部署建设，2014年提出"提质扩面"的任务，2015年提出培育"礼堂文化"，2016年提出打好"建管用育"组合拳。2017年省委、省政府印发了《关于推进农村文化礼堂长效机制建设的意见》，制定了《浙江省农村文化礼堂建设实施纲要(2018—2022年)》。2018年9月，"我们的家园——万家农村文化礼堂庆丰收"主场活动在建德市三都镇镇头村文化礼堂举行，以庆祝全省建成第10000家农村文化礼堂。2019年，浙江提出农村文化礼堂建设已进入提质扩面增效的新阶段。要围绕农村文化礼堂"在500人以上的村全覆盖"的目标，确保建设力度不减、标准提升、特色突显。要按照"大门常开、活动常态、内容常新、队伍常驻"要求，强化资源整合、加强精准配送、注重品牌建设、搭建共享平台，着力满足农民群众日益增长的美好生活需求。

现在，当你行走在浙江乡村，你不时就会看到红色显眼的农村文化礼堂的标志。如在黛瓦白墙的桐庐县江南镇荻浦村，古老的宗族祠堂成为全村的文化礼堂。它与公益性的乡村图书馆、淳朴喜庆的民间剪纸"艺术村"等一起，构成全体村民共享的公共文化空间。在被青山绿水环绕的临安泥川村，有关村庄的历史和风情的图片、村民们的家庭合影、全村人的"全家福"集体照都悬挂于文化礼堂的长廊里，向客人讲述着“好家风”“新村貌”。在太湖之滨的湖州市长兴县滨湖村，文化礼堂华灯初上，为村民开启文化夜生活：电影开播，排舞登场，村民登上舞台唱越剧。村民说，平时大家办厂经商各忙各的，自从建了文化礼堂，大家又有了聚在一起的机会和理由。

当前，在农村文化礼堂建设上，重点是大力推进农村文化礼堂“建管用育”长效机制的建设。

一是借鉴中国传统文化中兴办书院的做法，强化文化礼堂的讲堂作用。进一步完善配备必要的桌椅、电教等设备，加强开展中小规模的政策宣讲、主题教育、技能培训、交流恳谈等活动。农民若看书自学，比较困难，不如听老师讲课学得多、学得快。面对面的讲课形式是不可取代的，要深入宣讲习近平新时代中国特色社会主义思想，讲好各种法律法规、科学技术、农业科技知识，让文化礼堂成为农民长年的宣讲讲台，长年让农民群众受教育。

二是文化礼堂不仅是文化娱乐场所，更要真正成为农民的精神家园。进一步发挥好各种礼仪的养成与教化作用，如儿童的开蒙礼、重阳的敬老礼、青年的成年礼，还有婚礼、村干部的就职仪式等。通过这些仪式培养人树立正确的价值观。强化文化礼堂在精神文明建设上的示范带动作用。进一步做好文化礼堂中村干部形象的展示、道德模范的展示、乡贤的展示等，因为群众中的这些模范的展示，能够为农民起到强大的示范引导作用。值得一提的是，要大力推动乡贤文化进农村文化礼堂，在农村文化礼堂中设置“文化长廊”“乡贤榜”等展陈载体，展示乡贤先进事迹。

三是为贯彻落实中央和省委、省政府提出的弘扬优秀传统文化的要求，进一步强化文化礼堂对农村优秀传统文化的传承作用。当前，农村优秀传统文化的保护与传承是一个十分重要和紧迫的问题，因此可以更好地发挥文化礼堂在这些方面的作用。如村庄历史、历代名人的展示，传统农具和日常用品的收集与展示，非遗文化的展示与培训，等。

充分利用农村自然资源禀赋，挖掘和传承农村优秀文化资源，注重主流文化与乡土文化、传统民俗文化与现代文明的融合创新。此外，着力在文化礼堂的建筑风格、展示内容、活动样式、模式机制等方面形成特色，做到“一村一色”“一堂一品”。

四是进一步强化文化礼堂打造农民美好生活的作用。特别是在浙江农民物质条件越来越好的同时，要更加重视农民精神世界的丰富。在文化礼堂开展“美好生活精神家园”系列活动，让文化礼堂成为浙江农村美好生活的重要组成部分，让农民在物质和精神上都走向幸福的小康社会。

五是坚持“建管用育”一体化。建立完善长效管理机制，健全文化礼堂管理制度、资金使用制度、场地使用制度、安全保障制度等，确保农村文化礼堂按时开放，做到活动有组织、台账有记录、展陈有更新、场地有管理。全面推广农村文化礼堂理事会负责制等有效做法，分级推进礼堂星级管理制度。宣传“文化礼堂农民管，管好礼堂为农民”的理念，强化农民在管理中的主体地位，积极引导农民群众参与到农村文化礼堂建设和管理中来，充分调动农民群众的主动性、创造性，发挥其在设施建设、活动开展、长效管理中的主体作用，使农民群众成为农村文化礼堂建设的建设者、管理者、参与者和受惠者。

根据《2017年度浙江农村文化礼堂全国影响力及口碑指数白皮书》，在全国主要省份基层综合性文化服务项目对比中，浙江居第一。约77.17%的网民对于浙江文化礼堂的建设持正面态度，认为文化礼堂满足了村民的文化体育需求，提升了基层群众生活质量。

（二）形成基层文化阵地集群

浙江省扎实推进社区文化家园、城市文化公园、企业文化俱乐部等文化阵地建设，形成基层文化阵地集群。在建设公共文化服务体系中，我们一定要关注城乡协调发展。当今的城市，建起了越来越多的高楼大厦，但邻里关系却越来越冷淡。人们住对门，却很多年都不知道对方叫什么名字，甚至出现了小偷来偷东西，邻居还帮着抬的事。同时，城市社区居民对精神文化生活的需求正变得愈发强烈。随着社会老龄化程度的日渐加深，中老年人对社区文化活动的诉求变得更为强烈。为此，浙江借鉴农村建设文化礼堂的经验，从2015年起，在城市社区推行建设文化家园。中共浙江省委宣传部、省委精神文明建设指导委员会办公室等多部门联合印发《关于加强社区文化家园建设的指导意见》，要求围绕"文化驿站、共享空间"的定位，把社区文化家园打造成集价值引领、文明倡导、文化熏陶、志愿服务、爱心慈善、体育健身、休闲娱乐等功能于一体的社区公共文化空间和服务平台。该意见明确了社区文化家园建设标准：从硬件来说，社区文化家园要具备文化中心、文化讲堂、文化广场等设施；从软件来说，要开设文化讲座、风采展示、民俗节庆、公益服务、创建评议等文化服务项目，经常开展各类文化活动。

浙江省第一个文化家园在嘉兴市南湖区湘城社区建成。湘城社区成立于2011年8月。作为嘉兴市最大的拆迁安置小区，湘城社区由附近5个村拆迁集聚而成，现有居民2万多人，其中新居民1.1万多人。为了增强居民的安全感、归属感和幸福感，湘城社区着手建设文化家园。湘城社区的文化家园有约1500平方米的社区文化广场，集健身休闲、文化记忆、演艺娱乐等功能于一体。建有约170平方米的舞台和约20米长的文化长廊，作为居民开展文艺活动和学习休闲的场所。还建有居家养老服务中心、残疾人康复站、志愿者服务站、警务站、新居民事务站等，为社区各类人群提供全方位服务。在湘城社区文化家园，居民们不仅有排练场所，还能免费接受每周一次的戏曲培训，观赏每周两次的戏曲电影，在学习中不断提高专业技艺。社区现有腰鼓队、舞蹈队等5支文艺特色团队，共有文艺爱好者1000多人，他们成了社区舞台上最受欢迎的"民星"。"每到社区要办晚会的时候，我们好多队员直接上台就能唱。”社区党支部书记自信地说。

作为浙江省的省会城市，杭州市提出了更高的建设标准，专门制定了《关于开展城市社区文化家园建设的实施意见》，明确提出工作目标：到2021年底，全市80％以上社区建成文化家园。结合社区文化家园的建设，杭州社区文化建设如火如荼地推进，社区图书室、文体活动室遍地开花，书法、文艺、舞蹈等协会团体百花齐放，一系列极具各自特色的社区文化活动更是促进了邻里关系，加深了社区的归属感和认同感。

社区文化家园，让文化真正成为社区居民的“黏合剂”，让社区文化真正重构起城市生活的新方式。如杭州市上城区馒头山社区文化家园，总是洋溢着浓郁的文化气息。文化家园拥有邻里礼堂、邻里书吧、邻里学院等十二大功能区域，为辖区上万名居民的精神文化需求提供了场所。居民们每天在这里看电影、练书法、学排舞。在温州，一个个社区文化家园正拔地而起，承载着社区居民的文化梦想。温州在建设社区文化家园过程中，专门打造了一批城市书房，40多家24小时无人值守的自助实体城市书房深受群众欢迎。

在浙江省委、省政府印发的《关于加强和完善城乡社区治理的实施意见》中，把加强社区文化引领作为建设和谐幸福现代化社区的重要内容。随着城市发展水平日益提升、国际化步伐日渐加快，打造一个散发着文化气息的和谐宜居社区，成了居民的共同需求。总之，社区文化家园让居民休闲有乐园，精神有家园，生活更美好。

为了让市民有更多的场地从事文化活动，也为了用文化来提升城市的品位，浙江在打造城市社区文化家园的同时，从2015年起，在城市打造文化公园。这些城市文化公园，文化主题突出，个性特色鲜明，是承载以文化人功能和弘扬社会主义核心价值观功能的城市公共文化空间。2015年11月，杭州首个城市文化公园“吴山文化公园”开园。“吴山文化公园”有八大看点：社会主义核心价值观浮雕墙、“一带一路”主题地雕、文化长廊、文化小道、雷锋广场、林荫读书广场、文化大舞台、非遗展示墙。社会主义核心价值观浮雕墙运用活字印刷术石雕艺术形式，展现24个字的社会主义核心价值观，并将家训名言制成地雕、石凳等文化小品。“一带一路”主题地雕通过丝绸之路路线图、指南针、瓷器等雕塑，重现了波澜壮阔的丝路历史。文化长廊内布置了《白塔留古踪》《鼓楼喧闹声》等蕴藏着上城区地名故事、反映市井民俗的铜版画和楹联。文化小道旁的凉亭内，立着上城区百年老店的厂规店训，警示一代又一代行商之人，货真价实、诚实守信才是立业之本，如万承志堂的“做药务真，不得欺客；行医务正，不得欺世”的匾额，张小泉剪刀厂的“良钢精作”，等等。城市文化公园让市民多了一个休闲娱乐的新场所、文化交流的新平台、幸福生活的新舞台。

金华城中三江六岸有36个大小不等的公园。2019年开始，金华打算将这36个公园串起来，打造一个金华文化公园群落，形成几条文化大走廊。这些公园从金华的价值倡导、历史、民俗、名人等多个角度来选取主题。这些城市文化公园最大的特色是要建设一批城市雕塑，并将城市雕塑与这些公园的建设有机地结合起来。城市雕塑是城市的面孔，是城市的艺术品，集中体现了一座城市的文化内涵，这也是城市雕塑的魅力所在。在当代城市建设与发展中，许多城市都用雕塑来展示城市的精神和价值观，如杭州钱塘江旁《钱王射潮》的雕塑、绍兴会稽山上的大禹雕塑等。用雕塑来讲述历史的故事——我在欧洲经常看到这种雕塑。用雕塑丰富城市生活——街头和公园中的雕塑，能够很好地营造生活环境，激励人们热爱城市与生活，增添生活的气息。雕塑还能用来讲述民俗风情，彰显城市的艺术个性，如杭州清河坊的各种雕塑，等等。城市公园与城市雕塑结合能够更好地展现城市文化。这些文化公园也将成为金华的城市精神汇集带、历史文化展示带、社会生活提升带、城市形象示范带。

浙江农村有文化礼堂，城市社区有文化家园，还有一个地方的文化建设不能忽视，这就是在企业建设文化俱乐部。要将其作为改进新时代基层宣传思想文化工作的重要内容，以更加丰富企业职工生活、凝聚职工力量、涵养企业文化。从已经建成的企业文化俱乐部来看，要求有图书馆、健身房、舞蹈房、电视房、棋牌室等各类文体设施，有条件的还要有室外篮球场、室内羽毛球场、乒乓球室、台球室等运动场所。同时，根据职工的需求，组建舞蹈队、摄影队、健身队、网球队、足球队、篮球队、龙舟队等业余文体团队，常年开展活动。浙江是一个外来人口大省，据统计，外来务工人员在浙江超过 2400 万。怎样为他们打造一个文化家园也是党委、政府高度关注的问题。2019 年，浙江在文化家园建设中，专门新增 80 个省级农民工文化家园。浙江省总工会发布了《关于命名 2019 年浙江省农民工文化家园的通知》，全省各地市均有单位上榜。

浙江在民间文化建设方面的一个亮点是创办民办博物馆，浙江也是全国民办博物馆出现早、数量多、影响大的省份。在 2012 年，浙江就有民办博物馆 92 座，约占全省博物馆总数的 36.5%。2014 年，浙江民办博物馆总数就位列全国榜首。如宁波市鄞州区是民办博物馆发展最迅速的地区，被命名为“中国博物馆文化之乡”，已建成和在建的有 50 多座民办博物馆，有车、船、桥梁、服装、眼镜、文房、徽章、珠算、根雕、微雕、壶具等各种专题馆设，在浙江省博物馆史上创下空前纪录。

三、制定基本公共文化服务标准，提升公共文化服务水平

在推进公共文化服务体系建设进程中，浙江着力提升公共文化服务水平。实施基本公共文化服务标准化均等化行动计划和文化惠民工程，全面落实浙江省基本公共文化服务标准，推进国家、省公共文化服务体系示范区（项目）创建，稳步提升公共文化服务水平。

（一）制定浙江省基本公共文化服务标准

2015 年初，中共中央办公厅、国务院办公厅印发了《关于加快构建现代公共文化服务体系的意见》。随后，浙江省下发了《浙江省文化和旅游厅关于推进“五个百分百”建设　加快实现基本公共文化服务标准化的通知》，要求“100％的市、县（市、区）完成规定场馆建设要求”“100％的县（市、区）建有城市书房、完成县级图书馆文化馆法人治理结构改革和图书馆分馆建设任务”“100％的乡镇（街道）建有省定三级以上综合文化站、按要求组建乡村文艺团队”“100％的省级中心镇和人口 5 万人以上的乡镇（街道）落实文化下派员制度、建有文化馆分馆”“100％的农村文化礼堂按照省定标准规范运行”。

2015 年制定的《浙江省基本公共文化服务标准（2015—2020 年）》，在服务项目与内容上设立了标准。

有关读书看报这一服务项目，标准为：“1. 公共图书馆免费开放，每周开放时间不少于 56 小时；乡镇公共电子阅览室开放时间不少于 28 小时；农家书屋每周开放时间不少于 40 小时。2. 县级公共图书馆人均藏书 1 册以上，或总藏量不少于 50 万册；人均年新增藏书量不少于 0.05 册。农家书屋图书不少于 1200 种、1500 册，报刊不少于 10 种，年新增图书不少于 60 种。3. 市、县（市、区）公共图书馆每年组织送书下乡 1 万册次；县级公共图书馆对乡镇图书分馆每年流通不少于 4 次。县级以上人民政府每年指导举办 1 次全民阅读活动。4. 在城镇主要街道、公共场所、居民小区等人流密集地点设置阅报栏或电子显示屏，提供时政、三农、科普、文化、生活等方面的信息服务。”

有关收听广播这一服务项目，标准为：“5. 乡镇有线广播联网率达到 100％，有线对农广播覆盖率达到 80％；农村有线广播村村响每天播出次数不少于 2 次，每次不少于 30 分钟。6. 为全民提供突发事件应急广播服务。7.通过直播卫星,免费提供17套广播节目,通过无线模拟,免费提供不低于6套广播节目,通过有线网络数字音频,免费提供不低于15套广播节目。”

有关观看电视这一服务项目,标准为:“8.有线电视联网率达100%(海岛包括微波方式),农村有线数字电视实际入户率达90%以上;广播电视自办对农栏目每周达3档(含)以上,平均每档不少于10分钟。9.通过直播卫星提供25套电视节目,通过地面数字电视提供不低于15套电视节目,未完成无线数字化转换的地区,提供不少于5套电视节目。在城市和有线电视通达的农村地区,为城乡低保户免费提供基本有线(数字)电视节目。”

有关观赏电影这一服务项目,标准为:“10.为农村群众提供数字电影放映服务,合理调整放映结构,其中每年国产新片(院线上映不超过两年)比例不少于1/3。11.为中小学生每学期提供2部爱国主义教育影片。”

有关看戏这一服务项目,标准为:“12.根据群众需要,通过政府采购等方式,平均每年为每个乡镇(街道)送地方戏曲等文艺演出5场以上。13.国有剧院每年举办公益性演出不少于12场。”

有关设施开放这一服务项目,标准为:“14.公共图书馆、文化馆(站)、公共博物馆(非文物建筑及遗址类)、公共美术馆等公共文化设施免费开放,基本服务项目健全。15.未成年人、老年人、现役军人、残疾人和低收入人群参观文物建筑及遗址类博物馆实施门票减免,文化遗产日免费参观。16.公园、绿地等公共场所全民健身器材免费使用。17.学校、工人文化宫、体育馆、青少年宫、妇女儿童活动中心、科技馆等文体设施向公众免费开放,开放时间和免费项目由地方政府制定。”

有关文体活动这一服务项目,标准为:“18.每个县(市、区)每年组织开展群众文体活动不少于12次;每个乡镇(街道)每年举办文化节、读书节、运动会等文体活动不少于6次；每个村(社区)每年组织群众性文体活动不少于2次。”

有关展览展示这一服务项目，标准为：“19.公共博物馆、公共图书馆、文化馆、公共美术馆每年分别举办免费展览不少于4次。”

有关文化走亲这一服务项目，标准为：“20.市、县(市、区)每年组织跨区域文化走亲5次。”

有关数字文化这一服务项目，标准为：“21.县(含)以上公共文化设施内免费提供Wi-Fi，公共电子阅览室免费提供上网服务。22.通过手机、电脑等网络终端可以享受到数字文化服务。”

有关培训讲座这一服务项目，标准为：“23.公共图书馆、文化馆每年举办公益培训或讲座不少于12次；乡镇综合文化站每年举办公益培训不少于6次。24.公共博物馆、公共美术馆每年举办公益培训或讲座不少于6次。”

同时，对文化设施的硬件和人员配备也提出了相应的标准要求。

这些要求和努力抓住了标准体系的核心指标，以重点突破带动整体推进，促进标准化高质量实现。浙江以效能考评的方式来保障标准化工作的推进。“公共文化服务效能建设”写入《浙江省基本公共文化服务保障条例》。将乡镇(街道)综合文化站效能建设列入年度考评项目。开展文化站评估定级，每年印发《浙江省基层公共文化服务评估指标》，从制度层面和实践层面共同推进公共文化服务效能建设。标准化认定是一项系统性工程，在关注基本公共文化服务标准完成度的同时，浙江省注重鼓励各地创新公共文化服务模式，推动公共文化服务的效益最大化。标准化体系日趋完善。浙江已有相关省级地方标准12个、市级标准11个、县级标准31个，与《浙江省基本公共文化服务标准(2015—2020年)》共同组成了覆盖面广、要求细致、程序规范、相对完善的公共文化服务标准体系。

(二)补齐公共文化服务区域短板

浙江实施公共文化服务重点县及薄弱乡村文化建设“十百千”工程,补齐公共文化区域短板。公共文化服务体系建设的重点与难点在乡镇和农村,尤其是一些贫困地区。我们的扶贫要求是一个也不能少,要让所有的人都过上小康生活。同样,我们的文化服务也要做到一个也不能少,要加大扶贫扶弱的力度。为此,2015 年,浙江省制定了《关于加快构建现代公共文化服务体系的实施意见》,以推动基本公共文化服务在不同区域得到均衡发展。2015 年 7 月,浙江省人民政府在衢州召开公共文化服务重点市县工作座谈会。会议认为,浙江省委、省政府高度重视公共文化服务体系建设,始终把加强公共文化服务体系建设作为改善民生的重要内容,不断加大投入,夯实基础,推动公共文化服务水平不断提高,且多项指标走在全国前列。但在同时,区域文化发展不均衡现象在一定范围内依然存在,成为制约基本公共文化服务均等化实现的瓶颈。为解决这一难题,浙江省人民政府以“提升短板,促进均衡”为目标,对照《国家基本公共文化服务指导标准》,从文化投入、文化设施面积、文化服务等多个方面进行综合评估,对全省各地基本公共文化服务有关数据进行采样,最后确定金华等 3 个市重点推进本级公共文化服务发展,泰顺等 7 个县推动实现基本公共文化服务标准。10 个重点市县对照《浙江省基本公共文化服务标准(2015—2020 年)》,认真剖析了当地公共文化服务体系建设过程中存在的问题和产生的原因,提出了未来两年提升基本公共文化服务的计划,在项目名称、建设内容、资金投入、责任单位等多个方面,明确了政府的保障责任和提升目标。省里从项目帮扶、提升队伍素质、服务升级和督促指导等 4 个方面入手,对重点市县实行精准扶贫,对重点市县在理念、队伍、机制上给予帮扶和支持。浙江省设立 5000 万元专项资金,对重点市县的公共文化服务提升工作给予支持。2017 年 9 月，浙江省人民政府又召开了全省公共文化服务重点县工作会议，确定温州市洞头区等 10 个县(市、区)为第二轮公共文化服务重点县(市、区)；以各设区市为主认定，107 个乡镇和 1230 个村被分别列为重点乡镇和重点村。这就是浙江省人民政府确立的公共文化服务“十百千”工程。

浙江全省上下积极加快公共文化服务重点县建设步伐，推动区域文化均衡发展。各市以建设“省级公共文化服务重点县”为主抓手，对照检查 49 条省定标准和 18 个提升项目，紧盯建设指标和项目计划，完善公共文化服务设施网络，进一步强化责任、落实措施，如期推进标准化建设，确保重点县预期目标完全实现。如丽水市云和县制定出台了《云和县公共文化服务重点县建设两年提升计划(2017—2019 年)》，确定了 13 个重点提升项目，总投资达 5.74 亿元。温州市洞头区全面启动公共文化服务重点区建设两年提升计划的重大项目。其中，完成了东岙海洋民俗馆、北岙街道职工文体服务中心和东屏街道综合文化站提升工程，村级文体活动场地全覆盖。区、街道(乡镇)、村(社区)3 级公共文化设施网络已建立健全。丽水市庆元县在开展“三送”文化下乡等日常工作的同时，每年组织举办主题文化活动、乡村春晚、广场舞大赛、乡镇特色文化节等群众文化活动 200 余场，还组织文化干部成立了“庆元县文化精准帮扶团”，开展“艺术课堂进乡村”活动，为广大群众提供零距离、全方位的精准文化服务。浙江各地创新丰富公共文化投资主体，在确保公共财政投入的同时，广泛吸引社会力量参与公共文化建设，激发全民参与公共文化建设的热情。

(三)建立扶持资金，推动公共文化服务的提升

为推进专项资金管理改革，进一步完善全省公共文化服务体系经费保障和运行管理机制，浙江省决定跨部门整合公共文化服务相关省

级专项资金，统一设立浙江省基本公共文化服务专项资金。为规范专项资金管理，提高资金使用效益，2013 年 11 月，浙江省下发了《关于印发浙江省基本公共文化服务专项补助资金管理办法（试行）的通知》，要求专项资金使用和管理坚持以下原则："（一）省级引导。省财政通过专项资金管理方式的改革，建立激励约束机制，支持市县健全公共文化服务体系经费保障机制，引导市县增加财政文化投入，加强和完善基本公共文化服务。（二）市县为主。各市、县（市、区）政府承担本地区开展基本公共文化服务和落实经费保障的主体责任。（三）统筹安排。各市、县（市、区）财政部门负责统筹省级专项资金和当地财力，根据国家、省有关政策和本办法规定，结合当地实际，合理安排基本公共文化服务各项支出。（四）保障重点。各市、县（市、区）应当根据省有关部门确定的全省基本公共文化服务重点项目和实施计划，保障落实重点项目经费，按计划完成项目实施任务。（五）均衡发展。专项资金安排应当向欠发达地区、向农村、向弱势群体倾斜，努力促进基本公共文化服务均等化。（六）专款专用。专项资金应当按规定用于基本公共文化服务的支出，任何单位和个人不得截留、挤占和挪用，不得抵顶地方财政投入或用于平衡财政预算。"本通知有总则、支出范围、分配方法、申报审批、使用管理、监督检查、附则共 7 章，制定了 38 条规定。

浙江还组建了全省图书馆联盟、文化馆联盟、美术馆联盟和博物馆联盟等平台。2009 年，由浙江图书馆发起，全省公共图书馆共同组织参与的浙江省公共图书馆信息服务联盟正式成立。多年来，全省各级公共图书馆积极发挥社会服务职能，通过编辑专题信息资料、搭建信息服务平台、应用新技术手段、委托检索查询等各种丰富的服务形式，积极为全省各地区地方"两会"代表、委员的参政议政及科学决策提供优质的信息服务。2019 年 7 月，长三角城市文化馆联盟正式成立。它是由上海浦东新区文化艺术指导中心、马鞍山市文化馆、嘉兴市文化馆等 18 个位于长三角地区的文化馆共同发起成立的。其成立大会在上海浦东召开，沪皖苏浙地区的近百家文化馆当家人齐聚浦东。联盟成立后，长三角地区文化馆的共建共享、合作交流将拥有一个全新的平台，浙苏沪皖三省一市的公共文化服务事业将迎来进一步协同发展、深入联动的新局面。

四、创新文化服务方式，提高为民服务水平

浙江省常态任开展“送文化”“种文化”“赛文化”活动，丰富群众性文化活动，并将外来务工人员文化供给纳入其常住地公共文化服务体系。

（一）实施基本公共文化服务提升计划

抓住提供更多、更好精神食粮这个重要目标，实施基本公共文化服务提升计划，优先安排与基层群众切身利益紧密相关的文化服务项目。加大面向农村和欠发达地区的“送戏下乡”“送电影下乡”等活动的力度，加强乡土文化培育，切实解决好人民群众的文化需求问题。进一步落实把农民工纳入城市公共文化服务体系的措施办法。创新服务形式，推动建设“网络图书馆”“网络博物馆”“网络剧场”“群众文化活动远程指导网”等覆盖全省的数字文化服务网络，多渠道向基层配送文化资源。推动公共文化服务社会化发展，鼓励社会力量、社会资本参与公共文化服务体系建设，培育文化非营利性组织。创新财政对公共文化服务的绩效管理体制，通过政府采购、服务外包、以奖代补等多种投入方式，提高财政资金使用效益。

实施“新农村文化建设十项工程”（即农村文化基础设施建设工程、广播电视“村村通”工程、文化信息资源共享工程、文化遗产保护工程、农民体育健身工程、农村电影放映“2131”工程、送戏送书工程、农村文

化活动繁荣工程、农村文化队伍素质提升工程、农村文化示范户创建工程)及“文化低保工程”,基本建成多形式、多渠道、具有较高水平的公共文化服务体系,源源不断地为城乡群众提供基本公共文化服务。浙江图书馆在全国率先开通网络图书馆,积极构建城乡一体化的公共图书馆系统“一卡通”工程。浙江博物馆在全国率先实行博物馆常年免费开放,随后,全省的博物馆、纪念馆全部实现免费开放。推进文化事业单位内部机制改革。按照国家关于事业单位分类改革的总体部署,明确不同事业单位功能定位,建立法人治理结构,完善绩效考核机制。推动省图书馆、博物馆、文化馆、科技馆等组建理事会,吸纳有关方面代表、专业人士、各界群众参与管理和监督。

着力繁荣健康向上、充满活力的农村文化,丰富农村精神文化生活,实现文化聚民、文化乐民、文化育民的目标。巩固基层思想文化阵地。加强和改进面向基层的宣传教育工作,以群众喜闻乐见的方式,深入推进中国特色社会主义和中国梦的宣传教育,大力弘扬浙江精神,推动社会主义核心价值观走进基层、走进群众。健全农村公共文化服务体系。全面落实《关于加快构建现代公共文化服务体系的实施意见》,落实“一个责任四张清单”,加强基层宣传思想文化工作,推动农村公共文化服务体系建设。大力培训农村文艺骨干队伍,激发与增强基层文化的内生活力。利用重大传统节日和农村特色节庆,广泛组织开展群众性文化活动。传承弘扬乡土文化。挖掘反映村落个性的耕读文化、民族风情,提炼体现地域特色的产业文化、民间技艺,彰显美丽乡村的乡土特色,保护农村的文化血脉,以“乡愁”记忆凝聚人心。深入推进农村未成年人思想道德建设“春泥计划”。针对农村未成年人思想道德建设这一重点领域和薄弱环节,建议加强未成年人校外教育,深入推进“春泥计划”和乡村学校少年宫等农村未成年人思想道德阵地建设,整合部门力量,坚持未成年人思想道德建设工作向农村倾斜,向留守儿童和外来务工人员子女倾斜。

(二)形成共建、共创、共享的文化格局

充分调动群众参与文化活动的积极性和创造性,让人民共建共创共享文化。文化活动不仅能愉悦心理,是心身锻炼的好形式,也是构建和谐社会的好途径。我去过嘉善的一个村。2003 年之前,这个村是个老"上访村",后来来了一位女大学生担任村党支部书记,她上任的第一天就遇到一些上访的。那个地方很有趣,上访的都是女的,干活的也是女的,男的不太做事,都在家喝茶。这个村支书在学校就是文艺骨干,能歌善舞,她上任后就在村里组织跳排舞。几个带头上访的让她动员起来当了队长,天天跳舞。最后村里的排舞队还跳进了地方卫视的某一台著名综艺节目。2003 年,这个村从"上访村"变成了先进村。这就是文化的力量。

浙江省努力为广大群众成为社会主义文化建设者提供广阔舞台,引导群众在文化建设中自我表现、自我教育、自我服务,及时总结来自群众的生动鲜活的文化创新经验,在全社会营造鼓励文化创造的良好氛围,让蕴藏在人民中的文化创造活力得到充分发挥。各种排舞队、腰鼓队、模特队、舞狮队遍布城乡,各种书法、美术、摄影活动开展得如火如荼,群众文化活动热火朝天。在工作实践中,注重主体队伍建设,着力改进农村"种文化"培训辅导活动的方式方法,进一步扩大农村"种文化"活动覆盖面和农民群众参与率;注重长效发展,着力加强"种文化"活动的宣传报道和展演展示,进一步完善多方配合、社会参与的工作机制。紧紧围绕提高农民群众的思想道德和科学文化素质,组织开展各类思想引导、道德教育、礼仪培养、文化熏陶等活动。充分发挥农村文化指导员、志愿者和带头人的作用,积极开展内容丰富、形式多样的农村"种文化"活动。充分发挥文化部门的职能作用和省"种文化"活动专家师资库的作用,利用各类文化教育条件和资源,以边远山区农村为重

点，采取阶段性与经常性相结合的方式，对农民群众开展培训辅导活动。注重丰富培训辅导内容和形式，切实提升农民群众在文体活动方面的组织、参与能力和鉴赏、表演水平。

根据农村生产生活实际，结合农村当地特点，组织广大农民群众开展经常性的、形式多样的民俗文体活动，培育一批富有特色的农村“种文化”活动品牌。浙江全面推进民间文化艺术之乡建设，支持农民画、渔民画等民间文艺繁荣发展，推动“书法村”建设，打造基层特色文化品牌。扶持引导业余文艺社团、民营文艺表演团体以及网络文艺社群、社区和企业文艺骨干等开展创作活动，展示群众文艺创作优秀成果。根据农村生产生活实际，组织广大农民群众开展经常性、形式多样的民俗文体活动。结合“我们的节日”主题活动，利用春节、元宵、清明、端午、重阳、中秋、国庆、元旦等传统节日、重大节日和各地特色节庆日，广泛开展各类群众性民间艺术活动、民俗表演活动和特色文体活动。举办浙江省“千镇万村种文化”展演展示活动，评选表彰一批优秀节目。各级新闻媒体开设专栏、专题，宣传报道各地农村“种文化”活动的经验做法和动态情况，展示各地传统特色文化魅力。办好农村“种文化”品牌栏目。深入推进“千镇万村种文化”活动，500 多家民间职业剧团、3 万多支业余文体队伍、约 61.4 万名业余文体骨干活跃在农村“种文化”一线，把文化的种子“种”入农民群众的心田。

（三）推进公共数字文化建设转型升级

浙江推进数字化公共文化服务互联互通，加快开发特色数字文化产品。就建设数字图书馆、数字文化馆、数字博物馆和数字美术馆方面，全省已经建成 1 个文化共享工程省分中心、11 个市支中心、83 个县级支中心、44886 个基层服务点，基本实现“村村通”，让公共文化服务能够触及每一个老百姓。建成 1764 个公共电子阅览室，基本建成覆盖全省各级公共图书馆分布式虚拟专网。全省可共享数字资源总量达795太字节(TB)。以平湖市和莲都区数字文化馆建设为试点,探索基于"互联网＋"的公共文化服务数字供给模式,搭建了"浙江文化通"、舟山"淘文化网"、嘉兴"文化有约"、衢州"流动文化加油站"等一大批公共文化服务数字化平台。全省公共图书馆联合发布《浙江省公共图书馆"互联网＋"行动计划》。浙江省文化馆结合文化部数字文化馆建设试点、文化馆业务绩效考评工作,借助网站评选、论文征集、研讨培训等活动抓手,使数字文化馆建设成为各级文化馆的重点工作,全力推进浙江省各级文化馆数字化建设。2012年,浙江省杭州、宁波两家市级文化馆被列入文化部首批数字文化馆建设试点。两市文化馆在数字化建设方面都有创新,如杭州市文化馆的"预约服务""我行我秀",宁波市文化馆的网上剧场、群星展厅等,为全省文化馆数字化建设提供了许多宝贵的经验。在数字文化馆建设定位上,全省各级文化馆突出了地方特色,将文化下乡、免费培训、品牌活动等与互联网有机结合,开通了在线报名、预约配送、线上活动等特色功能,吸引了众多群众的参与。浙江省文化馆门户网站浙江艺术网日均点击量逾3000人次。为大力推进浙江省公益性数字文化服务体系建设,2014年在全省文化馆系统开展了"浙江省首届十佳文化馆网站评选"活动,通过评选推进全省各级文化馆数字化建设工作,引导浙江省各级文化馆网站发挥网络优势,积极运用新技术,不断创新公共文化传播的内容、形式、渠道,不断拓宽公共文化数字化服务的新途径,切实提高浙江省公共文化的数字化服务水平,满足人民群众日益增长的精神文化需求。浙江省数字文化馆建设将在形式、内容、功能实现等方面进一步提升。除了进一步优化网站平台,还将大力推进微信、微博平台建设。进一步优化线上活动平台,方便群众参与文化馆活动。同时将微信、微博与网站相结合,加强与群众的互动,进一步扩大服务范围。

浙江省文化主管部门建设了"浙江智慧文化云",与市县文化云、浙江政务服务网等平台对接，逐步使之成为浙江公共文化服务的大数据中心，为人民群众参与公共文化服务全过程提供平台支持。同时，深入贯彻落实浙江省委、省政府数字化转型工作总体部署，加快推进全省文旅系统政府数字化转型及“诗画浙江”文化和旅游信息服务平台的推广应用。浙江文旅系统以《浙江省文化和旅游厅政府数字化转型三年行动计划》为目标，在“互联网＋政务服务”工作中的网上办事实现率、跑零次实现率、即办事项比例、承诺期限压缩比等多项指标上走在前列。完成了“诗画浙江”文化和旅游信息服务平台项目全功能上线，在全省贯通、省市县3级推广，汇集18个横向部门数据及业务协同。平台应用上线率100%，平台账号覆盖率100%，服务1600多万人次。

（四）创新公共文化服务运行机制

深入推进公共文化服务标准化、公共文化机构法人治理、基层综合性文化服务中心建设、农村电影发行放映体制改革等4项全国改革试点。浙江各级领导干部和文化工作者充分认清深化公共文化体制改革的必然要求。改革是体制演进的方式，改革是社会发展的动力。随着经济体制改革进一步深化和社会经济快速发展，文化赖以生存和发展的经济基础、体制环境、社会条件发生了深刻的变化，使得文化建设既拥有许多有利条件，同时也面临着严峻挑战。文化体制改革进一步推进，会涉及深层次问题和矛盾；文化体制改革大范围展开，会面对新情况的冲击和挑战。但是，无论是满足人民群众需求，还是打造浙江经济发展新的增长点和支柱性产业，都只有用改革的办法来解决。改革开放以来40多年的发展表明，哪里有改革，哪里就有新发展；哪里有改革，哪里就有新局面。当前，公共文化建设正迎来大好发展时期，推进公共文化体制改革向纵深发展的一系列有利条件已经具备。通过改革充分释放文化生产力，就能够推动文化事业乘势而上。

浙江省充分发挥浙江体制机制上的优势，积极探索文化设施所有权与经营权分离，允许对电影院、剧院等设施实行所有权与经营权相分离的运营模式，即国家保有对文化设施的所有权，而交由企业法人或自然人经营的一种方式。具体方式是公办民营，就是政府所办的文化设施，打破政府统管统包的做法，采取承包、租赁、股份制等形式，引入社会力量参与经营管理。公开招标，又叫竞争性招标，就是由政府作为招标人在报刊、电子网络或其他媒体上刊登招标公告，吸引众多企业单位参加投标竞争，招标人从中择优选择中标单位的招标方式。委托经营，就是政府作为委托人通过契约将资产交给具有较强经营能力且能承担风险的民营企业进行有偿经营的行为。各级政府将文化设施交由企业法人或自然人经营，不得改变文化设施的用途。如宁波大剧院就是按照“所有权与经营权相分离”的思路，实行“企业化管理、市场化运作”的机制，组建了经营有限公司，大力开拓演艺市场。同时，坚持一业为主、多业并举的经营策略，办会办展办艺术培训，积极寻找合作伙伴，开出大众娱乐性剧场，做到天天演，丰富了市民的文化生活，演出场次和收益都大大提高。所有权与经营权相分离的运营模式成了浙江文化系统改革的典型之一。

浙江全面建立基本公共文化服务标准化均等化建设评价机制，完善公共文化机构绩效考评制度。完善政府购买公共文化服务机制，拓宽政府购买公共文化服务范围。建立农村电影放映长效机制。探索推进重大文化设施项目所有权与经营权分离，鼓励引导社会组织和企业采用PPP等形式参与公共文化设施投资建设、提升改造、运营管理，促进公共文化服务提供主体和方式多元化。深入推进公共文化机构法人治理结构改革。按照政事分开、管办分离要求，以公共图书馆、博物馆、文化馆、科技馆、美术馆为重点领域，推动公共文化机构建立以理事会为主要形式的法人治理结构，吸纳有关方面代表、专业人士、各界群众参与管理，落实法人自主权，进一步提升管理水平和服务效能。到2020

年底，浙江市（地）级以上规模较大、面向社会提供公益服务的公共图书馆、博物馆、文化馆、科技馆、美术馆等公共文化机构，基本建立以理事会为主要形式的法人治理结构，决策、执行和监督机制进一步健全，相关方权责更加明晰，运转更加顺畅，活力不断增强，人民群众对公共文化的获得感明显提升。在改革中，重点把握以下问题。

一是建立以理事会为主要形式的法人治理结构。理事会是公共文化机构的决策机构，成员由政府有关部门、公共文化机构、服务对象和其他有关方面代表构成，本单位以外人员担任的理事要占多数。公共文化机构管理层负责执行理事会决策，管理层由公共文化机构行政负责人及其他主要管理人员组成。

二是明确相关方职责。相关行政主管部门作为举办单位，负责对公共文化机构和理事会建设进行监督指导、绩效考核。理事会负责本单位发展规划、财务预决算、重大业务、章程拟订和修订等决策事项，按照有关规定履行人事管理和监督职责。管理层按照理事会决议自主履行日常业务管理、财务资产管理和一般工作人员管理等职责。

三是制定机构章程。各文化主管部门制定本系统公共文化机构章程范本。各公共文化机构依照章程范本，结合实际起草本单位章程，章程草案由理事会审议通过，经举办单位同意后报登记管理机关备案。

四是规范管理运行。公共文化机构的举办单位指导组建理事会和管理层，按章程规定对理事会重大决策进行审查，对理事会及理事进行监督和评价。理事会严格实行集体审议、独立表决、个人负责的决策制度，依法依章程行使决策权和监督权，对举办单位负责。管理层对理事会负责，定期向理事会报告工作。公共文化机构根据国家有关政策法规，配套建立年度报告、信息公开、绩效评估和责任追究等制度。

五是加强党的建设。举办单位加强对公共文化机构党建工作的领导，落实意识形态工作责任制，完善“双向进入、交叉任职”的配备方式。凡涉及公共文化机构改革发展稳定和事关职工群众切身利益的重大决策、重要人事任免、重大项目安排、大额度资金使用事项，党组织必须参与讨论研究，理事会做出决定前，应征得党组织同意。

2014 年，温州市图书馆作为浙江省法人治理结构试点单位，组建成立了首届图书馆理事会。为确保理事来源的广泛性、成员的代表性以及参与的主动性，温州市图书馆先面向社会公开招募理事，最大限度地吸纳各阶层代表加入理事会，形成了广泛影响。温州市图书馆首届理事会有成员 13 名，其中主管局委派 1 名、市图书馆代表 2 名、社会代表 10 名。除了理事会，温州市图书馆还成立了监事会，成员由市财政局、图书馆主管部门、图书馆各派 1 人，读者代表 2 人，共 5 人组成。温州市图书馆理事会成立后，理事们率先示范，激发了社会各界参与公共文化服务的热情。通过众筹合作多方共建模式，先后建成数十家高品质的 24 小时开放的无人值守城市书房，成为温州城市的文化地标；推出公交线路式服务模式运营的“温图小巴”汽车图书馆，为进社区、进校园提供便捷流动服务。引入法人治理结构后，温州市图书馆将理事会定为决策监督机构，社会各界代表加入理事会，共同参与图书馆管理，在业务发展、资金投向、人才队伍建设等重大事项上，形成与社会需求相对接的决策机制，切实提升了图书馆的服务效益和效能。几年来，温州市图书馆接待读者量年均增长约 10%，书刊外借量年均增长约 6%，多项业务数据排名浙江第一。

2013 年，国家新闻出版广电总局将浙江省作为深化农村电影发行放映体制改革的试点省。浙江各级党委、政府高度重视农村电影放映工作，将其列为文化发展规划重要工作目标，纳入新农村建设总体布局以及政府提供公共文化服务范围，并安排政府财政预算。浙江省针对电影公共服务体系中的重要领域、关键环节精准发力，先后进行了发行、放映机制的改革，改进政府购买机制，加快转变政府职能，并完善服务机制，提升供需对接水平。2014 年，浙江省启动发行机制改革，基本建立发行市场的竞争择优机制。制定政府购买发行服务的质量标准，实现影片订购权下放，充分保障基层放映单位对影片的选择权，强化农村院线对基层的服务意识，对非公益性影片场次比例、院线上映两年内国产新片场次比例、供片效率、影片订购服务等，做出明确的质量标准要求。为充分满足农村群众观影需求，制定地方戏曲电影创作规划，以政府定制方式，集中采购、创作一批富有浙江地方传统文化特色的优秀戏曲电影。2015 年启动了放映机制改革，实施镇级多厅影院建设扶持政策，对省级小城市试点镇、省级中心镇首家新建的三星级以上多厅影院(3 个厅以上)实行奖补。在金华、衢州、丽水等地实施放映机制的公开招标试点；其中，丽水庆元县的试点工作被列为全省政府购买服务项目示范典型。2016 年，浙江全面实施这项改革，制定政府购买放映服务的实施方案和质量标准，对放映服务承接主体的资质条件、放映行为规范、设备技术要求等，做出明确的质量标准要求，破除放映环节各项壁垒，鼓励社会力量积极参与，推动建立放映市场竞争机制。此外，还着力发展公共服务供给新途径，丰富公共服务产品和种类，充分满足群众多样化的观影需求。

经过多年的改革实践，浙江全省镇级影院、农村室内放映点、露天流动放映“三位一体”的公共服务供给业态加速融合，城乡电影公共服务一体化发展框架基本成形，公共服务供给结构明显优化，从而实现了投入方式从专项资助到购买公益服务的转换，运营体制从单一国有发行放映公司到股份制、发行放映一体化院线公司的转换，技术体系从胶片放映到数字传输放映的转换，管理手段从原始粗放型到信息化管理的转换，基本建立了包括农村电影财政补贴机制、农村电影放映网、农村电影节目传输网、农村电影监控统计网等在内的农村电影公共服务体系，实现“一村一月放一场电影”。

浙江农村电影公共服务体系基本建立。浙江省人民政府将农村电影列入基本公共服务均等化行动计划、为民办实事、社会主义新农村建设等各级政府年度重点考核项目，逐年加大投入力度。电影放映工程覆盖浙江省所有中心村，年放映场次 30 多万场，观影人次超过 6300 万。在电影的放映质量上，浙江省建立了第三方评价机制，对电影发行绩效、放映服务社会满意度进行调查，总体满意度都比较高。

全省各县（市、区）还按照城乡经济社会发展和人口迁移流动规律，根据人口集聚度、群众实际观影需要等因素，将外来务工人群集聚的工业园区等纳入服务范围，动态优化放映点布局和放映场次结构。建立观影需求调查机制，采取多种形式让群众参与选片，采用菜单式预约供片以及"你点我播""固定放映点、固定放映日"等服务形式，提升有效观影人次。

宁波、温州、衢州等农村电影院线公司荣获"全国服务农民服务基层文化建设先进集体""全国农村电影放映工程先进集体"称号。特别是现在，浙江还有一支常年活跃在农村的放映员队伍，他们成为农村最受欢迎的人。有的放映员大半生奔波在乡村，放映电影上万场，往返行程超过 5 万公里，比绕地球一圈还要多。有的还获得浙江省优秀电影放映员和国家优秀电影放映员称号。

第九讲思考题：

1. 怎样认识政府在公共文化服务上的职能？
2. 农村文化礼堂怎样更好地发挥作用？
3. 基层"种文化"有哪些好形式？

第十讲

讲好浙江故事　传播中华文化

在文化浙江建设中，我们要大力推动包括浙江文化在内的中国文化“走出去”，走向全世界。这是在世界上树立浙江良好形象的需要，是与世界人民交往交流的需要，是让世界更加广泛、深入地了解浙江的需要，也是做大、做强浙江文化产业的需要。

一、讲好浙江故事、传播中华文化是重要使命

深入实施“文化走出去工程”。统筹对外文化交流、文化传播和文化贸易，创新方式方法，讲好浙江故事，传播浙江声音，加快建设国际人文科教交流枢纽。

（一）强化中华文化影响力的浙江担当

2018 年 8 月 21 日，习近平总书记在全国宣传思想工作会议上发表重要讲话，强调：“要不断提升中华文化影响力，把握大势、区分对象、精准施策，主动宣介新时代中国特色社会主义思想，主动讲好中国共产党治国理政的故事、中国人民奋斗圆梦的故事、中国坚持和平发展合作共赢的故事，让世界更好了解中国。”党的十九报告指出：“要推进国际传播能力建设，讲好中国故事、传播好中国声音，向世界展现真实、立体、全面的中国，提高国家文化软实力和中华文化影响力。”为此，我们要讲

好民族复兴故事。实现中华民族伟大复兴，是当代中国最宏大、最精彩的故事。向世界讲好中国故事，首先就要讲好中华民族伟大复兴的故事。其一，要讲好中国道路故事。独特的文化传统、独特的历史命运、独特的基本国情，注定了中国必然要走适合自己特点的发展道路。其二，要讲好中华文化故事。中华优秀传统文化，为中国故事提供了精神内核。因此，向世界讲好中国故事，必须讲好博大精深的中华文化故事。其三，要讲好人民友好故事。国之交在民相亲，民相亲在心相通。无论是驼铃相闻，还是舟楫相望，人民之间绵远悠长的友好交往故事一直是国家间相互了解的基础。向世界讲好人民友好故事，才能为民心相通奠定基础。其四，要讲好和平发展故事。要阐释好中国走和平发展道路的历史渊源、文化基因，以及中国关于和平、发展的系列主张。其五，要讲好全球化故事。当前，世界经济复苏势头仍然脆弱，保护主义抬头，因此，向世界讲述"全球化"的故事，是为了着力推动全球化的顺利发展。

那么，要怎样讲好故事呢，最主要的途径有以下这些方面。一是利用重大节会讲好故事，如 2016 年浙江充分利用召开 G20 杭州峰会之机讲好中国故事和浙江故事。二是利用来访与出访讲好故事，友好往来是面对面增进了解的好渠道。三是利用互联网讲好故事，现在世界上整个舆论场态势是西强我弱，中国声音要传到外面很不容易，互联网提供了一条比较便捷的渠道，可以把我们的声音传播出去。四是利用国际媒体讲好故事，如 2015 年，杭州优美的城市宣传片在美国纽约时代广场播出，惊艳了无数人。越来越多的中国形象亮相纽约时代广场。五是利用各种商品讲好故事，义乌做了近亿件以中国梦为主题的商品，卖到了全世界，受到各国人民的欢迎。六是利用在中国的外国人讲好故事，因为外国人讲的中国故事更能让外国人接受和信服。七是利用各种对外宣传品、著作讲好故事，现在各地都有不少外文的宣传品，在接待外宾时，常摆放在酒店等地方。这些都是很好的传播方法。

浙江在提升中华文化影响力上充分体现了自身担当。如2016年9月，G20峰会在杭州召开，这是个千载难逢的宣传浙江和杭州的时机。浙江和杭州紧紧抓住这个机会，在竭力把杭州峰会“办成一届精彩、成功、具有里程碑意义、取得最佳成效的峰会”的同时，大力宣传，讲好当地故事，向世界全面展示浙江和杭州的风采。

那么，怎样讲好浙江故事呢？通过分析，可以认为重点集中在4个方面。

一是讲浙江故事，重点是讲好3个故事，即浙江人的故事、美丽浙江的故事、浙江发展的故事。紧紧围绕浙江发展成就及浙江对世界的贡献，充分展示以杭州为代表的浙江城市的文化韵味和创新发展活力，通过讲好故事，让来宾感受到“浙江人好，浙江是个好地方，浙江的未来会更好”。

二是要用外国人容易接受的方式来表达，不仅要考虑我们说什么，更要考虑他们能够接受什么。充分挖掘最能体现中华文化、最能展示浙江精神、最能反映杭州特色的记得住、印象深、易传播的故事，以明信片、书籍、动漫、视频、数字内容等直观、通俗、易获得的方式或途径来展现。

三要借助各种平台来讲好故事。重点做好新闻报道、文明素质提升、文化艺术布展、文化交流活动、浙江故事(杭州故事)挖掘等工作，通过对重要场合、采访线路进行布展装点，举办艺术展览、文化交流、文艺演出等活动，展现浙江艺术(文艺)水准，讲述浙江历史人文故事，让境外客人感受到浓郁的中国文化氛围。

四是主题鲜明，强化印象。如当时就举办了一系列有关文化精品的展览活动。在浙江展览馆组织实施“百年追梦”浙江美术创作精品工程成果展和吴昌硕艺术大展；中国丝绸博物馆推出“锦绣世界——国际丝绸艺术展”；浙江美术馆推出第二届杭州纤维艺术三年展、“子曰心书——浙江书法篆刻名家作品展”、“水印千年——中国水印版画大展”启动展“湖山胜概”等；浙江图书馆举办“G20——透过书籍看世界”

“G20 知识展”等；浙江省博物馆推出“金玉默守——湖北蕲春明荆藩王墓珍宝展”“玻璃的艺术——欧洲玻璃艺术史珍品展”等；浙江自然博物馆举办“两栖爬行动物多样性专题展”等。

为迎接 G20 杭州峰会，浙江省和杭州市制作了以下众多宣传品提供给会议，并放到会议场馆、外宾入住的酒店、新闻中心等地方。

1. 综合宣传品：一个 U 盘、一本口袋书

将存储了“美丽浙江”系列中的各类电子书籍、明信片、音乐、微视频等全套资料的 U 盘，赠送给境内外峰会注册记者。“美丽浙江”系列口袋书，用联合国 6 种工作语言出版，即有汉语、英语、法语、俄语、西班牙语、阿拉伯语版本，供来宾阅读。

2. 讲述浙江人的故事

编辑《我是浙江人》一书，讲述 20 位浙江道德模范、基层干部、各类代表人物等的故事，介绍他们的奋斗历程和不平凡事迹，展现他们脚踏实地干事创业的精神风貌，宣传当代浙江人勤劳、勇敢、善良、乐群的可贵品质。编辑《站在世界舞台上的浙商》，介绍 20 位著名浙江商人的创业、创新故事，根据这次峰会的主题，展示浙江企业家创业、创新的奋斗历程，呈现当代中国和浙江的发展进步。

3. 讲述美丽浙江的故事

一是制作“美丽浙江”系列共 8 套明信片，以诗情浙江、画意浙江、夜色浙江、最美浙江、戏曲浙江、多彩浙江、活力浙江、生活浙江为主题，反映浙江的美丽山水、城市乡村、历史人文、社会发展、百姓生活等。明信片以各种艺术形式呈现，包括摄影、中国画、水彩画、钢笔画、农民画、版画、油画、儿童画。

二是编辑出版“印象浙江”丛书，以浙江的山、浙江的水、浙江历史名人、浙江非物质文化遗产、浙江丝绸、浙江茶叶、浙江瓷器、浙江美食等为题，以散文形式来展示介绍，配置适当的照片，每本3万字左右，共20多万字。三是制作“美丽浙江”系列的音乐碟片和U盘、选择12首有浙江代表性的歌曲。

4. 讲述浙江发展的故事

编辑出版“浙江发展”系列图书，以浙江经济发展、浙江政治发展、浙江文化发展、浙江社会发展、浙江生态发展等为主题，均由知名学者执笔，配适量的照片，全面呈现浙江“五位一体”发展成就。同时，编辑“走读浙江”系列图书，反映浙江11个市的发展状况。以上出版物也以联合国6种工作语言出版，供来宾阅读。

5. 编撰出版系列专题书籍

出版外国友人撰写的《新马可波·罗中国游记——浙江的故事》《走进世界第一大市场——一个美国学者眼中义乌的过去、现在和将来》。两书均为英文版。以中英文两种语言编辑出版《杭州简史》《杭州印象》《杭州人手册》《印象杭州》等书籍。其中，《杭州简史》《杭州人手册》《印象杭州》以图文并茂的形式，深入浅出地描述杭州历史人文和城市生活面貌。《杭州印象》将莫言、麦家、濮存昕等文化名人撰写的与杭州有关的文章结集成册。

6. 开发新媒体视频内容

制作G20杭州峰会动漫宣传片、以“杭州故事”为主题的短视频等，在今日头条、二更、界面、航空视频等新媒体渠道播出，并与新浪网合作开展“杭州故事之聆听匠人故事”专题活动。摄制“我在杭州”系列微纪录片，讲述10名在杭外国人的杭州生活、工作、学习情况，在各类新媒体上进行推送。

7. 推送 G20 杭州峰会歌曲

选取《梁山伯与祝英台》等一批优美动听、蕴含浙江人文精神的音乐曲目和杭州制作的 G20 杭州峰会主题曲，存入 U 盘赠送给外国客人，并在采访线路沿线、游览线路沿线、活动场所等场合适时播放。

8. 开通"杭州故事"地铁专列

杭州通过美化城市箱体、开通"杭州故事"地铁专列等方式，全面展示杭州人物、杭州艺术、杭州风光、杭州作品、杭州生活等。通过在机场、入城口、高速入口等重要区域设置既有思想又有美感的广告牌、告示牌，用文化装扮杭城，为 G20 杭州峰会营造良好的文化氛围。

在 G20 杭州峰会的文化展示方面，最令人难忘的是 2016 年 9 月 4 日晚上，出席会议的 G20 成员国和嘉宾国的领导人，以及有关国际组织负责人观看"最忆是杭州"实景演出交响音乐会。我很有幸作为工作人员坐在外国贵宾席的最后一排，亲身感受这种震撼。晚会主体以多个十分精彩的节目构成。总时长约 45 分钟。第一曲是《春江花月夜》。由 124 位中国国家交响乐团和杭州爱乐乐团成员组成的乐队，携手中央民族乐团琵琶首席演奏家赵聪，用一曲《春江花月夜》在夜色中的西湖上拉开这台经典演出的序幕。琵琶曼妙的拨弦声飘荡在波光粼粼的湖面上，五彩的灯光闪烁，婀娜的云彩把天空打扮得像一座宫殿的穹顶，一幅西湖花月夜的画卷就此徐徐展开，观众为之震撼，暴风骤雨般的掌声响起。第二曲是《采茶舞曲》。徐徐而来的采茶女，踩着湖水溅起的浪花，仿佛采的是天上的茶。第三曲是《美丽的爱情传说》。《梁山伯与祝英台》这首经典的小提琴协奏曲，配上茅威涛无与伦比的演出，把中国这一著名的爱情故事演绎到了极致的境界，让许多人泪流满面。第四曲是《高山流水》。在东方古琴与西洋大提琴的和谐交融中，清澈的童声吟诵《诗经 · 小雅》中的名篇——"呦呦鹿鸣，食野之苹，我有嘉宾，鼓瑟吹笙……”天真无邪的声音伴随着美妙的音乐，令人感悟到世界之大爱。第五曲是《天鹅湖》，将这一经典芭蕾舞剧选段放置进西湖的景观之中是一大创举，也可能是《天鹅湖》从来没有过的经历——真正地在一个湖上演出。演员在西湖水面完成了亦幻亦真的舞蹈，形成了中西合璧的意境。当时我亲眼看见，《天鹅湖》还没有终了，普京就带头鼓掌。这个节目也是全场掌声最热烈的节目。第六曲是《月光》。当钢琴家的指尖滑过琴键，德彪西的《月光》与西湖迷人的夜景融为一体，中西合璧，意境悠远。第七曲是《我和我的祖国》。它书写的是全人类共通的情感——对于祖国的热爱。整个节目在男歌手和小演员的合唱中呈现出一个童话般的场景。确实，所有的人在祖国母亲的怀抱中都只是孩子。第八曲是《难忘茉莉花》。《难忘茉莉花》是 G20 杭州峰会演出中唯一的新创作曲目，唱出了对《茉莉花》新的理解和艺术表达，让世人重新认识了这首中国的经典民歌。第九曲是《欢乐颂》。在贝多芬《欢乐颂》的音乐中，演员们奋力泼起湖水，一个巨型装置，在湖面上缓缓升起，喷射出雨雾，将整台演出推向高潮。经典的合唱与数百演员的表演，让西湖如一池烧开的水，一派沸腾。尾声是《最忆是杭州》。根据白居易《忆江南・江南忆》这首脍炙人口的词作创作出来的旋律，升华了对西湖的情和对杭州的爱，让每一个浙江人和杭州人自豪，让世界为之惊艳。演出结束，是铺满天空的灿烂烟花，与杭州的夜景交织出一幅气势恢宏、诗画杭州的绚丽风景。

G20 杭州峰会后，中央领导同志对相关宣传工作做出高度评价，认为 G20 杭州峰会是我国文化软实力发挥的一个重大突破，淋漓尽致地展示了中国文化。

（二）在“一带一路”倡议引领下，推进对外文化交流

浙江制定实施“一带一路”文化交流合作行动计划，运用义甬舟开放大通道和以跨境电商为主的“网上大通道”优势，加强与“一带一路”

沿线国家的文化交流合作，完善中外人文交流布局，创新高级别人文交流机制，在重点国家和地区开展美丽浙江文化、“丝绸之路”浙江文化、国际大运河文化等交流活动，打造对外文化交流品牌。

中国提出“一带一路”倡议，在全世界引起强烈反响。“一带一路”也是统领浙江新一轮改革开放的根本途径。“一带一路”与浙江息息相关。历史上的陆上丝绸之路和海上丝绸之路都与浙江有关，因为运输的主要商品是丝绸、瓷器、茶叶，这些也都是浙江名产。“一带一路”建设是国家大计，也是浙江的机遇。浙江在建设“一带一路”上重点打造5个枢纽。

一是打造国际港航物流枢纽，高水平构筑义甬舟开放大通道，推动自由贸易试验区、江海联运服务中心、跨境电商综合试验区等开放大平台取得突破性进展，全方位构建海上大通道、陆上大通道、天上大通道、网上大通道。

二是打造国际贸易枢纽。继续做强一般贸易，优化发展加工贸易，大力发展新型贸易，不断巩固和扩大全球市场份额，力争在一些领域掌握制度性话语权。

三是打造国际产能合作枢纽，支持企业“走出去”和“引进来”相结合，支持企业开展国际化运营，培育本土跨国公司。

四是打造国际新金融服务枢纽，突出培育具有全球竞争力的新金融组织、以民间财富管理为特色的新金融业态、具有强大资本集聚转化能力的新金融平台。

五是着力打造国际人文教科交流枢纽，继续扩大人文交流，用好会展平台，强化教科合作，努力打造更多的交流合作渠道。

2018年6月，浙江发布了《打造“一带一路”枢纽行动计划》，提出充分发挥浙江在区位条件、港航物流、数字经济、跨境电商、全球浙商、改革创新等方面的综合优势，加快形成以“一区、一港、一网、一站、一园、一桥”为框架的“一带一路”建设总体格局。“一区”，即自贸试验区。以高水平建设中国(浙江)自由贸易试验区和积极探索建设自由贸易港为引领,加快推进义甬舟开放大通道建设,提升大都市区国际化和各类平台开放水平,打造对外开放新高地。"一港",即国际枢纽港。以宁波舟山国际枢纽港为核心,加快推进海港、空港、陆港、信息港融合发展,加强与"一带一路"沿线国家和地区互联互通,打造辐射全球的国际现代化物流体系。"一网",即数字贸易网。以世界电子贸易平台(eWTP)为引领,发挥跨境电子商务和"互联网+"优势,强化国际贸易创新,拓展国际新金融服务,打造"数字丝绸之路"门户枢纽。"一站",即境外服务站。以先行建设的捷克站为支点,谋划布局一批境外系列服务站,充分发挥系列服务站对贸易、制造、物流、信息等方面的综合支撑作用,打造具有浙江特色服务"一带一路"建设节点网络。"一园",即国际合作园。以境外经贸合作区为载体,以重大合作项目为支点,加快推进国际产业合作。以省内国际产业合作园为平台,大力集聚国际高端产业和创新要素,打造"一带一路"国际科创产业合作高地。"一桥",即民心连通桥。以加强文化、教育、医疗、旅游、国际友城、高端智库等交流合作为桥梁纽带,发挥全球浙商优势,深化民间交往,促进浙江人民与"一带一路"沿线国家和地区民心相通,打造国际人文交流基地。

"一带一路"本身就是文化之路,浙江在推进"一带一路"建设过程中,高度重视文化的交流与合作。积极参与国家组织实施的大型对外文化活动,每年均参与文化部和相关国家举办的文化年(艺术节)、"欢乐春节"、中阿合作论坛等活动。积极推行"一带一路"倡议,推进与丝绸之路沿线国家的文化交流、文化传播和文化贸易。扩大国际合作,积极融入区域交流,以促进城市文化发展为支点,推动宁波"东亚文化之都"建设,加强东亚文化交流与合作。深化对外、对港澳台文化交流与合作,充分发挥市县资源优势,全面提升浙江文化对外影响力。如2019年4月,"浙江省'一带一路'文化和旅游交流精品展"在第十四届中国义乌文化产品交易博览会和第十一届中国国际旅游商品博览会亮相。

该展览分为7个板块。以“2018年‘文化浙江’对外和对港澳台文化交流成果图片展”作为开篇，遴选具有浙江地域文化特色的优秀交流展览“丝茶瓷——丝绸之路上的跨文化对话”“湖山胜概——西湖主题水印版画展”“楮墨浙韵——浙江印刷文化展”，文旅融合推介展览“古堰画乡——浙江特色小镇海外推广展”“南孔圣地·衢州有礼——衢州城市名片推介展”和以义乌市鸡鸣山社区为代表的“丝路文化驿站”项目，展示浙江文旅新貌。又如，2019年，国际丝路之绸研究联盟在位于杭州的中国丝绸博物馆成立，来自中国、英国、俄罗斯等国的20家机构成为联盟创立者，联盟秘书处就设在中国丝绸博物馆。作为国家一级博物馆，中国丝绸博物馆一直以“一带一路”建设丝绸不能缺位、要让丝绸文化遗产在“一带一路”建设中发挥更大的作用为目标。

在“一带一路”建设中，义甬舟开放大通道是浙江省“十三五”时期规划建设的重大战略平台之一。义甬舟开放大通道以浙江义乌、宁波、舟山为支点城市，以宁波舟山港、义乌国际陆港、甬金高速公路、金甬舟铁路为支撑，着力建设集江、海、河、铁路、公路、航空和以绿色、智能、安全为特征的联运综合枢纽，使之成为浙江辐射“一带一路”、服务长三角区域一体化发展的重要引擎，形成内畅外联、便捷高效的大交通体系，充分发挥大通道综合优势。2016年12月，浙江省人民政府发布《关于推进义甬舟开放大通道建设的若干意见》，提出：力争通过5年的努力，宁波舟山港、义乌国际陆港的国际枢纽功能显著提升，宁波舟山港货物吞吐量达到10亿吨以上、集装箱达到2600万标准箱以上，江海联运量达到3.5亿吨以上，中欧、中亚班列实现常态化运行；义甬舟开放大通道沿线区域经济国际竞争力明显增强，沿线地区生产总值增速高于全省平均水平，其中七大万亿级产业增加值年均增长超过10%，到2020年沿线地区生产总值占比达到45%，进出口总额占全省比重超过60%，其中机电和高技术产品出口占比超过50%，服务贸易出口年均增幅超过10%。到2019年，发展态势喜人。浙江宁波舟山港的货物吞吐量连续 10 年蝉联全球第一，2019 年货物吞吐量突破 10 亿吨，集装箱吞吐量居全球第二位。浙江还在深化建设义甬舟开放大通道方面谋划了十大标志性工程，共安排 230 个重大支撑性项目，总投资达 14805 亿元。

在浙江参与的“一带一路”建设中，另一个突出的亮点是跨境电商。阿里研究院和埃森哲发布的《2020 年全球跨境 B2C 电商市场趋势报告》指出，预计 2020 年全球跨境电商的市场规模超过 1 万亿美元，年均增长率高达 27%；跨境电商消费者总数预计超过 9 亿人。浙江有阿里巴巴这样的电商龙头企业，在跨境电商建设上一直领先全国。早在 2015 年 3 月，中国(杭州)跨境电商综合试验区就正式成立。数据显示，2016 年 1 月至 11 月，杭州跨境电商出口额约 52.7 亿美元，拉动杭州外贸出口增长约 13.2%。2016 年初，宁波设立了继杭州之后浙江第二个跨境电商综合试验区。同年，宁波跨境电商交易额突破 270 亿元人民币，约为 2015 年的 3.4 倍。如今，义乌、温州等多地均在大力发展跨境电商。浙江省商务厅数据显示，2016 年浙江跨境电商网络零售额呈高速增长态势，实现出口约 319.3 亿元人民币，同比增长约 41.7%。跨境电商已然成为浙江传统外贸转型的新动能。2017 年，浙江深入推进中国(杭州、宁波)跨境电子商务综合试验区建设，打造“网上丝绸之路”，除了积极发展网上贸易输出浙江产品外，还着力加强跨境电商软能力建设，包括进行技术输出、标准规则制定、人才培养、文化交流、市场培育等。

浙江的对外开放一直走在全国前列，经济外向度一直很高，浙江人看着世界地图做生意，现在也看着世界地图做文化。浙江借助“一带一路”等平台，与国外的文化交流和贸易活动十分频繁。2018 年 5 月，浙江省委、省政府颁布了《关于以“一带一路”建设为统领构建全面开放新格局的意见》，提出加强国际文化交流合作，打响“丝路之绸”“丝路之茶”“丝路之瓷”等具有历史记忆的人文交流品牌。大力实施“一带一路”文化交流与合作工程，借助国家级对外文化交流平台，向“一带一路”国家传播浙江文化艺术发展成果。浙江每年参与和执行国家文化年(艺术节)、“欢乐春节”、承办阿拉伯博物馆研修班等文化交流项目。立足浙江地域特色文化和资源优势，打造和提升“美丽浙江文化节”品牌，提高品牌活动的亲切感、吸引力和认可度。每年确定1个“一带一路”重点沿线国家举办“美丽浙江文化节”活动。完善浙江省对外文化交流和贸易项目库，加强对外文化贸易统计工作。利用我国驻“一带一路”沿线国家的使领馆、沿线国家驻华使领馆、中国海外文化中心及浙江已有合作资源，进一步拓宽文化交流和企业营销渠道。如在2018年的“欢乐春节”活动中，浙江共组派16个艺术团组、379名演职人员，分赴乌拉圭、阿根廷、瑞士、意大利、马耳他、新加坡、泰国、法国、埃及、保加利亚、英国、美国、日本、新西兰、约旦、以色列16个国家及我国澳门地区，共举办近百场“欢乐春节”文化交流活动，通过音乐、舞蹈、戏曲、杂技、特色饮食、传统非遗，将浙江文化的种子播撒在异国他乡，用“欢乐、和谐、对话、共享”构建人类社会共同体的理念，架起一座浙江人民和世界人民的友谊桥梁。2019年，浙江参与“欢乐春节”活动的班子仍然十分强大，节目也很精彩——浙江共派出了12个团组分赴9个国家26个城市。此外，中国与布隆迪建交55周年、浙江省与全罗南道结好20周年等活动中，都能看到浙江文艺工作者的身影和文化浙江的精彩。

浙江文化产品和服务的出口发展极为迅速。据统计，2018年浙江省文化服务进出口达16.64亿元，同比增长了约10%。其中，出口约1.43亿元，同比增长约24.4%；进口约15.21亿元，同比增长约8.8%。文化服务贸易规模进一步扩大，文化服务出口呈现高速增长。浙江省文化产品和服务出口到180多个国家和地区，其中，以出口到欧盟、美国、日本、东盟等国家和地区及我国香港为主。同时，积极打造“美丽浙江”对外文化交流品牌，先后赴法国、美国、俄罗斯、捷克等20多个国家和地区举办电视周、摄影展、图书展、非遗展、文化展等各类文化感知活动。参与哈萨克斯坦阿斯塔纳世博会中国馆浙江日、浙江与日本静冈结好周年节庆、“美丽浙江·欣赏香港”浙江文化美食旅游节等文化交流活动。浙江省与葡萄牙在文化、旅游、经贸、教育等领域的交流与合作日益密切。2019 年 9 月，“美丽中国·诗画浙江”文化旅游展开幕式在葡萄牙里斯本举行。举办文化旅游展，旨在向嘉宾展现“文化浙江”和“诗画浙江”，并希望通过汇集政府、媒体、企业等各方力量，进一步推进浙江同葡萄牙在文化、旅游等方面的互惠交流合作。展览集中展示浙江良渚文化和非物质文化遗产代表作品，以静态展陈与动态表演相结合的方式，呈现浙江的民俗风貌、百姓的造物智慧和传承百年的匠心技艺。非物质文化遗产展部分展出浙江各级传统工艺类非物质文化遗产代表性项目作品，共计 11 项 50 余件，包括入选人类非物质文化遗产代表作名录的龙泉青瓷和乐清细纹刻纸等。良渚文化展部分展示了入选世界遗产名录的良渚古城遗址的资料，以及玉琮、玉璧等实物（复制品）。在展会现场，入选人类非物质文化遗产代表作名录的浙派古琴、中国篆刻两个项目的代表性传承人还进行了互动表演，引起观众的极大兴趣。葡萄牙旅游局负责人认为，出境旅游人数世界第一的中国对葡萄牙旅游业的发展十分重要，在来葡萄牙的中国游客中，浙江人占了约 35%，而葡萄牙人对游览中国特别是将传统和现代完美融合的浙江的兴趣日益增长，他希望能加强签证发放、航空联络，推动双方关系更趋紧密。

（三）培育浙江特色文化交流精品项目

构建国际营销网络，树立现代营销理念，把握国际市场规则，优化出口区位选择，明确重点目标市场，充分利用各类国际性文化博览会、影视节、出版物展销等活动，做好文化产品和服务的推介和营销。挖掘和整合浙江丰富的文化资源，实施图书、影视、文艺演出等领域的专项交流项目和计划。加大对戏曲、音乐、舞蹈、动漫、民间工艺、学术研究、版权贸易等领域项目和产品的研发力度，培育一批具有浙江特色的对外文化精品项目，通过联合投资、组建团体、版权合作、联合演出、合作制作等方式，参与国际文化市场竞争，扩大出口交易。推动浙江出版业积极参与"中国图书推广计划"，加强与境外出版机构的合作，扩大浙版出版物出口和版权输出。进一步加大影视产品"走出去"力度。2019年，中国（浙江）影视产业国际合作区正式启用，以中国电视剧（网络剧）出口联盟为平台，众多国内龙头影视企业不断加入，形成了影视产业内外联动、开放共享的局面，浙江影视业作为引领者，推动着中国影视作品以更开放的姿态走向世界舞台，不断拓宽影视产品的海外输出渠道。目前，华策影视海外发行已覆盖 180 多个国家和地区；东阳欢娱影视文化有限公司出品的《延禧攻略》版权已被 90 多个国家和地区买下，创我国出口海外电视剧版权销售的新纪录。不断推进文化产业海外本土化战略。浙江出版联合集团在俄罗斯、澳大利亚、美国等地建立了 10 多家博库书城连锁店，与日本、法国、俄罗斯、英国、美国多个国家形成合作，建立了海外分社和主题书店，对加强中国文化海外影响力做出了突出贡献。由宁波市歌舞剧院精心打造的民俗风情舞剧《十里红妆·女儿梦》，从 2010 年首演以来，已经成功演出近 200 场，其间出访美国、俄罗斯、澳大利亚、新西兰等 10 多个国家和地区，多次代表中国进行国事演出。《十里红妆·女儿梦》在美国纽约连演 4 场，场场爆满。舞台上，"咔嗒——吱呀"，铜锁轻启，厚重的木门徐徐打开，犹如时光机器启动，带观众进入了一位中国江南女子从出生、定亲，到苦恋爱人、憧憬出嫁的"红妆梦"。随着剧情的展开，四季流转，身着华美服饰的少男少女巧笑倩兮、两情相悦；焐新床、荷花灯、合欢树、轧蚕花等浙江民俗次第上演；逗趣幽默的媒婆舞、令人莞尔的吴侬软语、与爱情故事相呼应的手工肚兜……勾勒出一幅幅充满生活气息的江南风情画。台下观众被这个唯美的爱情故事深深吸引，陶醉在东方文化的韵味中。《十里红妆·

女儿梦》不但是一部精品舞剧，也是宁波非物质文化遗产的代言。在舞台上，演员所穿的服装，用的是传统手工艺金银彩绣，舞美中所用的道具，也是宁波特有的泥金彩漆工艺，这些都是国家级非物质文化遗产，是宁波传统手工艺的杰出代表。该剧在纽约主流文化市场掀起了一片“中国红”。2015 年，作为入选中国对外文化交流品牌“中华风韵”的优秀剧目，《十里红妆·女儿梦》在新西兰奥克兰、澳大利亚悉尼和墨尔本 3 个城市上演。

二、借助各种平台，打造浙江对外交流合作渠道

进行对外交流，打造在国际上有影响力的平台极为重要，浙江在这方面做了许多探索，打造了一批世界级的交流平台。

（一）利用重大展会，开展丰富多彩的文化交流活动

借助世界互联网大会、世界浙商大会、中国—中东欧国家博览会暨国际消费品博览会等重大节会，开展多层次、多形式的文化交流活动。

世界互联网大会，是由中华人民共和国倡导并每年在浙江省嘉兴市桐乡乌镇举办的世界性互联网盛会，大会由国家互联网信息办公室和浙江省人民政府共同主办，旨在搭建中国与世界互联互通的国际平台和国际互联网共享共治的中国平台，让各国在争议中求共识，在共识中谋合作，在合作中创共赢。首届世界互联网大会于 2014 年 11 月 19 日至 21 日在乌镇举办。已经举办过 6 届的世界互联网大会结出了丰硕成果。可以说，世界互联网大会是智慧碰撞的“群英会”。大会有来自世界六大洲的朋友，有国际互联网的精英巨头。国内互联网行业的业界“大咖”也均悉数云集，可谓是“乌镇论剑、群贤毕至”，在中国和世

界互联网发展史上写下了浓墨重彩的一笔。世界互联网大会是精彩纷呈的“故事会”。3天的大会，充分演绎了“镇小名气大，网络故事多”，每场论坛都异常火爆，一座难求；世界互联网大会是情意绵长的“鹊桥会”。“有缘千里来相会”，大会把不同国家的政界人士和业界精英集聚在一起，让海内外新朋老友因网结缘、相聚乌镇，结下的深情厚谊宛如从乌镇穿过的千年大运河奔流不息。选择在乌镇举办世界互联网大会，其独特之处就是让大家可以用文化的视角来审视互联网的发展。一是增加互联网的文化厚度。乌镇有悠久的历史，而互联网的发展需要文化的滋养。从中国悠久的传统文化中可以为互联网汲取深邃的思想源泉、精神养料和智慧启迪。二是增加互联网的沟通广度。乌镇最多的是桥梁。人们的心灵之间也需要搭建桥梁，互联网的发展同样需要广泛的互联互通。世界因为不同而精彩，文化因为多样而灿烂，互联网让世界变成了一个地球村，而乌镇峰会给互联网世界提供一个和谐交流的平台。三是增加互联网的梦想热度。枕水人家、宜居宜梦，乌镇是适合织梦的地方，而互联网发展需要梦想。在世界互联网大会上，许多人都怀揣梦想，经过几天的思想碰撞，其中的很多人一定会萌发很多新的梦想，这些梦想可能改变他们的人生轨迹。世界互联网大会给浙江的经济社会发展特别是互联网的发展，带来广泛而深远的影响，承载着新的希望。世界互联网大会带来了传统与现代的交融、文化与科技的结合，正在改变人们的生产方式和生活方式。浙江互联网和信息经济已经站在新的起点上，世界互联网大会的东风，把更多的人才、资本、信息、技术带到中国、带到浙江，推动浙江从互联网大省向互联网强省迈进，向互联网创业的首选地、信息经济发展的新高地迈进。因为世界互联网大会的召开，浙江开启了与世界、与互联网的“深度融合之旅”，获得了巨大的创新动力。

除了世界互联网大会，世界浙商大会也是浙江对外开放中浓墨重彩的一笔。世界浙商大会是浙江省规模最大、规格最高、影响最广的浙商盛会。首届世界浙商大会于2011年10月在杭州召开。大会以“创业创新闯天下，合心合力强浙江”为主题，以整合发挥浙商资源优势，立足浙江，面向世界，全面深化浙江与世界各地的交流合作，推动浙江经济又好又快发展；为海内外浙商、党政部门、专家学者和社会各界搭建一个联络感情、对话交流、共谋发展的平台；通过大会及其常设机构，为海内外浙商密切经贸合作、加强文化交流、维护合法权益等提供服务。世界浙商大会极大地推动了浙商回归的浪潮。在“十二五”期间，浙商纷纷回归浙江投资，到位资金8352亿元。“十三五”期间，估计回归到位资金将超过20000亿元，其中产业项目方面回归资金约16000亿元，资本回归约4000亿元。2018年，浙商回归浙江投资，到位资金就达5285亿元。2019年11月，第五届世界浙商大会在杭州召开，来自全球各地的近2000名浙商代表参加会议。大会招商引资项目总投资额为历届之最，协议总投资达3000亿元以上。在大会开幕式现场，浙江为侨服务全球通平台、浙江省金融综合服务平台、浙江省企业服务综合平台开通，展现了浙江省委、省政府深入推进“最多跑一次”改革，打造国际一流营商环境，全面关爱浙商、服务浙商、助力浙商的鲜明态度和具体举措。

浙江对外交流的另一个重要平台是中国—中东欧国家博览会暨国际消费品博览会，由商务部和浙江省人民政府共同主办，是中国与中东欧国家首个以投资贸易为主题的综合性博览会，基本每年6月在宁波举办。宁波立足于港口资源优势，加快建设中国—中东欧国家博览会暨国际消费品博览会、中国—中东欧国家专项贸易便利化服务、索非亚中国文化中心“三大平台”，努力成为中东欧商品进入中国市场、中国与中东欧国家双向投资和人文交流的“首选之地”，促使中国—中东欧国家经贸合作示范区成为服务“一带一路”的核心平台。宁波专门在国际会展中心设立了中东欧商品常年展销中心，已有15个国家23个特色馆入驻，汇聚了3000余种特色商品。加上中东欧16国综合展厅，会展中心已成为目前全国最大的中东欧商品集散地。此外，宁波还在全国开设了 37 个进口商品直销中心，里面均设有中东欧商品展示专区。在网易考拉平台开设中东欧商品综合馆，帮助中东欧商品进入中国市场。塞尔维亚的果汁、匈牙利的火腿、黑山的红酒……越来越多的中东欧商品，经宁波进入中国。2017 年 11 月，在保加利亚首都索非亚，由文化部和宁波市共建共享的索非亚中国文化中心落成，这是中国在中东欧国家建立的首家文化中心，内设展厅、图书馆、多功能剧场和书画、音乐、舞蹈及厨艺培训教室等。2018 年，宁波海关发布的数据显示，宁波与中东欧 16 国双边贸易额达 243.6 亿元，同比增长约 23.1%，约占全国比重从 4.3%提升到 4.5%。此外，首届进口博览会宁波企业采购中东欧商品约占全国 15%。在文化交流方面，宁波市高校与中东欧 16 国的 78 所院校建立了合作关系，签署近 100 项教育合作项目。

浙江省内还有五大重点文化会展，中国(杭州)国际动漫节、中国义乌文化产品交易博览会、杭州文化创意产业博览会、中国(宁波)特色文化产业博览会和温州国际时尚文化产业博览会，各会展的规模不断扩大，各项指标不断创新高，有力地推动了浙江文化产业的对外展示与交流合作。中国(杭州)国际动漫节已成功举办了十几届，成为国内规模最大、影响最广、人气最旺、综合效益最好的国家级动漫展会。2019 年，浙江组织参加了第十五届中国(深圳)国际文化产业博览交易会，并与上海、江苏、安徽共同发起举办了第二届长三角国际文化产业博览会。在这两场文博会上，浙江展团成果丰硕，现场签约投资额分别达到了 35 亿元与 95.7 亿元。

(二)建立文化“走出去”协调机制

浙江省对外文化交流十分活跃。建立健全文化“走出去”工作协调机制，设立省对外文化交流专项资金，扶持重点对外文化交流活动和民间文化交流活动，培育和扶持一批与国际接轨、具备国际市场运作能力的文化中介推广机构。从国际经验看，开拓国际文化市场、推动更多的文化产品和服务参与国际竞争，是文化产业发展到一定阶段的必然选择。在美国、日本、法国、韩国等文化产业发达的国家，文化产品出口在对外贸易中占有相当大的份额。如美国文化产业占据着约40％的国际市场份额，成为其第一大出口产品，美国掌握了全球约75％电视节目的生产制作，电影占领了全球约50％的放映时间。从现实情况看，中国的发展深刻改变着世界格局，世界也更加关注中国，更加关注中国的文化。国际市场上，对具有中国元素和中国文化内涵的文化产品需求将进一步增加，中华文化"走出去"成为大势所趋。在2018年的整年时间里，浙江全省开展对外和港澳台文化交流项目达193个。如2018年7月15日晚，在迪拜市中心刚落成不久的迪拜歌剧院，浙江歌舞剧院为当地观众送去了大型舞剧《风从海上来》。作为中东地区经济金融中心的迪拜，是中东地区旅客和货物的主要运输枢纽，近年来与中国的交往很紧密。2018年，迪拜开展了"拥抱中国"计划的系列活动，《风从海上来》就是其启幕演出。舞剧以一艘古代航船的入场拉开序幕，把海上丝绸之路上代表中国和浙江的元素，恰到好处地以艺术的形式展示出来，分"丝情""瓷制""茶脉"3个篇章，将海上丝绸之路的动人故事娓娓道来。精彩的故事、优美的舞姿、动听的音乐，深深打动了当地观众。浙江另外一部剧在世界上也赢得一片叫好声，那就是《遇见大运河》。为了宣传作为世界文化遗产的大运河，加强与重要节点城市的交流，杭州歌剧舞剧院创排的舞蹈剧《遇见大运河》，在国家和省市艺术基金扶持下，于2017年6月正式开启"世界运河遇见之旅"国际巡演。截至2019年1月，巡演组已经成功出访法国米迪运河、德国基尔运河、埃及苏伊士运河、希腊科林斯运河、美国伊利运河、巴拿马运河、俄罗斯莫斯科运河、瑞典约塔运河等，世界巡演约160场，行程约20万公里，"遇见"约16万名观众，《遇见大运河》的世界巡演受到了联合国教科文组织、中国驻法大使馆、中国驻德大使馆、中国驻埃及大使馆、中国驻希腊大使馆以及当地市政府等官方的高度重视和充分肯定。

浙江省还以举办“浙江文化年(节)”系列活动为抓手,通过在世界各地举办多方面的文化交流活动,提升浙江的对外影响力与辐射力。2018 年 9—10 月,“龙坞茶镇——浙江特色小镇海外推广展”在法国巴黎中国文化中心举行。展览以浙江首批特色小镇——西湖龙坞茶镇为主体,以“茶”为主题,以“艺术展示、人文交流、旅游推广”为主线,以“江南建筑”为展陈空间形态,通过展示非物质文化遗产项目,描述茶之遇、茶之镇、茶之事、茶之生活等,让世界通过龙坞茶镇这个载体更多地了解中国、了解浙江特色小镇生活,促进了浙江省与国际社会的文化交流与合作。巴黎中国文化中心主任说,浙江用展览展示与演出相结合的形式,将传统节日与现代审美相融合,使文化内涵与旅游载体完美融合,充分展示了浙江深厚的文化底蕴与绚丽的时代风采。

除了“走出去”,浙江也有“请进来”——请国际友人到浙江来进行深入的交流。2018 年 7 月,来自英国、荷兰、法国、美国、印度等 22 个国家的 25 位汉学家、中国问题研究专家和智库学者参加完在北京召开的 2018 年“汉学与当代中国”座谈会之后,相聚西子湖畔,实地考察调研浙江乡村振兴发展经验,亲身感悟体验浙江人文山水底蕴。一路上,汉学家们对浙江的发展变化发出由衷的赞叹:“中国,了不起!”我曾经有幸给这批汉学家讲授“浙江的文化”的一课。为了能够让他们更加容易地了解浙江文化,我尽量少用文字,多用图片来讲解,这样也便于翻译。他们认真地听课,并与我深入交流,提出了许多关于浙江文化的问题,对如古村落的保护、非物质文化遗产的开发利用、戏曲的振兴与传承等问题都非常感兴趣。他们对浙江的发展,包括文化传承与创新方面取得的成绩十分感叹,同时,也十分希望与我们加强交流与合作。

(三)提升对外文化传播能力

实施浙江好故事对外传播计划,加强与国际主流媒体、海外华文媒体、海外浙商媒体的战略合作。250 多万浙商在海外经商办企业,成为经济发展的重要力量,浙商投资创办媒体的积极性也十分高涨。据不完全统计,浙商在海外开办了近百家传媒机构,成为对外传播浙江声音的重要力量。温州加强与国际主流媒体、海外华文媒体、海外浙商媒体的战略合作,利用海外媒体提升传播能力。在 130 多个国家和地区有约 68 万驻海外温州人,海外温州人组建了 130 多个温籍侨团,设立了 50 多所中文学校,并创办了 40 多家海外华文媒体。温州实施"海外传播官培育工程",以文化为媒、海外游子为纽带,以这些主流平台和海外媒体为载体,讲好"温州故事",展示美丽中国新形象,构建起多渠道、立体化的对外传播体系,走出一条扩大国际传播的新路子。

还有浙江博尚电子有限公司在迪拜成立了视博国际传媒集团,成为全球首家 L 波段移动卫星 AfriStar(非洲之星)在中东及北非地区的电视运营商。该平台向中东、北非地区的观众提供中国文化、体育、商贸的直播卫星电视和广播移动收看收听服务,促进了中外文化交流和经贸往来,并在"一带一路"建设中发挥重要的作用。还有温州人在英国创办的 Propeller TV(普罗派乐卫视)是欧洲地区由中国民营企业全资购买的纯英文主流媒体。该台通过 BSkyB(天空平台)的 SKY-189 频道播出,覆盖欧洲约 45 个国家,入户英国及欧洲其他国家和地区 2300 多万户家庭,也是浙江文化向国际传播的一个窗口。

建好用好"中国・浙江"英文网、印象浙江英文网、浙江中英文脸谱专页等新媒体平台。推动在港澳台等地建设"西泠学堂",把浙江优秀传统文化推向世界。为进一步发挥互联网等新媒体的国际传播优势,讲好浙江故事、传播好浙江声音,打造海外受众了解浙江的权威平台,浙江省人民政府新闻办公室和中国日报社合作创设了“中国·浙江”英文网。2016 年 9 月，“中国·浙江”英文网正式上线。

2019 年 5 月，印象浙江英文网上线仪式在杭州举行。印象浙江英文网由浙江省人民政府新闻办公室主办，浙江日报报业集团承办，以打造具有较强国际影响力的外宣旗舰型平台为目标，面向华人华侨及海外用户提供服务。英文网内容侧重新闻性和服务性，以国际化的思维和表达方式，第一时间向全球传递浙江的最新动态，并且全方位介绍浙江的文化、旅游、生活、娱乐等资讯。在印象浙江英文网基础上构建的印象浙江国际传播新媒体平台，包括网站、App、社交媒体矩阵、智能管理后台，衔接国际视野与浙江本地资源，讲好浙江故事，聆听国际回声。印象浙江英文网的特色在于加强全省外宣资源的统筹整合，凝聚对外宣传工作合力。在国际平台展示浙江的丰富内涵，成为全球检索“浙江”时的第一入口。在内容呈现上以短视频为载体，通过影像魅力展现绿水青山，讲述江南文化和“浙”里故事，为海外用户带去身临其境的“浙江体验”。从 PC 端和移动端进入印象浙江英文网时，“前沿浙江”“全景浙江”“影像浙江”等板块、栏目、频道将呈现一个立体的浙江。网站专设中英双语频道“浙江进行时”，作为浙籍华人华侨了解家乡发展的主要窗口，双语展示浙江前沿文化、经济、环境等方面的发展情况。印象浙江英文网已开设了包括商业、文化、旅游、服务等多个领域在内的专题内容，聚焦浙江前沿的发展信息，汇聚“浙江大事件”，让用户能够深度体验浙江速度。此外，网站还特设侨胞专区，以中英双语的方式向全球浙江人展示家乡的发展，让海外浙江人深刻体会到“一键回乡”的便捷和亲切。网站的报道内容紧扣时代脉搏，采用全方位深入采访的方式，制作有人情味、故事性强的报道，体现了人文关怀，增强了新闻的感染力。浙江日报报业集团国际传播新媒体矩阵已累计拥有约 30 万海外活跃用户，推出过约 1180 个对外传播浙江专题，与海外超过 2500 万用户开展过互动。

充分利用浙江中英文Facebook(脸谱网)专页等新媒体平台宣传浙江。如在2019年,为庆祝改革开放40周年,向世界展示浙江40年发展成果,中共浙江省委宣传部于8月至12月举办"美丽浙江"活动,征集反映"美丽浙江"主题、展现浙江改革开放成就的英文或中英双语图文视频,活动得到了热烈响应,读者和观众们纷纷分享自己在浙江求学、生活、工作的经历,表现出对浙江文化的强烈兴趣以及表达了对美丽浙江的向往。12月3日起,由"中国·浙江"英文网和中英文脸谱专页,以及浙江日报报业集团新媒体运营中心、浙江电视台国际频道,在16个海内外传播平台上以电视、广播、图文等多种形式,共同展播优秀作品。系列内容亦同时在全球70余个脸谱社群及粉丝微信群中发布推广、进行互动。截至2019年12月18日活动结束,各平台累计推送相关主题内容逾580次,总覆盖人数超2600万人次,其中1600万人次来自国外最大的社交平台脸谱网,向海外150多个国家和地区的观众展示了浙江的魅力。系列内容在各平台的持续发布收到了海内外读者观众的积极回应。4个脸谱专页与粉丝的互动合计超80万次。推特(Twitter)平台上的推送内容得到了包括英国最具影响力华文媒体《华文周刊》、印度纺织部中央丝绸委员会等海外媒体、研究院校以及官方部门的关注与转发。新闻客户端和微信公众号的内容推送引发了国内用户的强烈兴趣,与网友互动量达200余次。中国·浙江英文网日均浏览量近2500次;中英文脸谱网专页浏览量也很大。

浙江借助西泠印社这个牌子,到香港与澳门创办"西泠学堂"。"西泠学堂"是在国家文化战略的指引下策划成立的,其面向海外,以艺术为平台,传承和弘扬中国优秀的传统文化,把浙江优秀传统文化推向世界。到过杭州西湖的人,很有可能会到坐落于西湖景区孤山南麓的西泠印社看一看。西泠印社创建于清光绪三十年(1904),由浙派篆刻家丁辅之、王福庵、吴隐、叶为铭等召集同人发起创建,吴昌硕为第一任社长。印社以"保存金石,研究印学,兼及书画"为宗旨,内建中国印学博物馆，收藏历代字画、印章多达6000余件。2019年11月，国家级非物质文化遗产代表性项目保护单位名单公布，西泠印社社务委员会获得“西泠印社”项目保护单位资格。2018年香港“西泠学堂”启动招生以来，受到香港艺术爱好者的热烈欢迎，报名者众多。经过举办者和名师的初步遴选，近90名学员参加了培训。首期培训开设书法、国画、篆刻3门课程，每周六上课，每门课8次，24学时。书法、国画与篆刻中蕴含了中华文化的丰富内涵，深深吸引了前来参加学习的香港本土艺术爱好者，他们表示通过学习既可以修炼身心、培养才思情趣，又可以消闲遣兴。香港“西泠学堂”让海外艺术爱好者领略了中国传统艺术的乐趣，探索了中国文化的魅力。香港“西泠学堂”自成立以来，一直受到国家及香港、澳门特别行政区政府的高度关注和积极的支持，在香港顺利实践两年，取得了丰硕的成果和良好的口碑效应。

2018年6月，法国巴黎“西泠学堂”也开了第一堂课。50余名当地中国文化爱好者齐聚巴黎中国文化中心，聆听期盼已久的中国篆刻艺术讲座，并纷纷拿起刻刀亲自体验。学员们在方寸之间刻下“和”“乐”“吉”等文字，激动不已。一位学员说：“我一早就报名了此次讲座，非常有意思，是一次全新的体验！”这是“西泠学堂”首堂法国公开课，同时也拉开了“古韵今声——西泠印社社藏历代印章原拓题跋扇面展”的帷幕。

在香港“西泠学堂”建设成功的基础上，有关方面提出《西泠学堂的五年发展规划》，在澳门创办“西泠学堂”就是规划发展中的内容。2019年6月，由西泠印社、澳门文化广场、香港集古斋联合主办，澳门大学图书馆协办的澳门“西泠学堂”揭牌仪式在澳门大学举办。据主办方介绍，澳门“西泠学堂”将联合濠江印社等文化力量，齐心协力，一定会在澳门的土地上结出更加美好丰硕的文化果实。同日，由国家文化和旅游部、澳门特别行政区政府社会文化司主办的2019年“根与魂——浙江省非物质文化遗产展演”在澳门市政厅开幕。本次活动旨在“文旅融合”背景下将非遗展示与“诗画浙江”推介以全新方式结合，为庆祝澳门回归 20 周年献礼。

（四）支持创办境外媒体，提升浙江文化影响力

浙江大力支持主流媒体以独资、合资或合作方式在境外办报、办刊、办台、办网、办出版机构，与海外媒体合办频道（频率）栏目节目等。浙江的主要新闻媒体深入实施浙江好故事对外传播计划，加强与国际主流媒体的合作传播，在重要国家和地区的设点布局不断完善，已开设固定外宣窗口 28 个，其中报刊类 8 个、广播类 6 个、电视类 14 个。如与美国有限电视新闻网（CNN）、CNBC 合作制播的《相约浙江》《相约乌镇》《相聚乌镇》等形象宣传片在境内外覆盖面广、受关注度高。浙江省内的主流媒体也积极拓展国际领域，讲好浙江故事。如浙江卫视积极践行“讲好中国故事、传播中国声音”责任使命，有计划、有目标实施品牌摄制“跑”出去、优秀节目“播”出去、原创模式“卖”出去等工作。《奔跑吧》等节目持续赴“一带一路”相关国家拍摄，受到各国政府和民众的热情欢迎，取得良好的反响。其中，《奔跑吧》节目于 2017 年，作为广电总局“一带一路”国际合作高峰论坛宣传项目，赴捷克拍摄制作“捷克专辑”，宣传“一带一路”，当好友谊使者，搭建文化桥梁。2018 年 3 月，《奔跑吧》应邀赴维也纳、因斯布鲁克等地，拍摄以“人类可持续发展”“共享冰雪奥运”为主题的“奥地利专辑之走进联合国”“奥地利专辑之冰雪旅程（上下篇）”3 期节目，受到奥地利政府、联合国相关机构、当地民众和华人的热情欢迎和大力支持。2018 年 10 月 31 日，由浙江卫视拍摄的 3 集电视纪录片《爱上中国》国际版（德文版）在奥地利首都维也纳举行了首映仪式。其为浙江卫视拍摄的 3 集纪录片，以法国摄影师阎雷拍摄中国改革开放 30 多年的经历为线索，通过西方人的独特镜头语言，再现一个外国人眼里的中国社会巨变、经济腾飞。该纪录片被评为

2017 年国家广播电视总局第四批推优作品，入选中共中央宣传部“纪录中国”传播工程项目，并完成了德文、英文、法文文字版及德文电视播出版、院线版的制作，2018 年 11 月在奥地利 OKTO 8 首播，连续播出 3 周。同月，浙江卫视就《我就是演员》与美国 IOI（Is or Isn't Entertainment）公司签署《我就是演员》模式销售协议，授权其在美国、英国、加拿大等英语地区，以“I AM THE ACTOR”为名制作《我就是演员》国际版。IOI 公司表示，将努力在 2019 年携手全球优秀制作公司在海外共同开发制作 *I AM THE ACTOR*，并积极与创新经纪公司（CAA）合作，促成中国演员参加 *I AM THE ACTOR*，为中国演员走向国际主流市场创造更多机会。

三、充分发挥民间优势，全方位推进对外文化交流

浙江积极举办各种对外宣传交流活动，如开展“绽放浙江之美”主题外宣活动。组织开展城市形象系列宣传活动，举办“连线浙江”境外媒体采访、“美丽浙江”城市形象微电影大赛，制作“美丽浙江”形象宣传片，出版“外国人看浙江”丛书。积极举办对外文化交流展示活动，翻译出版“美丽浙江”优秀文艺作品，实施“浙版图书百柜工程”，举办海外“浙江文化节”，参加国际节会展会，加强广电节目对外交流，都收到很好的效果。

（一）实施外译工程，推动浙江文化“走出去”

实施经典浙江译介工程、浙江学术外译项目，推动浙江优秀文学作品、图书、影视产品等“走出去”。与世界的交流，最方便也是最受欢迎的方式就是通过文艺作品。一部小说、一篇散文、一首诗、一幅画、一张

照片、一部电影、一部电视剧、一曲音乐，都能给外国人了解中国提供一个独特的视角，都能以独特的魅力去吸引人、感染人、打动人。浙江实施图书、影视、文艺演出等领域专项交流项目和计划，推动了浙江优秀的文化产品走向世界。不断拓展中华文化海外传播阵地，“浙版图书海外百柜工程”、“万家海外中餐馆同讲浙江好故事”外宣品发送项目，在50多个国家和地区推出了50多个浙版图书专柜和数百个展示窗口。借助法兰克福国际书展等重要国际平台，浙江出版企业的国际知名度和浙版图书的市场占有率不断提高。至2019年，浙江出版联合集团在俄罗斯、澳大利亚、美国等地建立了10多家博库书城连锁店，与日本、法国、俄罗斯、英国、美国多个国家形成合作，建立了海外分社和主题书店，对加强中国文化海外影响力做出了突出贡献。翻译出版反映当代中国政治、经济、文化、社会发展状况的著作，能够让世界各国、各地区更加理性、客观、全面地认识中国。为此，国务院新闻办公室分别启动“中国图书对外推广计划”和“中国文化著作翻译出版工程”，全国哲学社会科学规划办公室实施“国家社科基金中华学术外译项目”等。这些项目和计划的出台，大大加快了中国文化对外的传播能力。浙江借助这些平台，选取一批优秀著作在国外翻译出版，充分利用本土的网络媒体在脸谱网等社交平台上开设的浙江专页等，并举办跨境学术交流等活动，达到了很好的文化传播效果。

浙江文学“走出去”力度强劲。实施“国际写作计划”、经典浙江译介工程，制订浙江当代文化作品对外翻译资助申请办法；创立国际文学写作中心，邀请国外或港澳台地区作家、翻译家和出版界人士入驻写作中心，来浙江生活、创作，走进浙江山山水水、人文历史，撰写创作反映浙江题材的文学作品；组织具有代表性的浙江实力作家、翻译家赴国外进行学习交流，增进与海外华文作家的交流，不断拓展对外文学交流活动的广度和深度。浙江著名作家麦家长篇小说《解密》《风声》《暗算》被译介成英语、德语、西班牙语、法语等30多个语种，被翻译成英语、意大利语等 10 多个语种，其中参与者包括世界著名的美国 FSG 出版集团、英国企鹅出版集团、西班牙行星出版集团。麦家小说还被几百家国外图书馆收藏。麦家说："谍战文学在世界上是大家族，但在中国很少人写，我的特殊经历让我对写这本书有使命感。"《解密》已被翻译成 30 多种语言出版。《解密》德文版由德国兰登书屋旗下的德意志出版社出版，十分畅销。德国文学评论家亚涅斯基对《解密》的原创性、实验性和高潮迭起的故事赞不绝口。"在我的眼中，《解密》不仅是谍报小说，还是一本年轻中国作家写的具有现代性的作品。"

2017 年 4 月 5 日，曼谷国际书展的中国展场举行了"中国历史上的传奇女性——《芈月传》新书发布暨作者交流会"。该活动由《芈月传》泰文版的出版方暹罗国际多媒体有限公司和浙江文艺出版社联合举办。发布交流会上，网络作家蒋胜男与泰国读者互动，并进行了签名赠书活动。中国网络文学被大批量引入泰国，已经从事中国小说翻译出版 20 多年的暹罗国际多媒体有限公司每年都会引入 10—12 部中国小说，其销量高达发行量的 70%。《芈月传》中文原著共 6 册，泰文译本共 11 册，从 2016 年 10 月推出，至今泰文译本已陆续出版了 7 册。网络文学尤其是以网络文学内容为核心的图书、影视、游戏、动漫等产业的融合发展，在中国甚至全世界的影响力日益增加。《芈月传》的版权不仅输出到泰国，而且输出到了越南、印尼等国。同时，英文版《浙江作家小说选》由企鹅兰登书屋正式出版。企鹅兰登是世界首个真正全球化的大众图书出版社，组建于 2013 年。在全球各地的员工总数超过 12000 人，旗下包括 250 家在编辑和创意上保持独立的子公司和出版社，每年出版新书 15000 多种。企鹅兰登书屋出版了 70 多位诺贝尔奖得主的作品，以及数百位世界级畅销书作家的作品。它在中国设立了代表处。英文版《浙江作家小说选》浙江作家专辑共 5 册，有艾伟《回故乡之路》(*The Road Home*)，哲贵《跑路》(*Fleeing Xinhe Street*)，王手《斧头剁了自己的柄》(*The Debt Collector*)，东君《苏静安教授晚年谈话录》

(*Professor Su Jing'an in His Later Years*),畀愚《邮递员》(*The Postman*)。英文版《浙江作家小说选》的出版,是继麦家、余华等浙江作家作品成功走向世界之后,浙江文学"走出去"又迈出的新步伐。

(二)打造浙江文化品牌,提升浙江国际形象

加大浙江城市形象对外传播力度,塑造富有个性和鲜明时代特征的城市品牌。深化"万家海外中餐馆·同讲浙江好故事"活动,强化内容长效供给。发挥新闻发言人、专家学者、浙籍侨胞、在浙外国人等的传播优势,以融通中外的话语体系讲好浙江故事。

城市形象是指城市以其自然地理环境、经济贸易水平、社会安全状况、建筑物的景观及商业、交通、教育等公共设施的完善程度和市民的价值观念、生活质量、行为方式等要素,作用于社会公众,并使社会公众形成对其的认知总和。城市形象代表一座城市在国内外受众中的整体认知和评价,是城市重要的无形资产。城市形象良好与否不仅关系到城市自身发展进步的程度和质量,更关系到城市发展的未来和市民的现实生活。城市形象对外传播尤其是国际形象塑造是一项十分重要的工作。浙江高度重视城市形象宣传,也取得了良好的效果。如 2016 年借 G20 杭州峰会,推出系列城市形象宣传片,成为一次非常成功的对外传播实践,对杭州城市形象的建构尤其是国际传播起到了非常好的促进作用。杭州在此次城市形象宣传片的运作过程中就采取了多版本的方式,语言涵盖了中英文等,时长从 30 秒到 16 分钟不等,投放媒体则涵盖了从英国广播公司(BBC)到纽约时代广场等多种地点与形态。例如 2016 年 8 月 12 日首登 CNBC 的《相约浙江》(时长 60 秒)就引起很大的反响,除了在 CNBC 刊播外,还迅速在微信朋友圈"刷屏"。宁波致力于树立国际港口名城、东方文明之都的城市形象,确立"港通天下,书藏古今"的推荐口号,根据受众特点和传播技术发展,以各种方式加大

宣传力度，促进城市形象的不断优化和提升。

前几年，浙江还开展了“微力无穷——美丽浙江”城市形象微电影（视频）大赛，大赛紧扣“美丽浙江”这一主题，推动广大网民特别是专业视频创作者、网络工作者、草根原创作者、视频爱好者，以及在浙外国留学生、外国专家等外籍人士，进行以浙江城市形象和人文内涵为核心的微电影、微视频创作，并通过优秀作品的对外传播，反映浙江省及各地经济、社会、文化、生态建设发展成就。大赛设组委会特别奖1个，该作品将同时获浙江省对外传播“金鸽奖”；同时设立最佳故事奖、最佳制作奖、最佳创意奖、最佳外语片奖、优秀组织奖等奖项。大赛通过作品初评、网友投票、评委打分等环节选出一批“讲述浙江好故事、传播浙江好声音”的优秀外宣微电影（视频）作品，以展示浙江山水之美、人文之美、发展之美，提升“美丽浙江”在海内外的声誉和影响。

浙江是侨务资源大省之一，浙菜又属中国八大菜系之一，据说浙江人在海外创办了超过15万家餐馆，这是极为难得的对外传播渠道。从2016年春节起，浙江省侨联顺应广大侨胞的需求，充分利用中餐馆这一传播中华文明的窗口，推动浙菜“走出去”。举办了首届“万家海外中餐馆”理论研讨会，来自全国19所高校的20多位专家学者，以及来自德国、法国、肯尼亚等18个国家的70名海外中餐业主共同参加。组织中国烹饪大师代表团，赴美国纽约和巴西圣保罗开展以“亲情中华·味道浙江”为主题的厨艺培训、烹饪表演和美食品鉴等交流活动。在挪威首都奥斯陆，举行了一场名为“杭州美食文化挪威行”的活动。挪威政府多位高级官员、奥斯陆市政府多位主要官员出席了该活动。活动后，挪威当地许多中餐馆门庭若市，许多此前从未尝过中餐的挪威民众纷纷慕名前往。2016年与2017年连续举办了“侨界名媛汇浙江”活动——“我为浙菜代言”厨艺比拼活动。与会200多位女性分成小组现场烹制多道家常菜。侨界名媛是浙菜“走出去”的民间使者，她们积极参与海外各大菜肴的交流，进一步推动浙菜“走出去”。利用亲情、乡情、友情纽带，为海外侨胞赠送关于家乡浙江的光盘、书籍等文化礼品50000余件。在42个国家243个城市的海外中餐馆中，投放机顶盒和高清电视屏，传播浙江“美食、美景、美文”，弘扬中华民族优秀传统文化。

浙江还开展“梦行浙江”在浙外国留学生中华才艺展演、“悦读浙江”外国留学生读书活动、“快拍浙江”外国人看浙江摄影比赛、“美丽浙江——记住乡愁”征文活动等，拍摄《我在浙江》《我在杭州》等有关外国人在浙江的微纪录片。“外国人写浙江”丛书之《世界第一大市场——一个美国学者眼中的义乌》（英文版）、《新马可·波罗浙江游记》（德文版）、《走读乌镇，感知中国》（英文版）在海外广受好评。

深化“连线浙江”“走向世界·浙江文化展”“感受浙江”等对外文化交流品牌活动，推出浙江杂技、浙江民乐、涉外书展、浙江民俗民间文化展演等对外文化交流项目，推动文化“走出去”与商务、旅游、科技的结合，健全完善具有国际竞争力的现代传播体系，不断拓展传播渠道，不断创新传播技术和提高内容创新能力，不断扩大浙江文化传播力。

浙江日报报业集团海外版积极创新对外传播方式，承办的“美丽浙江——记住乡愁”征文活动，从征稿到结集出版发行历时2年。活动共收到来自20多个国家和地区的征文近200篇。海外版挑选部分优秀征文先后在20多家海外传统媒体和新媒体上发表，一些海外机构和组织不仅广泛发动会员撰写征文，还把征文作为协会、学校开展活动和学习中文写作的内容。征文活动作品集《最忆是浙江》由红旗出版社正式出版发行。作品集精选的50多篇美文，集中展现了美丽浙江的风土人情和建设成就，引发海外读者的广泛好评。又如，浙江外国语学院组织开展“东风西渐——浙外青年在海外讲中国故事”系列活动，引导与鼓励在海外留学、访学的青年教师和学子在异国他乡讲好中国故事，传播浙江的经济社会发展、历史文化、传统风俗等，提升浙江文化“能见度”。

如该校的几位德语专业学生走进德国小学，为小朋友们讲述浙江文化的故事。用视频、图片的形式，展示了中国传统的戏曲、文字演变等，介绍了越剧、诗人苏东坡、西湖十景、龙井茶、杭州名菜等浙江特色文化。小朋友们在课堂中听得认真、玩得开心，对中国文化产生了浓厚的兴趣。班主任老师表示：这些讲课内容丰富生动有趣，展示了博大精深的中国文化，学生很感兴趣。

（三）积极促进对外文化贸易

浙江以“一带一路”建设为统领，培育发展一批省文化产品和服务出口基地，支持国家级文化出口基地建设。加大对外文化贸易资金扶持，打造一批省级文化出口重点企业，建立文化出口重点企业和项目数据库，推动新一轮对外文化贸易。推进文化服务贸易示范城市、文化贸易基地建设，支持创建国家级文化保税区。优化“走出去”文化产品结构，推动影视、动漫、图书等承载中华文化、体现浙江特色的核心内容产品走向世界。为加快发展文化产业对外贸易，在浙江省文化发展“十三五”规划中，提出5年内培育50家国家级文化出口重点企业、100家省级文化出口重点企业、100家文化出口成长型企业，建设一批以出版、影视、文化创意、网络技术等为主的文化出口基地，5年内打造30个省级文化出口基地，10个国家级文化出口基地，分别培育300个国家级文化出口重点项目，500个省级文化出口重点项目。浙江省印发了《关于加快文化产品和服务出口的若干意见》，通过加强市场开拓、技术创新、贸易便利化等方面的政策资金支持，重点培育发展一批实力雄厚的文化出口企业。

为培育浙江省文化出口重点企业和重点项目，进一步推动对外文化贸易发展，根据国务院《关于加快发展对外文化贸易的意见》和浙江省《关于加快文化产品与服务出口若干意见》的要求，浙江省制定了《文化出口重点企业和重点项目认定管理办法》。就新闻出版类而言，申报重点企业条件为：一是电子书出口、期刊数据库服务年出口额达 20 万美元及以上；二是出版单位版权输出年出口额达 3 万美元及以上或版权输出种类达到 30 种，出版单位合作出版年出口额达 2 万美元及以上；三是新闻出版产品营销服务年出口额达 5 万美元及以上，印刷服务年出口额达 50 万美元及以上；四是传统出版物境外发行出版单位境外发行年营业额达 5 万美元及以上，传统出版物发行单位、进出口企业境外发行年营业额达 20 万美元及以上。就广播影视类而言，条件为：一是电影、电视、广播电视节目境外落地的集成和播出服务，广播影视对外工程承包服务，广播影视对外设计、咨询、勘察、监理服务年出口额达 20 万美元及以上；二是中外合作制作电影、电视节目服务年出口额 5 万美元及以上。就文化艺术类而言，条件为：一是演艺及相关服务、商业艺术展览年出口额达 5 万美元及以上；二是慢文化休闲娱乐服务年出口额达 20 万美元及以上；三是艺术品创作及相关服务、工艺美术品创意设计及相关服务年出口额达 2 万美元及以上。就综合服务类而言，条件为：一是游戏、动漫年出口额达 20 万美元及以上，版权输出额达 5 万美元及以上，游戏衍生产品出口额达 100 万美元及以上或设计出口额达 5 万美元及以上；二是网络文化服务、文化产品数字制作及相关服务、创意设计服务年出口额达 20 万美元及以上，文化相关会展服务展会直接年收入达 30 万美元及以上；三是节目模式出口、文化产品的对外翻译制作服务年出口额达 5 万美元及以上；四是境外文化机构的新设、并购和合作的境外分支机构年营业额达 30 万美元以上；五是专业文化产品的设计、调试等相关服务（需拥有自主知识产权和自主品牌）年出口额达 2 万美元及以上；六是文化产品版权代理输出服务年出口额达 10 万美元及以上。申报重点项目应具备下列条件：一是申报企业需符合本办法第四条至第七条对应的文化出口重点企业出口额标准；二是申报项目应为上一年度在浙江省内及境外已实施或正在实施的项目；三是申报文化出口重点项目分4类，即公共服务平台项目带动年出口额达30万美元及以上、境外合作项目及境外投资项目营业额达30万美元及以上、传统文化（非物质文化遗产）年出口额达10万美元及以上、文创演艺年出口额达10万美元及以上。

中国在文化产品及服务出口总量上已跃居世界第一大国。浙江省文化产品出口居全国第二，文化服务贸易规模进一步扩大，文化服务出口高速增长，文化产业“走出去”的结构不断优化。随着浙江省文化服务贸易的发展，浙江动漫及其他文化企业纷纷走出国门，与英国、美国、欧盟等文化创意产业较发达的国家和地区展开贸易合作，且呈现合作不断深化和互助发展的良好态势。2018年，浙江省文化服务进出口达16.64亿元，同比增长了约10%。其中，出口约1.43亿元，同比增长了约24.4%，进口约15.21亿元，同比增长了约8.8%。文化服务贸易规模进一步扩大，文化服务出口呈现高速增长。2019年，中国（浙江）影视产业国际合作区正式启用，以中国电视剧（网络剧）出口联盟为平台，众多国内龙头影视企业不断加入，形成了影视产业内外联动、开放共享的局面，以浙江影视为引领，推动着中国影视作品以更开放的姿态走向世界舞台。影视产品的海外输出渠道不断拓宽。国家商务部公布的2017—2018年度国家文化出口重点企业目录、国家文化出口重点项目目录中，浙江省分别有30家企业、9个项目入选，均列全国第三位。国家商务部公布的2019年至2020年度国家文化出口重点企业目录、国家文化出口重点项目目录中，浙江分别有17家企业、3个项目入选。2019年7月，根据《浙江省文化出口重点企业和重点项目认定管理办法》，认定浙江出版联合集团有限公司等78家企业为2019—2020年度浙江省文化出口重点企业，简体中文版图书对台湾地区销售（浙江省新华书店集团有限公司）等17个项目为2019—2020年度浙江省文化出口重点项目。

杭州动漫在“走出去”方面实力不凡。这些年，杭州本土动漫企业纷纷大胆“走出国门”。杭州市文化创意产业办公室(中国国际动漫节节展办公室)自2008年起连续10多年组织杭州动漫企业境外参展,帮助杭州动漫企业开拓国际市场,扩大杭产动漫在国际市场的影响力,同时也把中国国际动漫节的品牌推向国际,增加国际知名度。杭州的老牌动漫企业——浙江中南卡通股份有限公司(以下简称中南卡通)已多次入选浙江省文化出口重点企业名单。早在2006年3月,中南卡通的动画片《天眼》就在新加坡新传媒播出,开创了浙江省原创动画片“走出去”的先河。此后,沿着“一带一路”,中南卡通的《天眼》《乐比悠悠》等原创动画先后进入了90多个国家和地区的播映系统,累计出口动画片超8000个小时。2016年初与新加坡真实东方MCC达成战略合作,成功将中南卡通500个小时的节目输出到东盟10个国家。2017年,中南卡通的动画片《中国熊猫》和(美国)中南(网络电视台)(ZolandTV)项目又同时入选2017—2018年度浙江省文化出口重点项目。中南卡通动画出口地区已经基本覆盖了“一带一路”国家。

浙江还大力推动优秀传统文化“走出去”,充分利用国家翻译工程、对外推广计划以及浙江相关英文网等载体,积极向海外宣传推介展示浙江省戏曲、民乐、书法、国画等优秀传统文化艺术。进一步打造“欢乐春节”等对外文化交流品牌。积极发展传统文化产品的对外贸易,开发更多带有浙江传统文化符号又适应国际市场需求的文创产品,推动更多具有浙江优秀传统文化特色和较强竞争力的文化产品走向国际市场。

(四)构建产品与资本双输出大格局

构建产品输出和资本输出双轮驱动的“走出去”格局,鼓励文化企业在海外设立分公司和分支机构,搭建国际营销网络。支持文化企业参加重要国际性文化节展,加强与国际组织、外国智库、国外知名公关咨询公司等合作，开拓国际市场。推行“互联网＋贸易”模式，扶持发展文化跨境电商，拓展线上线下渠道平台。为了搭建国际营销网络，提高文化产品在国际上的整体竞争力，浙江数十家企业共同发起成立中国电视剧（网络剧）出口联盟。出口联盟将会员单位的影视剧集中包装、集中输出，通过联合议价、联合推广，打造中国影视品牌的国际影响力。运用互联网的力量，以分账的形式成规模地向国外推广影视作品，推动影视产业升级。目前，中国在全球30多个国家和地区设立了海外中国文化中心。这些海外中国文化中心每年举行“中国文化周”活动。为了借助这些平台讲好浙江故事，让更多浙江文化项目“走出去”，浙江省建立了对外文化交流资源库，项目主要包括演出、展览和人文交流三大类别，内容涉及戏曲、音乐、舞蹈、曲艺、杂技、美术、非遗、电影、文学、中医、武术等领域。

2019年6月，以浙江省群众文化、非遗项目、专业院团为主体的“走出去”项目就有10多项，项目密度创下了历史新高。浙江省每年都会组团参加法国戛纳影视节、伦敦国际图书展等国际大型文化会展，借助国际平台将浙江文化呈现给世界。浙江出版联合集团不断加强与国际出版组织的合作，积极借助法兰克福国际书展等重要国际平台，浙江出版企业的国际知名度和浙版图书的市场占有率不断提高。同时，与国外出版界紧密合作，推出了一系列类型多样、意义丰富的新书和项目，如浙江教育出版社与德国德古意特出版社的合作成果——“中国大科学装置出版工程”丛书英文版在国际市场发行。浙江在发挥跨境电商优势时，高度关注推动海外仓拓展为营销中心和中国文化体验中心。为跨越时空阻隔、提升用户体验，浙江积极推动海外仓建设，取得了显著成效。当前，浙江着力推动企业海外仓向海外综合运营中心转型，拓展为营销中心和中国文化体验中心，统筹共享海外仓资源，满足客户体验要求，适应海外采购商习惯，建立线上线下的一站式服务综合体，更好地推广中国商品、宣传中国文化。同时，依托跨境电商的先发优势，借助博库网、天猫等线上交易平台和其他新兴交易模式拓展国际业务。

第十讲思考题：

1. 怎样利用重要国际会议讲好浙江故事?
2. 怎样打造有国际竞争力的浙江文创产品?
3. 怎样利用在浙江的外国友人做好对外文化交流与传播?

第十一讲

实施培育工程　建设人才队伍

建设文化浙江，最关键的还是人，是人才队伍的保障。文化的繁荣兴盛，需要一支庞大的人才队伍来支撑。浙江从人才管理的现代化、人才使用的高效化、人才效益的最大化出发，实施文化人才和文化名家培育工程，不断创新人才体制环境，完善对人才创业、管理、队伍建设等方面的服务，为文化浙江建设创造最好的人才环境。

一、树立“人才是第一资源”理念，优化人才发展环境

实施文化人才和文化名家培育工程，制定浙江省文化人才中长期培养与发展规划，加强文化人才培育培养，努力做到人尽其才、才尽其用。

（一）重视人才发展规划，明确队伍建设方向

浙江各级党委、政府和领导干部，牢固树立人才是第一资源理念，全面贯彻党管人才原则，加快培养造就德才兼备、锐意创新、结构合理、规模宏大的文化人才队伍。在体制上形成了党委统一领导，组织人事部门加强指导，党委宣传部门具体组织协调，有关宣传思想文化部门共同参与、各司其职、密切配合的人才工作格局。积极发挥宣传思想文化业务部门了解人才、熟悉人才的优势，形成干部人事部门与业务部门相互协调、共同服务人才的生动局面。制定了《浙江省中长期宣传文化人

才发展规划纲要(2010—2020)》,明确了指导思想、基本原则和总体要求,点明了发展重点、工作举措、政策保障和机制创新等各种问题。在浙江省制定的各项关于文化发展的规划与文件中,总是把人才队伍建设摆在十分重要的位置。如在浙江省文化发展"十三五"规划中,明确提出要建立多层次人才培养体系,打造文化人才集聚高地;培养和造就一支适应文化强省建设需要的文化艺术人才队伍,确保人才规模不断壮大、人才素质整体提高、人才结构更趋合理、人才成长环境逐步优化,努力创建全国优秀文化人才集聚区。第一,提出要完善艺术教育体系。统筹推进艺术院校发展,按照"分层推进""错位发展""良性互动"的原则,形成多门类、多学科、多层次的艺术教育体系。鼓励文艺院校与优秀社会资源合作,与国内外知名的院校、院团、文化集团合作办学。支持艺术院校与文艺院团、公共文化服务单位开展"订单式"联合培养。第二,深化文化拔尖人才培养。实施文化名家暨"四个一批"人才培养计划、浙江省文化宣传系统"五个一批"人才工程、浙江省"新世纪151人才工程"等重点人才培养计划,加强高层次人才、重点专业人才培养。实施"浙江省文化创新团队"培育项目,提升文化领军人才创新能力与团队组织能力。实施青年艺术人才"新松计划"、省属舞台艺术拔尖人才推广计划、中青年编剧编导扶持计划。培育和引进高层次的文化管理、学术、交流、运营人才。第三,优化文化人才整体素质。实施更加开放的人才政策,建立全方位、多层次的人才培养机制,利用定向培养、公开招聘、业外引进等多种方式,培养一批创新型、复合型、科技型的文化人才。开展"群星"培育计划,加强群文艺术门类创作人才的培养。继续实施基层公共文化队伍素质提升工程,大力发展文化志愿者、文化社工队伍。加强戏曲、非遗、文博等传统文化保护人才的培养。加强新型文化产业人才队伍建设,培育文化产业创新人才。第四,改进文化人才管理体制。健全人才培养开发、评价发现、流动配置、激励保障机制,建立人才评价考核指标体系。完善经营性文化单位管理体制机制,鼓励企业文化人才通过技术、专利、品牌入股，探索高层次文化人才协议工资制和项目工资制等多种分配方式。建立科学有效的文化事业单位专业技术人才招聘和引进机制。创建文化人才与文化艺术、产业的对接平台，完善各类人才创新创业扶持政策。

浙江省还制定了许多文化人才队伍建设专项性的发展规划。如2017年，制定了《浙江省文化产业人才发展规划(2017—2022年)》，提出这5年将大力扶持影视、传媒、出版、数字内容、演艺、设计、广告、高端文化装备、工艺美术和文化经营管理十大重点领域人才培育工作，通过实施人才培育、人才引进、人才激励和人才服务四大计划，从加强组织领导、资金支持、政策保障、营造良好氛围等4个方面，为推进文化产业人才发展提供有力支撑。提出到2022年，浙江将初步建成一支以高层次人才为引领、高素质人才为中坚、专业人才为支撑的，规模宏大、结构优化、布局合理、素质优良的，与全省文化产业发展需求相适应的文化产业人才队伍，形成全省文化产业人才全球化竞争的比较优势，着力把浙江打造成为文化产业人才集聚之地、人才辈出之地、人才向往之地。

制定人才发展规划的基础是要摸清浙江人才底数。近10多年来，浙江多次组织全省宣传文化系统，对人才队伍的状况开展大调查，充分了解掌握宣传文化人才的现状。根据调查，全省宣传思想文化人才队伍大体由以下5个层面组成。

一是核心层。包括全省县以上宣传文化系统的干部，乡镇(街道)的宣传委员和文化干部，农村基层党组织的宣传委员和文化工作者。

二是骨干层。党的理论工作者(包括哲学社会科学研究人员、教学人员)、文化工作者(包括各类文学、艺术工作者、各种文化协会会员等)、新闻工作者、文化产业的经营者和科技人员。

三是紧密层。基层的理论宣讲员队伍，包括各种文化团队的组织者、文化骨干和文化产业的从业人员等。

四是参与层。各种宣传文化工作的文化志愿者、爱好者、热心者、参与者。

五是影响层，就是受宣传文化工作熏陶和影响的人民群众。

我们讲的宣传文化人才队伍建设，主要是前 3 个层面的人员。工作重点是配强核心层、提升骨干层、壮大紧密层。当然，也要不断扩大参与层和影响层。

我们要看到，随着文化大发展大繁荣，文化体制改革进程加快，文化事业、文化产业发展迅速，人才结构性短缺、新型人才准备不足的状况更加明显，人才紧缺问题日益突出。总的来看，存在“五多五少”现象：一般性人才多，高层次人才较少；专门业务人才多，复合型经营管理人才较少；传统专业人才多，新型专业人才较少；熟悉国内情况的人才多，熟悉国际情况的外向性人才较少；发达地区人才多，欠发达地区人才较少。当前最为紧缺的人才主要有 7 类：文化经营管理人才、文化创意策划人才、影视后期制作人才、理论研究人才、文艺创作评论人才、熟悉国际事务的宣传文化人才、熟悉版权工作的人才。这些问题需要实践中切实加以解决。

浙江省在文化人才队伍建设过程中，特别重视着眼于提升宣传文化人才综合竞争力和高端宣传文化人才影响力。注重领军型拔尖人才、创新型人才和紧缺人才的选拔培养。以文化名家工程、宣传文化系统“五个一批”人才工程和青年英才开发工程等为重点，推动形成层次分明的优秀人才梯队；以文化创新团队的遴选建设为重点，集聚培育创新性文化人才；以全省优秀民间文化人才培养为重点，加强对社会文化队伍的培养和扶持。

（二）建设高层次人才队伍

做好文化名家暨“四个一批”人才培养工程和浙江省特级专家、省“万人计划”、省“新世纪 151 人才工程”遴选推荐，推进省宣传文化系统

"五个一批"人才工程、省重点文化创新团队遴选，培育一批德艺双馨的名家大师，造就一大批高水平的创作人才。在人才工作上，坚持多管齐下、全面推进，形成一个全方位开展人才工作的局面。

1. 通过全国文化名家暨"四个一批"人才培养工程激励人才

着眼于对成就突出的高层次拔尖文化人才的激励和资助，重点选拔扶持一批哲学社会科学研究、新闻出版、广播影视、文化艺术和文物保护、文化产业经营管理、文化科技等方面的名家。从 2003 年 8 月起，中共中央宣传部会同中共中央组织部等下发了《全国宣传文化系统"四个一批"人才培养工作意见》。实施这一工程，旨在培养造就一批全面掌握中国特色社会主义理论体系、学贯中西、联系实际的理论家，一批坚持正确导向、深入反映生活、受到人民群众喜爱的名记者、名编辑、名评论员、名主持人，一批熟悉党和国家方针政策、社会责任感强、精通业务知识的出版家，一批紧跟时代步伐、热爱祖国和人民、艺术水平精湛的作家、艺术家。为更好地适应文化事业、文化产业发展需要，又相继将宣传文化经营管理人才和专门技术人才纳入"四个一批"人才培养工程。整个工程拟选拔培养 1300 名高层次人才，其中理论界 200 名，新闻界 300 名，出版界 100 名，文艺界 400 名，经营管理和专门技术人才 300 名。近年来，又将这个工程与文化名家工程结合起来。"四个一批"人才培养工程实施以来，根据中央部署和要求，宣传及文化系统会同有关方面做了大量工作，取得了重要进展和明显成效。浙江有 20 多人入选全国宣传文化系统"四个一批"人才培养工程。如在 2019 年 12 月 31 日，中共中央宣传部公示了 2019 年文化名家暨"四个一批"人才入选名单，浙江省就有 4 位入选，均是在社会科学研究、新闻出版等方面做出突出贡献的人才。

2. 通过浙江省特级专家制度激励人才

为进一步推进高层次人才队伍建设，激励高层次人才为实现浙江经济社会发展宏伟目标做出更大贡献，从2004年起，浙江省建立省特级专家制度，这是浙江省设立的最高学术技术称号。特级专家每3年评选1次，总人数控制在100名以内，其中包括在人文社会科学领域取得创造性研究成果，并具有显著的社会效益，为省委、省政府决策服务并取得重大成果，学术、技术水平处于国内领先的人才。在每批浙江省特级专家的评审中，都有几位人文社科类人才入选，浙江目前有10多位人文社会科学领域特级专家，包括演员、美术家、考古学家、社科学者等。

3. 通过"千人计划"和"万人计划"激励人才

2009年7月，浙江省制定《关于大力实施海外优秀创业创新人才引进计划的意见》和《浙江省"海外高层次人才引进计划"暂行办法》(简称浙江省"千人计划")，从2009年开始，用5—10年时间，引进并重点支持100—200名能够突破关键技术、发展创新产业、带动新兴学科的学科带头人、科技领军人才和高层次创业人才。同时，全省引进1万名优秀海外创业创新人才和10万人次外籍专家，实施500个省部级重点国外引智项目。浙江省"千人计划"中包括人文社会科学领域的人才，如建筑设计师、创意设计师等。2017年，浙江省印发了《浙江省高层次人才特殊支持计划》(简称浙江省"万人计划")，该计划是与浙江省"千人计划"并行、面向国内高层次人才的培养支持计划。浙江省"万人计划"共设置杰出人才、领军人才、青年拔尖人才3个层次共8个类别。其中，青年拔尖人才主要面向40周岁以下的青年人才，计划10年支持500名，自然科学、工程技术领域400名左右(每人80万元的特殊支持)，哲学社会科学、文化艺术领域100名左右(每人30万元的特殊支持)。每年遴选一批,每批不超过50名。具体标准:在自然科学、工程技术、哲学社会科学和文化艺术、经济金融等重点领域崭露头角,获得国际国内较高学术成就,具有优秀的科学研究和技术创新潜能,课题研究方向和技术路线有重要创新前景。2018年公布首批199名浙江省"万人计划"入选人员名单,包括杰出人才10人、科技创新领军人才60人、科技创业领军人才25人、人文社科领军人才15人、教学名师10人、高技能领军人才20人、传统工艺领军人才9人以及青年拔尖人才50人。

4. 通过实施浙江省"新世纪151人才工程"激励人才

浙江省"新世纪151人才工程"是为加快实施人才战略,加速培养造就适应浙江省现代化建设需要的年轻一代学术技术带头人而实施的人才工程。浙江省"新世纪151人才工程"2011—2020年的目标是:到2020年,每5年一轮,每轮培养100名左右能跟踪国际科技前沿、引领本学科和产业发展、进入百千万人才工程国家级人选序列的第一层次领军人才;500名左右具有较高学术技术造诣,能支撑浙江省学科建设、产业发展和科技创新,在省内外同行中拥有较高知名度的第二层次学术技术带头人;1000名左右在各学科、产业领域发挥骨干作用,得到省内外同行认可,富有发展潜力的学术技术带头人后备人选;深入实施重点资助计划,到2020年,在能力业绩特别突出的第一、二层次培养人员中择优遴选125名左右进行重点培养,力争培养造就一批能够跻身两院院士、浙江省特级专家行列的领军人才,在极具培养前景的第三层次培养人员中择优遴选400名左右开展资助,促使他们早日成长成为浙江省的年轻学术技术带头人。浙江省"新世纪151人才工程"培养人员每两年选拔一次。2018年12月浙江省公布了2018年度省"新世纪151人才工程"重点资助和第一、二层次培养人选名单。25名为2018年度省"新世纪151人才工程"重点资助培养人员,92名为第一层次培养人员，246 名同志为第二层次培养人员。在宣传文化专项中有 12 位宣传文化人才入选。其中，第一层次 4 位，第二层次 8 位。

5. 通过实施浙江省宣传文化系统“五个一批”人才工程激励人才

2004 年，浙江省开始组建宣传文化系统“五个一批”人才队伍，也就是一批全面掌握创新理论，有较高学术造诣、联系实际的理论专家；一批坚持正确方向、深入反映生活、受到群众喜爱的名记者、名编辑、名主持人；一批熟悉党和国家方针政策、社会责任感强、精通业务知识的出版专家；一批紧跟时代步伐、热爱祖国和人民、艺术水平精湛的作家、艺术家；一批既懂得宣传文化发展规律、又懂得市场运作规律的文化经营管理人才。培养工程实施以来，每两年评选一次。到 2019 年，浙江省已选拔评出 7 批近 300 名“五个一批”人才，他们都是浙江文化界中的佼佼者，为繁荣浙江文化事业和产业做出了重要贡献。

6. 通过建立浙江省重点创新团队(文化创新类)激励人才

浙江省委、省政府为了加快培养和集聚各类创新人才，切实提高自主创新能力，大力推进创新型省份建设，为实施“创业富民、创新强省”总战略提供有力的人才保证和智力支持，促进全省经济社会又好又快发展，于 2009 年开展浙江省重点创新团队建设，其中包括文化创新类。该建设主要着力于增强文化创新能力，在全省高等院校、社科研究、文化创意、新闻出版、公共文化服务机构建设扶持一批高层次人才，人才集聚、持续创新能力强，创新绩效明显，培育具有国内省内一流水平的文化创新团队。创新团队的要求是，以领军人才为核心，以团队协作为基础，有明确目标任务，依托一定平台和项目，进行持续创新创造的人才群体。目前，浙江省重点创新团队(文化创新类)入选团队已有约 90 个，它们已成为浙江文化创业创新的中坚力量。

（三）注重培养青年人才梯队

浙江在青年人才梯队建设上，重点实施5项举措，就是深入实施青年文艺人才“新荷计划”“新光计划”“新松计划”“新峰计划”和“之江青年社科学者”行动计划。

一个有远见的民族，总是把关注的目光投向青年；一个有远见的政党，总是把青年看作是推动社会前进的最活跃力量。中国共产党的创始人之一李大钊说：“为世界进文明，为人类造幸福，以青春之我，创建青春之人类。”青年是祖国的未来、民族的希望，也是宣传和文化工作的未来和希望。浙江着眼于加强人才的战略性储备，提升未来人才竞争力，切实加强宣传文化系统“青年英才”培育，在宣传文化领域每年重点选拔培养一批年龄在40周岁以下并具有较大发展潜力的青年人才。重点实施5项人才培养计划。

1.“新松计划”

“新松计划”由浙江省文化厅（现为浙江省文化和旅游厅）于2005年起实施，面向舞台青年艺术人才培养，每年投入300万—500万元，用于戏曲、话剧、音乐、舞蹈、曲艺等不同门类的青年艺术人才的培养，全面推动和加强全省青年艺术创作、表演人才队伍建设。“新松计划”是浙江省贯彻“八八战略”、落实文化人才工程的重要举措，是助推浙江省青年艺术人才成长的重要平台。“新松计划”开展的活动更加丰富多彩，繁荣了浙江舞台，又培养了大批文艺新人，促进了富有潜力、朝气蓬勃的青年人才队伍的壮大，如2017年举办“新松计划”全省青年戏曲演员大赛，2018年举办“新松计划”全省青年歌手大赛，2019年开展“新松计划”寻找全浙江最会表演的人的活动及举办话剧大赛等。

2."新峰计划"

"新峰计划"是浙江省艺术人才梯队建设的重要举措,为青年艺术家提供了一个脱颖而出的平台。浙江省文学艺术界联合会自2013年开始在全省范围内展开评选实施,每年推出美术、书法、摄影3个门类各10名40周岁以下的青年艺术人才。2016年起又增加了工艺美术门类,每年遴选12名工艺青年人才,并由省文学艺术界联合会、美术家协会、书法家协会、摄影家协会、民间艺术家协会等单位予以全方位的培养。实施以来,共选拔培养了176名"新峰人才"。这些青年艺术人才得到了健康成长,创作成绩喜人,在社会上影响较大。据不完全统计,其中有11人次获得了从国家到地方的各类荣誉称号,8人被推举成为当地的人大代表或政协委员,240多人次参加了国家、省级艺术展览并获得了奖项,一些"新峰计划"人才还参加了国际艺术展览并取得了佳绩,40多人次在省级以上学术刊物上发表了学术文章。"新峰计划"中各类人才的成果也不断涌现,展示活动精彩纷呈。如2017年度浙江省造型艺术青年人才培养"新峰计划"创作成果展在浙江展览馆开幕,展出44名青年创作人才的400多件(组)作品;2018年,由浙江省文学艺术界联合会主办的2018年浙江省造型艺术青年人才培养"新峰计划"创作成果展在浙江展览馆隆重开幕;2019年,在"2019之江国际青年艺术周"期间,挑选80名(民间工艺相关20名)成绩特别突出的"新峰人才",举办浙江省"新峰计划"优秀青年艺术家作品展;等等。

3."新荷计划"

浙江省作家协会于2013年起实施,从全省每轮选拔35周岁以下的青年作家30名左右(其中小说作家15名,诗歌、散文、报告文学作家15名),用3年时间重点培养扶持,每3年1轮。将入选的青年作家列入“新荷人才库”，参加“新荷作家训练营”，选送青年作家参加各类培训，以出版研讨、开办研修班、评论家结对、作品签约、微信公众号推介等方式，建立名刊主编和青年作家“一对一”帮扶机制，分类、分年度，有计划、有重点地对青年作家进行培养扶持。“新荷计划”编辑出版年度“新荷文丛”，在《钱江晚报》推出“新荷人才”专版，设立“新荷人才·实力、活力、潜力”作家奖进行表彰。通过这些举措提高浙江青年作家的创作水平，扩大浙江青年作家在全国文坛的影响。到 2019 年底，已经有 7 批 327 人列入“新荷计划”。这些浙江青年作家每年在核心文学刊物发表作品上百篇（首），浙江青年作家群在全国作家中脱颖而出。

4.“新光计划”

浙江省新闻出版广电局（现为浙江省广播电视局、浙江省新闻出版局）为了培养造就一支高素质的影视艺术青年人才队伍、推动影视产业繁荣发展，于 2015 年起实施以 3 年为 1 个周期的“新光计划”。第一周期为 2015 年至 2017 年，重点培养 30 名青年影视编剧、纪录片编导。“新光计划”的一个重要特色是把制作电影电视与人才培养紧密地结合起来。如实施电视剧、纪录片“新光计划”，举办“新未来创意大赛”和中国电视新力量创意营来培养人才。第一期列入“新光计划”的青年导演李海蜀，经过丰富多彩而又严谨专业的“新光计划”相关培训，已经带着自己的作品《傲娇与偏见》，做出了自己的成果汇报。

5.之江青年社科学者行动计划

培养中青年优秀社科理论人才，事关党的事业发展的全局，是发展繁荣哲学社会科学事业的战略性任务。全省广大青年特别是广大青年社科理论工作者，为推进中国特色社会主义在浙江的伟大实践做出了巨大贡献。面对发展的新目标，面对国内外经济社会和思想文化领域日新月异的变化，全省广大青年社科理论工作者，在学习研究宣传习近平新时代中国特色社会主义思想、推进中国特色社会主义在浙江的创新实践中承担着更加艰巨的任务，迫切需要造就一支政治坚定、专业过硬、知识广博、勇于探索、善于创新、积极实践的青年社科人才队伍。“之江青年社科学者行动计划”旨在培养一批年富力强、锐意进取的中青年学术骨干，信仰坚定、基础良好的青年马克思主义理论者，使社科理论工作后继有人、接续发展。该计划于2011年启动，以研究项目为支撑，以项目研究方向为纽带，通过分类研修、专题调研、学术交流、导师引领等促进策略，扶持一批青年学者取得标志性学术成果，支持一批青年学者成为优秀学术团队领军人物，从而较快地形成一支在全国有较大影响的青年社科学者队伍。入选“之江青年社科学者行动计划”，是对青年学者以往学术研究的肯定，更是对未来新的学术研究的更高要求。到2019年底，该计划共进行了4次申报评选，全省共453名青年学者入选。这些青年哲学社会科学工作者认真履行认识世界、传承文明、创新理论、咨政育人、服务社会的神圣职责，取得了许多学术成果。许多国家级的和浙江省的社会科学重大项目研究都是由这些青年学者进行，为发展繁荣浙江的哲学社会科学事业做出了或正在做出贡献。

二、发展壮大基层文化人才队伍

壮大基层文化人才队伍，在待遇、培训和职称评审方面向基层文化工作者倾斜，这也是人才工作的重点之一。建设文化浙江、做好新形势下的宣传文化工作，基层人才队伍建设是关键，是保证。要切实增强工作的责任感、使命感和紧迫感，把这项基础性、战略性工作抓紧抓好。

（一）加强地方和基层宣传文化队伍建设

2010 年，中共中央组织部、中共中央宣传部等 6 个部委发出了《关于加强地方县级和城乡基层宣传文化队伍建设的若干意见》，这个文件充分体现了我们所面对的新形势、新任务，党中央把地方和基层宣传文化队伍建设摆上新的更高的位置，也充分体现了党中央在基层宣传文化队伍建设上齐抓共管、形成合力的决心和机制。文件既明确了总的要求，又明确了各个相关部门的职责与任务，为进一步形成工作合力提供了制度和政策上的保证；明确了加强基层宣传文化队伍建设的总体要求和具体任务，提出要加强县级党委宣传部门领导班子建设、县级和城乡基层宣传文化干部管理工作、干部教育培训工作、干部交流和实践锻炼力度，进一步充实工作力量，配齐配好乡镇、村和街道、社区宣传文化工作人员，重视专业技术人才队伍的培养，积极支持民间文化人才队伍发展，完善表彰激励机制，加大保障力度，加大对西部地区县级和城乡基层宣传文化队伍建设的支持资助，加强组织领导等方面的目标、任务、政策及举措。文件在深入总结新时期宣传文化队伍建设经验的基础上，面对新的形势和工作薄弱环节，提出了许多创新意见，具有很强的指导性、针对性和可操作性。按照文件要求，中共浙江省委组织部、省委宣传部等 6 部门开展对全省基层宣传文化人才队伍建设的调研。深入总结经验，摸清存在的问题，理清思路，研究对策。以调查问卷和实地走访的形式，全面了解地方和基层在领导班子建设、干部队伍建设、专业人才建设、优秀人才引进与培养、人员知识结构与年龄等方面的实际情况，听取基层对宣传文化队伍建设方面的意见建议，认真总结基层宣传文化队伍建设方面的好经验、好做法，分析当前宣传文化队伍建设中存在的主要问题和薄弱环节，探讨、加强和改进宣传文化队伍建设的政策措施。在此基础上，6 部门联合下发《关于加强地方县级和城乡基层宣传文化队伍建设的实施意见》，进一步明确了浙江省宣传部门宣传文化队伍建设中的职责与任务。明确中共浙江省委宣传部是党委主管意识形态方面工作的综合职能部门，负责指导宣传文化系统各部门各单位的工作，充分体现党管宣传、党管文化、党管干部的原则，提高宣传部门抓宣传文化队伍建设的力度和条件。省委宣传部协同中共浙江省委组织部加强宣传和文化系统领导班子建设、领导干部管理，参与对宣传文化系统领导班子的考察、考核、任免、交流等。健全完善地方和基层宣传文化机构设置和人员的配备，确保有人管事，改变一定程度上存在的编制不足、人员不到位、专人不专用、一人身多兼职等问题，加强基层宣传文化工作力量的配备。提出要配齐配强镇（街道）宣传委员和宣传干事，原则上要求专职。设置独立的综合文化站。按编制配备好镇（街道）广播电视站干部，并保持镇（街道）综合文化站和广电站干部的相对稳定。村（社区）明确一名班子成员或工作人员具体负责宣传文化工作。配强基本骨干队伍，如文化活动辅导员、图书资料管理员、广播编辑员、文化宣传员和文化市场管理员。加强文化志愿者队伍建设，充分发挥大学生村干部在基层宣传文化工作中的作用。健全对文化事业的投入机制，特别是要建立必备的人员待遇、工作经费保障机制。在待遇、培训和职称评审方面向基层文化工作者倾斜，进一步稳定队伍，调动积极性，使其充分发挥作用。加强理论武装和思想教育，开展切实有效的思想政治工作。推进宣传文化工作的理论创新、方法创新、制度创新、载体创新，深化文化体制改革。在基层形成比较完备的思想政治工作队伍和工作网络。树立典型，鼓励斗志，振奋精神，凝聚人心。完善管理考核、激励奖惩等制度，形成良好的工作机制。通过以上这些举措，浙江的地方和基层宣传文化队伍建设大大加强，为基层宣传文化工作的发展奠定了组织基础。

（二）扶持浙江省“优秀民间文艺人才”

浙江在加强基层文化人才队伍建设上，做了一项重要的工作——遴选扶持浙江省“优秀民间文艺人才”。一方面，这可以促使民间文艺继续为当下的生活服务，另一方面，由于传承人慢慢老去，民间文艺不断地失传，一旦消失就再也无法挽回，保护和传承民间文艺事业势在必行。浙江省开展了遴选扶持“优秀民间文艺人才”工作，扶持的人才，都是掌握某项文化技能、专业上有造诣、行业内公认、社会上有影响、具有奉献精神的民间艺术家、非物质文化遗产代表性传承人和有突出贡献的群众性文艺工作者。从 2009 年开始，浙江开始实施这项工作，所遴选扶持的优秀民间文艺人才都经过各级推荐和专家评审，在民间文艺研究、民间文学、民间工艺与美术、民间舞蹈、民间戏曲和音乐等民间艺术领域有一技之长，且为民间文化艺术的有效传承和弘扬做出了较大的贡献。这项工作得到全省民间文艺人才的热烈欢迎。许多民间艺术家说，过去他们的工作很多人不知道，社会关注度也不太高，通过评选，他们找到了自豪感和传承民间文艺的信心。

在加强民间文艺人才队伍建设的同时，浙江省为了夯实基层文艺人才队伍基础，大力培训文艺骨干，强化区、街道、社区 3 级文艺队伍网络建设，为基层文化建设提供人才支撑。实施农村中小学艺术教育计划，鼓励艺术院校毕业生到农村中小学任教。关心支持草根艺术家、乡土文化能人等群体。培养万名农村宣传文化管理员，培训万名基层文艺骨干，壮大文化志愿者队伍，在待遇、培训和职称评审方面向基层文化工作者倾斜，增强基层文艺发展内生动力。《浙江省基本公共文化服务标准（2015—2020 年）》明确规定，乡镇（街道）综合文化站配备编制人员 1—2 名；乡镇（街道）、村（社区）基层文化专兼职人员每年参加集中培训时间不少于 5 天。

建立市、县、乡3级文化志愿者队伍，打造特别能带动群众的文化服务队伍。浙江省专业志愿服务领域不断拓展，文化娱乐、体育健身、环保卫生、教育科普、法律援助等专业志愿者队伍不断壮大。加强文化志愿者队伍建设，鼓励专业文化工作者和社会各界支持参与基层文化活动。各级党委、政府协调有关高校、院团等单位，与具有一定活动基础和文化特色的县（市、区）结对共建，派出师资力量，开展机制性的文化志愿服务。协调各艺术协会积极参与全省农村“种文化”培训辅导活动，建立师资选派常态化机制，坚持“派专家下去”和“请学员上来”相结合的方式，组织美术、书法、音乐、舞蹈、戏曲等方面的专家对农村文艺骨干进行讲座辅导和文艺培训。成立浙江省文化志愿者联合会，着力提高文化志愿者服务水平。组建“浙江省群文专家免费讲师团”，开展“耕山播海”浙江省欠发达地区农村文艺骨干培训活动，为基层提供免费讲课订单式服务。建立健全各协会基层联系点制度、老艺术家联系制度等机制，组织文艺家深入农村联系点，进行结对共建，帮助开展农村文化活动，不断满足人民群众的精神文化需求。在这些文化志愿者的大力培育与推动下，浙江基层的文化活动开展得红红火火，如开展“唱响文明赞歌”文化关爱老少边贫地区活动，举办浙江省农民文化艺术节、浙江省排舞大赛、浙江省农（渔）民书画大展、群众文化创作展演等系列群文品牌活动，推出一批代表浙江水平、群众喜闻乐见的精品佳作和具有浙江特色的公共文化服务项目。

（三）建设农村专职文化员队伍

浙江省努力推进农村文化建设，建设农村文化礼堂，大力实施文化惠民工程，广泛开展“送文化”下乡活动，丰富了农民群众的精神文化生活。在这个过程中，高度重视解决一些农村存在的无人办事的问题，专门加强农村专职文化员队伍建设，在全省基本上做到每个行政村都有一位专职文化员。农村专职文化员的配备，极大地推动了农村文化工作的蓬勃发展，丰富了农民群众的精神文化生活，深受基层的普遍欢迎。专职文化员的主要作用有以下几点。

一是成为文化场所设施的管理者。目前，浙江省农村文化活动室覆盖率已近100%，农家书屋覆盖率已达到100%。在农村文化礼堂建设方面，全省已建成14000多家。农村文化场所设施的建成，为广大农村群众开展各类活动提供了阵地和平台。有了阵地就必须有人管事，要有人开门、整理、管理、修缮等，除了聘请一些兼职管理员外，专职文化员就担负起了管理的职能。

二是成为群众文化活动的组织者。现在，农民群众对文化的期待和需求已发生前所未有的变化，他们从追求生活必需品到追求多元消费品，从追求物质生活的丰富到追求自我价值的实现，从关注经济层面到关注文化层面、精神层面。全省不少农村群众文化活动较活跃，但有的地方比较缺少文化团队，缺少领头人和组织者。这些专职文化员往往都有一技之长，是文艺工作的骨干，能很好地承担群众性文化活动组织者的角色。

三是成为农村宣传教育的落实者。随着传播技术、媒体格局和舆论生态的变化，农民群体精神文明建设和思想道德建设的任务越来越繁重，迫切需要加强农村和农民的思想教育。这些专职文化员作为长期生活工作在农村的人才，就能通过各类宣传教育活动，普及科学知识、传播精神文明、塑造美好心灵、弘扬社会正气，从而促进农村的社会和谐。

为了让这支队伍更好地服务农民的文化生活，浙江省对农村文化队伍建设提出具体要求，并指导各地抓好落实工作。明确专职文化管理员组织群众文化活动、管理农村文化设施等职责。加强农村专职文化员队伍的业务培训。在管理才能、文明素养、政策宣传、文体娱乐等方面对基层文化员进行经常性的培训，提高他们的组织协调能力和文化业务素质，使之成为农村文化工作的骨干。加强对农村专职文化员队伍的日常管理，科学制订岗位职责、考核办法，加强对农村专职文化员的考核评价，强化考核结果的运用，把考核评价与奖惩挂钩，激励他们积极投身农村文化建设。同时，对考核不合格人员及时予以解聘。

三、加强人才培养、引进，建设庞大人才队伍

人才队伍的建设，需要一手抓培养，不断提高现有人才队伍的素质和能力；另一手抓引进，大力引进各方面紧缺的人才，补齐人才短板。

（一）人才需要精心培育和大力培养

人的素质与时俱进才能适应形势发展的要求。为此，要不断创新人才培养方式，拓展人才培养领域，提高人才培养质量，构建一支门类齐全、结构合理、梯次分明、素质优良的文化人才队伍。

1. 充分发挥高校作用，深入开展校企合作和校际合作，创新产学研合作，加强文化人才培养

浙江大学、中国美术学院、浙江传媒学院、浙江音乐学院等高校有许多资源，在学科建设、文化研究、科技进步、产业发展等方面，都是佼佼者，是培训培养文化人才最好的场所。浙江省有关部门与这些高校紧密合作，通过举办进修班、培训班、与高校合作办班等方式，全面提高人才队伍素质和能力。

2. 高度重视用党的创新理论武装头脑，对文化人才加强思想政治引领

党的十八大以来，各文化部门深入学习贯彻习近平新时代中国特色社会主义思想，紧密联系改革开放和社会主义现代化建设的新进展，紧紧围绕宣传思想文化工作的中心任务和重点工作，深刻领会工作思路。德艺双馨是文化工作者的人格之本、事业之基，要高度重视对文化人才加强思想政治引领，引导他们坚定正确的理想信念，树立崇高的艺术追求，切实加强行风建设和职业道德建设，引导文艺工作者牢记为民族铸魂魄的文化使命，实现修身与创作共进、人品与艺品齐升。

3. 通过分级分类，统筹抓好各级各类干部人才的培训

根据不同类别、不同层次、不同岗位人才的素质与能力，制定分类培训计划。针对人才培训需求差异性、培训方式多样性和培训手段现代化的发展趋势，加强对人才教育培训工作的战略性、前瞻性问题的研究，及时总结和推广新鲜经验和成功做法。在培训工作中，把宣传文化部门管理干部队伍的培训放在首要位置，进一步提高他们的思想政治素质和业务能力。同时，加强对文艺人才、文化产业管理人才、新媒体新业态人才、民营文化企业和民间文化人才的培训。坚持按需培训的原则，努力做到事业需要什么就培训什么，人才成长缺少什么就培训什么。建立培训内容更新机制，不断完善课程体系，开发一批前沿性、针对性和实践性强的精品课程。适应现代信息技术的迅猛发展，积极探索开展在线学习、网络培训和远程教育。健全培训考核、激励、奖惩等制度。

高度重视师资队伍建设，建立全省宣传文化管理部门领导干部上讲台授课制度，将文化名家纳入师资队伍，建立省级人才教育培训师资库，形成高质量、高层次、相对稳定的教育培训师资队伍。逐年加大对各类文化专业人才的培养资助力度，不断优化人才成长的环境。

4. 加大人才在实践中培养锻炼的力度，提高人才队伍的实践能力

根据各类人才的特点和实际，注重培养与使用相结合，鼓励和安排各类人才参与重大课题、重大项目、重要活动，有组织、有计划地选派优秀人才到基层实践锻炼。鼓励开阔视野、面向海外，以“走出去”的方式，学习发达国家先进的文化产业经营管理经验，培养观念领先、理念超前、具有前瞻性战略思维和眼光的高层次专业人才。通过与国外知名高校、文化机构和媒体联合办学及定向培养、在职进修培训、项目带动、实践锻炼等多种方式，扩宽人才培养途径。特别是重视把人才选派到浙江文化建设与发展一线，到基层文化服务部门等去挂职，在作家艺术家中开展“与时代同行”的深入基层采风活动等，促进作风转变，蹲点采风，把作品写在祖国的大地上。

（二）加大文化人才引进力度

积极参与《中央人才工作协调小组关于实施　海外高层次人才引进计划的意见》（以下简称国家“千人计划”）和浙江省“千人计划”，吸引国内外高层次文化人才到浙江创业发展。以社科人才、文艺创作人才、文化创意和文化产业经营管理人才、现代传媒人才、网络新技术人才为重点，鼓励采取签约、项目合作、技术入股、岗位聘任等方式，多渠道引进优秀人才。发挥高校、科研院所、文化类特色小镇、文化产业园区、文化创意街区和重点文化企业等人才集聚功能，努力打造文化人才高地。支持高校、文化院团等引进顶尖人才和急需紧缺人才，不受岗位总量、岗位等级、结构比例限制。树立“不求所有，但求所用”观念，聚天下英才而用之。

浙江在人才引进上力度空前，领军人才规模日益壮大，全职在浙的“两院”院士共有 51 名，柔性引进省外院士 456 名。此外，浙江正在加快形成海外人才高地。2018 年是国家“千人计划”实施 10 周年，浙江省

已累计引进国家“千人计划”专家778人、省“千人计划”专家2056人。2016—2018年，浙江全省累计引进海外留学人才7万多人，各类国境外专家14.8万人次；其中高层次专家2.8万人次，位居全国前列。对引进的人才，浙江聚力提供一流服务，让人才在浙江舒心生活、顺心工作。明确高层次人才购买首套房可不受户籍限制。2018年计划新建(新交付)1.9万套人才公寓。非在杭“两院”院士、省特级专家可办理车辆进杭通行证，在杭高层次人才车辆竞拍由用人单位给予上牌补贴。高层次人才子女就学可由教育部门统筹安排。加快推进外籍人员子女学校建设，2018年拟新建2所。高层次人才落户不受年龄、住所条件等限制，配偶、子女可以随迁。深化拓展人才服务银行，对国家、省“千人计划”专家分别给予最高1000万元、500万元的低息信用贷款。在浙江省股权交易中心设立国际人才板，为人才提供股权融资、上市辅导等服务，力争培育一批“独角兽企业”和“隐形冠军”。创设“人才保”业务，为高层次人才提供最高2000万元的授信担保。浙江连续多年组团赴北美、欧洲开展海外高层次人才对接洽谈活动，成果丰硕。除此之外，浙江以赛引才，在省、市、县各个层面积极面向全球举办各类创业创新大赛，平均每年举办创业大赛超过100场，取得了积极成效。这些政策，对文化人才的引进也提供了极好的环境与条件。

浙江文化管理部门深入研究制订文化领域高层次人才引进管理办法，落实配套政策，创新人才引进合作机制，面向国内外重点引进一批各门类文化拔尖人才、文化经营管理人才和文化专业技术人才，吸引金融、科技等领域的优秀人才和海外的创意、设计、研发、管理等高端人才到浙江发展。如近年来杭州就吸引了麦家、余华、赵志刚、蔡志忠、朱德庸等一大批文化名人落户。充分发挥领军人物的示范效应，凝聚带动创新团队，实现相关文化行业的高水平发展。建立健全文化人才培养机制，是实现文化产业持续发展的基础性工作。如今，许多国外知名的设计师到浙江开办工作室，有的已经长期在浙江工作，有的到浙江搞各种会展，有的在浙江经商，更多的是与浙江的高校和企业开展合作，在浙江讲学、进行课题研究、创办实体、发展文化产业。

（三）优化文化人才成长环境

加快完善文化人才创业创新、评价激励等政策体系，创新选人用人观念，注重品德、能力、业绩、贡献，形成良好的用人导向和人才发现机制。建立健全党委、政府领导联系文化名家制度。支持优秀人才承担或参与重大课题、重点项目、重要演出等。组织选送优秀文化人才参加业务进修、培训、调研、挂职和考察交流活动。探索开展高层次文化人才协议工资制和项目工资制等试点。推进职业经理人制度试点。强化文化人才服务保障，努力营造尊重劳动、尊重知识、尊重人才、尊重创造的良好氛围。

1. 强化人才意识，创造人才发挥作用的良好环境

各级党委、政府的领导干部要更加充分地认识到，人才是文化建设的主力军，其主动性、积极性和创造性的发挥，是文化发展的强大驱动力。要适应形势发展要求，进一步创新人才培养方式，拓展人才培养领域，提高人才培养质量，努力在浙江造就一支与时俱进的高素质的文化人才队伍。建立领导联系高层次人才制度。继续办好“文化会客厅”，有关领导可以经常与人才开展谈心谈话，了解他们的情况，帮助解决问题。对于曾为文化发展做出杰出贡献、有重大影响的老艺术家，研究制定合理的保障机制，切实给予关爱。

2. 建立健全人才激励机制

健全以政府奖励为导向、用人单位和社会力量奖励为主体的人才奖励体系，实施首席专家、文化大师工作室制度，建立省级文化荣誉制

度，根据中央和省有关规定定期表彰奖励德艺双馨、成就卓著的文艺人才。评选“文化名家”“浙江文化产业十大领军人物”“浙江文化艺术杰出贡献奖”等，对为浙江文化发展做出突出的文化名人、名家、名师进行奖励。探索开展高层次文化人才协议工资制和项目工资制等试点。协议工资制是指专门就工资事项签订专项集体合同的做法。依法订立的工资协议对企业和职工双方具有同等约束力。项目工资制是把工程项目中部分或全部管理人员的个人收入与项目管理全过程活动（最终经济效益）挂钩的办法。这两种办法都是浙江在文化产业发展中进行的大胆探索。如改革后的浙江歌舞剧院，与过去演员拿“死”工资不同，现在是根据演出业务等标准发放工资，演员的收入大有改观，从而激发了演员的积极性。又如杭州金海岸文化发展股份公司，作为国家“扶强扶优”战略扶持文创产业专项资金的企业之一，通过打造“剧院连锁、院团合一”的创新型商业模式，成为文化体制改革“院线”道路中的成功样本。注重发挥非公有制文化单位人员的积极性，在职称评定、培训提高、政府奖励资助等方面一视同仁，努力形成各类文化人才竞相涌现的生动局面。总之，通过这些方式，浙江建立和完善有利于优秀人才脱颖而出和健康成长的体制机制，最大限度地调动了广大文化工作者的积极性、主动性、创造性，形成人尽其才、各展所长的良好局面。

3. 在人才队伍建设的实践中，不断完善培养激励机制

浙江省在加强哲学社会科学人才队伍建设的实践中，以重点扶持、实践锻炼、跟踪培养、宣传推介等为主要措施，加大社科人才队伍建设力度，如实施哲学社会科学领域的“浙籍学者回归项目”。加强与省外知名浙籍学者的联络和沟通，搭建浙籍学者联络平台，推动浙籍学者的智力回归。组织省外学者到浙江参加项目考察、蹲点调研、课题研究、交流研讨等活动。采取委托课题的形式，联合开展重点课题研究。实施高校马克思主义理论人才培养计划，加强高校马克思主义理论人才

队伍建设，打造理论创新团队。从高校中遴选一批思想作风正，业务水平高，在中国特色社会主义理论和大学生思想政治教育的基本理论研究、应用研究方面有造诣的青年学者，入选高校理论人才库。人才库的青年学者作为重点对象列入“四个一批”人才培养工程和浙江省“百千万”高技能领军人才培养工程，参与浙江省委、省政府重大决策理论支撑研究，参加哲学社会科学教学科研骨干研修班等。建立高校马克思主义理论青年学者到基层蹲点挂职调研制度，选派高校青年学者深入乡镇、企业、农村、社区开展调查研究，或到乡镇和村蹲点挂职。抓好社科教师暑期培训班，传达最新省委、省政府工作部署，听取专家学术报告，交流课程建设、教学改革、实践教学、集体教研活动及教学与科研关系等方面的经验。助推高校社科教师全面深入了解中央和省委、省政府重大决策，宣传思想文化工作要点，社会关注的热点、焦点、难点问题及宣传教育口径等。推出一批优秀哲学社会科学工作者典型。编辑出版“当代浙江学者文库”丛书，主要面向青年专家学者，着重研究当代浙江政治、经济、文化、社会、生态和党的建设等现实问题。

中共浙江省委党校实施理论名师培养工程，着力培养马克思主义教学研究骨干，与中国社会科学院研究生院建立长期战略合作关系，选送青年教师攻读中国社会科学院“马克思主义理论骨干人才”博士学位。浙江省教育厅实施“钱江学者”特聘教授引进计划、“高校优秀中青年思想政治理论课教师择优资助计划”，培养一批坚持正确政治方向、理论功底扎实、善于联系实际，具有较高教学水平和科研能力的中青年教学领军人才和学术带头人。通过系列举措，浙江省社科人才总量不断扩大，素质不断提高，结构不断优化。

4. 改革创新培育方式和支持政策，着力打造“文艺浙军”

通过选送深造、作品研讨、扶持出版等途径，有重点地推出一批在全国具有一定创作影响的中青年实力作家，打响“文学浙军”品牌。举办“80后”作家训练营，重点扶持优秀青年作家，全方面跟踪培养。加强培育文学新苗，评选“浙江少年文学之星”。依托高校、社科机构人才资源，建立文学评论人才库，加强文学评论队伍建设，建立评论家与作家沟通互动机制。在戏曲人才队伍建设中，也实行了一些特色鲜明的举措。支持戏曲非物质文化遗产传承人带徒授艺，培养新生代戏曲非物质文化遗产传承人。加大政府购买戏曲演出力度，扶持戏曲发展。建设戏曲演出综合体，以文化资本为纽带，结合实际，推动建设集聚戏曲艺术表演团体、经纪机构和消费市场为一体的戏曲演出综合体。创新戏曲传播方式，建设戏曲演出网上交易平台和观众交流平台，推动戏曲网络传播，拓展戏曲传承发展新空间。完善戏曲教育教学体系，对中等职业教育戏曲表演专业学生实行免学费，落实大中专戏曲职业教育生均拨款制度。支持艺术院校加强戏曲相关学科专业建设。加强艺术院校与戏曲艺术表演团体的协同合作，创新发展戏曲教育新模式。如浙江小百花越剧团与相关院校一起培养人才，构成了自己独特的人才培养方式。一批优秀的剧作家和演员形成了青春靓丽的演剧特色和风格，带动了全省各个剧种戏曲表演团体均出现“小百花”现象。同时，浙江支持和推动浙江各种文艺形式人才的培养。

5. 在文化产业发展中，把产业发展与人才培养紧密结合起来

在文化产业的发展中培养人才，在人才的激励中发展文化产业。2019年，杭州在印发《关于加快发展杭州文化产业的若干意见》中明确提出，发展文化产业，关键在于培养和集聚一批在全国有较高知名度的文化人才、熟悉国际文化经营运作的高级经营管理人才、掌握文化产业高新技术的专门人才和一支高素质的文化管理干部队伍。加大人才引进力度，在住房、户籍、职称、分配、家庭安置等方面制定优惠政策，吸引国内外文化名人和优秀文化经营人才来杭创业。建立和完善人才激励制度，对有突出贡献的文化产业经营、管理、艺术创作和工程人员予以

重奖。允许和鼓励有特殊才能的文化人才，以其特长和管理才能作为无形资产，按一定比例持有文化企业的股份，并参与分配。进一步形成良好的创业环境，以事业留人、以政策留人、以感情留人。如宁波通过建设文化“大项目”来引进人才——推进宁波文创港，宁波音乐港，宁波华强·中华复兴文化园，宁波华侨城，宁波广电融媒体科技创新大厦，浙江广电象山影视基地，秀水街、月湖历史文化街区等一批大型项目建设。通过这些项目的落地，宁波引进了一批高端人才。如温州通过创办文化学院来引进和培育人才，创办了温州文化创意学院、温州时尚研究院等，力图补足温州文化人才的短板，并加强本土全日制学生教育和培训活动。开办“创意温州”公开课等项目，采取线下讲堂和线上直播同步进行的方式，每期直接和间接受众达万人以上。浙江一些企业还通过改革用人制度来加强人才引进力度。如华策影视等企业采用合伙人制度，激励优秀的文化产业人才来企业合伙创业。浙江各地还通过科研攻关培养人才。引进人才和组织人才加强文化共性关键技术研发，重点突破新闻出版、广播影视、创意设计、文物保护利用、非物质文化遗产传承发展等领域系统集成应用技术。围绕文化科技产业重点领域组建一批技术创新联盟，建立专业化技术转移机构和职业化技术转移人才队伍，实现创新链与产业链有效连接，形成高效快捷的成果转化通道，既出了创新成果，又培养了大批人才。

第十一讲思考题：

1. 当前在文化人才队伍建设中存在的主要问题是什么？

2. 怎样激励基层文化工作者的积极性和创造性？

3. 对于文化人才的培训要重视哪些问题？

第十二讲

加强党的领导　形成发展合力

加强和改进党对文化工作的领导，是推进文化繁荣兴盛的根本保障，也是建设中国特色社会主义文化的内在要求。各级党委、政府要把文化建设与发展摆在全局工作的重要位置，进一步推动文化建设与经济建设、政治建设、社会建设以及生态文明建设协调发展。

一、加强组织领导

加强组织领导是我们做好一切工作的法宝，也是重要的组织基础。推进文化浙江建设同样需要把加强组织领导摆到突出位置。

（一）强化考核，增强意识，协调发展

各级党委、政府要把文化浙江建设工作摆在更加突出的位置，将其纳入经济社会发展总体规划，作为评价地区发展水平和发展质量的重要参考，作为考核评价领导班子和领导干部的重要内容，与经济社会建设一同部署、一同推进、一同考核。切实提高各级领导干部的文化意识、文化素养，提升各级领导干部驾驭文化工作的能力、领导意识形态工作的能力，推动文化建设与经济建设、政治建设、社会建设、生态文明建设和党的建设协调发展。

浙江各级党委、政府领导干部，要从全局和战略的高度，充分认识

文化发展的重要意义。对于文化对民族凝聚力的作用，我们在平常往往可能体会不太深，但是，到了民族危难的时刻，我们就特别能体会到文化的强大力量。例如，在抗日战争中，我们的抗日歌曲发挥了很大的作用。抗日歌曲，把中华民族积压在心底的被侵略、遭涂炭、受迫害的愤怒激情变成了一种惊天动地的吼声。“九一八”事变后，随着民族危机的加深，人民群众的爱国情绪空前高涨，中华民族同仇敌忾，反侵略、救亡图存的激情全面爆发。“歌为心之声”，1933 年 8 月，萧声、聂耳、张曙、任光等组织了一个音乐小组，为进步电影、戏曲配乐，一批像《开矿歌》《义勇军进行曲》《渔光曲》《大路歌》等革命歌曲随着电影的放映不胫而走，激励着无数中国人唱着《大刀向鬼子们的头上砍去》《救亡进行曲》《流亡曲》等抗日歌曲，轰轰烈烈奔赴前线，抗日歌曲帮助点燃了整个中华民族的抗日热情。这些歌曲表达了人民空前高涨的抗日热情和对斗争胜利的希望与信心。那些代表着中华民族之魂的抗日歌曲流传至今，将中国的历史、全民族的记忆代代相传，鞭策着所有中国人奋勇前行。

在新时代，我们的各级领导干部，一定要充分认识到文化对民族的凝聚作用，文化能够维护国家的至高利益和人民的理想追求，能够形成强烈的感召力和向心力，从而使整个社会凝聚起来；一定要充分认识到文化对人的素质的提升作用，有没有文化修养是一个人有没有素质的重要体现；一定要充分认识到文化对人行为的规范作用，在历史中积淀下来的，并被一定群体所共同认可、遵循的行为规范，对个体的行为具有约束性；一定要充分认识到文化对幸福感的增强作用，文化是有温度的，能极大地增强人对生活的热爱与幸福感。

当前，各级领导干部在文化建设上还要确立 4 种观念。

一是坚定文化自信。党的十九大报告指出：“文化是一个国家、一个民族的灵魂。文化兴国运兴，文化强民族强。没有高度的文化自信，没有文化的繁荣兴盛，就没有中华民族伟大复兴。要坚持中国特色社会主义文化发展道路，激发全民族文化创新创造活力，建设社会主义文化强国。”文化自信是更基础、更广泛、更深厚的自信。文化自信是一个民族、一个国家以及一个政党对自身文化价值的充分肯定和积极践行，是对其文化的生命力持有的坚定信心。我们的文化自信来自深厚的优秀传统文化的积淀，来自对中国共产党红色文化的弘扬，来自对人类文明成果的吸收。每个领导干部都要把坚定文化自信作为政治素质和政治信仰的重要内容。

二是把握文化导向。文化作品只有具备正确的导向，才能够影响人、教育人、鼓舞人。古时候农村教育人靠什么？就靠戏曲和故事。很多农民不认识字，但他们从戏曲和故事中学会做人做事，学会仁义礼智信。所以我们在文化作品的创作生产与评价中，一定要把好价值导向。坚持社会主义核心价值观，引导人们确立正确的世界观和价值观，要为社会提供更多的精神食粮，不能向低俗和拜金主义低头。要把好道德导向，坚持社会主义思想道德建设的方向，倡导坚守基本的道德底线，坚守社会公德、职业道德、家庭美德、个人品德。要把好人文导向，就是让人们学好3样东西：学科学，去追求真理的东西；学艺术，去追求美好的东西；学人文，去追求善良的东西。

三是强化文化眼光。大千世界，无处不需要我们用文化的眼光来打量。如果你用文化的眼光打量一座城市，你一定会体会到城市的人文底蕴和文化温度。如果你用文化的眼光来打量你的产品，你会看到商品背后的文化价值，你一定会努力将商品变成文化艺术作品，从而在商品经济价值的基础上，提升商品的文化价值。如果你用文化的眼光来打量你的校园，你一定会在绿树红墙的背后看到校园文化，看到学校的历史、学生的记忆、教师的情怀。我曾经在钱塘江国际论坛上发言说：“当你用科学的眼光来打量钱塘江，它就是河床、堤岸、水流量、生物、灌溉，而当你用文化的眼光来打量钱塘江，它就是生命、情感、意识、观念、伦理。用文化的眼光打量事物，你会看到一个完全不同的世界。”

让领导干部学会用文化的眼光来打量世界，是当下需要解决的重大命题。

四是增强文化本领。要掌握文化发展的规律，掌握兴盛文化的知识，提升创造文化的能力，牢牢把握文化发展的方向和目标，在各级党委、政府的领导下，创造出更多积极向上的精神文化产品以陶冶人们的情操、提高人们的道德水平，创造出更多以科学普及为目的的知识文化产品以提升人们的科学素养，创造出更多健康文明的娱乐休闲产品以丰富人们的生活，创造出更多充满活力与实力的文化产业以推动经济转型升级。

（二）完善体制机制，提高领导水平

除了思想理念外，我们还要高度重视解决体制机制问题。要不断健全体制机制，改进工作方式方法，提高领导水平。要在推进经济社会发展的各项工作中，把文化建设作为重要组成部分，纳入经济社会发展的总体规划进行部署。如浙江省“十三五”发展规划就高度重视文化建设问题，专列第十六篇，对加强社会主义精神文明建设做出了全面规划。其中包括：提升国民文明素质，培育和践行社会主义核心价值观，推进哲学社会科学创新；传承发展优秀传统文化，深化群众性精神文明创建活动；丰富文化产品和服务，繁荣发展社会主义文艺；构建现代公共文化服务体系，加快发展现代文化产业；建设现代传媒体系，加强网络文化建设；深化文化体制改革，提高文化开放水平；拓展文化交流与合作空间，加强国际传播能力建设等。规划对诸多问题明确了发展方向，提出了目标、任务与要求，同时对文化产业等做出了专门的规划。

各级党委、政府还要建立相关的考核、评价和责任制度，把文化建设的情况作为评价地区发展水平、衡量发展质量和领导干部工作实绩的重要内容。在浙江省党建工作责任制考核中，在基层党的建设考核

中,在党风廉政建设的考核中,都把党的思想建设、意识形态工作、思想政治工作等作为重要内容,一并进行考核。特别是专门开展意识形态工作责任制的考核,规定在领导干部年度述职中,必须讲述意识形态工作和思想建设方面的内容。特别是要在各项重要任务和中心工作的部署中,把意识形态工作、群众的思想政治工作、社会舆情的把握等作为重点。要推动文化建设与经济建设、政治建设、社会建设、生态文明建设和党的建设协调发展。

要通过各种途径,切实加强文化领域领导班子和党组织建设,充分发挥文化战线全体共产党员在推进文化改革发展中的先锋模范作用。充分认识人民是推动社会主义文化大发展大繁荣的最深厚的力量源泉,牢固树立马克思主义群众观,自觉贯彻党的群众路线,始终坚持人民至上的价值观、人民是真正英雄的唯物史观,积极搭建人民群众参与文化建设的广阔平台,让蕴藏于人民中的文化创造活力得到充分发挥。

(三)测算全面评价文化发展指数

为了客观评价全省和各设区市的文化发展水平、给各级党委和政府决策提供科学参考、加快推进文化浙江建设,自 2011 年起,中共浙江省委宣传部、省统计局等部门每年开展浙江省文化发展指数计算工作,通过对文化资源支撑力、文化价值引领力、公共文化服务力、文化产业竞争力、区域文化创新力和公众评价六大领域的指标进行测算,形成年度评价报告。2018 年度浙江省文化发展指数评价报告显示,全省文化发展指数呈现稳步增长势头。以 2017 年浙江省文化发展指数为基准值 100 计算,2018 年全省文化发展指数为 109.54,比 2017 年增长约 9.54%。与 2017 年相比,纳入本次实际测评的 31 项指标中,有 25 项上升,占比约 80.65%。从各领域看,指数均有不同程度增长。其中,文化价值引领力、公共文化服务力实现两位数增长,增幅明显。文化价值引领力以约 19.84%的增幅，居于各领域首位，并超过上年约 16.36%的增幅；公共文化服务力增幅约为 17.48%。报告还表明，六大领域对浙江省文化发展指数增长均做出了正面贡献。从全省各区域间文化发展来看，不平衡现象较上年持续改善。2018 年全省 11 个设区市文化发展指数都有一定程度的提升，杭州、金华、宁波位居前三。文化发展指数的考核评价，极大地推动了各地强化文化发展责任，加快文化发展的积极性和创造性。

二、完善政策保障

政策从来都是生命，推进文化浙江建设，需要通过法律法规，制定完善财政扶持、金融支持、土地使用、市场准入、企业认证、项目落户、人才保障、薪酬制度等配套政策，加大公共财政对文化建设的投入力度，为文化浙江的建设创造良好的法律政策环境。

(一)推进文化领域地方立法

将文化浙江建设重大政策举措适时转化为法规规章，为文化浙江建设发挥引导推动、规范保障作用。浙江省高度重视以法律法规来保障公共文化服务的平等性、均衡性和普惠性。根据 2016 年 12 月由中华人民共和国第十二届全国人民代表大会常务委员会第二十五次会议通过的《中华人民共和国公共文化服务保障法》(以下简称《保障法》)等法律和有关行政法规的要求，为了保障公民的基本文化权益，需要结合浙江实际构建现代公共文化服务体系，提高全社会的文明素质。2017 年 11 月，浙江省十二届人民代表大会常务委员会第四十五次会议审议通过了《浙江省公共文化服务保障条例》(以下简称《保障条例》)，于

2018 年 3 月 1 日起正式施行。《保障条例》的出台，是浙江省贯彻落实《保障法》的具体举措，对浙江省依法推进文化浙江建设、加快构建现代公共文化服务体系建设、更好地保障人民群众的基本文化权益，产生了重大影响。

《保障条例》对公共文化服务的保障和规范表现为以下 4 个方面：

一是注重顶层设计。围绕《保障法》和中央关于文化建设的重大决策，突出政府主导、社会力量参与，强化基层建设，加大惠民力度，充分满足人民群众对美好生活的向往和文化追求。

二是坚持问题导向。重在解决影响和制约浙江省公共文化发展的薄弱环节和突出问题，确保立法的精准性和有效性，更利于基层操作和把握。

三是体现地方特色。根据浙江省第十四次党代会提出的"确保到 2020 年高水平全面建成小康社会"的目标，并在此基础上，高水平推进社会主义现代化建设，以"两个高水平"的优异成绩，在浙江谱写实现"两个一百年"奋斗目标的崭新篇章。贯彻落实建设文化浙江的要求，结合浙江省在公共文化服务领域的创新实践，将近年来的浙江省在公共文化建设和服务上的成功经验总结起来写入了条例。

四是强调精简立法。对《保障法》已经明确的一些要求、措施，《保障条例》不再重复，确保内容简洁、针对性强。

《保障条例》的主要内容共有 34 条，主要包括了 5 个方面的内容：

1. 强化政府主体责任

在政策保障方面，《保障条例》指出，各级人民政府要承担起公共文化服务的保障主体责任，自觉履行"四个纳入"，即将公共文化服务体系纳入当地经济和社会发展规划、纳入年度工作计划、纳入本级财政预算、纳入政府目标责任制。县级以上人民政府要建立综合协调机制，成立由政府负责人牵头的公共文化服务协调机构。在人员保障方面，《保障条例》明确规定，乡镇（街道）综合文化站应当配备专职文化员，文化礼堂（社区文化家园）和文化活动中心应当配备文化管理员，做到既有章办事，又有人干事。在经费保障方面，《保障条例》指出，各级人民政府应当根据公共文化服务的事权和支出责任，建立与公共文化服务发展相适应的财政投入增长机制，逐步增加对公共文化服务的投入。同时，县级以上人民政府应当安排一定资金，支持公共文化服务相对薄弱地区的事业发展。

2. 大力推进均等化建设

在资源建设方面，《保障条例》提出，各级人民政府应当加强跨部门、跨行业、跨区域资源的整合，统筹推进公共文化服务发展，防止出现公共文化资源重复建设。在服务内容方面，《保障条例》明确要求，浙江省人民政府制定基本公共文化服务标准，设区市和县级人民政府要结合当地实际制定公共文化服务目录，用标准化的形式补齐基层公共文化服务短板，拉高标杆，协调发展。在服务手段上，《保障条例》在倡导推广具有浙江特色的流动文化服务、县级文化馆总分馆建设的同时，提出省人民政府应当整合现有的公共数字文化资源，建立全省统一的公共数字文化服务平台，推动公共文化服务与现代科技的融合发展。

3. 科学布局公共文化设施

在公共文化布局上，《保障条例》指出，各级人民政府应当合理确定公共文化设施布局，设施种类、数量和规模、布局要适合当地经济社会发展实际，早日实现“市有 5 馆、县有 4 馆、区有 3 馆”的建设目标，满足人民群众基本文化需求。对机关、学校和其他企事业单位的文体设施向公众开放的，要在设施维修、管理和意外伤害保险等方面给予相应的经费补助。对因城乡建设需要拆除的公共文化设施，或者改变其功能用途的，《保障条例》提出了先建后拆或者同时进行的原则；建设拆除同时进行的，当地人民政府应当安排过渡的公共文化设施，确保公共文化服务不间断。《保障条例》还对城乡居民在公园、广场等公共场所开展健康有益的公共文化活动提出了要求。

4. 提升公共文化服务效能

在人员配备方面，《保障条例》提出了向省级中心镇和常住人口 5 万以上的乡镇（街道）派驻文化工作员的要求，充实和加强基层文化队伍建设。对已经建成的公共文化设施，《保障条例》要求根据其功能、特点，按照国家和省有关规定，向公众免费或者优惠开放，实施基本文化服务项目免费服务；公共文化设施开放时间应当与公众工作时间、学习时间适当错开。同时，公共文化设施管理单位每年向社会公布上一年度的活动项目、服务效能、经费使用等公共文化服务开展情况，接受社会监督。

5. 引导社会力量广泛参与

在设施建设方面，《保障条例》指出，各级人民政府应当鼓励和支持公民、法人和其他组织兴建、捐建或者与政府部门合作建设公共文化设施。捐赠人单独捐赠或者主要由捐赠人出资建设的公共文化设施，可以由捐赠人个人冠名或提出名称。在文化人才队伍建设上，《保障条例》要求广泛开展文化志愿服务，建立健全省、市、县、乡、村 5 级文化志愿服务网络体系，逐步建立全民参与公共文化服务的建设格局。对民营文化企业、民间文化团体的文化人才，《保障条例》要求各级人民政府及其文化行政部门应当在评定职称、参与培训、申报项目、表彰奖励等方面实行同一标准。在公共文化服务评价方面，《保障条例》要求建立公众文化需求的征询反馈机制和考核评价机制，提高服务的有效性和针对性。

《浙江省公共文化服务保障条例》的出台，使浙江省的公共文化建设和服务跨上了一个新的台阶，驶入了一条有法制保障的轨道，为浙江省公共文化服务事业的发展创造了良好的法治环境。

（二）健全各种配套制度

要系统梳理浙江省推进文化改革发展已有政策措施，根据实际需要制定完善财政扶持、金融支持、土地使用、市场准入、企业认证、项目落户、人才保障、薪酬制度等配套政策。加大公共财政对文化建设的投入力度，建立与经济发展水平相适应、与文化浙江建设需求相对应的文化投入机制，重点支持哲学社会科学发展、公共文化服务体系建设、优秀传统文化传承弘扬、媒体融合发展、文化精品创作生产、中华文化“走出去”等。健全政府投入与社会投入相结合的多元化资金投入机制，支持社会机构等参与文化建设、提供文化产品和服务。

党的十八大以来，浙江在文化发展方面做出了许多重要举措，出台了一系列政策，全面推进浙江文化建设与文化发展。2012 年 11 月，中国共产党第十八次全国代表大会召开，选举产生了以习近平同志为核心的党中央。党的十八大鲜明地提出建设文化强国的伟大目标与任务。2012 年 12 月 5 日至 6 日，中共浙江省委十三届二次全体（扩大）会议在杭州举行，会议通过了《中共浙江省委关于认真学习贯彻党的十八大精神　扎实推进物质富裕精神富有现代化浙江建设的决定》，提出要建设现代文化体系。坚持走中国特色社会主义文化发展道路，深入推进“三大体系”“八项工程”和“十大计划”，加快建设文化强省。

2013 年 11 月 28 日至 29 日，中共浙江省委第十三届四次全会在《中共浙江省委关于认真学习贯彻党的十八届三中全会精神　全面深化改革再创体制机制新优势的决定》中，提出完善建设文化强省体制机制，深化社会主义核心价值体系建设，加强和改进文化管理，完善文化产业发展体制，加强公共文化服务体系建设。出台《中共浙江省委浙江省人民政府关于进一步加快文化产业发展的若干意见》，大力发展文化产业。

2014年5月22日至23日，中共浙江省委十三届五次全会在杭举行，审议通过《中共浙江省委关于建设美丽浙江创造美好生活的决定》，提出要弘扬具有浙江特色的人文精神。

2015年11月，中共浙江省委第十三届八次全会通过了《中共浙江省委关于制定浙江省国民经济和社会发展第十三个五年规划的建议》，提出推动物质文明和精神文明协调发展。坚持社会主义先进文化前进方向，坚持把社会效益放在首位，坚持社会效益和经济效益相统一，推进文化改革发展，切实做好意识形态领域工作，努力建成文化强省。进一步出台《关于进一步推动我省文化产业加快发展的实施意见》《浙江省深化文化体制改革实施方案》等政策文件。

2017年6月19日，中国共产党浙江省第十四次党代会隆重召开，提出要坚定不移沿着"八八战略"指引的路子走下去，高水平谱写实现"两个一百年"奋斗目标的浙江篇章。在这次党代会上，提出建设文化浙江的新的宏伟目标。同年，浙江省人民代表大会常务委员会通过《浙江省公共文化服务保障条例》，从法律的层次上保障公共文化服务。浙江省委、省政府印发了《关于加快把文化产业打造成为万亿级产业的意见》。

2018年3月，为深入学习贯彻党的十九大精神、全面落实省第十四次党代会决策部署、扎实推进文化浙江建设，浙江省委、省政府印发了《中共浙江省委　浙江省人民政府关于推进文化浙江建设的意见》，省人民政府办公厅印发了《浙江省实施中华优秀传统文化传承发展工程工作方案》。

近年来，浙江省在推进文化产业发展上，出台了支持国有经营性文化事业单位转企改制，享受国家有关文化体制改革的税收优惠政策。符合条件的高新技术文化企业减按15%的税率征收企业所得税；实际发生的职工教育经费支出，不超过工资薪金总额8%的部分，准予在计算应纳税所得额时扣除，超过部分准予在以后纳税年度结转扣除。扩大省转型升级产业基金规模，发挥好各级文化产业基金的引导作用。2019年，新增20亿元定向用于支持文化产业发展。

（三）加强重点领域政策保障力度

浙江在文化发展的许多重点领域进一步加强了组织领导和政策保障的力度。如在哲学社会科学领域，切实加强组织领导和政策保障，营造有利于哲学社会科学繁荣发展的良好环境。加强政治领导和工作指导。各级党委、各有关部门单位（党组）从贯彻落实意识形态工作责任制的高度，把哲学社会科学工作纳入重要议事日程，党委（党组）书记经常过问哲学社会科学工作，定期听取情况汇报，围绕做好哲学社会科学工作解决问题、提出要求。选好配强哲学社会科学工作部门领导班子。切实落实重点抓本级、上级带下级、一级指导一级，一级担负起一级的责任。健全统筹协调机制。着力形成党委统一领导、各部门分工负责、有利于优化资源配置、整合研究力量、组织协调功能完善的统筹协调机制，构建起全社会共同参与的“大社科”工作格局。进一步完善社科研究联席会议制度，制定社科研究联席会议议事规则，吸纳更多党政部门和研究机构参与，加强对哲学社会科学重点领域、重点工作的会商研究。优化学术评价机制。针对当前哲学社会科学学术评价体系中还存在的不够科学之处，积极探索实行分类考评制度，提倡考核方式更加多样多元，着力转变以行政化和量化考核为主的传统考核评价模式，真正建立起以学术创新质量与贡献为导向的学术评价体系。精心组织哲学社会科学优秀成果评奖，逐步增加奖项，加大奖励力度，加强获奖成果的宣传转化力度。加大对应用对策研究学术成果的激励力度，引导更多的哲学社会科学工作者积极投身经济社会发展的丰富实践。探索建立以参与立法与公共政策制订为导向的研究与咨询报告类成果评价体系。改革应用研究评价方法，逐步建立以实质性参与立法和公共政策制定为导向的新标准。与新型智库建设相配套，建立决策研究和咨询报告评估和反馈制度。完善哲学社会科学领域职称评定和人才遴选制度。针对哲学社会科学不同领域、不同学科的特点，分类制定实施不同的标准，不搞一刀切，破除单一的唯论文、唯科研成果的倾向。完善投入保障机制。着眼于建立一套适合哲学社会科学工作特点、符合哲学社会科学发展规律的经费投入保障机制，逐步加大了财政总体投入，支持哲学社会科学发展的基础设施建设、社会科学成果展示和交流中心建设、重点数据库和人文社科实验室建设、引进高端人才、促进学术交流等工作。加大省级社科规划课题单项投入。近年来，浙江省社科规划课题费逐年提高。探索设立浙江省哲学社会科学发展基金。完善科研经费管理办法，以最大限度方便学者进行科研，在经费开支范围和使用比例上增强灵活度，大幅提高人力资源费和奖励性绩效比例。借鉴其他省（区、市）的做法，进一步修订完善科研经费管理的相关政策，提高哲学社会科学课题的人力资源成本费和激励费比重。对横向经费按照合同约定来管理执行，不再附加财务管理条款。

为了加强高校思想政治工作，浙江省切实加强政策支持，大力扶持高校思想政治理论课建设，把它作为高等教育的重要内容，作为中国特色社会主义大学的本质体现，作为提高大学生思想政治觉悟、帮助他们成长成才的内在要求，作为培养大学生坚定信仰、坚强意志、诚实品德和良好修养的重要途径。为此，出台了《关于进一步加强和改进高等学校思想政治理论课建设的实施意见》，在全国率先制定了《高等学校思想政治理论课建设标准》，印发了《关于加强和改进高校思想政治工作“双十举措”的实施意见》《关于进一步加强高等学校思想政治理论课教师队伍建设的实施意见》，设立了思想政治理论课专项工作经费，以提高思想政治理论课教学实效为重点，强化教学育人。加强和改进思想政治理论课教学，突出抓好教师队伍建设、教学内容改革、教学方法改进3方面工作。加强和改进思想政治理论课（以下简称思政课）教育，逐步形成完整的德育课程体系。修订教材，征集思政课的精品案例，创新授课方式，加强思政课教师的培训研修，改革考试方式，改进教学方法，促进教学相长。加强思政课理论研究，把社会主义核心价值观贯穿到所有的课堂教学中，改进学校的考评办法，专业课老师要当好班主任。加强教师的培训，强化准入制度，组织青年教师蹲点调研。健全师德考评机制，把师德规范纳入教师培训的重要内容。吸收和鼓励相关专业的专家学者和实际部门工作的领导干部从事或参与思政课教学。在浙江省社科规划课题上，将高校思想政治工作有关课题单独立项，大大提高了每年的立题率，推动了高校思想政治工作的研究。在学科建设上，像重视其他重要学科那样，重视和加强马克思主义理论学科建设，努力做到思想政治理论课与其他专业课程协调发展。在职称评定、表彰奖励上，思政课教师与其他专业课教师一视同仁，适当倾斜。健全高校马克思主义理论科研经费的保障机制。在科研规划上，设立专门项目，提供必要经费，鼓励开展科学研究，推动提高科研能力。

（四）加大公共财政投入和资金支持

浙江不断加大公共财政对文化浙江建设的投入力度，如从2019年年度预算起，浙江省文化产业发展专项资金规模从原9000万元扩大至2亿元，用于支持各县市区文化产业发展。浙江省人民政府印发了《浙江省文化产业发展专项资金管理办法》。2019—2021年，每年安排补助专项资金1000万元，支持20个省级文化产业重点扶持县（市、区）加快发展。全省各县（市、区）相继印发《关于进一步加快文化产业发展的若干政策意见》,设立文化产业发展专项资金,用于重点文化项目建设、产业园区和基地建设,扶持重点文化企业的发展。全省各地都在为营造优越的文化产业发展政策环境而发力。2019年,为了指导各地用好这项资金,又对20个省文化产业发展专项资金(2019—2021年)扶持县(市、区)落实文化产业提出了3年实施方案。浙江省级财政每年安排专项资金,用于影视精品创作生产、产业促进、人才培养、对外交流合作等。探索建立影视精品奖励制度,对在省内备案、立项且浙江省出资人作为第一出品方的影视作品,社会效益、经济效益俱佳或获得国家级及国际A类影展(节)奖项的,政府给予奖励。建立以市场为导向的影视精品补贴制度,对票房业绩突出、在中央电视台或重要新媒体平台播出,产生较大市场影响的优秀浙产影视作品给予补贴。落实税收政策。对认定为国家重点扶持高新技术企业的影视企业,按15%税率征收企业所得税。影视企业新产品、新技术、新工艺的研发费用,可以按规定在计算应纳税所得额时加计扣除。

进一步加快文化金融创新改革。深化"文化+资本"投资引导模式,加快做大省文化产业投资基金规模,完善省文化产业投资集团运营机制,强化政策性产业引导投资,探索创建国家文化金融合作试验区。强化"政银企合作"融资引导模式,推动建立省、市、县、金融机构、企业等多方合作、风险共担的文化产业融资合作机制。鼓励金融机构开发符合文化企业阶段融资需求的"收入贷""期权贷""并购贷"等产品,鼓励政策性保险机构创新文化保险产品,特别是要深入落实《关于金融支持文化产业振兴和发展繁荣的指导意见》。为了推进金融支持文化产业振兴和发展繁荣文化事业,浙江省各级党委、政府和有关部门充分认识金融支持文化产业发展的重要意义,加大金融业支持文化产业的力度,推动文化产业与金融业的对接。各金融部门把积极推动文化产业发展作为一项重要战略任务,作为拓展业务范围、培育新的盈利增长点的重要努力方向,大力创新和开发适合文化企业特点的信贷产品,努力改善和提升金融服务水平，促进文化产业实现又好又快发展。积极开发适合文化产业特点的信贷产品，加大有效的信贷投放，推动多元化、多层次的信贷产品开发和创新。探索适合文化产业项目的多种贷款模式。完善授信模式，加强和改进对文化产业的金融服务。完善利率定价机制，合理确定贷款期限和利率。建立科学的信用评级制度和业务考评体系。进一步改进和完善对文化企业的金融服务方式。积极开发文化消费信贷产品，为文化消费提供便利的支付结算服务。继续完善文化企业外汇管理，提高文化产业贸易投资便利程度。大力发展多层次资本市场，扩大文化企业的直接融资规模，推动符合条件的文化企业上市融资。支持文化企业通过债券市场融资。鼓励多元资金支持文化产业发展。积极培育和发展文化产业保险市场。进一步加强和完善保险服务。推动保险产品和服务方式创新。建立健全有利于金融支持文化产业发展的配套机制。

文化创意产业在融资上具有许多独特的个性，如资产抵押比较困难等。工业企业可以把土地、厂房、设备作为融资抵押，而文化产业企业，固定资产有的只有几台电脑，所以融资相对困难。为此，浙江积极推动银行设立文化产业支行、文创产业专营机构，支持文化企业开办投融资平台。2013 年，浙江省设立国内首家文创金融专营机构——杭州银行文创支行。目前，全省已经设立 10 多家文创银行。这些文创银行积极尝试和摸索，推出了许多新型服务模式，特别是在贷款的资格审查方面，采取知识产权评估、著作权评估、投资预期评估等多种方式，解决了文化产业企业融资难等诸多问题，体现了浙江在文化金融融合发展上的新探索与新创造，有效激发了浙江文化产业的发展活力。文创银行进一步加强组织领导和政策保障，完善文化金融服务制度。提高风险保障和拓宽融资渠道，打好“组合拳”，推动文化金融产品创新。

三、强化管理考核

推进文化浙江建设，管理考核也是一个十分重要的问题。强有力的管理与考核能起到激励先进、鞭策后进、完善机制的作用，推动行业形成良性发展的态势。

（一）把握文化意识形态属性，加强宏观调控

推动正确政治方向、舆论导向、价值取向覆盖文化工作所有领域、所有平台。牢牢掌握意识形态工作领导权，落实意识形态工作责任制，加强阵地建设和管理。

文化浙江建设，要解决好方向问题。我们只有加强党对文化工作的领导，重视意识形态工作，才能把握住文化前进的正确方向。文化建设与意识形态工作紧密关联，浙江省各级党委及全省各级意识形态工作相关部门，在推进浙江文化建设发展中，始终坚守意识形态领域阵地，全面加强意识形态领域的各项工作，在实践中取得了切实有效的工作成果，牢牢掌握了意识形态工作的领导权和主动权。2015 年 10 月 3 日，中共中央办公厅印发《党委（党组）意识形态工作责任制实施办法》，浙江省各级党委（党组）严格按照中央文件的精神抓好落实。

一是认真贯彻落实党中央和上级党委关于意识形态工作的决策部署及指示精神，牢牢把握正确的政治方向，严守政治纪律和政治规矩，严守组织纪律和宣传纪律，坚决维护党中央权威，在思想上政治上行动上同党中央保持高度一致。

二是定期分析研判意识形态领域情况，分清主流支流，辨析思想文化领域的突出问题，对重大事件、重要情况、重要社情民意中的倾向性、

苗头性问题，有针对性地进行引导和做出工作安排，维护意识形态领域的安全。各级党委常委会每年至少组织 2 次专题研究意识形态工作，及时向党中央或者上级党委报告意识形态领域的重大情况并提出建设性意见。定期在党内通报意识形态领域情况，统一思想认识、明确工作方向。

三是加强对意识形态工作的统一领导，统筹协调本地区本部门本单位在行政管理、行业管理、社会管理中体现意识形态工作要求、维护意识形态安全，切实形成党委统一领导、党政齐抓共管、宣传部门组织协调、有关部门分工负责的工作格局。指导和督促检查下级党组织意识形态工作。加强对本地区本部门本单位党员领导干部意识形态工作的教育培训，增强责任意识，提高政治鉴别力。

四是领导、组织有关部门加强对各类意识形态阵地的管理。严格落实有关管理规定，加强对宗教及宗教思想传播的管理，加强对对外文化交流活动、学术交流合作等的管理，加强对境外非政府组织和基金会在境内活动的管理。深入开展"扫黄打非"，严厉打击各种非法出版物，坚决封堵境外政治性有害出版物向境内渗透。

五是切实维护网络意识形态安全，牢牢掌握网络意识形态主导权。党委（党组）书记应当亲自抓，领导、组织互联网管理部门及有关部门加强对互联网的管理，建立健全管用防并举、方方面面齐动手的制度体制。做大做强网上正面思想舆论，提高网上议题设置能力和舆论引导水平。

六是领导、组织对意识形态领域重大问题的处置，对否定中国共产党的领导、攻击中国特色社会主义制度等错误思潮和言论，应当敢抓敢管、敢于亮剑，及时有效地发出声音，通过党报党刊及其所属网站或者党内通报旗帜鲜明地表明立场、亮明态度，理直气壮地加以批驳，有礼有节地开展思想舆论斗争。

七是领导、组织有关部门和机构做好知识分子的团结引导服务工作，充分发挥他们在社会主义先进文化建设中的主力军作用。加强对党外知识分子的政治引领和政治吸纳，加强同新经济组织、新社会组织和新的文艺组织、文艺群体中知识分子的联系，做好耐心细致的思想政治工作，引导他们与党同心同德、同向同行，最大限度地把他们团结凝聚在党的周围。

八是选优配强各级宣传思想文化部门和单位领导班子，确保意识形态工作领导权牢牢掌握在忠于党、忠于人民、忠于马克思主义的人手里，确保宣传思想文化战线各级领导班子和干部队伍坚强有力。

浙江省在贯彻落实意识形态工作责任制工作，特别要求各级党组织按照属地管理、分级负责和谁主管谁负责原则，让领导班子负主体责任。其中，书记是第一责任人，带头抓意识形态工作，重要工作亲自部署，重要问题亲自过问，重大事件亲自处置。经常开展好意识形态工作的专题研究与舆情研判。各级党组织每年至少开展 2 次意识形态工作专题研究；建立各级党组织意识形态和社会舆情分析制度，每年至少开展 1 次综合分析；建立定期在党内通报意识形态领域情况制度，每年至少通报 1 次，统一思想认识，明确工作方向。定期开展意识形态检查工作。检查采取听取汇报、查阅资料、实地检查、座谈会等方式。综合检查一般单独开展，专题督查可以单独或结合其他工作一同开展。开展好专题汇报工作。下级党组织每半年向上级党组织专题汇报 1 次意识形态工作，汇报内容可以是综合性的工作总结，也可以是专题性的情况汇报。每年开展报告与述职。各级党组织把意识形态工作责任制落实情况纳入干部考核范围，列入党建工作述职重要内容。各级党组织班子成员要把意识形态工作作为民主生活会和述职报告的重要内容，接受监督与评议。高度重视教育培训。各单位每年至少安排 1 次维护意识形态安全的专题学习，严格落实讲座报告审批制度，讲座、报告、论坛、学术沙龙等活动须主办部门提前登记报告主管部门，按程序由主管领导审批后方可举办。各级党组织建立意识形态工作绩效考核制度，明确考核内容、方法和程序。把意识形态工作责任制落实情况作为党建工作的重要内容，纳入党政领导班子实绩考核评价指标体系，与目标考核紧密结合，同部署、同检查、同考核。坚持有错必纠、有责必问，强化问责刚性和“硬约束”。对导致意识形态工作出现不良后果的，严肃追究相关责任人责任。

（二）遵循文化发展规律，建立文化浙江评价指标体系

加强对文化浙江建设重大项目资金使用、实施效果、服务效能等方面的监督和评估。探索设立文化产品、文化服务质量监测机制，研究制定公众满意度指标，建立群众评价反馈机制和第三方评价机制，强化督促、检查和考核工作，推动文化浙江建设各项任务落到实处。

特别是在重大文化项目的建设中，浙江省高度重视资金使用、实施效果、服务效能等方面的监督和评估，从项目立项开始就请纪检监察部门、审计部门、第三方监理介入，在整个项目建设过程中和对项目完成情况，进行严格的审计和纪律检索评估，做到项目建起来，干部绝对不能倒下去。在公共文化服务保障上，严格按照《中华人民共和国公共文化服务保障法》进行监督与评估。按照第二十三条规定：“各级人民政府应当建立有公众参与的公共文化设施使用效能考核评价制度，公共文化设施管理单位应当根据评价结果改进工作，提高服务质量。”第五十六条规定：“各级人民政府应当加强对公共文化服务工作的监督检查，建立反映公众文化需求的征询反馈制度和有公众参与的公共文化服务考核评价制度，并将考核评价结果作为确定补贴或者奖励的依据。”也就是严格按照法律加强对文化建设的监督评估和监测。

又如在文化产业的发展上，各级党委、政府都摆在全局工作重要位置，深入研究新情况、新特点，掌握文化改革发展领导权主动权。把文化产业发展纳入经济社会发展总体规划，一同研究部署、一同组织实

施、一同督促检查;把文化产业纳入意识形态工作责任制内容,落实党委主体责任;把文化产业纳入相关考核内容,完善对市、县(市、区)文化产业发展成效和省直部门文化产业发展措施的考核机制,定期通报考核结果,强化考核结果的应用。

还有在哲学社会科学的建设上,进一步加大对应用对策研究学术成果的激励力度,促进基础理论研究和现实问题研究相结合,推进实践基础上的理论创新。在课题立项、成果结题、优秀成果评审中,完善多要素、多层次的评价体系,对优秀的"短平快"应用对策成果、优秀的社科普及性成果,设立专门的评审机制,单列立项和获奖指标,引导更多哲学社会科学工作者服务省委、省政府科学决策、服务浙江经济社会发展。

浙江省各级党委、政府充分发挥人民群众在文化建设与发展中的监督作用。充分认识群众是文化建设的获益者,也是享受者,也是参与者、监督者。文化建设做得好不好,与他们的文化生活息息相关。为此,群众对文化建设也很了解、很关心。浙江省在文化发展指数的评价中,就专门设立公众评价项目,将人民群众评价对文化发展的满意度作为文化发展指数中权重很高的指标,并且在其他各种文化建设与发展的考核中,都高度重视社会评价和群众评价问题。

四、形成工作合力

建立健全党委统一领导、党政齐抓共管、有关部门各负其责、全社会积极参与文化浙江建设的格局。支持人大、政协履行职能,发挥民主党派、人民团体和社会各界积极作用,发挥人民群众的主体作用,激发全社会文化创造活力,共同推进文化浙江建设。党委宣传部门要发挥牵头抓总作用,加强对文化浙江建设的统筹协调指导。宣传文化系统要自觉贯彻落实中央和省委决策部署，发挥文化浙江建设主力军作用。各地各部门结合实际制定推进文化浙江建设的政策举措，狠抓落实，确保实效。

浙江各级党委、政府建立文化建设领导和工作机构。全省各级都建立文化建设领导小组及办公室。把文化领域的改革和发展作为“一把手工程”，纳入各项目标考核体系之中。党委宣传部门和文化行政管理部门精心组织指导，加快文化浙江建设与发展，确保如期完成建设任务。浙江省各有关部门进一步加强沟通协调，密切配合，形成合力，从财政税收、工商管理、社会保障、劳动人事等方面，为文化改革和发展提供政策支持、创造良好环境。充分发挥各级人大、政协的职能，发挥民主党派、人民团体和社会各界的积极作用。充分发挥各级人大在文化建设与发展上的立法与监督作用，充分发挥政协在文化建设与发展上的建言献策、资政议政的作用。各级政协有很多人才，特别是文化界人才大多在政协中。要充分发挥他们在文化建设与发展上的主动性、积极性与创造性。各种群众团体也蕴藏着很多文化人才，要充分发挥他们在文化建设与发展中的组织作用、推动作用。

发挥人民群众在文化浙江建设中的主体作用，全面激发全社会文化创造活力。浙江省在基层文化建设中，特别重视支持民间文化力量的培育。通过各种政策和服务，支持民营文化工作室、民营文化经纪机构、文艺社群等新的文艺组织，支持签约作家、自由撰稿人、独立制片人、独立演员歌手、自由美术工作者等新的文艺群体的发展。先后出台了《浙江省人民政府办公厅关于加快发展民营文艺表演团体的意见》《浙江省传统戏曲保护振兴计划》等政策，支持与鼓励民间职业剧团的发展。鼓励民间职业剧团在各地市展开会演、比赛，加强对他们的培训。举力各种民营文艺表演团体培训班，针对表演、乐器、舞美等进行专业培训。鼓励民间职业剧团参与到全域旅游发展的环节之中，如夜间演出、景区体验演出，与景区观光文化融为一体，进一步发掘景区传统文化与表演的内在关联,把剧团引入旅游项目中来,打造集戏曲展示、戏迷聚会、深度体验为一体的戏曲文化旅游景点。

群众是真正的英雄,在文化建设与发展中也是如此,要充分调动人民群众支持、参与、创造文化建设与发展的内在动力,形成万众一心、齐心协力推进文化繁荣兴盛的力量。

加强党对文化浙江的领导,最终要体现在工作成效上,通过全省各级党组织和广大人民群众的共同努力,让文化浙江规划真正在浙江开花结果。为此,通过文化浙江的建设,要实现浙江的社会主义核心价值体系全面构建,让全省人民形成共同的理想信念,使社会主义核心价值观更加深入人心,广泛拓展群众性精神文明创建活动,不断推动形成健康向上的文明风尚。文化体制改革不断深化,形成文化发展的良好机制与浓厚氛围。文化发展的实力、活力和竞争力不断增强,文化市场体系建设扎实推进,促进资源和文化要素的集聚进一步加快。文化产业发展更加迅猛,成为浙江国民经济不可或缺的一部分。要使体制机制更加健全、技术创新持续推进、发展环境更加完善,从而令浙江省的文化产业的整体实力和竞争力继续增强。公共文化服务能力显著加强,覆盖全省的公共文化设施网络初步形成。重点公共文化设施相继建成,公共文化产品的生产供给不断加强,群众从事文化活动的渠道与途径更加广泛方便。文艺创作生产更加繁荣,形成一大批精品力作,浙江文艺成为中国的一张金名片。人才队伍建设更加有力,形成了充满活力的文化队伍。大力培养优秀文化人才,建立健全文化人才的引进、培养、管理、激励、使用的制度,努力打造浙江文化人才高地。文化市场持续繁荣稳定,形成良好的发展环境。文化法制进一步完善,文化发展环境更加友好。

这些是我们的文化梦想,也一定会成为文化浙江建设的光辉未来。

第十二讲思考题：

1. 如何加强对文化建设的组织领导？

2. 为什么要坚定文化自信？

3. 怎样把握文化前进的方向？

附：

中共浙江省委　浙江省人民政府
关于推进文化浙江建设的意见

为深入学习贯彻党的十九大精神，全面落实省第十四次党代会决策部署，扎实推进文化浙江建设，现提出如下意见。

一、总体要求

（一）重大意义

文化是一个国家、一个民族的灵魂。文化兴则国运兴，文化强则民族强。浙江是中华文明的发祥地之一，文渊悠久、文脉深广、文气充沛。深厚的文化底蕴和优秀的文化传统是浙江经济社会持续快速健康发展的不竭动力。一直以来，省委、省政府发挥浙江是中国革命红船起航地、中国改革开放先行地、习近平新时代中国特色社会主义思想重要萌发地的优势，坚持以“八八战略”为指引，以强烈的文化自觉和文化自信，部署文化大省、文化强省建设，大力推进文化建设“三大体系”“八项工程”和“十大计划”，推动浙江文化呈现出大发展大繁荣大提升的生动景象，文化创造力、传播力、影响力日益增强。文化繁荣发展成为浙江改革开放和社会主义现代化建设的突出亮点和强大支撑。

当前，中国特色社会主义进入了新时代。党的十九大擘画了决胜全面建成小康社会、开启全面建设社会主义现代化国家新征程的宏伟蓝图。新方位、新形势对浙江推进文化繁荣发展提出了更高要求。建设文化浙江，与文化大省、文化强省建设路径一脉相承，内在逻辑高度一致，是高举习近平新时代中国特色社会主义思想伟大旗帜，奋力推进"两个高水平"建设的重要支撑，是坚定文化自信、增强文化自觉、强化文化担当，在提升文化软实力上更进一步、更快一步的具体举措，是满足人民日益增长的美好生活需要，谱写新时代中国特色社会主义浙江篇章的内在要求。推进文化浙江建设，标志着浙江文化发展向更深层次、更高水平迈进，必将进一步坚定全省人民的道路自信、理论自信、制度自信、文化自信，提高公民思想道德素质、科学文化素质和社会文明程度，提升广大人民群众文化民生和文化权益保障水平，增强浙江文化软实力和综合竞争力，不断开创浙江文化繁荣发展新局面。

（二）指导思想

高举习近平新时代中国特色社会主义思想伟大旗帜，全面贯彻党的十九大精神，坚持发展中国特色社会主义文化，按照"秉持浙江精神，干在实处、走在前列、勇立潮头"新要求，围绕中心、服务大局，着力推进马克思主义理论研究和建设，着力培育弘扬社会主义核心价值观，着力增强主流舆论传播力、主导力，着力繁荣发展文化事业、文化产业，走出一条具有时代特征、中国特色、浙江特点的文化建设之路，提升浙江文化软实力，创造浙江文化新辉煌，为奋力推进"两个高水平"建设凝聚强大精神力量、提供丰润文化滋养和有力文化支撑，为建设社会主义文化强国做出浙江贡献。

（三）基本原则

——始终坚持马克思主义指导地位。大力推进马克思主义中国化、时代化、大众化,以习近平新时代中国特色社会主义思想武装全党、教育人民,着力提升主流意识形态凝聚力吸引力,切实做到“两个巩固”。

——始终坚持先进文化前进方向。坚持中国特色社会主义文化发展道路,坚守中华文化立场,坚持“二为”方向、“双百”“双创”方针,大力弘扬社会主义先进文化,增强广大干部群众的文化自信。

——始终坚持以人民为中心的发展思想。坚持文化共建共享,推进城乡、区域文化协调发展,努力满足人民日益增长的美好生活需要,培育文明风尚,促进人的全面发展。

——始终坚持把社会效益放在首位。正确把握文化意识形态属性和产业属性的关系,始终把社会效益放在首位,实现社会效益和经济效益相统一,为人民群众提供更多更好的精神文化产品和服务。

——始终坚持改革创新。推进文化观念理念、内容形式、体制机制等创新,推进文化与经济、科技、旅游等融合发展,激发社会文化创新创造活力,解放和发展文化生产力。

(四)主要目标

今后5年,通过实施文化浙江十大工程,搭建一批文化大平台、做强一批文化大企业、培育一批文化新品牌、打造一批文化新标识、抓好一批重点文化项目,着力提升浙江文化的引领力、创造力、传播力、服务力、竞争力,使浙江文化改革发展各项主要指标走在全国前列,把浙江建设成为公民素质优良、社会文明进步的示范区,文化事业繁荣、文化产业发达、文化名家荟萃、文化氛围浓郁、文化印记鲜明的文化发展先行区,成为在全国具有重要影响的文化高地、文明高地。

——文化引领力进一步提升。习近平新时代中国特色社会主义思想学习宣传贯彻扎实有效,中国梦和社会主义核心价值观深入人心,红船精神、浙江精神广泛弘扬,广大干部群众“四个自信”更加坚定。

——文化创造力进一步提升。文化体制机制改革纵深推进，优秀传统文化实现创造性转化和创新性发展，优秀文化人才脱颖而出，文化创造源泉充分涌流，文艺精品佳作竞相涌现。

——文化传播力进一步提升。媒体深度融合发展取得实质性成果，主流舆论持续巩固壮大，网络空间更加清朗；文化走出去成效明显，浙江故事广泛传播，浙江文化印记、文化符号更加鲜明，文化影响力持续扩大。

——文化服务力进一步提升。公共文化服务体系日益完善，文化产品服务精准供给水平明显提高，基本公共文化服务标准化均等化高水平实现，人民群众文化获得感显著增强。

——文化竞争力进一步提升。文化产业跻身万亿级产业，成为国民经济重要支柱性产业；现代文化产业体系和市场体系日臻成熟，文化市场主体实力大为增强，文化整体竞争力显著提升。

二、重点任务

今后5年，重点实施文化浙江十大工程。

（一）马克思主义理论研究和建设工程

紧紧围绕巩固马克思主义在意识形态领域的指导地位、巩固全党全国人民团结奋斗的共同思想基础的根本任务，推进马克思主义学习研究宣传教育系统化、常态化，建设具有强大凝聚力和引领力的社会主义意识形态，使全体人民在理想信念、价值理念、道德观念上紧紧团结在一起。

加强马克思主义基本原理的学习研究。实施马克思主义基本原理宣传普及计划，广泛开展“读原著、学原文、悟原理”活动，推动各级领导干部学哲学、用哲学，自觉接受马克思主义哲学智慧的滋养。深入开展哲学社会科学工作者马克思主义理论学习培训，持续推进马克思主义基础理论研究宣传。加强高校、社科研究机构和各级党校、行政学院、干部学院马克思主义经典著作教育教学，把马克思主义基本原理贯穿到学科建设、教材编写、课题研究、成果评价等环节。广泛开展面向群众的马克思主义理论宣传普及活动。

强化习近平新时代中国特色社会主义思想的学习宣传研究。把习近平新时代中国特色社会主义思想作为理论武装的重中之重，加强和改进党委（党组）理论学习中心组学习，抓好党员干部的理论学习，组织开展主题宣讲，编写通俗理论读物，推动党的创新理论成果入脑入心。广泛开展理想信念教育，深化新时代中国特色社会主义和中国梦宣传教育。推进实践基础上的理论创新，结合新时代中国特色社会主义在浙江的生动实践，加强重大理论问题、重大现实问题和重大实践经验总结课题研究，形成一批有价值、有影响的研究成果。充分发挥浙江是习近平新时代中国特色社会主义思想重要萌发的优势，成立浙江省习近平新时代中国特色社会主义思想研究中心，全面系统开展习近平新时代中国特色社会主义思想丰富内涵和在浙江生动实践的研究，深入阐释“八八战略”“绿水青山就是金山银山”“腾笼换鸟、凤凰涅槃”等重要思想，为推动马克思主义中国化、时代化贡献浙江智慧。加强对“两个高水平”“六个浙江”“四个强省”和“最多跑一次”改革及打造“一带一路”枢纽等重大课题的研究。

推进哲学社会科学强省建设。坚持马克思主义在哲学社会科学领域的指导地位，统筹推进哲学社会科学学术、学科、教材、话语“四大体系”建设。实施浙江优势学科培育计划，抓好省人文社科重点优势学科扶持重大项目，支持建设一批全国乃至国际一流的重点学科。加大对省级社科规划课题资助力度，保持国家社科基金项目总数位居全国第一方阵。成立省教材委员会,建立健全省编教材和引进教材备案、审读制度。实施新型智库建设计划,建设若干在国内有较高知名度、致力于研究和阐述重大发展战略的高端智库,培育一批自主创新能力强、独特优势明显的各领域专业智库,支持和规范各类社会智库建设。

积极建设重点理论平台。做强浙江省中国特色社会主义理论体系研究中心。培育打造20家左右重点研究基地。实施马克思主义学院建设质量提升计划,重点支持浙江省社会科学院、中共浙江省委党校的马克思主义研究院建设,遴选扶持10所左右高校马克思主义学院,加快实现省属本科高校马克思主义学院建设全覆盖。强化报刊网络理论宣传阵地建设,重点扶持一批党报党刊理论版,建设一批有影响力的理论网站(频道),打造一批媒体理论宣传品牌栏目、公众号和传播名师,加快形成有影响力的全媒体理论宣传阵地。

(二)社会主义核心价值观引领和公民文明素质提升工程

以培养担当民族复兴大任的时代新人为着眼点,强化教育引导、实践养成、制度保障,把社会主义核心价值观融入社会发展各方面,转化为人们的情感认同和行为习惯,提高人民思想觉悟、道德水准、文明素养,提高全社会文明程度。

大力弘扬红船精神、浙江精神。浙江是中国革命红船的起航地,红船精神、浙江精神是引领浙江改革发展的强大精神力量。深入学习贯彻习近平总书记南湖重要讲话精神,结合时代特点,大力弘扬"开天辟地、敢为人先的首创精神,坚定理想、百折不挠的奋斗精神,立党为公、忠诚为民的奉献精神";大力弘扬"求真务实、诚信和谐、开放图强"的浙江精神,在全社会唱响实干和创新的时代强音,使红船精神、浙江精神内化为全省上下的价值认同和精神追求。成立浙江省红船精神研究院,加大对红船精神的研究、阐释和宣传力度。

培育弘扬社会主义核心价值观。充分运用各类媒体、文艺作品、公益广告和群众性文化活动等开展宣传教育,推动社会主义核心价值观宣传全覆盖。宣传普及以务实、守信、崇学、向善为内涵的当代浙江人共同价值观。加强爱国主义、集体主义、社会主义教育,引导人们树立正确的历史观、民族观、国家观、文化观。围绕立德树人,将核心价值观贯穿国民教育全过程,构建以社会主义核心价值观为引领的大中小幼一体化德育体系,从家庭做起,从娃娃抓起。将核心价值观融入法治浙江建设,弘扬社会主义法治精神。建立重大公共政策道德风险评估和纠偏机制,强化公共政策价值导向。加强对文化名人、体育明星、知名企业家等的教育引导,发挥正向示范效应。加强企业文化建设,培育企业精神。加强清廉文化建设,推动党员干部廉洁从政修身,争做核心价值观的模范践行者,以优良党风政风促社风民风持续改善。

大力提升公民文明素质。深入实施公民道德建设工程,推进社会公德、职业道德、家庭美德、个人品德建设,激励人们向上向善、孝老爱亲,忠于祖国、忠于人民。以提升公民文明素质和社会文明程度为导向,完善测评体系,创新方式方法,深化群众性精神文明创建活动。立足崇德向善、文化厚重、和谐宜居,加强和改进文明城市创建管理,培育城市精神。加强农村精神文明建设。创新发展乡贤文化,培育区域道德文化品牌。广泛开展文明单位、文明家庭、文明校园创建,激活文明细胞,筑牢文明基础。深化推进好家风建设,推动好家训、好家风代代相传。持续推进文明出行、文明旅游、文明就餐主题实践活动。组织开展移风易俗、弘扬时代新风行动,抵制腐朽落后文化的侵蚀。深化"书香浙江"建设,加强全民阅读推广。深入开展"社科普及周""浙江人文大讲堂""浙江艺术讲堂"等活动,5年内建成1000家社科普及基地。抓好垃圾分类宣传教育,倡导文明卫生的生活方式。广泛开展全民健身活动。扎实推进"信用浙江"建设,全面提升政务诚信、商务诚信、社会诚信、司法公信建设水平。建立志愿服务综合评价体系,推动学雷锋志愿服务常态化制度化。

深化“最美浙江人”主题宣传活动。实施“最美浙江人”品牌提升行动，健全“最美浙江人”发现、选树、宣传、褒奖长效机制，分类开展时代楷模、道德模范、感动人物、身边好人等“最美浙江人”选树宣传，深入开展“最美家庭”“最美行业”“最美群体”选树活动，建设“最美浙江人”人物馆，完善“最美浙江人”发布平台。推动县（市、区）建立健全道德模范关爱机制，使学习“最美”、争做“最美”成为风尚。

（三）优秀传统文化传承发展工程

推进优秀传统文化创造性转化和创新性发展，让优秀传统文化活起来、传下去。

系统研究梳理浙江历史文脉。深入实施第二期浙江文化研究工程，加强对良渚文化、河姆渡文化、跨湖桥文化和上山文化等文化遗产的挖掘阐释，加强对浙东学派、阳明心学和浙江近代人文思想以及和合文化、浙东海洋文化、治水文化、运河文化、浙江名人等的研究，深入挖掘浙江文化底蕴，推出一批有重要影响的原创性成果和标志性成果。抓好“中华古籍总目·浙江卷”“中国历代绘画大系”“浙江通志”“浙江文丛”等重大出版项目，打造文化传承经典之作。

大力推进文化遗产保护发展。加强文物保护利用和文化遗产保护传承，全力推进良渚遗址申遗，积极参与“海上丝绸之路”申遗。大力推进大运河（浙江）文化带建设，打造运河特色文化全景展示、文化遗产有效保护传承、文化创意产业集聚的“文化长河”。推进历史文化名城名镇名村、历史文化街区保护和城市特色风貌管理，抓好古村落古民居的抢救性、预防性保护。大力发展丝绸、茶叶、青瓷、木雕等具有浙江地域标记的历史经典产业，形成一批有历史文化价值的特色小镇。开展考古遗址公园建设，构建考古遗址公园体系。扎实推进非物质文化遗产保护传承,开展非遗名录项目保护、非遗传承人群研培等工作。实施戏曲保护振兴计划,打造一批传统戏曲特色县、特色镇、特色村,积极推进戏曲进校园。加强“老字号”保护传承。推进传统工艺保护振兴。加快国家和省级文化生态保护区建设,加强传统生产生活方式等“活态文化”保护,守住根脉,留住乡愁。

切实抓好优秀传统文化教育普及。综合运用报纸、书刊、电台、电视台等载体,让优秀传统文化展现出永久魅力和时代风采。制定实施省“互联网+中华文明”行动计划,实施新媒体传播工程,加强优秀传统文化的网络和新媒体传播。建好用好图书馆、文化馆、博物馆、美术馆、非遗馆、文学馆和社科普及基地等设施,多渠道传播优秀传统文化。深化传统节日实践活动,开展具有民族传统和地域特色的民俗文化活动。构建优秀传统文化课程和教材体系,把优秀传统文化融入课堂和校园文化建设。

(四)媒体融合发展工程

加快推进媒体深度融合发展,打造新型主流媒体,构建现代传播体系,提高新闻舆论传播力、引导力、影响力、公信力。

打造新型主流传媒集团。以浙报集团、浙江广电集团等为龙头,实施移动优先战略,推进采编发流程再造,抓好“中央厨房”建设,强化全媒人才培养,构建以“两微一端”为重点的移动媒体矩阵,形成一批具有全国影响力的新型主流传媒集团。集聚资源力量,打造3—5个在全国具有强大传播力、影响力的新媒体平台和一批知名新媒体传播品牌。推进以浙江发布为驱动的全省政务新媒体集群建设。推动市县媒体整合区域资源,强化融合创新,打造区域性新型主流媒体。支持省主要传媒集团与市县媒体建立战略合作关系,实现平台、资源、技术等共建共享。

强化内容技术两轮驱动。提高主流媒体议题设置能力和内容创新能力，充分发挥内容原创、权威报道、观点提供等方面优势，强化融合传播。积极推进新闻创新创优，强化品牌栏目、节目建设，推动名记者、名编辑、名评论员、名主持人融入新媒体平台。健全完善原创新闻作品版权保护制度和有偿使用制度。高度重视传播手段建设和创新，运用移动互联、大数据、云计算、无人机采集、虚拟现实等技术，跟踪5G传输、全息投影、物联网、人工智能等前沿技术，发展新应用新业态。利用先进技术，加大融媒体产品的制作生产力度，多渠道推送到互联网电视、智能手机、平板电脑、可穿戴设备等终端，推进新闻传播平台与社交网络平台实现无障碍对接，打通新兴媒体和传统媒体的用户群。

推进融合发展体制机制创新。建好国家出版融合发展（浙报集团、咪咕数媒）重点实验室，推动设立省级媒体融合创新实验室（基地），加强媒体融合研究创新。开展建立省新媒体专业委员会试点。制定适应媒体融合发展的人才激励约束机制，研究设计更加科学合理的考核评价体系、职级晋升制度、薪酬分配办法，稳妥推进解决新闻采编人员身份“双轨制”问题。建立全媒体传播效果评价体系，逐步完善落实第三方评估机制。探索传媒企业实施特殊管理股制度、经营团队股权激励试点。坚持采编和经营“两分开、两加强”，全面落实阵地管理和导向管理，确保党对新闻媒体的主导权、管理权。

（五）文艺繁荣发展和高峰攀登工程

推出更多思想精深、艺术精湛、制作精良的大作、力作，打造文学重镇、影视重镇、美术书法重镇和戏曲重镇。

深入实施文化精品战略。大力实施省文化精品扶持工程和文艺精品打造计划，扩大省文化精品工程扶持资金规模，建立文化精品创作题材库，加强文艺“新品、优品、精品”创作。围绕建党100周年、中华人民共和国成立70周年、改革开放40周年等时间节点,启动重大革命历史题材和现实题材影视创作项目、文学精品打造项目、舞台精品打造项目、视觉艺术主题创作项目、重点文艺精品出版项目,打造推出讴歌党、讴歌祖国、讴歌人民、讴歌英雄的精品力作,努力形成文艺创作生产的高峰。探索推行签约艺术家制度,积极引入国家级文艺名家参与我省文化精品创作生产。

推进文艺原创扶持计划。加大对内容原创的扶持力度,提升文艺原创力,推动文艺创新,推出更多具有原创价值、自主知识产权和核心竞争力的文艺作品和文化品牌。推动成立浙江文艺创研中心,探索设立省艺术发展基金。推出长篇小说孵化项目、影视剧本孵化项目、戏曲孵化项目和报告文学孵化项目,加强对文学、剧本、词曲等原创性基础性环节的扶持。大力推进文艺与互联网的融合,实施省网络文学精品创作和传播重大专项,大力发展网络剧、网络音乐、网络演出等,推动新兴文艺类型繁荣有序发展。

健全完善文艺评价激励机制。建立文艺作品质量综合评价体系,完善文艺作品立项、备案、采购、评审、发行等标准,把价值取向、艺术水准、受众反应、社会影响作为主要指标,倡导讲品位、讲格调、讲责任,抵制低俗、庸俗、媚俗。推行重大文艺活动项目公开招标和政府采购制度。加大浙江卫视等对浙产优秀剧目的排播力度。加强文艺评奖管理,严格评奖标准,树立正确导向。研究出台浙江文艺精品获国内外奖项奖励办法。加强文艺理论和评论工作,褒优贬劣、激浊扬清。办好中国国际动漫节、中国越剧艺术节等品牌活动,为优秀文艺作品提供展示平台。建立推动文艺工作者深入生活、扎根人民长效机制。

繁荣发展基层文艺。发挥好文联、作协、文化馆(站)等在繁荣基层文艺中的引领作用,组织专业文艺工作者到基层一线教、学、帮、带。持续开展"万场文艺下基层"、"文化进万家"、"高雅艺术进校园"、文化艺术志愿服务等活动。推进民间文化艺术之乡建设,支持农民画、渔民画等民间文艺繁荣发展，打造基层特色文化品牌。扶持引导业余文艺社团、民营文艺表演团体以及网络文艺社群、社区和企业文艺骨干等开展创作活动，展示群众文艺创作优秀成果。依托农村文化礼堂办好“我们的”系列主题活动。实施农村中小学艺术教育计划，鼓励艺术院校毕业生到农村中小学任教。关心支持草根艺术家、乡土文化能人等群体。培养万名农村宣传文化管理员，培训万名基层文艺骨干，壮大文化志愿者队伍，增强基层文艺发展内生动力。

（六）万亿级文化产业推进工程

加快推进文化产业提质增效和转型升级，聚力打造全国文化内容生产先导区、文化产业融合发展示范区、文化产业新兴业态引领区。

全面深化文化体制改革。着力推进文化领域“最多跑一次”改革，提升文化领域治理水平。完善文化管理体制，加快构建把社会效益放在首位、社会效益和经济效益相统一的体制机制。健全管人、管事、管资产管导向相统一的国有文化资产管理体制。加快文化领域供给侧结构性改革步伐，推动文化产品和服务优化升级。推进出版、发行、影视、演艺等领域国有文化企业进一步完善法人治理结构，建立健全有文化特色的现代企业制度。推进浙江出版联合集团、东海电影集团等国有重点文化企业股份制改造，加快浙江时代院线、浙江出版传媒等上市步伐。分类推进文化事业单位改革，深化人事、收入分配、社会保障、经费保障等制度改革。推动公共文化馆、图书馆、博物馆、美术馆等建立事业单位法人治理结构。

做大做强文化市场主体。推动重点龙头文化企业跨地区、跨行业、跨所有制兼并重组，打造一批主业突出、核心竞争力强、市场占有率高的“文化航母”，培育一批行业知名、特色鲜明的骨干文化企业，扶持一批“专精特新”成长型文化企业。组建省级文化产业发展集团，鼓励各地成立文化产业投资（发展）公司（集团）。发挥浙江市场机制灵活、民营资本充裕优势，降低社会资本准入门槛，鼓励引导非公有制和混合所有制文化企业发展。推动建设众创空间，扶持文化创客，增强发展活力。

大力发展新兴文化业态。深入实施影视演艺产业发展、数字内容产业打造、文化创意设计提升、文化新兴产业促进等产业发展计划，形成一批具有全国影响力的行业品牌。树立“文化＋”“互联网＋”理念，推动文化产业与科技、金融、制造、旅游、体育等相关产业深入融合，增加文化含量和产业附加值，把文化资源优势转化为产业和市场优势。大力发展网络视听、数字出版、数字教育、动漫游戏等新兴文化业态。支持杭州、宁波、横店等国家级文化和科技融合示范基地建设，培育一批高新技术文化企业。推动出版发行、工艺美术、文化娱乐、文化制造、印刷复制等传统产业转型升级，鼓励演出、娱乐、艺术品展览等传统业态实现线上线下融合。深入挖掘历史经典产业文化内涵，提升质量效益，建设一批产业园区和创意街区，形成一批特色知名品牌。

打造文化产业发展支撑平台。规划建设由数字文化产业基地、动漫游戏产业基地、影视文化产业基地、艺术创作产业基地等组成的之江文化产业带，引领全省文化产业发展。做强横店影视文化产业实验区、中国（浙江）影视产业国际合作实验区等一批文化产业大平台。继续培育打造文化产业重点县（市、区）、文化类特色小镇、重点文化产业园区、文化创意街区。实施一批重大文化产业项目，储备和招引一批重大项目，建立全省重大文化产业项目数据库。扩大省转型升级产业基金规模，加大对文化产业扶持力度。推动银行设立文化产业支行、文创产业专营机构，支持文化企业开办投融资平台。做大做强有关文化会展活动。以杭州、宁波等国家文化消费试点城市建设为契机，支持举办浙江文化消费季活动，培育一批线上线下融合的文化消费综合体。

（七）网络内容建设工程

通过网络内容建设传播，使互联网成为传播社会主义先进文化的新途径、壮大主流舆论的新平台、开展信息服务的新渠道，构筑更加清朗的网络空间。

唱响网上主旋律。顺应互联网移动化、社交化、视频化、互动化趋势，指导省内重点新闻网站加强内容建设和传播能力建设，创新话语体系和表达方式，深入开展党的理论创新成果宣传，积极开展网上形势政策宣传、主题宣传、成就宣传、典型宣传，使党的主张成为网络空间最强音。以省级主流媒体为依托，培育一批有较大影响力的新媒体公众号，打造网络主旋律传播矩阵。发挥商业网络传播平台的积极作用，扩大正面舆论覆盖面和影响力。统筹推进网络文明创建、网络公益活动等，让正能量充盈网络空间。

丰富优秀网络文化产品供给。实施“现象级”新媒体产品打造计划，组织制作一批高水平、有影响的原创融媒体产品。大力培育催生网络文化精品，鼓励文艺工作者、高校师生、网民以及影视节目制作机构、文化企事业单位、社科研究机构等创作生产更多适合在网上传播的网络文化产品。创建广播电台、电视台与新媒体融合型网络视听节目生产制作体系。加强对重点内容制作团队的扶持，通过市场运作方式，打造一批正能量内容制作团队。推动优秀文艺作品、优质文艺资源和社科理论成果的数字化网络化传播。拓展各类优秀网络内容、产品传播渠道和落地空间，重点支持一批社科理论、文艺网站（频道）和新媒体传播平台。积极创建网上文化家园。推进争做中国好网民工程，加快网络社会组织建设，构建网上网下同心圆。

规范网络内容传播秩序。建立网络综合治理体系，健全完善具有浙江特点的互联网属地治理模式。实施网络空间清朗行动，推出全省网络传播清朗指数。健全网络舆情通报研判等机制,妥善应对处置网上突发舆情。完善网络信息内容管理规章制度,将所有从事新闻信息服务、具有媒体属性和舆论动员功能的传播平台纳入管理范围,对所有新闻信息服务和相关业务从业人员实行准入管理,统一管理制度和要求。构建网络内容执法管理体系,健全网络文化市场监管机制,组织网络内容管理联合执法和系列专项整治行动。建立重点网站联系服务制度。

建立网络内容建设激励机制。加大对优秀网络内容产品和创作团队的扶持力度,将其纳入省"五个一工程"奖、浙江新闻奖等奖项评选和省文化精品扶持范围。建立科学合理的绩效考核制度和优秀网络文化成果评价认证应用机制。鼓励社会组织、行业协会等设立优秀网络文化产品扶持发展基金。

(八)基本公共文化服务提升工程

加快构建城乡一体、区域均衡、人群均等的现代公共文化服务体系,高水平推进基本公共文化服务标准化、均等化。

健全公共文化设施网络。大力推进之江文化中心、浙江自然博物园、浙江小百花艺术中心、浙江电影科技城、浙江方志馆等重大文化设施建设。鼓励各地加快建设重点文化设施和基本公共文化服务设施,实现市有五馆(文化馆、图书馆、博物馆、非遗馆、美术馆)、县有四馆(文化馆、图书馆、博物馆、非遗馆或展示场所)、乡镇(街道)建有综合性文化服务中心,推进以县级图书馆、文化馆为中心的总分馆制。推进公共文化设施免费开放和无障碍设施改造。大力推进农村文化礼堂"建管用育"长效机制建设,全省建成一万个以上高水平农村文化礼堂,覆盖全省80%以上农村人口,构筑农民精神家园。扎实推进社区文化家园、城市文化公园、企业文化俱乐部等文化阵地建设,形成基层文化阵地集群。深入实施应急广播工程，加强乡镇广电站建设。

提升公共文化服务水平。实施高水平推进基本公共文化服务标准化均等化行动计划和文化惠民工程，全面落实浙江省基本公共文化服务标准，推进国家、省公共文化服务体系示范区（项目）创建，稳步提升公共文化服务水平。实施公共文化服务重点县及薄弱乡村文化建设“十百千”工程，补齐公共文化区域短板。县级以上政府设立公共文化服务体系建设扶持资金。组建全省图书馆联盟、文化馆联盟、美术馆联盟和博物馆联盟等平台，常态开展“送文化”“种文化”“赛文化”活动，丰富群众性文化活动。将外来务工人员文化供给纳入常住地公共文化服务体系。推进公共数字文化建设转型升级，支持数字化公共文化服务互联互通，加快开发特色数字文化产品。

创新公共文化服务运行机制。深入推进公共文化服务标准化、公共文化机构法人治理、基层综合性文化服务中心建设、农村电影发行放映体制改革等四项全国改革试点。建立基本公共文化服务标准化均等化建设评价机制，完善公共文化机构绩效考评制度。完善政府购买公共文化服务机制，拓宽政府购买公共文化服务范围。建立农村电影放映长效机制。探索推进重大文化设施项目所有权与经营权分离，鼓励引导社会组织和企业采用PPP等形式参与公共文化设施投资建设、提升改造、运营管理，促进公共文化服务提供主体和方式多元化。

（九）文化走出去工程

统筹对外文化交流、文化传播和文化贸易，创新方式方法，讲好浙江故事，传播浙江声音，加快建设国际人文科教交流枢纽。

积极推进对外文化交流。制定实施我省“一带一路”文化交流合作行动计划，运用义甬舟大通道和以跨境电商为主的网上大通道优势，加强与“一带一路”沿线国家的文化交流合作。完善中外人文交流布局，创新高级别人文交流机制,在重点国家和地区开展美丽浙江文化、“丝绸之路”浙江文化、国际运河文化等交流活动,打造对外文化交流品牌。实施图书、影视、文艺演出等领域的专项交流项目和计划。借助世界互联网大会、世界浙商大会、中国—中东欧国家投资贸易博览会等重大节会,开展多层次、多形式的文化交流活动。建立健全文化走出去工作协调机制,设立省对外文化交流专项资金,扶持重点对外文化交流活动和民间文化交流活动。培育和扶持一批与国际接轨、具备国际市场运作能力的文化中介推广机构。

积极提升对外文化传播能力。实施浙江好故事对外传播计划,加强与国际主流媒体、海外华文媒体、海外浙商媒体的战略合作。进一步建好用好“中国·浙江”英文网、浙江中英文脸谱专页等新媒体平台。推动在港澳台等地建设“西泠学堂”,把浙江优秀传统文化推向世界。支持我省主流媒体以独资、合资或合作方式在境外办报、办刊、办台、办网、办出版机构,与海外媒体合办频道(频率)栏目节目等。实施“经典浙江”译介工程、浙江学术外译项目,推动浙江优秀文学作品、图书、影视产品等走出去。加大城市形象对外传播力度,塑造富有个性和鲜明时代特征的城市品牌。深化“万家海外中餐馆·同讲浙江好故事”活动,强化内容长效供给。发挥新闻发言人、专家学者、浙籍侨胞、在浙外国人等传播优势,以融通中外的话语体系讲好浙江故事。

积极促进对外文化贸易。以“一带一路”建设为统领,推动新一轮对外文化贸易,培育发展一批省文化产品和服务出口基地,支持国家级文化出口基地建设。加大对外文化贸易资金扶持,打造一批省级文化出口重点企业,建立文化出口重点企业和项目数据库。推进文化服务贸易示范城市、文化贸易基地建设,支持创建国家级文化保税区。优化走出去文化产品结构,推动影视、动漫、图书等承载中华文化、体现浙江特色的核心内容产品走向世界。构建产品输出和资本输出双轮驱动的走出去格局,鼓励文化企业在海外设立分公司和分支机构,搭建国际营销网络。支持文化企业参加重要国际性文化节展，加强与国际组织、外国智库、国外知名公关咨询公司等合作，开拓国际市场。推行“互联网+贸易”模式，扶持发展文化跨境电商，拓展线上线下渠道平台。

（十）文化人才和文化名家培育工程

树立人才是第一资源的理念，着力优化文化人才发展环境，形成人尽其才、才尽其用的良好局面。

加强文化人才培育培养。制定省文化人才中长期培养与发展规划，做好文化名家暨“四个一批”人才和浙江省特级专家、省“万人计划”、省“151人才工程”遴选推荐，推进省宣传文化系统“五个一批”人才、省重点文化创新团队遴选，培育一批德艺双馨名家大师，造就一大批高水平创作人才。注重青年人才梯队培养，深入实施青年文艺人才“新荷”“新光”“新松”“新峰”计划和“之江青年社科学者”行动计划等。壮大基层文化人才队伍，在待遇、培训和职称评审方面向基层文化工作者倾斜。发挥浙江大学、中国美术学院、浙江传媒学院、浙江音乐学院等高校作用，深入开展校企合作和校际合作，创新产学研合作，加强文化人才培养。

加大文化人才引进力度。积极参与国家和省“千人计划”，吸引国内外高层次文化人才到浙江创业发展。以社科人才、文艺创作人才、文化创意和文化产业经营管理人才、现代传媒人才、网络新技术人才为重点，鼓励采取签约、项目合作、技术入股、岗位聘任等方式，多渠道引进优秀人才。发挥高校、科研院所、文化类特色小镇、文化产业园区、文化创意街区和重点文化企业等人才集聚功能，努力打造文化人才高地。支持高校、文化院团等引进顶尖人才和急需紧缺人才，不受岗位总量、岗位等级、结构比例限制。树立“不求所有，但求所用”观念，聚天下英才而用之。

优化文化人才发展生态。加快完善文化人才创业创新、评价激励等政策体系,创新选人用人观念,注重品德、能力、业绩、贡献,形成良好的用人导向和人才发现机制。建立省级文艺荣誉制度,根据中央和省有关规定表彰奖励德艺双馨、成就卓著的文艺人才。建立健全党委、政府领导联系文化名家制度。支持优秀人才承担或参与重大课题、重点项目、重要演出等。组织选送优秀文化人才参加业务进修、培训、调研、挂职和考察交流活动。探索开展高层次文化人才协议工资制和项目工资制等试点。推进职业经理人制度试点。强化文化人才服务保障,努力营造尊重劳动、尊重知识、尊重人才、尊重创造的良好环境。

三、组织保障

(一)加强组织领导

各级党委、政府要把文化浙江建设工作摆在更加突出的位置,纳入经济社会发展总体规划,作为评价地区发展水平和发展质量的重要方面,作为考核评价领导班子和领导干部的重要内容,与经济社会建设一同部署、一同推进、一同考核。切实提高各级领导干部的文化意识、文化素养,提升驾驭文化工作能力、领导意识形态工作能力,推动文化建设与经济建设、政治建设、社会建设、生态文明建设和党的建设协调发展。

(二)完善政策保障

加快文化领域地方立法进程,将文化浙江建设重大政策举措适时转化为法规规章,为文化浙江建设发挥引导推动、规范保障作用。系统梳理我省推进文化改革发展已有政策措施，根据实际需要制定完善财政扶持、金融支持、土地使用、市场准入、企业认证、项目落户、人才保障、薪酬制度等配套政策。加大公共财政对文化建设的投入力度，建立与我省经济发展水平相适应、与文化浙江建设需求相对应的文化投入机制，重点支持哲学社会科学发展、公共文化服务体系建设、优秀传统文化传承弘扬、媒体融合发展、文化精品创作生产、中华文化走出去等。健全政府投入与社会投入相结合的多元化资金投入机制，支持社会机构等参与文化建设、提供文化产品和服务。

（三）强化管理考核

牢牢把握文化的意识形态属性，加强对文化改革发展的宏观调控，推动正确政治方向、舆论导向、价值取向覆盖贯穿到文化工作所有领域、所有平台。牢牢掌握意识形态工作领导权，落实意识形态工作责任制，加强阵地建设和管理。遵循文化发展规律，探索建立文化浙江建设评价指标体系。加强对文化浙江建设重大项目资金使用、实施效果、服务效能等方面的监督和评估。探索设立文化产品、文化服务质量监测机制，研究制定公众满意度指标，建立群众评价反馈机制和第三方评价机制，强化督促、检查和考核工作，推动文化浙江建设各项任务落到实处。

（四）形成工作合力

建立健全党委统一领导、党政齐抓共管、有关部门各负其责、全社会积极参与文化浙江建设的格局。支持人大、政协履行职能，发挥民主党派、人民团体和社会各界积极作用，发挥人民群众的主体作用，激发全社会文化创造活力，共同推进文化浙江建设。党委宣传部门要发挥牵头抓总作用，加强对文化浙江建设的统筹协调指导。宣传文化系统要自觉贯彻落实中央和省委决策部署，发挥文化浙江建设主力军作用。各地各部门要结合实际制定推进文化浙江建设的政策举措，狠抓落实，确保实效。